ESTUDIOS DE HACIENDA PUBLICA

LA DISTRIBUCION DE LAS FUENTES DE INGRESOS IMPOSITIVOS EN UNA HACIENDA FEDERAL

Por

Félix de Luis Díaz-Monasterio-Guren
Inspector Financiero y Tributario,

Luis del Arco Ruete
Inspector Financiero y Tributario,

INSTITUTO DE ESTUDIOS FISCALES

La distribución de los Impuestos en una Hacienda federal, de la que son autores don Félix de Luis y don Luis del Arco, ha sido redactada según memoria de investigación que obtuvo el Premio del Instituto de Estudios Fiscales del año 1975, por acuerdo de un Jurado constituido por don Carlos Cubillo Valverde (presidente), don José Luis Gómez-Dégano Ceballos-Zúñiga, don César Albiñana García-Quintana, don Gabriel Solé Villalonga, don José Luis Pérez de Ayala (vocales) y don José V. Sevilla Segura (secretario).

Depósito Legal: M. 5.420 - 1978
I. S. B. N.: 84-7196-201-2

Impreso en la Fábrica Nacional de Moneda y Timbre
Madrid (España)

PROLOGO

El origen, contenido y alcance del poder de imposición es, sin duda alguna, uno de los temas medulares de la Ciencia Financiera. Por eso, para situar en su debida tesitura el estudio de Félix de Luis y de Luis del Arco, me parece necesario desvanecer dos posibles equívocos. El primero, el de su aparente oportunismo. El segundo, el de su significación meramente instrumental.

Aunque elaborado y premiado hace tiempo, este trabajo ve la luz en la España de 1978, con el telón de fondo de un proceso constitucional en el que las regiones adquieren una intensa significación para la nueva configuración de nuestra comunidad política. De ahí la posible presunción, infundada, de que la elección del tema pudiera obedecer a una actualidad estrictamente episódica. Cuando en realidad contiene una de las cuestiones más trascendentales para la organización de un sistema financiero y cuya imperfecta solución ha sido, desde luego en el caso de nuestro país, causa de un profundo desajuste en las relaciones financieras entre el Estado y las corporaciones territoriales.

Por otra parte, el hecho de que el tratamiento práctico de las situaciones de conflicto o de colaboración en las relaciones financieras entre Estados soberanos y en las internas de los Estados federales se articule en un juego complejo de reglas de reparto, compensación y arbitraje, puede llevar a otra falsa imagen: la de un puro pragmatismo experimental. Juicio también inexacto, por cuanto tales procedimientos no son sino consecuencias de los conceptos más sustanciales del propio orden financiero. Las ideas de soberanía y de poder de imposición juegan un papel capital para orientar racionalmente cualquier tipo de solución a esa compleja convivencia.

Ambas advertencias apoyan mi convicción de que es ésta, materia que requiere una gran amplitud de horizontes intelectuales. Pues no es fácil desbordar las fronteras rutinarias en que se desenvuelve habitualmente el esquema de conceptos con que se compone nuestra Ciencia Financiera. Toda su elaboración clásica, aún plenamente vigente, está profundamente anclada en el fenómeno histórico de los Estados nacionales, a los que, prácticamente, obedece y sirve todo ese aparato conceptual.

No es posible desconocer, como en fecha no lejana recordaba (1), en qué medida el Estado soberano ofrece una cómoda área de juego al pensamiento, si se le concibe como una unidad completa y autosuficiente (idea que tiene su directo precedente en la plenitud autárquica del Estado-ciudad). Su soberanía, aplicada al mundo financiero tiene un valor absoluto y excluyente frente a cualquier otra comunidad del más diverso signo. Según eso, todas las demás Entidades públicas tienen sólo encaje en este sistema racional, en cuanto participan y dependen de una actividad financiera superior y completa; tanto en sus fines como en su capacidad de medios.

No es ésta ocasión de analizar cuánto hay en este modo de pensar de rigor lógico y cuánto de conveniencia política, pues son ideas que se han consolidado sobre el difícil proceso de formación de los Estados nacionales y de centralización de poderes dispersos, es decir, a caballo de una lucha por el poder político. Pero es sobre ese eje de coordenadas donde se inscribe la elaboración de la Hacienda como ciencia y del Derecho tributario positivo en que vivimos inmersos.

Se trata, en cualquier caso, de un planteamiento simplista. Suficiente para fundamentar la arquitectura financiera de los Estados nacionales, pero incapaz de responder por sí solo a situaciones de conflicto o de mayor complejidad, como la convivencia económica internacional, los Estados federales o las uniones de Estados soberanos.

El mundo de las relaciones fiscales internacionales, en donde la dispersión de las capacidades de contribuir o la localización de las materias imponibles no coincide siempre con el área efectiva de ejercicio del poder de imposición, suscita todo un esquema de condicionamientos recíprocos y de reglas de conflicto, susceptible de ser extrapolado a otras situaciones semejantes.

Pero sin duda alguna, es en la problemática de los Estados federales donde adquiere mayor riqueza el juego financiero entre distintas comunidades políticas con fines propios y con vínculos de dependencia o relación más intensos que los de la propia comunidad internacional.

Sin embargo, es necesario prevenirse frente a cualquier valoración absoluta o idea estática sobre estos esquemas. La Ciencia Financiera tiene bien estudiados los procesos evolutivos de los Estados federales. La diversidad de criterios que en ellos se advierte responde al momento histórico de cada uno de esos procesos de convivencia. Pero pese a ello, no puede negarse que los procedimientos y reglas de aplicación, tanto en el plano horizontal (entre Estados federados) como en el vertical, componen un conjunto de sistemas y experiencias de valor general. De ellos da el trabajo de De Luis y Del Arco una cuenta cumplida, sumamente valiosa para la literatura financiera española.

---

(1) «La internacionalización del sistema tributario» UNED. Tortosa. 1976.

Por otro lado, las uniones económicas internacionales, de las que tenemos en la Comunidad Económica Europea el caso más actual y palpitante, confirman también cómo es imposible acometer cualquier integración de objetivos y acciones en la vida política —y muy en especial en la económica— sin instrumentar, no sólo un cuadro de financiación de la empresa común, sino un sistema de recíproco condicionamiento en la generalidad de su sistema de tributos.

No deja de ser un tema tentador para el estudioso éste de la interpretación de la soberanía financiera en España. Como introducción al mismo sería preciso recordar que el proceso de la unidad fiscal española, como culminación en la construcción del Estado moderno, es notablemente más lento y tardío de lo que la contemplación simplista y vulgar de la historia de nuestra Patria permite deducir. No ha sido, en mi opinión, analizado con la profundidad que merece todo el impulso intencional que en el siglo XIX, y sólo desde entonces, hace posible la auténtica creación de la comunidad española con su unidad de espacio económico (la red moderna de transporte), su unidad monetaria y su unidad fiscal. Tres fenómenos que, hasta entonces, estaban muy lejos de producirse, cualquiera que fuera la apariencia política que España ofreciera.

La idea de una absoluta uniformidad del sistema tributario como soporte del Estado y como garantía de una igualdad de esfuerzo y oportunidades, se encuentra permanentemente en lucha contra cualquier intento de diferenciación. Y esto explica la imprecisión en que se desenvuelve la vida financiera de nuestras corporaciones locales que, aunque proclamadas muchas veces como de carácter natural y con fines públicos propios, se encuentran en una situación de dependencia y mera delegación en el ejercicio práctico de sus funciones financieras.

La falta de un criterio doctrinal firme en esta materia, ha determinado la perpetuación de una situación hoy angustiosa. Y así, la insuficiencia de las Corporaciones locales españolas condiciona el nivel de gasto público en áreas de necesidad colectiva que han ido adquiriendo una acusada trascendencia. Sin embargo, el pensamiento financiero español sigue confuso y vacilante en cuanto a los criterios de una asignación de recursos en términos de equilibrio, justicia y eficacia.

Desde una muy distinta perspectiva, es importante tener también presente que los sistemas de relación entre las distintas colectividades públicas integradas en una comunidad política, han sido contemplados por la ciencia de la Hacienda, sobre todo, con una finalidad muy primaria: la de la suficiencia de recursos.

Pero no es posible ignorar que siendo la suficiencia el fundamento sobre el que descansa cualquier progreso para el buen orden de todo sistema financiero, los fines de la Hacienda son hoy mucho más amplios y complejos. La distribución de las fuentes de ingresos y el equilibrio relativo del gasto público entre un conjunto de comunidades públicas integradas no puede obviar la respuesta a otras cuestiones sumamente trascendentes. ¿El objetivo de la justicia fiscal se interpreta y ejerce por el Estado? o ¿cada comunidad efectúa su propia valoración de esta problemática? Y aún mucho más complejo resulta entreverar en esta acción diversificada los fines de política económica pretendidos con la acción fiscal. Es evidente que la eficacia y el vigor de las medidas de política fiscal requieren una actuación que, como en el orden monetario o en el comercio internacional, difícilmente se concilia con un pluralismo de interpretaciones y de actuaciones.

Por eso, tras el entramado de criterios de coordinación de la acción fiscal de las diversas entidades, que resulta tan documentado en este estudio, se apunta hacia nuevas dimensiones, de mayor ambición y modernidad. No se trata sólo de saber cómo cada entidad federada subviene a su presupuesto de gastos. Es necesario saber cómo sirve cada una a los fines harto más complejos del Estado.

Las grandes uniones económicas internacionales han iniciado un proceso lógico de limitación de las soberanías nacionales, a través de la llamada «armonización fiscal» ¿Cómo enfocar desde nuestra unidad fiscal absoluta un proceso que concilie la iniciativa y responsabilidades de las distintas comunidades políticas y administrativas con la coherencia de objetivos y eficacia de actuaciones que por encima de cualquier parcelación tiene obligación de producir el Estado en nuestros días?

Creo que el trabajo tan documentado y tan bien avalado por la experiencia profesional y la competencia de Félix de Luis y de Luis del Arco nos lleva a todos a pensar que la solución adecuada para una problemática tan vital y de tanta actualidad, no puede producirse con planteamientos simplistas, como por desgracia estamos acostumbrados a observar cuando escuchamos esa suma de agravios comparativos en que se resumen todas las ecuaciones entre impuestos y gastos públicos en nuestras provincias y regiones.

Yo espero que este trabajo tenga la virtud de desplazar del área de la precipitación y del simplismo la problemática general de la distribución de nuestra actividad financiera entre una pluralidad de sujetos públicos. Y para no causar un grave daño a fines tan trascendentales como los que de ella deben esperarse, debemos exigirnos previamente una rigurosa racionalidad. Sobre ella podrá construirse una solución histórica y por tanto circunstancial. Pero su eficacia de presente y su capacidad para una prometedora evolución, sólo quedarán garantizadas si se contempla en toda su hondura y repercusiones este delicado proceso.

Como toda creación superadora, implica un ejercicio difícil. En sí mismo, porque entraña muchos condicionamientos como los administrativos y de repercusión económica que no quedan resueltos por una pura asigna-

ción de competencias y de facultades tributarias. Por otro, porque obliga a tener una responsabilidad muy consciente de que es necesario un comportamiento condicionado e interdependiente. Lo que deberá disipar cualquier nostalgia para fabricar unas Haciendas públicas de campanario.

Creo que todas estas razones corroboran la idea que inicialmente exponía de que no es éste ni un estudio de oportunidad ni un puro inventario de reglas de conflicto.

Félix de Luis y Luis del Arco tienen el mérito de haberlo intuido, hace ya mucho tiempo. Estas líneas introductorias no son sino un reconocimiento de la gratitud que la Ciencia Financiera española les debe.

Antonio Barrera de Irimo

INDICE

Páginas

CAPITULO VI:

PRINCIPIOS QUE DEBEN PRESIDIR LA DISTRIBUCION DE LAS FUENTES IMPOSITIVAS ENTRE EL GOBIERNO FEDERAL Y LOS ESTADOS MIEMBROS

CAPITULO VII

LA DISTRIBUCION DE LAS FUENTES IMPOSITIVAS ENTRE LOS DOS NIVELES POLITICOS

APENDICE PARA ESPAÑA

CAPITULO I

LA DISTRIBUCION DE COMPETENCIAS EN LOS ESTADOS FEDERALES

1. La organización federal de los Estados.

Los sistemas federales constituyen una de las dos formas que ofrece la ciencia política moderna de agrupación de las colectividades públicas dentro de un Estado. La otra es el Estado unitario.

Históricamente han existido otras modalidades de organizaciones políticas distintas de los Estados federales y de los Estados unitarios, pero su naturaleza era diferente. Así, prescindiendo de manifestaciones que han perdido ya hoy toda vigencia, como las uniones personales o determinadas relaciones entre las colonias y las metrópolis, puede recordarse que durante los siglos XVIII y XIX se produjeron varios supuestos importantes de Confederaciones de Estados, algunas de las cuales desembocaron, luego, en la formación de Estados federales. Pero entre un Estado federal y una Confederación existen diferencias radicales.

Las Confederaciones surgían para fines muy concretos, principalmente, la protección contra peligros exteriores o por razones de carácter económico, y estaban basadas en pactos contractuales de Derecho internacional. No surgía un nuevo Estado, sino que los confederados mantenían su independencia en todos los aspectos no afectados por el pacto interestatal, de forma que entre ellos, en conjunto había más divergencias que intereses comunes. Los organismos de la Confederación tenían escasos poderes y, normalmente, no tenían competencia directa sobre los súbditos de los Estados confederados, sino que para que éstos quedasen obligados era necesario que se dictase una ley de cada Estado recogiendo los acuerdos de la Confederación. Con la fórmula federal, en cambio, surge un nuevo Estado que se superpone a los Estados que se integran en la Federación. En definitiva, la Confederación entra en el ámbito del Derecho internacional al constituir una unión de Estados independientes, mientras que el Estado federal forma una unidad y es materia propia del Derecho político y del Derecho constitucional.

Puede decirse que, conceptualmente, los Estados federales limitan, por un lado, con las Confederaciones y, por el otro, con los Estados unitarios descentralizados.

En varios Estados unitarios existen algunas colectividades (regiones, departamentos, territorios, etc.) a las que se ha concedido cierto grado de autonomía mediante un régimen de descentralización administrativa. Estas regiones cuentan con órganos de gobierno elegidos por ellas mismas a los que se ha transferido la competencia sobre determinadas materias.

En virtud de este régimen, los órganos descentralizados adquieren el derecho de inciativa sobre las materias que les han sido atribuidas, del que no pueden ser privadas. Sus decisiones no pueden ser sustituidas por las de las autoridades superiores, que tampoco están autorizadas para dictar instrucciones sobre la forma en que han de ejercer su competencia las autoridades inferiores.

Lo mismo que en el caso de una Federación, hay determinadas competencias que se sustraen a los órganos centrales para atribuirlas a los de colectividades públicas inferiores. ¿Supone esto que el régimen de estas colectividades puede equipararse al de los Estados miembros de un Estado federal? Evidentemente, entre los dos casos existen diferencias importantes.

En primer lugar están las diferencias de origen. En una Federación la soberanía política y los derechos y obligaciones que implica se dividen entre los dos órdenes políticos. En cambio la descentralización es una manifestación de la delegación de poderes como consecuencia del propio acto constitutivo. En los Estados unitarios la soberanía constituye un atributo exclusivo del Estado. A éste le corresponde, según la expresión de los autores alemanes, la «competencia de la competencia», es decir la facultad de delimitar los límites de su propia competencia. En uso de esta facultad puede delegar en otras colectividades parte de las materias que le corresponden, modificando, en consecuencia, el régimen jurídico de éstas. Esta diferencia se refleja en el distinto carácter de las normas que regulan, en uno y otro caso, la autonomía y las facultades de autogobierno. En los casos de Estados unitarios descentralizados el régimen jurídico de las colectividades inferiores se establece y se puede modificar por una ley ordinaria, mientras que las competencias de los Estados miembros de una Federación se fijan en la Constitución y sólo pueden alterarse por medio de enmiendas constitucionales.

Otra diferencia es que en el caso de la descentralización, los órganos inferiores, aunque puedan actuar con independencia de las autoridades estatales, quedan sometidas al control de éstas que puede llegar hasta la necesidad de la aprobación previa o a la posibilidad de anulación de sus decisiones. A los Estados miembros, en cambio, se les atribuyen competencias exclusivas, que sustraen las materias a que afectan a la competencia federal.

Finalmente, algunos autores resaltan como otra diferencia importante entre estas dos categorías, el que en los Estados federales, los Estados miembros participan en la formación de las decisiones federales.

Se trata, en definitiva, de dos conceptos de naturaleza distinta. El Estado federal es una institución política, mientras que la descentralización constituye un mecanismo administrativo. «La descentralización y la desconcentración —se ha dicho (1)— son remedios administrativos a dificultades administrativas. El federalismo es un remedio político para males políticos».

Pero, aunque de naturaleza administrativa, no cabe desconocer que la descentralización tiene una indiscutible trascendencia política y constituye la primera opción que deben ensayar los Estados unitarios que necesiten aumentar la autonomía de sus corporaciones territoriales.

La mayoría de las naciones hoy existentes han adoptado la forma de Estados unitarios, pero hay también un número importante (2) de países federales, distribuidos entre los cinco continentes. Entre estos últimos se encuentran las dos superpotencias y varios de los países más industrializados del mundo. La forma federal parece resultar especialmente apta para los Estados con gran extensión territorial. Así

---

(1) LUDO VAN WAUWE: *Federalisme, utopie ou possibilite.* Librairie Generale de Droit et Jurisprudence. París, 1971.

(2) Duchacek da la siguiente lista de Estados federales:

AMERICA

Canadá.
Estados Unidos.
México.
Venezuela.
Brasil.
Argentina.

ASIA Y OCEANIA

India.
Paquistán.
Birmania.
Malasia.
Australia.

EUROPA

Rusia.
Checoslovaquia.
Yugoslavia.
Austria.
Alemania.
Suiza.

AFRICA

Nigeria.
Camerún.
Tanzania.
Libia.

Duchacek (3) pone de relieve como de las seis naciones más extensas del globo, sólo una de ellas (China) constituye un Estado unitario y las otras cinco (Rusia (4), Canadá, Estados Unidos, Brasil y Australia) son Estados federales. Los territorios de los Estados federales ocupan más de la mitad de la superficie de la tierra.

Las federaciones de Estados han surgido como consecuencia de procesos muy distintos. Un gran número de ellos proceden de anteriores Confederaciones que han evolucionado hacia otras modalidades como consecuencia, dice Durand (5), del defectuoso funcionamiento de casi todas ellas y, también, porque en su seno se iban debilitando las divergencias y reforzándose los intereses comunes. Existen importantes ejemplos históricos de este proceso que, muchas veces, se produjo de forma violenta. Así, en 1848 la anterior Confederación suiza, después de una serie de luchas internas de sus miembros, se convirtió en Estado federal. Asimismo, en 1866 la Confederación germánica pasó a convertirse en Federación por imposición de Prusia a varios de sus miembros.

Otros Estados federales surgieron por agrupación de antiguas colonias hasta entonces independientes unas de otras.

En estos dos supuestos el nacimiento del Estado federal ha tenido un sentido centralizador, ha sido fruto de un impulso centrípetro. Pero, también, en algunos casos han surgido Estados federales a impulsos de sentimientos descentralizadores, por transformación de Estados unitarios, como medio de conservar una nación «por el reconocimiento a tiempo de su diversidad interna» (6). Los dos procesos corresponden a las dos finalidades que atribuye Vedel (7) al federalismo, en el orden interno: «es un medio de unificar, allí donde la diversidad domina y de diversificar y enriquecer, allí donde la unidad se hace demasiado pesada». Para el futuro se le asiga también un papel destacado como instrumento de la integración internacional.

El Estado federal tiene hoy defensores convencidos y también críticos apasionados. El enjuiciamiento de sus ventajas e inconvenien-

---

(3) Ivo D. DUCHACEK: *Comparative Federalism. The Territorial Dimensions of Politics.* Holt, Rinehart and Winston. Nueva York, 1970, pág. 194.

(4) Ch. Durand señala que si se hubiese de tomar al pie de la letra el texto de la Constitución de la Unión Soviética, a ésta habría que considerarla más una Confederación que un verdadero estado federal, puesto que todas las Repúblicas tienen reconocido el derecho a separarse de ella. Pero es evidente que este derecho no puede considerarse realmente existente.

(5) CH. DURAND: «El Estado Federal en el derecho positivo», recogido en *El Federalismo.* Ed. Tecnos. Madrid, 1965, pág. 209.

(6) DUCHACEK, *ob. cit.*, pág. 233.

(7) G. VEDEL: «Las grandes corrientes del pensamiento político y el federalismo», en *El Federalismo.* Ed. Tecnos. Madrid, 1965, pág. 45.

tes se basa, principalmente, en consideraciones de carácter político o económico. Para sus detractores, el federalismo conduce a la división y al debilitamiento del país que lo adopta; sólo puede admitirse como una fórmula de transición que conduzca al Estado unitario. Sus defensores, en cambio, ven en la fórmula federal la mejor garantía de la unidad nacional para los países que estén compuestos por varias comunidades raciales, lingüísticas o religiosas

En ellas —dice Duchacek— «un sistema unitario centralizado, puede producir tal resentimiento y oposición que pongan en peligro el edificio nacional y el progreso económico» (8). Un Estado federal, se argumenta en esta línea, formado por dos pueblos que se sienten unidos, constituye una nación más sólida que un Estado unitario en el que algunas de sus comunidades se sientan oprimidas (9).

Para algunos, el federalismo es una fórmula del pasado que resulta superada por las actuales condiciones políticas y sociales. El Federalismo —dicen— fue concebido en una era de economía libre, con el máximo predominio de la iniciativa privada y la mínima intervención del gobierno en materia económica y social. Al desaparecer estos postulados, el sistema federal ha perdido su razón de ser.

Frente a estas posturas, los federalistas admiten la necesidad de adaptar esta fórmula a las nuevas condiciones económicas sociales; pero creen en la posibilidad de hacerlo sin abandonar su esencia, ni prescindir de sus ventajas.

Para otros, lo que no tiene sentido es plantearse la opción federal en una época dominada por las grandes agrupaciones suprarracionales y en la que, en Europa, se piensa en la unidad a escala continental. Pero tampoco esta objeción la aceptan los federalistas. Al contrario, para ellos la estructura federal de los países facilitaría la futura integración europea, pues la Europa del mañana sólo tiene posibilidades si se articula sobre las regiones y para ello será necesario potenciar éstas dotándolas de instituciones políticas administrativas y financieras propias (10).

También desde el punto de vista económico se formulan severas

---

(8) *Ob. cit.*, pág. 206.

(9) Si los particularismos nacionales constituyen datos irreductibles que hacen imposible la constitución de Estados unitarios independientes, el federalismo parece la única salida: en el marco de la organización federal, cada colectividad nacional conserva los poderes necesarios para el mantenimiento de su autonomía natural, atribuyéndose al poder central las cuestiones de interés común.

(JEAN RIVERO: «Introduction á une étude de l'evolution des societés fédérales», en *Bulletin Internacional des Sciences*, de la Unesco.)

(10) Es conocida la profecía de PROUDHON: «El siglo XX abrirá la era de las federaciones o la Humanidad comenzará de nuevo un purgatorio de mil años».

objeciones a la fórmula federal: supone el establecimiento de innecesarias barreras que dificultan la libre circulación de personas, bienes y servicios dentro del propio país y, en definitiva impiden el buen funcionamiento de la economía; dificulta y quita eficacia a la política económica; y supone la duplicidad de órganos y servicios, por lo que constituye una fórmula más cara de organización del Estado.

Aunque, probablemente, es en el aspecto económico donde la fórmula federal presenta sus mayores debilidades, no faltan tampoco réplicas a estas objeciones desde el campo federalista. En primer lugar —dicen algunos— el federalismo político no supone necesariamente el federalismo económico. La fórmula federal puede compatibilizarse perfectamente con una distribución de competencias que permita una eficaz política económica y, desde luego, suprima las barreras antieconómicas. El federalismo no supone la autarquía, no debe crear compartimentos estancos dentro del Estado nacional.

Por otro lado, el mayor coste que pueden suponer los órganos estatales, se compensará porque, por su mejor conocimiento de los problemas, pueden producir un mejor funcionamiento de los servicios y una mejor utilización de los recursos.

El examen de las ventajas e inconvenientes de los Estados federales y su comparación con las de los Estados unitarios es un tema muy polémico y de gran complejidad que excede del contenido de este trabajo y que no pretendemos agotar en él. Pero nos ha parecido interesante esbozar levemente algunos de sus aspectos, para enmarcar mejor la parcela concreta del problema federal que vamos a estudiar.

Con la misma finalidad, conviene que nos planteemos cuál es la esencia de un Estado federal. Según Van Wauwe (11), «el federalismo es una forma de organización del Estado en la que el poder central, por una parte, y los diferentes poderes regionales, por otra, se distribuyen los tres poderes entre ellos, y los ejercen cada uno en su territorio de forma independiente». Para Duchacek (12) «un sistema federal significa la división constitucional del poder entre un gobierno general (que tiene autoridad sobre todo el territorio nacional) y una serie de gobiernos subnacionales (que, individualmente, tienen su propia autoridad independiente sobre sus territorios), cuya suma total representa «casi» (13) el total del territorio nacional».

---

(11) *Ob. cit.*, pág. 54.

(12) *Ob. cit.*, pág. 194.

(13) El autor de la definición explica la necesidad de incluir en ella la preposición «casi», aunque parezca impropia de una definición doctrinal, porque la mayoría de los gobiernos federales extienden su jurisdicción sobre un territorio más amplio que el de los Estados federados por la existencia de Distritos federales o territorios de Ultramar que no pertenecen a ninguno de aquéllos.

La esencia de las Federaciones estriba en la conjunción entre la existencia de un Estado federal, por un lado, y el mantenimiento de la autonomía de los Estados federados, por otro. Dentro de la misma unidad, coexisten dos niveles políticos que se distribuyen entre sí las competencias.

Los gobiernos federales, en las materias que se les atribuyen, tienen jurisdicción sobre todo el territorio nacional y a ella quedan sometidos todos los residentes en cualquier parte de él.

Pero en todas las materias que no son competencia federal, los Estados conservan su autonomía.

¿Qué significa la autonomía de los Estados en un sistema federal? Para Ch. Durand (14), ésta se basa en dos elementos:

— existencia de órganos propios;

— posesión de competencias exclusivas.

Es necesario, en primer lugar, que los Estados posean órganos propios, que no dependan de los órganos federales. En todos los Estados federales, los Estados miembros poseen órganos legislativos y, normalmente (15), ejecutivos, elegidos por ellos con total independencia, y entre las competencias que les atribuye la constitución figuran las de «autoorganizarse», elaboran su constitución, establecen el régimen de sus órganos legislativos y ejecutivos y regulan sus colectividades y organismos.

En segundo lugar, para que exista un régimen federal exige la doctrina que los Estados miembros cuenten con sus propias competencias. Es necesario que se produzca una distribución del poder público entre los órganos de la Federación y los de las colectividades que la integran. Estas deben tener —dice Durand— «un mínimo de competencias que no sea ridículamente reducido».

La cuestión básica en un régimen federal es la distribución de competencias entre el Estado federal y los Estados miembros, que responderá al concepto que se tenga de lo que deben ser materias en las que ha de primar el interés común y en las que pueden prevalecer los intereses particulares de los Estados miembros.

---

(14) *Ob. cit.*, pág. 190.

(15) Durand señala que, por excepción, en Canadá, India y Venezuela los Jefes de los gobiernos de los Estados miembros son nombrados por las autoridades federales. En los dos primeros países considera que, de hecho, esto no supone un grave atentado al federalismo, porque en ambos los Estados miembros practican el régimen parlamentario. Pero sí lo es en Venezuela, dado que en esta nación los Estados miembros practican el sistema presidencial.

2. Sistemas de distribución de competencias entre la Federación y los Estados miembros.

Este es uno de los puntos más fundamentales que regulan todas las Constituciones federales. Pero los textos constitucionales varían en cuanto a los sistemas que utilizan para realizar la distribución de competencias.

En principio pueden distinguirse tres sistemas:

1. Aquellas constituciones que enumeran de forma taxativa las competencias concretas que corresponden a cada uno de los dos niveles políticos. Pero como la enumeración de competencias nunca puede ser exhaustiva y siempre hay que prever la aparición de nuevas tareas no asignadas expresamente, siempre es necesario que una norma atribuya la «competencia de principio» que resuelva el problema de los casos no previstos.

2. El segundo sistema es el utilizado por aquellas Constituciones que parten del principio de que los Estados o colectividades que se federan conservan en principio todas las competencias que no deleguen expresamente en el texto constitucional a favor del gobierno federal. Este es, probablemente, el principio más generalizado en las Constituciones federales. En ellas los gobiernos federales sólo tienen las competencias que se derivan de una enumeración limitada de facultades.

Este es el criterio que inspiró, por ejemplo, la constitución norteamericana. Tocqueville (16) explica así el proceso: «Una primera dificultad surgió ante el espíritu de los americanos. Se trataba de repartir la soberanía de forma que los diferentes Estados que formaban la Unión continuasen gobernándose ellos mismos en todo lo que no afectase más que a su prosperidad interna, sin que la nación entera, representada por la Unión, dejase de constituir un solo cuerpo y de proveer a las necesidades generales. Cuestión compleja y difícil de resolver.

Era imposible fijar por adelantado, de manera exacta y completa la parte de poder que debería adjudicarse a cada uno de los dos gobiernos entre los que se iba a repartir la soberanía. ¿Quién podría prever anticipadamente todos los detalles de la vida de un pueblo?

Los deberes y los derechos del gobierno federal eran simples y bastantes fáciles de definir, puesto que la Unión había sido creada con

---

(16) A. de Tocquewille: *De la democratie en Amérique*. Librairie de Médicis. París, 1951, págs. 168-169.

el fin de atender a ciertas necesidades generales. En cambio, los deberes y los derechos de los Estados eran múltiples y complicados porque sus gobiernos penetraban en todos los detalles de la vida social.

Se definió, pues, con cuidado las atribuciones del gobierno federal y se declaró que todo aquello que no estaba comprendido en esta definición formaba parte de las atribuciones de los gobiernos de los Estados, y la del gobierno federal, la excepción.»

Pero debe tenerse en cuenta que, en la práctica, la delimitación de competencias no depende sólo de los textos de los preceptos constitucionales sino de la interpretación que se dé a los mismos. Así la teoría de los «poderes implícitos» ha extendido muy considerablemente la competencia federal. De acuerdo con esta teoría, la atribución al Estado federal de una determinada competencia implica el poder de recurrir a los medios y de crear las instituciones necesarias para llevarla a cabo.

Por otra parte, las competencias atribuidas al nivel federal aunque limitadas en número pueden referirse a categorías extraordinariamente amplias.

3. El tercer sistema consiste en atribuir la competencia de principio al Estado federal, de forma que a los Estados miembros sólo les corresponden las facultades que expresamente les atribuya la Constitución.

Este sistema no solía utilizarse en las Constituciones federales tradicionales, aunque tiene algunas manifestaciones positivas. Así en la India, aunque la Constitución contiene una extensísima relación de materias de competencia federal, se ha recogido también el principio de que el silencio constitucional sobre una materia supone que la competencia es federal. Venezuela ha adoptado también últimamente este criterio, y en Canadá, las materias no previstas en la Constitución se consideran incluidas en la competencia «federal facultativa».

El mecanismo de distribución de competencias se completa con las llamadas «materias mixtas», materias que no se atribuyen de forma exclusiva a ninguno de los poderes, sino que respecto a ellas coexisten la competencia federal y la de los Estados miembros.

Esta coexistencia de competencias puede, a su vez, estructurarse de diversas maneras:

a) El sistema citado de competencia «federal facultativa».— Según este sistema, los Estados miembros pueden, en sus territorios, legislar sobre las materias comprendidas en esta categoría, salvo que las autoridades federales hagan uso de su competencia sobre las mismas.

En estos casos el problema es determinar qué sucede con las regulaciones de los Estados miembros sobre una materia, desde el momento en que se produce la legislación federal sobre la misma.

Para este problema se encuentran, también, distintas soluciones en el Derecho positivo. Algunos países consideran que la promulgación de la ley federal deroga las normas estatales preexistentes y excluye para el futuro la posibilidad de que los Estados miembros puedan legislar sobre la materia de que se trate. Ejemplos clásicos son la promulgación en Alemania y Suiza de los Códigos Civil y Penal, que sustrajeron toda esta materia de la esfera estatal.

En otros países, se permite la subsistencia de la legislación de los Estados miembros, pero en pie de desigualdad, sólo puede afectar a los puntos no expresamente regulados por la legislación federal y siempre que no la contradiga.

b) Un segundo procedimiento de competencia mixta es el que permite la coexistencia de las dos competencias, pero en planos distintos. Se reserva al Estado federal la competencia sobre los principios básicos o fundamentales de una materia y se deja a la competencia estatal el desarrollo y concreción de los mismos.

c) Otra modalidad de competencia mixta consiste en atribuir la competencia legislativa sobre una materia a los Estados miembros, pero reservando a un órgano federal el control de la oportunidad de las disposiciones que dicten aquellos. Este control puede efectuarse, con carácter previo, al exigirse la previa autorización federal o al reconocerse a los órganos federales un derecho de veto, o la posterior, mediante el derecho de anulación de las disposiciones estatales. En la práctica este sistema puede anular o restringir extraordinariamente las competencias estatales. Durand (17) afirma que este tipo de competencia mixta es muy poco conveniente.

La coexistencia de las competencias federales y la de los Estados plantea el problema de las organizaciones administrativas para llevarlas a cabo. Los sistemas adoptados en los distintos Estados federales pueden agruparse en tres grandes grupos:

1. El llamado de Administración federal indirecta. En este caso el Estado federal no cuenta con una Administración territorial propia, sino que para ejecutar sus decisiones se sirve de los funcionarios de la Administración estatal. Con este sistema se evita el coste y la complejidad de dos administraciones paralelas.

2. El sistema de Administración directa. Los Estados federales

---

(17) *Ob. cit.*, pág. 186.

que siguen este sistema cuentan con una Administración territorial propia, que, normalmente, goza de un alto grado de desconcentración. Es el sistema seguido en Estados Unidos y Rusia.

3. Sistema mixto. Constituye una mezcla de los dos anteriores. Para algunas materias el Estado federal cuenta con sus propios funcionarios, pero en otros casos utiliza los servicios estatales. Este es el sistema utilizado en Suiza.

Evidentemente, por encima del problema técnico de los procedimientos de distribución de las competencias, está el problema básico, de fondo, de determinar qué funciones han de corresponder al Estado federal y cuáles han de reservarse a los Estados miembros. Tampoco en este trabajo podemos abordar este tema, pero debe dejarse constancia de que cualquier decisión que se adopte en relación con la distribución de los ingresos entre la Federación y los Estados deberá estar condicionada por las funciones que competan a cada uno de estos niveles y, en consecuencia, por sus respectivas necesidades de recursos.

CAPITULO II

EL PODER TRIBUTARIO EN LOS ESTADOS FEDERALES

1. Significado del poder tributario.

¿A quién corresponde el poder tributario en un Estado federal?

Antes de responder a esta pregunta conviene precisar qué se entiende por poder tributario. Constituye la manifestación de la soberanía política en el campo tributario. «La soberanía fiscal —dice Sáinz de Bujanda— (18) no es sino un aspecto o manifestación de la soberanía financiera y ésta, a su vez, constituye una faceta de la soberanía del Estado. Sobre este punto no parece que existan discrepancias entre los autores».

No vamos a reproducir aquí toda la polémica doctrinal sobre el concepto de soberanía, su fundamento y la forma de ejercerla, que ha venido produciéndose en el campo de la ciencia política desde que Bodino utilizó por primera vez el concepto de soberanía.

Podemos aceptar la definición del Profesor Sáinz de Bujanda (19): «La soberanía es el poder supremo, sustantivo e independiente, que corresponde de modo originario a la comunidad política —Estado, en su forma moderna— para definir sus fines y organizar sus actividades».

Una de las manifestaciones de la soberanía política es la soberanía financiera que constituye el poder de ordenar los gastos y los ingresos necesarios para el desarrollo de su actividad. Surge así el poder financiero, «el poder soberano en cuanto se refiere a la actividad financiera»,

---

(18) F. Sáinz de Bujanda: *Hacienda y Derecho.* Instituto de Estudios Políticos. Madrid, 1955, pág. 253.

(19) *Ob. cit.*, pág. 260.

según Ferreiro (20). Una parte del mismo es el poder tributario, concepto para el que otros autores utilizan denominaciones distintas: potestad tributaria (Berliri), poder fiscal (Bielsa), poder de imposición (Blumenstein), etc.

Por poder tributario puede entenderse, con Fonrouge (21), «la facultad o la posibilidad jurídica del Estado de exigir contribuciones (tributos) con respecto a personas o bienes que se hallan en su jurisdicción».

El concepto se tipifica por una serie de caracteres que muestran claramente su entronque con el concepto de soberanía. Fonrouge (22) señala los siguientes: abstracto, permanente, irrenunciable, indelegable.

Plantean algunos autores la cuestión de si el poder tributario es un concepto abstracto o si no existe hasta que se concreta en un acto o declaración de la Administración tributaria. Pero esto —señala Fonrouge— es confundir la facultad de actuar con su ejecución. El poder tributario es una facultad abstracta que se concreta cuando se hace uso de ella. Es, precisamente, la situación de inconcreción ideal la que hace comprender y justificar —dice Amorós (23)— todos los demás caracteres que se atribuyen al poder tributario.

La segunda característica del poder tributario es la permanencia, característica que engloba, por un lado, la perdurabilidad en el tiempo y, por otro, la imprescriptibilidad. El poder tributario no tiene plazo para su ejercicio, forma parte de la propia naturaleza del Estado y permanece mientras permanece éste, pues si no quedaría imposibilitado para el ejercicio de sus funciones. Por otra parte, no decae aunque no se ejercite. Precisamente su carácter abstracto supone su existencia aunque no se haga uso efectivo de él.

La nota de irrenunciabilidad tampoco puede predicarse del ejercicio del poder tributario, sino de su concepción en abstracto. Es un atributo que lleva consigo la titularidad de la soberanía. La posibilidad de exigir de las personas sometidas a su jurisdicción los medios necesarios para financiar su actividad no puede renunciarse ni traspasarse a otro ente, porque supondría tanto como abdicar de la soberanía o traspasarla. Teóricamente, cabría concebir un ente soberano que, de hecho, no exigiese tributos a las personas sometidas a su jurisdicción o que procurase atender a la financiación de sus gastos por proce-

---

(20) J. J. Ferreiro Lapatza: *Curso de Derecho Financiero*. I. E. Fiscales. Madrid, 1975, pág. 73.

(21) G. Fonrouge: *Derecho Financiero*. Depalma, 2.ª edición, 1973, pág. 279.

(22) *Ob. cit.*, pág. 283.

(23) N. Amorós: *Derecho Tributario*. Madrid, 1970, pág. 172.

dimientos no coactivos (deuda pública, donaciones, etc.), pero aún en este supuesto tal ente conservaría su poder tributario y podría acudir en cualquier momento al establecimiento de tributos para allegar los recursos que considerase necesarios. De hecho, todos los Estados utilizan de forma permanente y cada vez con mayor intensidad su poder tributario, pero lo que significa el carácter de irrenunciable es que el poder tributario está fuera de la disponibilidad del ente a quien corresponde. No es un elemento patrimonial del que su titular pueda privarse, ni transmitiéndolo ni, simplemente, abandonándolo.

Para nosotros no está tan claro, en cambio, qué se quiere decir cuando se afirma que el poder tributario, además, de irrenunciable es indelegable, pues si lo que se quiere significar con este último calificativo es que el ente titular del poder tributario no puede traspasarlo a otro, viene a expresarse una idea que, en nuestra opinión, ya está comprendida en la nota de la irrenunciabilidad. En cambio, lo que sí puede delegarse es el ejercicio de este poder. En la práctica son bien conocidos los supuestos de entes públicos, territoriales o institucionales, a los que se faculta para exigir tributos sin tener originariamente poder para ello, sino por delegación del Estado, como detentador del poder tributario.

Esto ha dado lugar a la distinción entre poder tributario originario y el derivado.

El poder originario se tipifica por su origen y por el rango de la norma que lo reconoce. Es una consecuencia de la atribución de la soberanía y, por tanto, sólo corresponde a los que, según las normas jurídicas constitucionales, corresponde el ejercicio de la soberanía. Formalmente el poder tributario originario se encuentra reconocido en el propio texto constitucional. «En nuestro sistema —dice Matías Cortés— (24) se llama poder tributario originario al poder de establecer tributos reconocido por un precepto constitucional o fundamental».

En cambio, el poder derivado tiene su origen en la concesión por parte del titular del poder tributario originario del derecho a ejercitarlo dentro de unos determinados límites. Su fundamento no se encuentra en la propia naturaleza soberana del que lo ejercita, sino en el poder que corresponde al ente que efectúa la delegación. El poder tributario derivado no se proclama en las Constituciones, sino que es reconocido en virtud de una norma, de una ley, dictada por el ente titular del poder tributario originario. Se trata de normas que son de rango superior a las que pueden dictar los entes a los que se concede el poder derivado y que necesitan, por lo tanto, que el órgano cedente haga uso de su facultad normativa.

---

(24) MATÍAS CORTÉS: *Ordenamiento Tributario Español*. Ed. Tecnos. Madrid, 1968, pág. 57.

El poder tributario derivado está limitado por los términos de la norma que lo reconoce, que marcará los límites dentro de los que puede ejercerse. A veces, se determinan en ella no sólo las figuras tributarias en que puede concretarse, sino incluso los elementos de cada una de éstas; en otros casos, se deja un mayor margen de regulación a los entes a los que se atribuye el poder derivado, aunque en la mayoría de los países este margen se encuentra muy limitado por el principio de reserva de ley que caracteriza a la materia tributaria. El poder tributario se otorga, unas veces, como simple facultad, pero otras se impone como una obligación, de forma que los entes a quienes se atribuyen deben, necesariamente, establecer y exigir determinadas figuras tributarias. El poder tributario derivado suele ir acompañado, además, de un sistema de control, más o menos amplio, de su ejercicio, por parte del ente superior que lo ha delegado.

Normalmente, se considera que el poder tributario originario corresponde exclusivamente al Estado y que tiene carácter derivado el poder de imposición de las Entidades locales y el de otros entes institucionales a los que se reconoce la posibilidad de exigir determinadas figuras tributarias. Pero algunos autores han negado esta distinción considerando que no cabe hablar de un poder derivado, puesto que el poder es intransmisible. Los entes locales tienen según esta teoría un poder originario que les concede la ley. Pero esta postura olvida que la esencia de la distinción entre el poder originario y el derivado se encuentra realmente en el origen del poder, más que en el aspecto formal de la norma que lo reconoce. El razonamiento anterior —advierte Vicente Arche, citado por M. Cortés— «es un poco bizantino, ya que en definitiva la ley que otorga el poder tributario a los entes locales no es sino una manifestación de la voluntad del Estado y, por tanto, es una derivación del poder legislativo del Estado.»

Fonrouge (25) niega también la diferencia entre estas dos clases de poder, considerando que responde a la estructura política de los Estados unitarios europeos, pero que no resulta adecuada para otro tipo de organizaciones políticas, como la argentina «No compartimos —dice— tales conceptos, por entender que todos los órganos de gobierno tienen facultades tributarias de la misma naturaleza jurídica, sin que puedan establecerse grados o jerarquías en ellas. Tanto la Nación como las provincias y los municipios tienen poder originario o inherente, porque él es connatural al Estado en cualquiera de sus manifestaciones; la diferencia no radica en la «esencia», sino en el ámbito de actuación, en la jurisdicción atribuida a cada uno de ellos con sujeción a las normas constitucionales o legales vigentes en cada país.

En la mayoría de los países europeos los municipios son meras

(25) *Ob. cit.*, pág. 288.

divisiones administrativas creadas por el legislador y por eso es lógico que la doctrina —principalmente la italiana— los califique como «entes menores» con relación al gobierno central. Pero entre nosotros no es válida esta terminología, porque no hay «entes mayores» y «entes menores»; hay órganos de gobierno de igual categoría institucional, actuando en el ámbito de sus respectivas competencias, por lo cual cada uno de ellos tiene los poderes implícitos a su propia existencia».

La construcción del poder tributario que hemos expuesto hasta ahora parece perfectamente lógica aplicada a un Estado unitario. Se parte del concepto de soberanía, que radica en el Estado, y de él emana la soberanía financiera; ésta con carácter original, corresponde al ente titular de la soberanía, es decir, al propio Estado.

Pero este esquema ¿resulta, igualmente, válido cuando se aplica a un Estado federal?

Esta cuestión nos obliga a volver de nuevo al punto de partida para examinar a quien corresponde la soberanía en un Estado federal.

Respecto a esta materia aparecen las posturas doctrinales más dispares (26):

1. Un primer grupo de autores concibe el Estado federal, como una organización compleja en la que existe una doble soberanía, la del Estado federal y la de los Estados miembros. Esta doctrina ha sido defendida por Weit, Tocqueville y los autores de «El Federalista» (27).

Puede encontrarse también en algunos proyectos de la Constitución argentina (28). Así, en el de Alberdi, en cuyo artículo 4 se decía: «La Confederación garantiza a las provincias... su soberanía» y en el artículo 1.º declaraba: «La República Argentina se constituye en un Estado federativo, dividido en provincias que conservan la soberanía no delegada expresamente por la Constitución al Gobierno central».

2. Una postura más radical sostienen un grupo de autores para los que la soberanía pertenece exclusivamente a los Estados miembros, sin que sea atributo de los Estados federales. Esta fue la idea de Jefferson, desarrollada por J. C. Calhoum y Max von Seydel. En realidad,

---

(26) Puede verse un resumen de ellas en Germán Bidart Campos: *Derecho Constitucional*. Buenos Aires, 1966, págs. 486-489.

(27) Esta publicación está constituida por la serie de cartas que J. Madison, J. Jay y, sobre todo, Alexander Hamilton dirigieron a la prensa de Nueva York, en la década 1778-1788, para hacer campaña en favor de la ratificación de la Constitución aprobada en Filadelfia.

(28) Catalina García Vizcaíno: *Los tributos frente al federalismo*. Ed. Depalma, 1976, pág. 54.

estos autores configuran las federaciones, como verdaderas confederaciones basándolas en pactos entre Estados soberanos.

3. La postura contraria la sostienen aquellos autores que, partiendo del carácter indivisible de la soberanía, defienden que pertenece sólo al Estado federal, negando que las colectividades integrantes de los mismos puedan considerarse verdaderos Estados. En esta línea se encuentran Heller, Le Fur y otros.

Otro grupo de autores (Laband, Bidart Campos, etc.), aunque consideran que la soberanía pertenece al Estado federal, admiten que las colectividades que los constituyen tienen el carácter de Estados.

Verdross y Kunz parten de la distinción entre Estados en el sentido del Derecho internacional y Estados a efectos del Derecho interno y concluyen que la soberanía es propia sólo de los primeros, mientras que los segundos lo que poseen es autonomía reconocida por la Constitución.

4. Para un último grupo de autores (Gierke, Kelsen, etc.) la soberanía no pertenece a los Estados miembros por separado, ni al conjunto de todos ellos, sino a una nueva unidad política constituidos por el Estado federal.

La discrepancia respecto al hecho de si los Estados miembros poseen soberanía pone en entredicho el razonamiento que anteriormente habíamos expuesto, en relación con los Estados unitarios, para explicar y justificar el poder tributario, como manifestación del poder financiero que emanaba de la soberanía política.

Para que este esquema resulte aplicable a los Estados federales es imprescindible defender la teoría de la concurrencia de soberanías dentro de las Federaciones. La constatación de que en los derechos positivos de las Federaciones el poder tributario corresponde a los dos niveles políticos, parece reforzar estas teorías. Pero el gran número de doctrinas expuestas, las profundas diferencias entre las mismas y la categoría de los autores que las defienden, muestran claramente la dificultad del problema y justifican plenamente, en nuestra opinión, que no pretendamos resolver aquí este problema, que viene a añadir mayor complejidad a un concepto ya de por sí tan debatido como es el de la soberanía.

Si se admite que los Estados miembros no son titulares de soberanía política, para explicar su poder tributario no cabrían más que dos explicaciones: o bien admitir que este concepto no entronca necesariamente con el de soberanía o bien considerar que el poder tributario de los Estados miembros no es originario, sino derivado del poder tributario federal.

En relación con el tema de este trabajo es este último punto el que nos interesa destacar aquí. Los autores que se han ocupado del tema parecen estar todos de acuerdo en que los Estados miembros poseen un poder tributario originario, que no lo reciben por delegación del Estado federal, sino que es un derecho que les corresponde directamente. La doctrina norteamericana considera, incluso, que el poder tributario estatal precede al federal (29) y, así, distingue entre poderes inherentes («inherents powers») que corresponden a los Estados, poderes *enumerados* («designated powers») que son los del gobierno federal, y poderes delegados («delegated powers»), los de los entes locales. Los primeros son connaturales a su soberanía originaria; los segundos se derivan de la designación de competencias que hace la Constitución; y los terceros, los reciben los Municipios por delegación de los Estados miembros.

Se trata, por tanto, de un poder tributario propio independiente del federal, que tiene su fundamento en la propia Constitución. Pero, de todas formas, el poder tributario de los Estados miembros no puede equipararse totalmente al de los Estados unitarios, pues la existencia, al mismo tiempo, del poder tributario de los Estados federales introduce mutuas limitaciones en su ámbito de aplicación y obliga a adoptar medidas para evitar la superposición de carga tributaria y las distorsiones económicas que produciría la coexistencia, sin la debida coordinación, de dos sistemas tributarios con el mismo ámbito personal y territorial.

Por otro lado, el poder tributario estatal y el ejercicio del mismo está sometido, por una parte, a las condiciones y limitaciones que establezca la Constitución federal y, por otra, a los preceptos de la propia Constitución de cada Estado miembro.

2. Los problemas tributarios de los Estados federales.

La distribución de las funciones públicas entre los dos niveles y la coexistencia de los poderes tributarios originarios dentro del mismo Estado constituye la singularidad esencial de las Haciendas federales y es la causa de que ésta deba resolver unos problemas específicos que no se presentan en los Estados unitarios o lo hacen en éstos con mucha menor extensión e intensidad.

¿Cuáles son estos problemas?

---

(29) W. J. SHULTZ y C. LOWELL HARRIS: *American Public Finance*. Prentice Hall. Inc., 1959, pág. 134.

J. H. Lynn (30) los sintetiza en estos tres:

— distribuir la responsabilidad del gasto público y las fuentes de ingresos de manera que las necesidades financieras y los recursos para atenderlas se mantengan en equilibrio entre los dos niveles, a lo largo del tiempo;
— adoptar mecanismos que permitan compensar las diferencias de capacidad tributaria entre los distintos Estados de forma que todos éstos puedan prestar un nivel de servicios aceptable, dado el nivel nacional sin que tengan que imponer un grado de presión fiscal que exceda del que exista en los otros Estados;
— mantener la eficacia de los instrumentos fiscales y monetarios para combatir las fluctuaciones económicas y promover la tasa más deseable de desarrollo económico y una adecuada distribución geográfica del mismo.

Los tres problemas afectan, tanto a la vertiente de los gastos como a la de los ingresos públicos que, como hemos dicho, están íntimamente relacionadas y se condicionan una a otra. En este trabajo vamos a examinar sólo la problemática de los ingresos, aun con plena conciencia de que ésta no constituye más que la mitad de la cuestión. Ambos aspectos deberán tomarse en cuenta conjuntamente, pero esto no significa que cada uno de ellos no presente una serie de problemas que exigen un estudio por separado.

La vertiente de los gastos determinará el volumen de ingresos que necesitaría cada uno de los niveles. Pero la manera de suministrar estos ingresos a cada uno de ellos plantea una serie de cuestiones que caen plenamente en el campo de la técnica tributaria y que deben ser examinados a la luz de los criterios y de las soluciones de esta disciplina.

En los capítulos siguientes de este trabajo trataremos de examinar los problemas que plantea el hecho de que tanto el Gobierno federal como los de los Estados deban contar con fuentes de ingresos que les permitan desempeñar las funciones que les correspondan de acuerdo con el reparto de competencias que realice la constitución correspondiente, y de presentar las posibles soluciones que puedan adoptarse para resolverlas. Para ello, tendremos en cuenta tanto los principales criterios seguidos por el Derecho comparado como las soluciones teóricas que, en abstracto, puedan formularse en base a los objetivos que deben perseguir los sistemas fiscales modernos y los principios que deben presidir su estructuración.

---

(30) James H. Lynn: *Studies of the Royal Commission on Taxation*, número 23 (Federal-Provincial Fiscal Relations). Ottawa, 1964, pág. 2.

CAPITULO III

RELACIONES ENTRE LOS SISTEMAS FISCALES EXISTENTES EN UN ESTADO FEDERAL

A la distribución de competencias entre la Federación y los Estados miembros que caracteriza la organización federal, corresponde la facultad atribuida a cada uno de ellos de establecer sus propios impuestos y de proporcionarse los ingresos necesarios para financiar los gastos que suponen las actividades a su cargo. Además, lo mismo que sucede en los Estados unitarios, también existen impuestos exigidos por las Corporaciones locales. Se exigen, así, impuestos a tres niveles, el federal, el estatal y el local, y la coexistencia, dentro de una misma comunidad política, de tres niveles de imposición hace que, si no se coordinan debidamente, puedan surgir entre ellos superposiciones, conflictos e interferencias que se traducen en diversas e importantes dificultades, tanto para su propia aplicación, como para el buen funcionamiento de la actividad económica o la consecución de un adecuado grado de equidad tributaria.

A este respecto pueden considerarse tres tipos de relaciones: 1. Relaciones entre la imposición federal y la de los Estados miembros; 2. relaciones fiscales de los distintos Estados miembros entre sí; 3. relaciones fiscales de los Estados miembros con sus Entidades locales.

Aunque la organización federal no deja de originar ciertas especialidades, en general, las relaciones del último grupo son de la misma naturaleza que las que se producen entre estos niveles en los Estados unitarios y, por ello, en nuestra exposición vamos a referirnos sólo a los problemas que pueden presentarse como consecuencia de las dos primeras relaciones y a las posibles soluciones para los mismos.

1. Relaciones entre la imposición federal y la de los Estados miembros.

Por las relaciones que mantengan entre sí los impuestos federales y los de los Estados miembros pueden producirse diversas situaciones, que podemos resumir en el siguiente esquema:

a) Separación de las fuentes impositivas.

b) Utilización de las mismas fuentes, conjuntamente:

- *a'*) Sin coordinación.
- *b'*) De forma coordinada:
  - *a''*) Impuestos independientes con regulación uniforme o armonizada.
  - *b''*) Impuestos relacionados:
    - *a'''*) «Tax credit».
    - *b'''*) Deducción de la base.
  - *c''*) Imposición única:
    - *a'''*) Impuestos compartidos.
    - *b'''*) Arrendamientos de impuestos.
    - *c'''*) Recargos.
    - *d'''*) Participación en los ingresos.
  - *d''*) Asistencia administrativa.

a) *Separación de las fuentes impositivas.*

En primer lugar, pueden atribuirse a cada uno de los dos niveles fuentes impositivas diferentes, de forma que la atribuida a uno de ellos no puede ser utilizada por el otro.

Al comienzo de las Federaciones ésta era la situación dominante. «En los primeros tiempos —dice Due— (31) en los que los niveles de gasto público eran bajos, se minimizaban los problemas intergubernamentales por una extensa separación de fuentes entre los diversos

(31) J. F. Due: *Government Finance.* R. D. Irwin, Illinois, 1959, pág. 474.

niveles de gobierno, que descansaba cada uno de ellos en fuentes impositivas no utilizadas por el otro. Durante el siglo pasado la separación de fuentes era casi total entre el Gobierno federal y los Estados; el primero exigía los derechos de aduanas y los impuestos especiales de consumo, y los segundos, el impuesto sobre la propiedad y otros impuestos directos. En Canadá la situación era similar».

Con este sistema se evita la superposición de impuestos de la misma naturaleza y todos los inconvenientes que, como veremos enseguida, lleva consigo esta situación.

Sin embargo, un sistema de rígida separación de las fuentes impositivas de uno y otro nivel, tiene también sus inconvenientes.

Por una parte, hace más difícil que ambos sistemas fiscales, el federal y el de los Estados, se estructuren de la forma más adecuada. Cada una de las principales figuras impositivas produce unos efectos concretos y resulta especialmente apta para la consecución de determinados fines. Por esto la configuración óptima de un sistema fiscal sólo se puede conseguir con una combinación de diversos impuestos que completen sus efectos y contrarresten sus influencias no deseables. Parece evidente, por ejemplo, que si la imposición personal sobre la renta se reserva exclusivamente para uno de los niveles, al otro le será muy difícil distribuir de forma equitativa el peso de sus impuestos.

Por otra parte, el sistema de separación rígida de las fuentes impositivas carece de la flexibilidad necesaria para que los ingresos fiscales se adapten a los cambios en las circunstancias existentes en el momento en que se efectuó la atribución de las fuentes impositivas. Así los Estados pueden encontrarse con que sus necesidades de recursos se incrementan considerablemente al requerírseles nuevos servicios o aumentar sensiblemente el coste de los que venían prestando anteriormente y que, en cambio, los ingresos de las fuentes que se les hayan asignado crecen a un ritmo mucho menor. En este supuesto, para poder desempeñar las funciones que tengan encomendadas, no tienen más posibilidades que intentar forzar el rendimiento de sus figuras tributarias o acudir a las fuentes impositivas reservadas al otro nivel. La primera solución nunca es demasiado fácil y, en muchos casos, puede resultarles totalmente imposible, como sucedería si se produce una abierta oposición a la elevación de los tipos impositivos.

Además, la separación absoluta de fuentes hace que cada Administración deba realizar de nuevo todo el esfuerzo administrativo que supone la exigencia de un impuesto, esencialmente, en cuanto a la formación de censos de contribuyentes y exacta determinación de las bases impositivas, mientras que otros procedimientos de coordinación de los impuestos permiten que el esfuerzo realizado por una de las Administraciones redunde, no sólo en beneficio de su nivel político, sino también en el del otro. Newman (32), recuerda a este respecto que el abandono en Estados Unidos del «Property Tax» por algunos Estados a los entes locales, dejando a éstos la tarea de administrarlos con sus propios medios, sin la colaboración estatal, lejos de fortalecer la situación fiscal de las Corporaciones locales, la debilitó. El ejemplo, está tomado de las relaciones entre Estados y municipios, pero no deja de ser ilustrativo sobre la importancia que en materia fiscal tiene la colaboración entre las Administraciones de distinto orden.

Shultz y Harris (33) señalan, a su vez, que el sistema de separación, por sí solo, no permite alcanzar la uniformidad de la imposición de los Estados miembros, que puede conseguirse con otros procedimientos como el de recargos o imputación de impuestos. Tampoco proporciona al gobierno federal los elementos de control sobre el sistema de los ingresos estatales y del desarrollo por éstos de funciones importantes desde el punto de vista nacional que tengan encomendadas, que puede conseguirse, por ejemplo, con un sistema de subvenciones. Por último —según estos autores—, el sistema de separación no permite la igualación de ingresos entre los Estados miembros, que puede, igualmente, conseguirse con un sistema de subvenciones o transferencias.

b) *Utilización de las mismas fuentes impositivas por los dos niveles, sin coordinación.*

La alternativa a la separación de las fuentes impositivas entre los dos niveles, es permitir que ambos utilicen las mismas figuras tributarias.

Esto pueden hacerlo, a su vez, o bien de forma coordinada o bien estableciendo y regulando cada uno de ellos sus impuestos con absoluta independencia, prescindiendo totalmente del hecho de que el mismo impuesto se exige también por el otro nivel.

En el segundo caso, se producirá lo que la doctrina anglosajona denomina una situación de «jungla fiscal» (34). En ella se producirá, probablemente, la superposición para los mismos contribuyentes de impuestos de la misma naturaleza, regidos por legislaciones diferentes, con características dispares y exigidos por distintas Administraciones.

---

(32) H. E. Newman: *An introduction to Public Finance.* J. Wileyand Sons. Inc. Nueva York, 1968, pág. 607.

(33) W. J. Shultz y C. L. Harris: *American Public Finance.* Prentice Hall. Inc. Nueva York, 1959, pág. 484.

(34) *Studies of the Royal Commissions on Taxation,* número 23, pág. 16.

Los inconvenientes de una situación de este tipo son evidentes: 1. para los contribuyentes, supondrá una duplicidad de presión fiscal indirecta, con todo lo que ésta significa (necesidad de conocer dos legislaciones fiscales, de formular dos declaraciones y de someterse a dos procesos de comprobación paralelos), simultáneamente, y, considerándolo desde el punto de vista de la nación como un todo, se producirá una duplicación del coste de la Administración tributaria; 2. la eficacia recaudatoria de cada una de las dos figuras tributarias resultará seriamente afectada, pues la exigencia por duplicado de un mismo impuesto aumentará considerablemente la resistencia de los contribuyentes; 3. existirá, en definitiva, una grave dificultad para que cada uno de los niveles pueda estructurar un sistema tributario de la forma más adecuada, pues forzosamente resultará condicionado por los impuestos exigidos por el otro y podrá, incluso, llegarse al establecimiento de impuestos mas que por necesidades racionales, para mantener derechos sobre una determinada materia tributaria.

En segundo lugar, el ejercicio independiente y sin coordinación del poder tributario por la Federación y por los Estados miembros podría elevar la presión fiscal por encima de los niveles aconsejables. Es indiscutible que existe un nivel óptimo de presión fiscal para cada país y para cada momento, en función de su situación económica, de su estructura social y de sus objetivos políticos y económicos. Una presión fiscal y, consecuentemente, una recaudación insuficiente, imposibilita la consecución de los objetivos que marque la política económica y social del país. Pero, asimismo, una presión fiscal excesiva, sobre todo si es consecuencia de una inadecuada estructuración de los sistemas impositivos, puede afectar seriamente a los estímulos económicos e, incluso, poner en peligro la aceptación pacífica del orden político.

Hoy en todas las naciones los Estados intervienen decididamente en materia económica y social. La doctrina coincide en señalar que, modernamente, en todos los sistemıs federales se ha producido un considerable incremento de las funciones atribuidas a la Federación como consecuencia de este intervencionismo. Uno de los mecanismos más eficaces para la intervención pública en estos campos es la política fiscal, con la utilización de los instrumentos tributarios con fines coyunturales y al servicio de los objetivos de la política social. Esto requerirá que en los Estados federales, las figuras tributarias más eficaces desde el punto de vista de la política fiscal puedan ser utilizadas por el nivel que, fundamentalmente, deba tomar a su cargo la aplicación de esta política. Si en un Estado federal cada uno de los niveles políticos pudiese elegir libremente las figuras impositivas a establecer, se correría grave riesgo de que el país en su conjunto contase con una estructura impositiva que resultase menos eficaz desde el punto de vista de la política fiscal.

c) *Utilización de figuras impositivas independientes, con armonización de la regulación.*

Un primer grado de coordinación puede lograrse si, aun conservando cada uno de los niveles su propio impuesto se regulan de manera uniforme o muy aproximada sus principales elementos, singularmente, la base imponible.

Esta coordinación disminuye la presión fiscal indirecta sobre los contribuyentes y hace posible la cooperación entre las Administraciones de los dos niveles no sólo mediante el intercambio de informaciones y datos, sino que, incluso mediante la recaudación conjunta de ambos impuestos.

Por otra parte, la uniformidad de regulación supone evitar, también, la disparidad entre las legislaciones de los distintos Estados miembros.

d) *Imputación de impuestos («Tax credit»).*

Con este sistema, al igual que sucedía con los dos anteriores, cada uno de los niveles exige su propio impuesto, pero aquí se produce ya una ligazón entre las dos figuras impositivas.

En virtud del sistema de crédito o de imputación, el Gobierno federal deduce de la cuota de su impuesto las cuotas del impuesto abonado a los Estados, en su totalidad o hasta un cierto límite.

Los dos niveles utilizan la misma materia tributaria, pero realmente, el Gobierno federal reserva una parcela de la misma para los Estados, por cuanto que de la recaudación que obtiene transfiere una parte a las Haciendas estatales.

El «tax credit» es un mecanismo típico en las relaciones fiscales internacionales. En este campo se utiliza como procedimiento para evitar la doble imposición internacional que puede surgir por el hecho de que una persona resulte sometida a la jurisdicción tributaria de dos Estados diferentes. La doble imposición internacional se produce, sobre todo, cuando dos Estados se consideran con derecho a gravar un mismo hecho imponible, uno sobre la base del criterio jurisdiccional de residencia y otro del criterio territorial (puede surgir también entre Estados que sigan el mismo criterio jurisdiccional, pero lo definan de forma diferente). Los que siguen el primer criterio gravan todas las rentas obtenidas por sus residentes, tanto si las obtiene en su territorio como fuera de él; los que adoptan el segundo, gravan las rentas que se obtienen dentro de sus fronteras, tanto si las obtiene una persona residente como una no residente. Cuando una persona física o una sociedad residente en un Estado que sigue el primer criterio obtiene rentas en el territorio de un país que sigue el segundo criterio, las rentas obtenidas en éste, resultan sujetas a los dos ordenamientos tributarios. En estos supuestos, por lo general, el país de la residencia toma a su cargo, bien unilateralmente o bien mediante convenios bilaterales, la carga de evitar la doble imposición internacional y el método para hacerlo, sin renunciar a gravar la «renta mundial» de sus residentes, es deducir de la cuota que corresponde a esta renta, el impuesto a que ha quedado sometido su perceptor en el país de la fuente, dentro de determinados límites.

Este mismo mecanismo se emplea en algunos Estados federales cuando la misma figura tributaria se utiliza a nivel federal y por los Estados miembros. En este caso, de las cuotas de los impuestos federales se deducen, íntegramente o hasta un determinado límite, las cuotas de los impuestos de la misma naturaleza exigidas a la misma persona por un Estado miembro.

En el campo de la tributación federal, con la adopción de este mecanismo se buscan básicamente dos objetivos:

1. facilitar a los Estados miembros la obtención de ingresos,
2. influir sobre la estructura fiscal de los Estados miembros.

El «tax credit» supone, en definitiva, que la autoridad que lo concede no conserva para sí el total de las cuotas que corresponden a los tipos o tarifas impositivas que aplica, sino que una parte de esta recaudación se cede al Tesoro del Estado que exige el impuesto que se acredita. El contribuyente afectado soporta una carga fiscal total que está constituida por la suma de las cuotas que abona a cada uno de los Tesoros afectados y cuanto mayor es la que percibe el Estado beneficiario del crédito menor es la que le resta al que lo concede.

Pues bien, si se parte de que, con arreglo a los preceptos constitucionales, un Estado federal puede exigir para sí un determinado impuesto, si un Estado miembro exige sin que se admita el «tax credit», un impuesto de la misma naturaleza, la carga que por este concepto soportarán los contribuyentes vendrá constituida por la suma de los tipos impositivos aplicados por cada uno de ellos, con lo que se incrementará considerablemente la resistencia a este impuesto. En cambio, si el Estado federal admite el «tax credit», los Estados miembros podrán exigir estos impuestos, hasta el límite del crédito, sin que con ello impongan carga adicional alguna a sus ciudadanos. Como hemos dicho, en virtud de este mecanismo el contribuyente pagará sólo la cuota que corresponda a las tarifas del impuesto federal —si se supone que estas tarifas son las más elevadas—, pero una parte de este impuesto será conservado por el Estado miembro afectado.

Paralelamente, si la legislación del impuesto federal admite el «tax credit» y el Estado miembro correspondiente no exige un impuesto de la misma naturaleza, el contribuyente no soportará una carga fiscal inferior a la que correspondería si se exigiese el impuesto estatal, sino que lo único que variará será la distribución de la recaudación, que ingresará íntegramente en las arcas federales en vez de distribuirse entre las dos jurisdicciones tributarias. El mecanismo constituye, por tanto, un claro estímulo para que los Estados miembros establezcan un impuesto de esta naturaleza, si no lo tienen establecido, o eleven sus tarifas hasta el nivel necesario para agotar el límite del crédito contra el impuesto federal, si ya cuentan con él. La doctrina norteamericana ha acuñado la denominación de «Pick up taxes», para los impuestos que se establecen con objeto de aprovechar la ventaja que supone la admisión del «tax credit». Si actúan de esta manera, podrán obtener ingresos sin sacrificio para sus súbditos y, consiguientemente, sin resistencia por parte de éstos; mientras que si recurren para obtener sus ingresos a impuestos independientes, gravarán efectivamente, a los contribuyentes y tendrán que afrontar todos los problemas derivados de la imposición de una carga económica real.

Pero para que un sistema de «tax credit», pueda influir eficazmente sobre la estructura fiscal de los Estados miembros tiene que estar estructurado adecuadamente sin que existan en su regulación características o elementos que contrarresten este posible efecto.

A este respecto son muy reveladoras las vicisitudes por las que ha atravesado en Norteamérica el crédito fiscal concedido en el impuesto federal sobre las sucesiones a favor de los Estados miembros (35).

En relación con este impuesto el crédito fiscal se aplica en los Estados Unidos desde 1924.

Los Estados miembros norteamericanos comenzaron a utilizar esta figura tributaria mucho antes de que se estableciese a nivel federal y por ello, la consideraban como una fuente propia de ingresos impositivos. Pero en 1916 se implantó por la Confederación, con la protesta permanente de los Estados. A partir de esta época el impuesto sucesorio se exigió por los dos niveles, independientemente uno de otro, si bien para dar satisfacción a los Estados, tanto la Administración federal, como el Congreso, consideraban la posibilidad de suprimirlo a nivel federal. Como un primer paso en este camino, en 1924, se admitió la imputación del impuesto estatal hasta el 25 por 100 de la cuota del impuesto federal.

Pero este mismo año, Florida suprimió este impuesto con la intención de convertirse en un «Estado refugio», esperando que esta

---

(35) Vid. J. A. Maxwell: *Tax Credit Intergovernmental Fiscal Relations.* The Brookings Institution, 1962, págs. 19 y siguientes.

circunstancia, junto con la benignidad de su clima, atrayese a los contribuyentes acaudalados para que estableciesen sus domicilios en su territorio. En 1925, Nevada adoptó una medida similar.

Ante el temor de que, para no quedar en situación fiscal menos atractiva, los demás Estados siguieron la misma conducta, en 1926, el límite del crédito federal se elevó hasta el 80 por 100, con lo que el atractivo tributario de Florida y Nevada quedó muy disminuido, puesto que las personas que falleciesen en uno de ellos quedarían en todo caso sujetas al impuesto sucesorio federal. Siempre que el impuesto de los otros Estados no superase el 80 por 100 de las tarifas del impuesto federal, en virtud del «tax credit», las herencias quedarían gravadas igual tanto si se trataba de un contribuyente domiciliado en uno de los Estados que no contaban con impuesto sobre sucesiones, como si se trataba de una persona con domicilio en cualquiera de los otros Estados miembros. Con esta elevación disminuyó la resistencia estatal contra el impuesto federal.

El sistema de imputación produjo así dos claros efectos: por un lado, cortó la tendencia de los Estados a abandonar esta fuente impositiva y, por tanto, permitió su exigencia simultánea a nivel estatal y federal.

Maxwell (36), señala que pese a los beneficiosos efectos iniciales de este mecanismo, después, su eficacia como elemento de coordinación fiscal entre los Estados, quedó muy cercenada como consecuencia de una considerable elevación del mínimo exento federal de este impuesto, de 50.000 a 100.000 dólares, con lo que una gran parte de las pequeñas herencias, al no superarlo y no ser gravadas a nivel federal, quedaron al margen de los efectos del «tax credit». Por otra parte, al consistir el crédito en un porcentaje fijo de la cuota federal cualquiera que fuese la cuantía de la herencia y, en cambio, ser progresivas las tarifas del impuesto, tuvo mayor importancia para las grandes herencias que para las pequeñas y, en consecuencia, supuso una mayor transferencia de recursos federales hacia los Estados más ricos que hacia los más pobres. El autor últimamente citado afirma que, por ejemplo, una herencia de 25 millones de dólares daba lugar a un crédito del impuesto estatal superior a la que correspondía a 3.000 herencias de 200.000 dólares cada una.

La contribución de este mecanismo a la coordinación fiscal intergubernamental quedó todavía más disminuida a partir de 1930 en que se congeló el importe máximo del crédito fijándose éste en la cuantía que correspondía conforme a la legislación fiscal de 1926. Esta medida permitió al Gobierno federal modificar las exenciones y elevar los tipos impositivos sin que por ello aumentase la parte de las cuotas que se transfería a los Estados por vía de imputación.

(36) *Ob. cit.*, pág. 23.

Desde el lado de los Estados miembros actuó en el mismo sentido la adopción por muchos de ellos de un impuesto sobre el caudal relicto que les compensaba de la posible disminución del rendimiento que hubieran obtenido del impuesto sobre las cuotas hereditarias de haber aprovechado el máximo las posibilidades del crédito fiscal.

Debido a todas estas circunstancias y, especialmente, al hecho de que el derecho al «tax credit» estatal no se condicionase a la exigencia de una armonización de las legislaciones estatales con la federal, no fue eficaz como medio para contener la disparidad entre las regulaciones estatales y cortar la introducción de características poco convenientes.

La aplicación de un mecanismo de crédito o imputación fiscal en las relaciones intergubernamentales de un Estado federal plantea una serie de cuestiones técnicas de indudable interés.

En primer lugar, cabe preguntar en qué impuestos puede aplicarse. El supuesto normal de aplicación de este mecanismo es el de los impuestos personales, sobre la renta o sobre el patrimonio y tanto en lo que afecta a las personas físicas como a las sociedades. Pero tampoco cabe excluirlo totalmente para otros casos. Así, Maxwell estudia su aplicación en Estados Unidos en el impuesto para financiar el Seguro de Desempleo y se plantea la posibilidad de que se impute al impuesto sobre la renta federal el impuesto sobre las ventas abonado por los contribuyentes a su respectivo Estado. Sin perjuicio de que más adelante volvamos sobre esta última posibilidad, sí cabe anticipar, ya que por lo general la imputación de impuestos se realiza exclusivamente entre impuestos de idéntica o análoga naturaleza. Esta es, al menos, la práctica internacional, quizá, por partir de que uno de los requisitos para que pueda hablarse de doble imposición es, precisamente, que se exija el mismo gravamen a la misma persona por dos jurisdicciones distintas.

Otra cuestión básica es si las cuotas del Estado beneficiario han de imputarse en su totalidad o dentro de un determinado límite. En el ámbito internacional se imputa, normalmente, la menor de estas dos cantidades: la efectivamente pagada en el país cuyo impuesto se imputa o la que corresponde pagar por la renta o patrimonio de que se trate en el país que concede el crédito. Con ello nunca podrá concederse un crédito por una cuantía superior a estas últimas cuotas. Este límite es lógico porque en cuanto se anule totalmente la cuota exigida por una de las jurisdicciones tributarias afectadas ya no existe doble imposición. Con este límite se evita totalmente la doble imposición. Pero puede también concederse un crédito limitado sólo hasta un determinado porcentaje de las cuotas del país o unidad política que lo concede.

Hemos visto que éste es el sistema seguido en Estados Unidos en cuanto al impuesto sobre sucesiones y es también el sistema que suele proponer la doctrina al recomendar el establecimiento del «tax credit» respecto al impuesto sobre la renta. En el campo de las relaciones fiscales federales, el objetivo final de este mecanismo no es evtiar la doble imposición, sino ceder recursos federales a los Estados miembros y el límite cuantitativo marca el tope que se quiere poner al importe de estas cesiones.

El límite del «tax credit» puede adoptar diversas formas (37).

En primer lugar, puede permitirse que un contribuyente deduzca de sus cuotas del impuesto federal el 100 por 100 de la cuota pagada a los Estados hasta un porcentaje fijo (por ejemplo, el 10 por 100) de la cuota que le corresponda pagar por el impuesto federal.

Nathan y Hollander señalan que este método tiene la ventaja de su mayor sencillez y la mayor facilidad para calcular su coste. Permite, además, que los Estados miembros adapten fácilmente sus tarifas a la del impuesto federal de forma que agoten el beneficio del «tax credit».

En cambio, en su contra cabe señalar que origina mayores transferencias en favor de los Estados donde residan los contribuyentes más acaudalados que serán, normalmente, los Estados más ricos, favoreciendo menos a los Estados más pobres, y por ello, más necesitados de recursos.

Un segundo método consiste en permitir una deducción del 100 por ciento del impuesto pagado a los Estados miembros, sin que pueda exceder de una cuantía fija y común para todos (por ejemplo, 100 dólares por contribuyente).

Este es un sistema, igualmente simple, pero cuyo coste es más difícil de predecir, porque el límite actuará más o menos según el cuadro de distribución de rentas de los contribuyentes.

Favorece más a los Estados menos ricos que a los más desarrollados. Pero tiene el peligro de que desencadene presiones de los contribuyentes económicamente más fuertes, para que la tarifa del impuesto estatal se estructure de manera que la mayoría de los contribuyentes queden por debajo del límite del crédito federal, disminuyendo los efectos beneficiosos de este impuesto.

El tercer método consiste en un límite gradual, constituido por porcentajes decrecientes de la cuota del impuesto federal conforme aumenta ésta. (En el ejemplo de Nathan y Hollander, los porcentajes

---

(37) Vid. R. R. NATHAN y E. D. HOLLANDER: *The role of individual income taxes in Federal State-Local fiscal relations hips*, en «Tax Revision Compendium», vol. 1, página 219.

son los siguientes: 20 por 100 de la cuota federal hasta una cuantía de ésta de 100 dólares, 10 por 100 en los próximos 400 dólares de cuota y 2 por 100 del resto de la cuota).

Frente a su mayor complejidad, este método aventaja claramente a los dos anteriores por su efecto redistributivo, tanto a nivel de contribuyentes, como de Estados miembros.

El «tax credit» puede concederse indiscriminadamente para todos los impuestos de la misma naturaleza que se paguen a un Estado miembro o puede condicionarse el derecho a que se trate de impuestos estatales que reúnen determinadas características. Este puede ser un procedimiento para impulsar a los Estados a estructurar su imposición de la forma que se considere más adecuada y para uniformar las legislaciones entre sí y con la federal.

Como señalamos al principio, algunos autores ven la posibilidad de imputar incluso impuestos de distinta naturaleza. Así, Maxwell (38) examina la posibilidad de que del impuesto federal sobre la renta los contribuyente puedan deducir un porcentaje del impuesto sobre las ventas pagado a los Estados miembros, con cualquiera de las modalidades de límites antes señalados.

Este sistema, en la práctica, plantea en primer lugar, el problema de la dificultad de la prueba del impuesto sobre las ventas pagado. Es necesario un sistema de documentación de este impuesto que permita al contribuyente acreditar con la debida garantía las cuotas soportadas. Fácilmente se comprenden los peligros de fraude que implica un sistema de este tipo, si se admite como prueba la simple factura del vendedor.

Salvado este inconveniente, la modalidad que permite una determinación más exacta del impuesto sobre las ventas soportado por cada contribuyente, es el impuesto sobre las ventas al por menor.

Con impuestos monofásicos, exigidos en una fase anterior, no se sabe con exactitud cuál es su verdadera incidencia sobre el consumidor, pues normalmente el impuesto no aparecerá liquidado por separado en la factura de venta a este consumidor. Por otra parte la incidencia real del impuesto puede resultar incrementada por el llamado efecto «piramidación» que se produce al calcular los comerciantes su margen incluyendo el propio impuesto.

Con un impuesto sobre el valor añadido que llegue al consumidor final, éste podría determinar claramente el impuesto soportado; pero si se deja fuera del ámbito del impuesto esta última fase, se produce la situación que acabamos de describir.

---

(38) *Ob. cit.*, págs. 90 y siguientes.

Con el impuesto sobre la renta las tarifas estatales pueden adaptarse con más precisión que en el caso del impuesto sobre las ventas para que los Estados miembros obtengan el máximo beneficio del «tax credit» federal.

Finalmente, la concesión del «tax credit» para el impuesto sobre las ventas, puede suponer un estímulo para que los Estados incrementen éste, en vez de otras figuras tributarias más progresivas.

Una última cuestión que plantea el mecanismo del crédito es la de la vinculación que se exige con un Estado miembro para tener derecho a imputar al impuesto pagado a aquél. Una persona puede quedar sujeta al impuesto sobre la renta en más de un Estado miembro, en uno por el criterio de residencia y en el otro, por el de territorialidad o fuente de sus ingresos. ¿Cuál de los dos impuestos podrá imputarse al federal? ¿Cualquiera de los dos, a elección del contribuyente? En nuestra opinión la solución más adecuada es que de las cuotas del impuesto federal se deduzcan las del Estado de residencia del contribuyente y que, a su vez, este Estado tome a su cargo la obligación de evitar la doble imposición de sus residentes, concediendo la imputación de las cuotas que les hayan sido exigidas en otros Estados miembros por las rentas obtenidas en ellos, aunque pueden ser necesarias normas complementarias cuando el impuesto del Estado de residencia no absorba toda la tributación exigida en los Estados de la Fuente.

e) *Deducción de las cuotas estatales como gasto.*

Un sistema alternativo al del crédito fiscal es el de la consideración de los impuestos estatales como gastos deducibles para determinar la base imponible de los impuestos federales.

Este sistema se utiliza también en el campo de las relaciones fiscales internacionales, por algunos países; de acuerdo con las legislaciones que siguen este sistema, las rentas que sus residentes obtienen en el extranjero deben ser declaradas como ingresos de éstos, pero no por su importe bruto, sino deducidos los impuestos sobre la renta o los beneficios pagados en el país de la fuente. Como procedimiento para evitar la doble imposición internacional es un sistema muy incompleto, que no la evita, sino sólo la atenúa y que modernamente está siendo desplazado por uno de los dos sistemas que permiten evitar totalmente este fenómeno: el del crédito o imputación de los impuestos pagados en el país de la fuente o el de la exención de las rentas obtenidas en el extranjero.

En realidad, el fundamento de este mecanismo se encuentra, más que en el propósito de evitar la doble tributación, en la consideración de que el impuesto pagado en el extranjero constituye un gasto imprescindible para obtener los ingresos y que los impuestos lo que deben tomar en cuenta es la capacidad económica de los contribuyentes, que viene constituida por la renta que queda a su disposición una vez que ha satisfecho los gastos necesarios para obtenerla. El impuesto extranjero es un coste más que debe deducirse de los ingresos brutos, para determinar los ingresos imponibles.

Aplicado en el ámbito de las relaciones fiscales entre un Estado federal y sus Estados miembros, el sistema de deducción supone que los impuestos pagados a estos últimos por una persona, se deducen de la base imponible de sus impuestos federales.

En las Haciendas federales, el sistema de deducción de los impuestos estatales, además de justificarse como un ajuste necesario de los ingresos brutos de una persona para determinar su verdadera capacidad económica, constituye, también, un mecanismo para que los Gobiernos centrales transfieran o cedan ingresos impositivos a los Estados miembros.

Es para esta segunda finalidad para lo que puede considerarse como una alternativa del «tax credit». Pero antes de referirnos a la comparación entre estos dos sistemas, conviene examinar en relación con qué impuestos puede utilizarse el sistema de deducción.

El problema puede examinarse tanto desde el punto de vista de los impuestos federales de los que se van a deducir, como de los impuestos estatales que han de ser deducidos. En el primer aspecto, el campo típico del sistema de deducción es el impuesto sobre la renta de las personas físicas. Pero cabe también emplearlo respecto a otros impuestos personales, como los impuestos sobre el patrimonio neto, el impuesto sobre sucesiones o el impuesto sobre los beneficios de las sociedades.

Centrándonos en la primera de las figuras tributarias, cabe preguntar qué impuestos estatales podrán deducirse de la base del impuesto personal sobre la renta federal. En primer lugar, puede plantearse el tema en relación con el impuesto sobre la renta de las personas físicas de los Estados miembros. ¿Conviene deducir las cuotas de este último de la base de aquél?

Una razón importante en favor de una respuesta afirmativa es que ello puede servir para estimular a los Estados miembros a establecer y fortalecer un impuesto de esta naturaleza, en vez de otras figuras tributarias menos convenientes. Pero para que este efecto se produzca es necesario que el derecho de deducción esté limitado exclusivamente a este impuesto. Si pueden deducirse también del impuesto federal sobre la renta los demás impuestos pagados a los Estados miembros, desaparece el estímulo en relación con la imposición sobre la renta. La deducción del impuesto federal supone, en definitiva, que parte de los ingresos que reportan a los Estados miembros sus impuestos no proceden de los contribuyentes, sino de la renuncia por el Tesoro federal a la parte de las cuotas que hubiere recaudado de no admitir la deducción del impuesto estatal. Con ello, los Estados miembros pueden obtener ingresos sin costo para los contribuyentes; si esto sucede sólo en relación con una figura tributaria, los Estados miembros se sentirán inclinados a beneficiarse de esta posibilidad, con preferencia a otras posibles alternativas que no les ofrezcan esta ventaja.

El estímulo que la deducibilidad supone para que los Estados miembros establezcan o eleven su impuesto sobre la renta se deriva también de dos consecuencias del hecho de que en virtud de la deducción parte del impuesto estatal sobre la renta es soportado por el Tesoro federal: por un lado, la existencia de un impuesto estatal junto al federal dará lugar a una carga fiscal menor que la que resultaría de la simple acumulación de las cuotas de los dos impuestos; y por otro lado, si unos Estados exigen este impuesto y otros, no, la deducibilidad disminuye la diferencia de presión fiscal, entre ambos y el riesgo de que las personas y empresas se desplacen de los primeros a los segundos en busca de un mejor «clima fiscal». La desventaja competitiva de los Estados miembros que exijan el impuesto sobre la renta frente a los que no lo exijan, disminuirá porque, en virtud de la deducibilidad, el impuesto federal sobre la renta será menor en el caso de los residentes en los Estados que cuenten con un impuesto sobre la renta. Conviene advertir, sin embargo, como señala Maxwell (39), que esta comparación no refleja siempre la verdadera situación real, pues en muchos casos, los Estados que no cuentan con impuestos sobre la renta, obtienen sus ingresos de otras figuras impositivas, con lo que la presión fiscal no será menor, sino distinta. Pero, aun para estos casos, la deducibilidad puede servir para eliminar el atractivo que para los perceptores de rentas más elevadas puede suponer la existencia en un Estado de una estructura fiscal más regresiva o el simple efecto psicológico de la inexistencia de un impuesto personal.

Las objeciones al sistema de deducción proceden de dos líneas de pensamiento. En primer lugar, al tratarse de una deducción aplicada en la base de un impuesto progresivo, su significado es mayor cuanto mayor sea la renta del contribuyente de que se trate. Esto sucedería aún si la deducción fuese de cuantía fija en todo caso, pero al ser la deducción creciente por deducirse las cuotas del impuesto estatal que también lo son, el efecto se agrava aún más.

La deducción de las cuotas del impuesto sobre la renta de los Estados miembros disminuirá forzosamente la progresividad del impuesto federal. Así, si suponemos que en un país con arreglo a la tarifa del impuesto federal sobre la renta el tipo medio aplicable al tramo de

(39) *Ob. cit.*, pág. 104.

renta liquidable de 1.000.000, es de 21 por 100 y al tramo de 2.000.000, el 28,56 por 100 y que un Estado miembro tiene una tarifa cuyos tipos impositivos medios, son en todos los tramos la décima parte de los federales, para dos contribuyentes con una renta liquidable, respectivamente, de un millón y dos millones se producirían las siguientes situaciones:

a) Contribuyente con base liquidable de 1.000.000 pesetas.

	Ito. Estatal	*Ito. Federal*	*Total*
Sin deducción..........	21.000	210.000	231.000
Con deducción..........	21.000	204.399	225.399
Con tax credit..........	21.000	189.000	210.000

b) Contribuyente con base liquidable de 2.000.000 pesetas.

	Ito. Estatal	*Ito. Federal*	*Total*
Sin deducción..........	53.840	538.400	592.240
Con deducción..........	53.840	519.286	573.126
Con tax credit..........	53.840	484.560	538.400

Sin tomar en cuenta los impuestos estatales, el resultado de dividir el tipo impositivo medio correspondiente al primer contribuyente por el tipo medio del segundo da un cociente de 1,28, es decir, que el incremento de un millón en la base liquidable eleva la progresividad un 28 por 100.

Con la deducción de los impuestos estatales se reduce la pendiente de la escala, pues el citado cociente pasa a ser el 1,27. En cambio, con el sistema de imputación se mantiene el cociente y, por tanto, la progresividad de la tarifa.

Está claro que la deducción disminuye la progresividad de la tarifa federal. Pero para algunos autores esto no es realmente relevante, pues el legislador puede ya diseñar la pendiente de la tarifa federal que considere más adecuada tomando en cuenta la base imponible que va a resultar una vez deducidas las cuotas estatales. En definitiva, para juzgar la progresividad de la imposición sobre la renta hay que considerar las cuotas de los dos impuestos, ya que ambos se pagan con la misma renta.

En cambio, otros autores (40) estiman que existen muchos otros impuestos que detraen una parte de las rentas de los contribuyentes y, por tanto, si la tarifa del impuesto federal se estructura teniendo en cuenta los niveles de rentas individuales deduciendo exclusivamente los ingresos estatales sobre la renta, resultarán más gravados los contribuyentes residentes en Estados miembros que no exijan impuesto sobre la renta que los que residan en Estados que sí lo hagan. En conclusión les parece más lógico que la tarifa se fije tomando en cuenta los niveles de renta que quedan deduciendo todos los impuestos generales.

De la base del impuesto federal sobre la renta, además de los impuestos de esta naturaleza, cabe también deducir otras figuras tributarias como pueden ser las que recaen sobre el consumo. Aunque parte de la doctrina anglosajona se muestra muy crítica con la extensión de esta posibilidad a alguna de las manifestaciones de la tributación sobre el consumo. Así sucede con determinados gravámenes que algunos autores entienden se basan en el principio del beneficio, como puede ser el impuesto sobre los vehículos o los carburantes. Con esta concepción estos impuestos deben considerarse como pagos que realizan los contribuyentes por la utilización concreta de unos servicios que le prestan los Estados, y, en este caso, no existe razón para que el Tesoro federal asuma parte del pago de estos servicios. Tampoco encuentran justificada la deducción de otros impuestos que, junto a su función recaudatoria, persiguen la finalidad de contener el consumo excesivo de determinados productos —bebidas alcohólicas, etc.—. Estas objeciones no son válidas respecto a los impuestos generales sobre las ventas, pero de hecho, la deducibilidad de estos impuestos resulta casi impracticable por la enorme dificultad para probar las cuotas abonadas por este concepto y para que puedan ser debidamente comprobadas. Y, por otra parte, la justificación de la deducibilidad de estos impuestos se basa en la hipótesis de que su carga se soporta íntegramente por los consumidores finales, hipótesis que es uno de los temas más discutidos de la ciencia financiera.

En los Estados Unidos se plantea frecuentemente la cuestión de si cabe deducir del impuesto federal sobre la renta las cuotas del «Property Tax». Como es sabido, éste constituye la fuente básica de los ingresos locales, recae sobre el valor de determinados elementos pa-

(40) MAXWELL: *Ob. cit.*, pág. 103.

trimoniales y para muchos contribuyentes, básicamente, sobre la vivienda. Esto suscita la cuestión de la discriminación que produciría la deducibilidad de este impuesto entre los propietarios de su vivienda y los que habitan en una vivienda arrendada. Ambos —dice Brazer— (41), indudablemente, soportan el «Property tax» como una parte del coste de su vivienda. Pero mientras a los arrendatarios no se les permite deducir parte alguna de su renta, los propietarios podrán deducir íntegramente la cuota de este impuesto».

Como hemos dicho anteriormente, algunos autores presentan la deducción de impuestos como una alternativa al sistema del «tax credit». Pero cabe preguntarse si se trata, realmente, de dos técnicas alternativas, entre las que se puede elegir para conseguir un mismo resultado.

Para responder a esta pregunta es necesario en primer lugar precisar los términos de la comparación. Si la deducción de impuestos se compara con un sistema de crédito ilimitado hay que concluir que sus efectos son muy distintos. En este caso, el crédito tendría un coste para el Tesoro federal muy superior, pues con él cederá a los Estados una parte de su recaudación equivalente al importe íntegro de las cuotas percibidas por éstos hasta el límite máximo de la recaudación federal; en cambio, la deducción, al aplicarse a la base impositiva significa que la pérdida de ingresos federal no es el importe total de las cuotas estatales, sino el resultado de aplicar a estas cuotas el tipo impositivo federal. Así, por ejemplo, si se supone que el tipo del impuesto federal es el 30 por 100 y el estatal el 12 por 100, y la renta imponible, 1.000, si se concede el crédito fiscal, el contribuyente abonaría al Estado 120 y al Tesoro federal 180 (300 —120); en cambio, con el sistema de deducción el Estado seguiría percibiendo una cuota de 120 y el Tesoro federal, 264 (1.000 — 120 × 30 por 100), aunque con una tarifa progresiva este sacrificio sería mayor para el fisco federal porque la reducción de la base imponible motivaría, normalmente, además, la aplicación de un tipo impositivo inferior. Otra diferencia importante es que con el sistema de crédito la carga total para el contribuyente vendrá siempre dada por el tipo tributario del impuesto federal (en la hipótesis de que este tipo sea superior al estatal), y, en cambio, si se emplea el sistema de deducción, la carga fiscal del contribuyente estará constituida por la suma del impuesto federal y el estatal. Esto supone que el crédito anula las diferencias que puedan existir entre los tipos tributarios de los distintos Estados miembros y que existirá un nivel uniforme de carga fiscal para todo el país. Con esto quedaría eliminada la posible ventaja competitiva de los Estados miembros que tengan tipos tributarios más bajos.

---

(41) H. E. Brazer: «The deductibility of State and Local taxes under the individual income tax». *Tax Revision Compendium*, vol. 1, pág. 414.

Una tercera diferencia es que con el sistema de crédito, el ahorro de la cuota federal vendrá determinada exclusivamente por la cuota pagada al Estado miembro, mientras que con el sistema de deducción, dependerá, por un lado, de las cuotas del Estado miembro (que, a su vez, está en función del nivel de renta y de la progresividad de la escala) y, por otro lado, del tipo impositivo que corresponda aplicar. Con una tarifa progresiva, el ahorro de impuestos federal será mayor cuanto más elevada sea la renta del contribuyente, pues se produce un ahorro del impuesto federal que se calcula a tipos cada vez más altos. Esto significa que para las rentas más altas la deducción origina un ahorro del impuesto federal que supone un porcentaje mayor de las mismas. Sin embargo, este mayor ahorro de cuota federal vendrá en parte paliado por el hecho de que con el sistema de deducción el contribuyente soportaría una parte de la cuota estatal y ésta a su vez, se determinaría también por una escala progresiva.

Pero la comparación entre el sistema de crédito y deducción puede hacerse también partiendo de que el primero se va a estructurar de forma que suponga una transferencia de recursos federales a los Estados igual que la que se produciría con un sistema de deducción. Para ello, se puede fijar un límite a la imputación de forma que no se imputen íntegramente las cuotas estatales, sino sólo en cuanto no excedan de un determinado porcentaje, fijo o graduado, de la cuota federal. En este supuesto, no actuaría la primera de las diferencias señaladas y perderá mucha importancia la segunda, de forma que la diferencia fundamental estará en que con cada uno de los sistemas los contribuyentes soportarán una carga fiscal total, sumadas las cuotas federales y estatales, diferentes. En abstracto es muy difícil indicar en qué sentido se producirá esta diferencia, por lo que será necesario examinar empíricamente las dos posibilidades, teniendo en cuenta las tarifas de los dos impuestos afectados y el porcentaje máximo que se quiera establecer como límite a la imputación a la cuota del impuesto federal.

f) *Impuestos compartidos.*

Una de las formas más típicas de coordinación de los sistemas fiscales de los dos niveles es la utilización compartida por ambos de una misma figura tributaria.

La doctrina anglosajona habla en este caso de «tax sharing». En un sentido muy amplio cabrían bajo esta expresión, tanto los supuestos de pura participación estatal en los ingresos de un impuesto federal, como los casos en que los Estados conservan autonomía para la determinación de los tipos tributarios aplicables en su favor.

Para Shoup (42) sólo cabe hablar con propiedad del «tax sharing» cuando la distribución de la recaudación se hace atendiendo al origen geográfico de las cuotas o de las bases imponibles (con un impuesto progresivo se llega a resultados distintos usando unas u otras); por el contrario, estima que si la distribución se hace en función de otros criterios, el caso se asemeja mucho al de las subvenciones, con la diferencia de que la cantidad que ha de transferirse cada año se determina, no en virtud de una asignación presupuestaria, sino del rendimiento de un impuesto determinado.

Cuando la participación en ingresos no se funde en los criterios de origen geográfico propone este autor que se utilice una denominación distinta, la de «tax aid» («ayudas fiscales»).

Normalmente, en el supuesto de impuestos compartidos el nivel superior se encarga de la recaudación de su impuesto y del estatal, pero los Estados siguen conservando la titularidad del impuesto y cierta libertad en su regulación, aunque ésta ha de ajustarse mucho a la del impuesto federal.

Según Lynn (43), este sistema debe establecerse con las siguientes características:

— base impositiva común, acordada previa negociación de los dos niveles;

— libertad de ambos niveles para aplicar los tipos tributarios que considere más convenientes;

— administración y recaudación del impuesto por uno solo de los gobiernos.

Para los contribuyentes, esta fórmula supone una gran simplificación, al no tener que cumplir obligaciones tributarias formales más que en relación con una sola figura impositiva, y para el país en general representa un ahorro importante del coste de la administración tributaria. Al mismo tiempo, permite que ésta se lleve a cabo de la forma más eficaz, al poder encargarse la gestión del impuesto compartido a la Administración que en cada supuesto se encuentre en mejores condiciones para realizar esta tarea. Newman (44) considera que si

---

(42) C. S. Shoup: *Public Finance.* Aldine Treatises in Modern Economic. Chicago, 1969, pág. 618.

(43) Todavía en la terminología financiera americana se utiliza otro concepto más amplio, el de «revenue sharing» que se refiere a las transferencias de fondos federales a los Estados o entidades locales, aunque estos fondos no estén vinculados al rendimiento de un impuesto concreto.

(44) *Ob. cit.*, pág. 609.

los Estados norteamericanos convinieran acuerdos de este tipo con el gobierno federal, se permitiría a éste que pudiera exigir los principales impuestos sin las limitaciones que se derivan de las jurisdicciones individuales de los Estados. Se conseguiría, asimismo, con ello una mejora en la estructura de los sistemas fiscales de los Estados y de sus subdivisiones administrativas, al no obligarles a aferrarse a figuras tributarias poco convenientes.

Para Lynn la mayor ventaja del sistema de distribución de ingresos es su flexibilidad: como cada nivel fija libremente sus tipos impositivos, puede elevarlos o reducirlos para adaptarse a la demanda de los servicios que debe suministrar.

Dentro de este grupo pueden incluirse los acuerdos de recaudación. Un ejemplo muy elaborado de los mismos, es el sistema previsto para Estados Unidos por el Título II de la «State and Local Fiscal Assistance Act of 1972», de la que volveremos a ocuparnos más adelante, y que estableció la posibilidad de que los Estados que cumplan determinadas condiciones puedan encargar a la Administración federal la recaudación de sus impuestos sobre la renta de las personas físicas.

Este sistema ha sido recogido por el Internal Revenue Code (el Código fiscal norteamericano) al que se ha incorporado un nuevo capítulo (Subcapítulo E: «Recaudación de los impuestos estatales sobre la renta de las personas físicas») que reglamenta este mecanismo.

El sistema se aplica en virtud de un acuerdo que deben firmar el Secretario del Tesoro y el Estado de que se trate, a petición de las autoridades de éste.

Para ello, el Estado solicitante debe aplicar un impuesto que se ajuste a las características señaladas en la ley, es decir, que se trate de un «impuesto sobre la renta cualificado». Se compromete con ello a aplicar en su territorio las disposiciones del citado Subcapítulo E, así como las reglamentaciones federales vigentes sobre la materia o las que se dicten con posterioridad durante la vigencia del contrato.

Según Oldman (45), la aceptación del acuerdo implica para los Estados, que «los cambios relativos a la determinación de la base imponible del impuesto federal o de los tipos impositivos se adoptarán inmediatamente; que la administración del impuesto local se delega íntegramente en el Secretario del Tesoro; que las sanciones, civiles y penales que se apliquen en relación con el impuesto federal, se aplicarán también a los Estados; que los procedimientos y recursos federales,

(45) O. Oldman y F. P. Schoettle: *State and Local Taxes and Finance.* Mincola. Nueva York. The Foundation Press Inc., 1974, pág. 66.

incluidos los judiciales, sustituirán a las reclamaciones previstas en la legislación de cada Estado; y que el Secretario del Tesoro representará, a estos efectos, los intereses de cada Estado como lo hace con los de los Estados Unidos». «Está expresamente previsto que las liquidaciones practicadas, así como las devoluciones acordadas, por la Administración federal no podrán ser revisadas ni ejecutadas por ninguna autoridad estatal o local. Sin embargo, los Estados pueden solicitar examinar las declaraciones y liquidaciones u otras informaciones a ellas relativas para practicar las comprobaciones que estimen pertinentes, pero sin que las rectificaciones que pudieran resultar puedan ser practicadas directamente por ellas, sino por las autoridades federales».

Los impuestos «cualificados» sobre la renta de las personas físicas que pueden ser exigidos con arreglo a este sistema deben adoptar una de las siguientes modalidades:

a) Un impuesto cualificado sobre la renta de los residentes en el Estado.

A su vez, dentro de esta categoría, caben dos posibilidades:

a') Un impuesto liquidado sobre la base imponible del impuesto federal, con algunos ajustes expresamente permitidos en la ley, principalmente, para tomar en cuenta mínimos exentos o exenciones especiales.

En este caso, se puede aplicar un tipo impositivo proporcional o una tarifa progresiva.

Se puede conceder también un «tax credit» por el impuesto sobre la renta pagado a otro Estado o a una subdivisión local. (En el proyecto aprobado por el Congreso se admitía también un crédito «per cápita» por el impuesto sobre las ventas pagado por el contribuyente, pero en el texto definitivo se suprimió esta posibilidad, según Oldman (46), para evitar una excesiva carga administrativa sobre el Internal Revenue Service.

b') Un porcentaje de la cuota federal.

b) Impuesto cualificado sobre la renta de los no residentes.

Si se adopta esta modalidad sólo se podrá tomar como base los sueldos y salarios y los beneficios comerciales e industriales obtenidos en el territorio del Estado por los no residentes en él. La exigencia

(46) *Ob. cit.*, pág. 669.

de un impuesto de este tipo está condicionada, además, a que concurran otras dos circunstancias: 1. los sueldos o beneficios obtenidos por el contribuyente en el Estado deben exceder del 25 por 100 de sus rentas totales de esta naturaleza; 2. la cuota resultante no puede exceder de la que tendría que pagar el contribuyente si fuese residente del Estado.

Una característica general del sistema es que la Administración federal debe transferir con rapidez a las estatales las cuotas recaudadas. Los impuestos recaudados mediante retención deben ser transferidos dentro de los tres días siguientes a la retención. Cuando la recaudación se efectúa mediante declaración y liquidación, su importe debe ser transferido dentro de los treinta días siguientes a su ingreso en el Tesoro.

Otros aspectos de la imposición estatal acogida al sistema de recaudación federal que pueden destacarse son los siguientes:

— el período impositivo debe coincidir con el federal;

— los contribuyentes casados, al igual que sucede con el impuesto federal, pueden escoger entre presentar una declaración conjunta —con el sistema de «splitting»— o declarar cada uno de ellos por separado;

— las entidades tratadas como «conductos» (sociedades personalistas, trusts, herencias, etc.), a efectos del impuesto federal, quedarán sometidas al mismo régimen en cuanto al impuesto estatal.

Shoup (47) considera que una forma indirecta de compartir los impuestos, es que uno de los niveles conceda la exención de los intereses de la deuda emitida por el otro. Esto permitirá a este último reducir el tipo de interés, con lo que parte del impuesto que no recauda el primer nivel quedará en beneficio suyo. Pero, según este autor, el sistema tiene el inconveniente de que parte del ahorro de impuestos quedará en beneficio de los contribuyentes de altas rentas.

g) *Sistema de recargos.*

Muy próxima al sistema de los impuestos compartidos se encuentra la figura de los recargos. En la práctica se llega con ambos a efectos muy parecidos, pero en el fondo su naturaleza no es exactamente la misma.

La esencia de los impuestos compartidos se encuentra en que los

(47) *Ob. cit.*

dos niveles tienen la facultad de establecer una misma figura tributaria y en virtud de este sistema los Estados renuncian a exigirla, encomendando su administración y recaudación a la Administración federal que percibe junto a los ingresos de su impuesto los del impuesto estatal que ha de transferir a las autoridades a quien corresponde éste. En el caso de los recargos, no es necesario que los Estados tengan atribuido el derecho a exigir un impuesto, sino que su fuente de ingresos reconocida es la posibilidad de incrementar en un porcentaje las cuotas federales.

Este sistema presenta las mismas ventajas administrativas que el sistema de impuestos compartidos, con la simplificación para los contribuyentes y la disminución de costes que se derivan de utilizar un solo proceso de liquidación y recaudación para obtener ingresos diferentes. Como otra de las ventajas del sistema de recargos señalan los comentaristas que los Estados conservan total independencia para fijar el porcentaje de recargo a exigir, en función de sus necesidades, pero no cabe desconocer que, de todas maneras, esta independencia fiscal resulta muy limitada por la necesidad de aceptar la base imponible y la definición de los demás elementos básicos de la relación tributaria establecidos por la legislación del gobierno recaudador.

Por otra parte, esta independencia estatal en cuanto a la fijación de los porcentajes de los recargos hace que no puedan ser utilizados como procedimiento de perecuación financiera para aumentar el grado de igualdad de ingresos entre las distintas divisiones políticas.

Un sistema de recargos sobre los impuestos federales a favor de los Estados miembros puede producir problemas prácticos de aplicación cuando se trate de contribuyentes que estén sometidos a la jurisdicción de más de uno de éstos. Así si una sociedad tiene establecimientos en varios Estados, el recargo exigido sobre la cuota federal del impuesto sobre sociedades ¿con qué criterio se distribuirá entre los distintos Estados afectados?

Este problema —dice Newman— (48) es más grave en relación con el impuesto sobre la renta, pero tampoco deja de presentarse en relación con la tributación de las sociedades. Shultz y Harris (49) estiman que en el caso de aquel impuesto el sistema de recargos sólo puede emplearse en base al Estado de residencia, pues el intento de utilizar el de la fuente de la renta daría lugar a evasiones o necesitaría introducir una innecesaria complejidad administrativa. Estos últimos autores consideran que el sistema de recargos no puede aplicarse en relación con algunos impuestos importantes. Así afirman que

---

(48) *Ob. cit.*, pág. 620.

(49) *Ob. cit.*, pág. 486.

no operaría bien en relación con los impuestos federales sobre el tabaco o los licores o sobre las ventas de los fabricantes dada la desigual distribución de las fábricas entre los Estados.

h) *Arrendamiento de los impuestos.*

Mediante este sistema un gobierno cede a otro el derecho a exigir un impuesto a cambio del pago de una determinada cantidad. El gobierno cedente renuncia a exigir el impuesto de que se trate, confía su recaudación al otro y recibe una parte de los ingresos que se obtengan. Normalmente, el gobierno arrendatario recauda, al mismo tiempo, para sí un impuesto de igual naturaleza.

La cantidad a percibir por el nivel arrendado puede fijarse en base a varios criterios:

1. Puede atenderse, en primer lugar, al importe de las recaudaciones obtenidas en los períodos anteriores. Así sucedió, por ejemplo, en Canadá durante la Segunda Guerra Mundial: las provincias cedieron al gobierno federal el impuesto sobre la renta, a cambio del pago por éste de unas cantidades fijadas en base a las recaudaciones obtenidas en cada provincia en el período inmediatamente anterior a la guerra.

2. Puede fijarse también como cantidad a transferir a cada provincia un porcentaje fijo de la recaudación que corresponda a las rentas imputables a su territorio.

3. Cabe, por último, que se atienda más que al origen de la recaudación a la «necesidad fiscal» de cada provincia, tendiendo a igualar las cantidades «per cápita» que se transfieran a cada una de ellas.

El sistema de arrendamiento se considera por algunos autores como una modalidad de la distribución de los ingresos. Coincide con éste en que el impuesto se exige por uno solo de los gobiernos y tiene todas las ventajas que se derivan de esta simplificación.

Como inconvenientes se han señalado (50) los siguientes:

a) Desde el punto de vista político, el gobierno cedente abandona parte de su autonomía, pues una vez arrendados, no puede variar las bases ni los tipos impositivos a aplicar.

b) De hecho, una vez acordados los términos de la cesión, es difícil variarlos, pues necesitan complicadas negociaciones entre los

---

(50) LYNN: *Ob. cit.*, pág. 18.

dos niveles, por ello, al igual que se señaló respecto al sistema de separación de fuentes impositivas, se produce cierta inflexibilidad en cuanto a la adaptación de las recaudaciones a las necesidades de cada uno de los niveles.

c) El sistema produce una cierta oscuridad frente a los contribuyentes sobre quién es realmente el perceptor de los ingresos y qué gastos están contribuyendo a financiar.

i) *Participación en los ingresos.*

Este es el sistema que propuso Heller (51) como procedimiento para resolver la insuficiencia de recursos de los Estados en Norteamérica.

Como mejor sistema para solucionar el problema presupuestario de los Estados norteamericanos, W. Heller (52) propuso el que denominó de «participación en los ingresos» en función de la base de población.

Consistía en que el Gobierno federal transfería cada año a los Estados el importe correspondiente al 1 por 100 o al 2 por 100 de la recaudación de su impuesto general sobre la renta de las personas físicas, importe que se distribuiría entre los Estados, con arreglo a sus respectivos censos de población.

Según este autor la recaudación a ceder debería fijarse en función de la base imponible y no como un porcentaje de la recaudación. Como ventajas del primer procedimiento considera que la renta imponible es algo más estable que los ingresos y que interferiría menos con los planes para utilizar este impuesto con fines de estabilización.

Con este sistema, dada la tarifa del impuesto, que en Estados Unidos va del 14 al 70 por 100, el Gobierno federal recaudaría para sí tipos comprendidos entre el 12 y el 68 por 100 y para los Estados el 2 por 100.

El importe de este 2 por 100 se transferiría a un Fondo especial y los Estados tendrían derecho automático a participar en él con arreglo a los módulos fijados. La dotación al Fondo sería para el Gobierno federal un compromiso contractual al que habría de hacer frente con independencia de las situaciones de superávit o déficit presupuestario. En principio, la distribución debería realizarse conforme al nú-

---

(51) W. W. Heller: *Nuevas dimensiones de la política Económica.* Nueva Colección Labor. Madrid.

(52) *Ob. cit.*, págs. 126 y siguientes.

mero de habitantes, con lo que se produciría una cierta redistribución de rentas de los Estados con gran capacidad económica a los de menos nivel de desarrollo. Podría también reservarse una parte de los ingresos del Fondo (10 ó 20 por 100) para abonar suplementos a Estados con renta por habitante baja u otras condiciones especiales.

En principio, se debería dejar gran libertad a los Estados destinatarios en la utilización de estos fondos, sin perjuicio de exigirles que se sometieran a los requisitos normales de contabilidad y control de los gastos públicos. Podría prohibírseles que se utilizasen para fines concretos, como la financiación de autopistas para lo que ya tienen pre visto otro Fondo especial.

Para Heller este sistema constituiría «una participación en el crecimiento económico de la nación». No obstante, para proteger a los Estados contra las reducciones cíclicas del ingreso podría preverse alguna cláusula de dotación mínima —por ejemplo, la dotación del año precedente— y el propio Fondo podría constituir una reserva para este fin.

Las ventajas e inconvenientes que pueden señalarse al sistema se compendian por Heller (53) de la siguiente forma:

«Lo que los partidarios del plan de participación en los ingresos alaban es en primer término, su simplicidad; su provisión de una fuente de ingresos más grande y automáticamente creciente a los Estados; la libertad de movimiento que ofrece a los Estados; el consiguiente alivio del gradual endurecimiento de las categorías en los programas de ayuda condicional; y su contribución a la vitalidad y autodeterminación que hará a los Estados asociados más fuertes en nuestro federalismo. Sus partidarios también citan los niveladores efectos fiscales del plan de participación en beneficios y su efectividad en el mantenimiento de una distribución progresiva de la carga fiscal a niveles federal, estatal y local.

Sus detractores expresan el temor de que drenará los fondos para objetivos de más alta prioridad nacional que podrían ser financiados directamente a través del presupuesto federal; que estos fondos irán a parar a los Estados de bolsillos con agujeros; que un ingreso federal generoso conducirá a una relajación de los esfuerzos fiscales de Estados y municipios; y que esto no satisfará las necesidades vitales de los gobiernos locales.

(53) *Ob. cit.*, pág. 129.

j) *Colaboración administrativa.*

Un aspecto muy importante de la coordinación fiscal entre los dos niveles políticos es la mutua colaboración de sus Administraciones tributarias. Entre ellas pueden intercambiarse informaciones y datos que les sirvan para completar las relaciones de contribuyentes, descubrir hechos imponibles no declarados o conocer las verdaderas valoraciones de las bases imponibles. Sin duda, en determinados aspectos una Administración estará en mejores condiciones que otra para tener mejor conocimiento de la situación real de los hechos y estas condiciones deben ser aprovechadas en beneficio de los dos Gobiernos. En otros casos, se podrán utilizar conjuntamente procedimientos y técnicas mecanizadas e, incluso, pueden intercambiarse informaciones respecto al mejor funcionamiento y organización de los servicios.

Todas estas actuaciones redundarán en un mejor cumplimiento de las leyes fiscales en los dos niveles, en beneficio de sus respectivas recaudaciones y, también, con el resultado de disminuir las interferencias que se puedan producir entre los dos niveles fiscales.

En los principales países federales existe evidencia de los frutos que se derivan de la colaboración de las Administraciones tributarias. Así Break (54) cita que en 1960 el Internal Revenue Service declaró que en virtud de los acuerdos de cooperación administrativa firmados con los Estados había obtenido un incremento de ingresos de 10,6 millones de dólares, mientras que el coste de esta cooperación no excedió de 50.000 dólares. Asimismo, las autoridades de California manifestaron que habían conseguido unos ingresos netos adicionales de 4 millones de dólares como consecuencia de las comprobaciones que habían podido realizar utilizando conjuntamente los datos de las declaraciones de los impuestos federales y estatales.

Las posibilidades de esta colaboración son indiscutibles. Pero también lo es que para que opere adecuadamente tienen que darse determinadas condiciones y ha de instrumentarse en forma debida. Así, en primer lugar, cuanto mayor sea la semejanza entre la regulación de los impuestos federales y estatales, más fácil será establecer la colaboración de sus administraciones. Por otro lado, no puede olvidarse que no bastará con declaraciones legales o de las autoridades superiores en este sentido, sino que para que la colaboración funcione realmente será necesario que los funcionarios que han de llevarla a cabo se sientan realmente interesados en ella.

---

(54) G. F. Break: *Intergovernmental Fiscal Relations in the United States.* The Brooknings Institution. Washington, 1967, pág. 33.

Break dice a este respecto: «en materia del impuesto sobre la renta la cooperación comenzó ya en 1931, pero durante mucho tiempo sus efectos fueron muy limitados, en parte por falta de adecuados incentivos económicos».

Asimismo, afirma este autor, que el Internal Revenue Service dejó inicialmente de mostrarse interesado en extender este procedimiento, porque al suministrar datos a las autoridades estatales tenía que incurrir en una serie de gastos (fotocopias, comprobaciones, etc.) que no le eran reembolsados.

Una última consideración que hace este autor sobre esta materia es que la colaboración administrativa no debe limitarse a las relaciones federales-estatales, sino que debe extenderse también a los municipios y demás entidades locales.

2. Relaciones fiscales de los Estados miembros entre sí.

El hecho de que cada Estado miembro participe del poder tributario y cuente con un sistema fiscal propio distinto del federal e independiente del de los demás Estados miembros, origina el que una misma materia imponible pueda quedar sometida a dos o más jurisdicciones, con el peligro de que se produzcan superposiciones impositivas y de que los Estados puedan convertirse en competidores en base a las diferencias de carga fiscal.

a) *Doble imposición interestatal.*

Puede producirse, en primer lugar, doble o múltiple imposición entre los Estados miembros a semejanza de lo que ocurre en el orden internacional entre Estados independientes, fenómeno que en el ámbito de un Estado federal se producirá con más intensidad dada la mayor movilidad que tienen los factores económicos dentro de las fronteras nacionales.

La doble imposición interestatal surgirá siempre que dos o más Estados miembros delimiten su ámbito jurisdiccional en base a principios diferentes, como pueden ser, singularmente, el de residencia, por un lado, y el de la fuente u origen de las rentas, por otro, o, aún si utilizan el mismo principio general, pero lo definen de forma distinta, como sucederá si los Estados coinciden en gravar sólo a los residentes en ellos, pero definen el concepto de residencia de forma que no armonice con la de otros Estados. Pueden pensarse, por ejemplo, numerosos supuestos de disparidades en la definición del concepto de residencia capaces de originar doble tributación: en relación con las personas físicas, un Estado puede atender al período de permanencia en su territorio y otro, al lugar donde exista el domicilio habitual o el centro de trabajo principal, etc., incluso si dos Estados atienden al período de permanencia y fijan éste en un plazo muy corto —inferior a seis meses— una persona puede resultar residente en dos Estados. En relación con las sociedades, se puede atender al lugar de constitución, o al lugar donde se encuentren la sede de dirección o las principales instalaciones, etc.

En todos estos casos, si no se adoptan medidas para evitar la doble tributación, una persona o una empresa puede verse obligada a soportar la carga tributaria de dos o más Estados miembros. Los inconvenientes de esta situación son indiscutibles, tanto desde el punto de vista de la equidad tributaria como de sus efectos sobre la actividad económica.

En el primer aspecto, la doble tributación motivará que dos personas con la misma capacidad económica soporten cargas fiscales muy diferentes por el simple hecho de que una de ellas esté relacionada con dos Estados y otra sólo con uno. Desde el punto de vista económico, la doble imposición puede llegar a impedir la realización de actividades que habrían resultado convenientes para la economía nacional o, al menos, a alterar el planteamiento de las mismas que se habría realizado atendiendo exclusivamente a las condiciones económicas, de no mediar esta interferencia fiscal. Puede ser motivo, por ejemplo, de que se varíe el emplazamiento geográfico de las empresas para establecerlas en un lugar distinto del que sería más aconsejable para el mejor aprovechamiento de los recursos económicos.

En el campo internacional, existe ya un consenso común de que la doble imposición interfiere gravemente las relaciones económicas entre los países y constituye un serio obstáculo para la expansión de la inversión y del comercio internacionales. Tanto los tratadistas como los organismos y agrupaciones internacionales se han manifestado reiteradamente en este sentido y fruto de esta opinión ha sido la elaboración de modelos multilaterales y la formación de una extensísima red de convenios que, unida a las medidas unilaterales que se encuentran en la mayoría de las legislaciones fiscales positivas, ha hecho que, al menos en las relaciones entre los países más desarrollados, pueda considerarse que, en líneas generales, este fenómeno ha sido suprimido. Para muchos comentaristas esta circunstancia ha sido uno de los factores que ha hecho posible el extraordinario incremento que han experimentado los intercambios internacionales en las últimas décadas.

En las naciones federales, si no se coordinan debidamente las legislaciones tributarias de los Estados miembros, se agudizan extraordinariamente las posibilidades de que se produzca doble imposición porque en ellas se da con más frecuencia que en el campo internacional el supuesto de que las empresas y personas individuales realicen actividades o actúen de manera que las haga quedar sometidas a la jurisdicción de más de un Estado.

Una de las condiciones para que pueda considerarse que en el seno de un Estado federal, pese a la autonomía tributaria de los Estados, existe un verdadero sistema fiscal en el que se plasma la potestad tributaria de los distintos niveles políticos, es que no se produzca la superposición de una misma figura tributaria exigida por más de un Estado sobre los mismos hechos o personas, en definitiva, que se adopten medidas para evitar la doble imposición interestatal.

Para este fin, las organizaciones federales cuentan con una clara ventaja sobre la comunidad internacional, que es la existencia de una norma superior, el texto constitucional, que puede establecer principios o incluso preceptos concretos que han de ser observados forzosamente por los poderes legislativos estatales al estructurar sus figuras tributarias. Por esto en el campo federal puede atajarse desde el principio, con carácter preventivo, el fenómeno de la doble imposición, estableciendo con carácter general criterios jurisdiccionales similares, no sólo en cuanto al principio básico en que se inspiren, sino también en cuanto a su definición concreta.

En la configuración de los impuestos personales, habrá de decidirse, en primer lugar, a nivel nacional, si se adopta como criterio de subordinación a las jurisdicciones tributarias estatales el de la residencia o el territorial de la fuente de los ingresos o situación de los bienes.

Si se adopta el primero, habrá de decidirse, además, qué método se emplea para evitar la doble imposición interestatal, pudiendo elegirse, básicamente, a este respecto, entre el método de exención y el de imputación o crédito.

En consecuencia, la doble imposición por los Estados miembros puede evitarse adoptando todos ellos algunos de estos sistemas:

a) Gravamen de las personas residentes en su territorio, por todas sus rentas o patrimonios, tanto si las obtienen en el Estado donde residen como en otro, pero imputando, para evitar la doble tributación de los que proceden o se encuentren en otro Estado, a la cuota resultante las pagadas por impuestos de la misma naturaleza en el Estado donde se obtengan las rentas o encuentren los bienes.

b) Gravamen de las personas residentes en su territorio, pero sólo en cuanto a las rentas que se obtengan en él o a los bienes situados en el mismo.

c) Gravamen de las rentas obtenidas en su territorio o de los bienes que radiquen en él, con abstracción de la residencia de la persona que las obtenga o posea.

El primer sistema es, probablemente, el que implica una mayor complejidad administrativa, pues el Estado donde resida el contribuyente debe conocer y comprobar hechos imponibles que se producen fuera de su territorio.

En el campo internacional, éste es el sistema más seguido por las legislaciones de los países más desarrollados. Estos países lo defienden en base, principalmente, a dos argumentos: 1. con ello, todos sus residentes que tengan la misma capacidad económica soportan la misma carga tributaria, con independencia del lugar donde obtengan sus rentas o donde esté situado su patrimonio; y 2. se evita que sus residentes tiendan a invertir en el extranjero, en vez de hacerlo en su territorio, o a adquirir elementos patrimoniales fuera de sus fronteras para beneficiarse de la menor carga fiscal de otros países, singularmente, los menos desarrollados.

Estas justificaciones pierden bastante significado en el caso de las relaciones fiscales interestatales. En primer lugar, parten de una situación de hecho específica del ámbito internacional: que existe una disparidad de carga fiscal importante entre los distintos países y que, normalmente, los países más desarrollados aplican unos tipos impositivos muy superiores a los que rigen en los menos desarrollados. En este contexto, el criterio del gravamen de la renta mundial de los residentes, combinado con el sistema de imputación o crédito de impuestos, viene a anular las diferencias de carga fiscal sometiendo a los residentes en los países desarrollados a los tipos de éstos, más elevados, tanto por las rentas que obtengan o bienes que posean en el interior como en el exterior del país. Pero en el caso de los Estados federales la igualación de carga fiscal entre los residentes de los diversos Estados, puede conseguirse por medio del impuesto federal correspondiente, estableciendo en éste tipos más elevados que los de los Estados y un sistema de imputación de los impuestos estatales. Por otra parte, pueden establecerse también topes máximos para los tipos estatales, de manera que no se produzcan diferencias sustanciales de presión fiscal.

El segundo sistema, considerando exclusivamente la imposición estatal, produciría graves lagunas, pues quedarían sin gravar todas las rentas que se obtuviesen y todos los bienes que se poseyesen fuera del territorio del Estado de residencia de cada contribuyente. Con un impuesto federal de la misma naturaleza y un sistema de crédito, esta falta de tributación a los Estados no se traduciría en una menor tributación de los contribuyentes, sino en una falta de imputación de impuestos de los Estados y en una mayor recaudación federal. Esto restablecería la equidad a nivel federal. Pero los efectos psicológicos de las lagunas de la imposición estatal no serían buenos y se privaría, además, a los Estados de una posibilidad de obtención de ingresos sobre hechos realizados en su territorio.

El último de los tres sistemas se basa en el criterio de la fuente, es decir, del gravamen de las rentas en el territorio donde se obtienen. En principio el criterio parece simple y, sin embargo, en torno al mismo surge todo el problema de la distribución del beneficio de las sociedades multiestatales entre los distintos establecimientos de las mismas. Según Oldman y Schoettle (55), «la mayor parte de la literatura referente a la tributación de las sociedades que realizan actividades en varios Estados, ha estado dedicada a buscar respuesta a la cuestión de qué parte del beneficio debe considerarse obtenida en cada uno de ellos».

Para que, cuando se adopta este principio, un Estado pueda gravar los beneficios obtenidos en su territorio por una empresa multiestatal es preciso, primero, que se fijen los criterios que determinan que se considere que estas sociedades obtienen beneficios en un Estado y, en segundo lugar, que fije la forma de distribuir el beneficio total de la empresa entre todos los Estados donde opera.

El primer aspecto suele resolverse mediante el concepto de «establecimiento permanente», es decir, se considera que una sociedad debe quedar sujeta a tributación en un Estado —o en un país, en el ámbito internacional— cuando realiza actividades en él mediante un establecimiento que por su carácter de permanencia supone que la actividad realizada por su mediación tiene importancia suficiente en los resultados de la empresa para justificar que parte de los beneficios se atribuyan al Estado donde se encuentra. Aunque siempre existen instalaciones y actividades que suscitan dudas sobre si deben considerarse o no establecimiento permanente, en general este es un concepto ya bastante decantado en las relaciones fiscales internacionales y que puede servir perfectamente de guía en esta materia.

El segundo problema es el de la distribución del beneficio total de la empresa entre los distintos establecimientos o, visto desde otro ángulo, el del reparto de la base imponible entre los diversos Estados donde realizan actividades las sociedades multiestatales.

Para realizar esta distribución existen dos métodos principales: el de la contabilidad separada y el de la distribución proporcional o según la terminología más común en España, de la «cifra relativa de negocios».

El primero parte de la consideración de que aunque el beneficio total de una sociedad proceda de diversos Estados, es posible aislar

(55) *Ob. cit.*, pág. 556.

las diversas partes del negocio, situadas en diferentes Estados, y determinar el beneficio que corresponde a cada una de ellas. Para ello, se calcula el beneficio que habría obtenido cada una de estas partes del negocio si constituyera una empresa separada que tratase con la sede central con total independencia.

Este es el procedimiento predominante en los convenios bilaterales para evitar la doble imposición internacional. Pero ésta no parece ser la situación en cuanto a las relaciones fiscales interestatales. Así, Oldman y Schoettle (56) señalan que de los 38 Estados norteamericanos que cuentan con un impuesto sobre la renta, sólo 5 utilizan, en primer lugar, el método de la contabilidad separada; en 24 de ellos se puede acudir a este método cuando el de la cifra relativa de negocios produce un resultado inequitativo o da lugar a distorsiones.

El método de contabilidad separada en teoría parece el más adecuado para determinar los beneficios atribuibles a cada establecimiento. Pero su aplicación plantea algunos problemas complicados. En primer lugar, está el de la fijación de los precios de las transacciones intersociales. Los establecimientos de las sociedades multiestatales realizan numerosas transacciones, tanto adquisiciones de mercancías o servicios, como ventas, con la sede central o con otros establecimientos de la misma sociedad. En la contabilidad interna de estas sociedades, estas transacciones figuran con unos precios convencionales que pueden ser muy distintos de los que rigen en el mercado para los bienes o servicios de la misma naturaleza, incluso muchas veces no se imputa coste alguno por servicios que unos establecimientos prestan a otros. Si se admiten estos precios se alteran los verdaderos resultados de los establecimientos y se producen transferencias ocultas de beneficios de un establecimiento a otro y, en consecuencia, bases imponibles de un Estado a otro. Hace falta, por tanto, corregir la contabilidad de las empresas y computar las transacciones internas por sus verdaderos precios.

Otro problema es el de la imputación de los gastos generales de administración y dirección. Aunque estos gastos se abonen totalmente por la Administración central de una sociedad, es indudable que de ellos se benefician todas las partes de la sociedad y que a cada una de ellas ha de imputarse un porcentaje de la cifra total de estos gastos. Este ajuste parece ir en contra de la esencia del método de contabilidad separada; pero es inevitable, si se quieren recoger los verdaderos costes de cada establecimiento.

Las dificultades para aplicar este método han ocasionado el que en algunos Estados federales se haya elaborado la doctrina de los «ne-

---

(56) *Ob. cit.*, pág. 559.

gocios unitarios»: se atribuye esta calificación a aquellos supuestos de actividades multiestatales de una sociedad en los que los distintos establecimientos de las mismas son mutuamente dependientes unos de otros para obtener los resultados. En estos casos se considera que no es de aplicación el método de contabilidad separada.

El segundo método es el de la «cifra relativa de negocios». Con arreglo a este método el beneficio total de la sociedad se distribuye entre sus diversas partes con arreglo a unos porcentajes deducidos de la proporción en que se encuentran las cifras de determinadas magnitudes de los establecimientos respecto a las cifras totales de estas magnitudes para toda la sociedad. Normalmente suele utilizarse una fórmula en la que se combinan diversos factores. Oldman y Schoettle (57) ilustran el método con la siguiente fórmula:

$$\frac{\dfrac{\text{Activos en el Estado}}{\text{Activo total}} + \dfrac{\text{volumen de salarios en el Estado}}{\text{volumen total de salarios}} + \dfrac{\text{ventas en el Estado}}{\text{ventas totales}}}{3}$$

Esta fórmula dará una determinada relación aplicable a la base imponible total de la sociedad, para determinar la base imponible que podrá ser utilizada por el Estado donde se encuentre el establecimiento al que se refieran los datos de esta fórmula.

No puede desconocerse que la aplicación de estas fórmulas presenta en la práctica problemas para definir la extensión de los factores escogidos, la valoración de los mismos y, sobre todo, su atribución a un establecimiento concreto. Así sucede, especialmente, con las ventas: muchas veces es difícil pronunciarse sobre si una venta debe atribuirse al establecimiento de fabricación, o aquel donde han estado almacenadas, o aquel donde se han recibido los pedidos o donde se han firmado los contratos de venta. En las legislaciones de los Estados se han adoptado diversos criterios para resolver la atribución de las ventas entre los distintos establecimientos.

En algunos Estados el método de cifra relativa de negocios se completa con el de la atribución específica a un Estado de determinadas categorías de renta. Así sucede con las que podríamos llamar beneficios atípicos de las empresas industriales (plusvalías, dividendos, etc.). Como hemos dicho, la atribución específica de estas rentas íntegramente al Estado de la fuente, se combina con la distribución proporcional de los beneficios entre todos los Estados donde opera la sociedad.

La atribución específica de categorías de renta plantea el problema de la asignación a las mismas de una parte de los gastos de la sociedad.

---

(57) *Ob. cit.*, pág. 563.

Como hemos dicho, la adopción de un principio básico jurisdiccional ha de ir acompañado de unas normas definidoras del mismo, también comunes, que eviten disparidades en su interpretación que puedan originar supuestos de doble tributación.

«Ex novo», la supresión de la doble imposición interestatal parece técnicamente fácil. Pero no puede desconocerse que, de hecho, en algunos países en que su organización federal y sus normas fiscales datan de hace tiempo, sus disposiciones tributarias no abordaron adecuadamente este problema y en estos casos la supresión de la doble imposición ha sido fruto de la doctrina jurisprudencial de Tribunales superiores con jurisdicción sobre todos los Estados, en base a principios constitucionales generales que prohíben o bien, concretamente, la doble tributación o, más generalmente, la desigualdad fiscal entre los nacionales.

Otra posibilidad para evitar la doble imposición en caso de insuficiencia legislativa, sería la celebración de Convenios entre los Estados miembros para este fin.

El gran remedio contra este problema es la uniformidad legislativa. El mejor medio para conseguirla —estiman Shultz y Harris (58)— es que los Estados utilicen como modelo la legislación y reglamentación federales, con ello —añaden estos autores— se facilitará a los contribuyentes el cumplimiento de sus obligaciones tributarias y las Administraciones fiscales estatales podrán beneficiarse al máximo de la colaboración y asistencia federal en esta materia.

b) *Competencia fiscal entre los Estados.*

El segundo peligro que puede producirse como consecuencia de la autonomía tributaria de los Estados miembros es el de la competencia fiscal entre los mismos.

Los Estados pueden verse movidos a reducir sus impuestos con la finalidad de resultar más atractivos a los contribuyentes más acaudalados o a las empresas de otros Estados.

«Para elegir el Estado donde van a constituirse y donde van a construir sus fábricas o abrir sus oficinas, las sociedades pueden tomar en cuenta las cargas fiscales relativas. Algunas transacciones pueden realizarse en un Estado o en otro, según la carga fiscal que soporten. Y los contribuyentes más ricos pueden escoger el Estado donde fijar su domicilio, para minimizar sus impuestos sobre la renta, sobre la propiedad o sobre las sucesiones» (59).

---

(58) *Ob. cit.*, pág. 480.

(59) SHULTZ y HARRIS: *Ob. cit.*, pág. 480.

Sin duda en este aspecto influyen más las diferencias en unos impuestos que las de otros. Así las diferencias de tipos de los impuestos sobre el consumo personal, normalmente, no serán suficientes para variar el lugar de las adquisiciones ordinarias de los contribuyentes, aunque puede producir este efecto en algunos supuestos concretos. Es posible, por ejemplo, que diferencias en el gravamen de la gasolina o del tabaco entre dos Estados limítrofes pueda mover a los contribuyente que habiten en las localidades próximas a los límites territoriales a desplazarse al otro para realizar sus compras, pero en la mayoría de los casos, el coste y las molestias de este desplazamiento no compensarán el ahorro fiscal.

Otros impuestos, sin embargo, pueden tener una influencia importante en este aspecto. Tal sucederá, principalmente, con los impuestos personales con tarifas progresivas de pendiente muy pronunciada. Dada la facilidad que existe dentro del mismo país para elegir el lugar de residencia, y la importancia económica de las diferencias de las cuotas de este impuesto, los contribuyentes de mayor capacidad económica pueden verse movidos a cambiar su domicilio para beneficiarse de la menor presión fiscal de otro Estado. Igualmente, puede actuar en este sentido el impuesto sobre los beneficios de las sociedades, si la diferencia de carga fiscal es suficientemente importante para compensar otros aumentos de coste que puedan producirse como consecuencia del nuevo emplazamiento.

De nuevo, el remedio contra este peligro debe buscarse, en primer lugar, en la mayor aproximación posible entre las legislaciones estatales. Pero el problema está en que la propia esencia de la organización federal implica dejar a los Estados miembros un cierto grado de autonomía legislativa. Es una exigencia política. Respetando la autonomía estatal, pueden corregirse las diferencias de carga fiscal, mediante un impuesto federal más elevado y un sistema de imputación de impuestos estatales. Ya señalamos antes que el motivo de la concesión del «tax credit» en el impuesto federal sobre sucesiones de Norteamérica, fue evitar que se generalizase la práctica de Florida y Nevada de no exigir este impuesto para atraer a los contribuyentes de otros Estados.

Este es, sin duda, un peligro importante. El derecho positivo muestra abundantes ejemplos de guerras fiscales entre Estados miembros de una Federación para resultar más atractivos a las empresas y contribuyentes individuales. Esta carrera de rebajas fiscales, por una parte, introduciría un factor extraño en las decisiones empresariales y, por otro, miraría la eficacia recaudatoria de sus sistemas fiscales y acabaría poniendo en peligro su suficiencia presupuestaria. Las autoridades federales de los países que han padecido este problema y las propias Administraciones estatales han sentido gran preocupación por él mismo y han promovido la utilización de convenios entre los Estados para limitar la concesión de rebajas impositivas y beneficios fiscales.

c) *Trabas al comercio interestatal.*

Un último gran inconveniente de la independencia fiscal de los Estados miembros es el peligro de que legislen de forma que perjudiquen el comercio entre los Estados. Impuestos discriminatorios contra las mercancías procedentes de otros Estados o gravámenes exigidos en el momento de la entrada de las mismas en un Estado, supondrán una barrera importante para la libre circulación de bienes dentro del país.

En la mayoría de las Constituciones federales existen preceptos que específicamente prohíben impuestos de esta naturaleza. En otros, aún sin contar con preceptos tan concretos, la Jurisprudencia ha llegado a resultados semejantes basándose en principios más generales como los de libertad de comercio o libre establecimiento de las empresas.

Sin duda, en la elaboración de una legislación ideal sobre fiscalidad federal, no podrá prescindirse de principios que prohíban el establecimiento de barreras fiscales al comercio interestatal. Por otra parte, al no gravarse el comercio interestatal —concretamente, las importaciones, pues las exportaciones ningún Estado querría gravarlas por presión de sus empresas— se produce la situación que se denomina en el ámbito internacional de «tributación en el país de origen», es decir, que las mercancías competirán en el mercado del Estado donde se van a consumir soportando cada una el impuesto exigido en el Estado de donde proceden. Con este sistema, cuando se vendan en un Estado mercancías fabricadas en otro que no tiene impuesto sobre las ventas o se exige a tipos más reducidos, estas mercancías competirán en condiciones fiscales de ventaja respecto a las de producción local.

Esta situación producirá, naturalmente, la protesta de los fabricantes locales. En Estados Unidos se ha procurado resolver el problema —respetando la prohibición constitucional de gravar el comercio interestatal con impuestos sobre la venta de mercancías— mediante el empleo de un impuesto complementario, el impuesto sobre la utilización («use tax») (60).

En repetidas ocasiones se han presentado proyectos legislativos que autorizaban, para resolver este problema, a gravar el comercio interestatal de determinados bienes, pero nunca llegaron a aprobarse definitivamente. La solución se ha encontrado acudiendo a la figura del «use tax». Este impuesto se exige por el privilegio de utilizar dentro del Estado determinados bienes. La base del impuesto es el precio de venta de los bienes y el tipo impositivo coincide con el del impuesto sobre las ventas. Se añade, además, una disposición estableciendo que están exentas de este impuesto las mercancías que han soportado el

---

(60) Ver OLDMAN Y SCHOETTLE, págs. 450-454.

impuesto sobre las ventas, con lo que el resultado práctico es que el impuesto sobre la utilización grava sólo los bienes importados en el Estado.

El Tribunal Supremo ha admitido la constitucionalidad del gravamen de la gasolina importada en un Estado procedente de otro, sobre la base de la idea de que el hecho imponible —la utilización— era un hecho producido en el Estado y posterior al transporte de la mercancía.

En el caso de «Silas Manson» el Tribunal admitió además que este impuesto podría utilizarse conjuntamente con un impuesto sobre las ventas al por menor. «Para los Estados esto significa —dicen Oldman y Schoettle— que lo que ellos querían hacer directamente con el impuesto sobre las ventas, lo pueden hacer indirectamente por medio del impuesto sobre la utilización».

Este último impuesto presentaba la dificultad de tener que exigirse directamente sobre los usuarios de los bienes gravados; pero el Tribunal Supremo ha considerado también admisible que los Estados exijan de las compañías que envían mercancías a los mismos desde otros Estados que actúen como agentes recaudadores del «use tax» del Estado de destino. La cuestión es ahora —según Oldman y Schoettle— saber qué clase de contacto o actividad en un Estado será bastante para poder exigir a las empresas vendedoras que recauden el impuesto.

En relación con el comercio interestatal, la autonomía fiscal de los Estados puede dar lugar, como se ha visto, a dos inconvenientes que es preciso evitar: de un lado, las trabas a la circulación de mercancías dentro del país, ya sea mediante el establecimiento de barreras fiscales o de la imposición de gravámenes discriminatorios sobre las mercancías importadas; y, de otro lado, la competencia en el mercado de un Estado de mercancías procedentes de varios de ellos que soporten diferente carga fiscal.

Parece claro que el procedimiento más adecuado para evitar estos dos inconvenientes al mismo tiempo es la unificación —o gran aproximación— de los tipos impositivos. Esta armonización habría de extenderse también a otros elementos de la relación jurídica tributaria, que pueden determinar la carga fiscal de los productos, como pueden ser las exenciones.

d) *Subimposición relativa.*

La cara opuesta al fenómeno de la doble imposición interestatal es la subimposición que puede producirse para una persona como consecuencia de estar sometida a la jurisdicción tributaria de más de un Estado, respecto a la que soportaría si fuese gravada exclusivamente en un Estado que tomase en cuenta su capacidad económica total.

Esta situación puede derivarse del efecto conjunto de la existencia de tarifas progresivas y de normas jurisdiccionales de carácter exclusivamente territorial.

Si en un Estado existe un impuesto sobre la renta o el patrimonio de carácter general y progresivo, para los contribuyentes que obtengan todas sus rentas o posean todo su patrimonio en él sus tarifas se calcularán sobre la renta o el patrimonio total de estos contribuyentes. Pero si este impuesto se basa en criterios exclusivamente de la fuente o territoriales, para aplicar estas tarifas no se tomarán en cuenta las rentas obtenidas o el patrimonio situado fuera del territorio, con lo que, aun cuando el Estado de donde procedan las rentas o donde estén sitos sus bienes aplique tarifas de la misma progresividad, la base imponible se dividirá entre las dos jurisdicciones territoriales y, precisamente por el carácter progresivo de las tarifas, esta división originará que el contribuyente se sitúe en ambos Estados en tramos inferiores de las tarifas progresivas y, en consecuencia, soporte una carga total inferior a la que le correspondería si toda su renta o todo su patrimonio se gravase en un solo Estado. El ejemplo es sencillo: si un contribuyente tiene una renta de 1.000 a la que en el Estado A le corresponde un tipo medio del 20 por 100, soportará en él una cuota de 200; pero si con esta misma escala el tipo medio correspondiente a 500 es el 15 por ciento y otro contribuyente obtiene la misma renta total de 1.000, pero la mitad de la cual procede de este Estado y la otra del Estado B, en el que se aplica una tarifa igual a la del Estado A, en la hipótesis de que los dos Estados graven sólo las rentas obtenidas en sus territorios, en cada uno de ellos este contribuyente deberá abonar una cuota de 75, con lo que su carga total será de 150, inferior a la que abona el primer contribuyente al Estado A.

La situación descrita resulta objetable, en primer lugar, desde el punto de vista de la equidad, pues contribuyentes con igual capacidad económica soportan distinta carga fiscal como consecuencia del diferente origen geográfico de sus rentas o patrimonios. En segundo lugar, puede ser causa de que los bienes o las actividades y demás fuentes de rentas se trasladen de un Estado a otro con la única finalidad de fraccionar territorialmente las bases imponibles y provocar la disminución de las cuotas tributarias resultantes. En este sentido este fenómeno operaría de forma semejante a las diferencias de presión fiscal entre Estados a que nos hemos referido en el apartado anterior.

La causa, como hemos dicho, es la aplicación, coincidiendo con la existencia de tarifas progresivas, de criterios jurisdiccionales exclusivamente territoriales. Puede darse incluso respecto a Estados que en principio apliquen en su impuesto sobre la renta el criterio personal, si para evitar la doble imposición interestatal declaran la exención de las rentas obtenidas fuera de su territorio.

Para que el fenómeno no se produzca es necesario que haya siempre un Estado que conserve el derecho a gravar la capacidad económica total de cada contribuyente aunque tomando a su cargo la obligación de evitar la doble imposición respecto a las rentas obtenidas fuera de él. En las relaciones fiscales internacionales, respecto a un gran número de países, la subimposición no suele darse porque parten del derecho a gravar la totalidad de la renta o el patrimonio de sus residentes y para evitar la doble imposición internacional, aplican métodos que permiten calcular la progresividad correspondiente a la capacidad económica total, como son el de imputación y el de exención con progresividad.

Estos dos métodos son también perfectamente aplicables en las relaciones entre los Estados miembros de un país federal. Pero en estos países el fenómeno puede quedar, también, anulado por el hecho de que exista un impuesto federal, de carácter progresivo y con tarifas más elevadas, que se superponga al de los Estados.

CAPITULO IV

LOS AJUSTES FISCALES EN LAS HACIENDAS FEDERALES

1. Las transferencias intergubernamentales dentro de la problemática de las Haciendas federales.

Los sistemas que hemos expuesto en el capítulo anterior responden al primero de los problemas fundamentales que señalaba Lynn se presentan en una Hacienda federal, el de la distribución de las fuentes de ingresos entre los dos niveles.

En este capítulo vamos a ocuparnos de los mecanismos que pueden emplearse para hacer frente al segundo de los problemas que enumeraba el citado autor: compensar las diferencias de capacidad tributaria entre los distintos Estados de forma que todos ellos puedan prestar un nivel de servicios aceptable, dado el nivel nacional, sin que tengan que imponer un grado de presión fiscal que exceda del que exista en los otros Estados.

La doctrina es concorde en considerar que un alto grado de uniformidad en el nivel de servicios públicos es esencial en las Federaciones, pues si se puede admitir una cierta diferencia en el nivel de servicios, como consecuencia de la autonomía de que goza cada Estado, si las diferencias son muy marcadas pueden ocasionar la disolución del lazo federal.

Esta pretensión obedece sobre todo a una razón de equidad: que todos los nacionales reciban el mismo trato. Pero en el contexto federal se invocan, además, otros argumentos que vienen a reforzar esta aspiración. Así se argumenta que, muchas veces, las decisiones nacionales pueden resultar perjudiciales para unos Estados concretos, como puede suceder con la política arancelaria que obliga a adquirir productos nacionales aunque sean más costosos que los que podrían adquirirse en el extranjero. También se invoca que, frecuentemente, los Estados donde se reciben las rentas no coinciden necesariamente con aquellos donde se ganan. Finalmente, se recuerda que dentro de una Federación los efectos «spill over» entre los diversos Estados miembros pueden ser muy considerables. Así en la «Dominion-Provincial Conference, 1960», celebrada en Ottawa, se formuló la siguiente declaración:

«De nuevo, queremos resaltar que Nova Scotia ha educado tradicionalmente y sigue educando hoy jóvenes de ambos sexos que se trasladan a otras provincias. Estas se están beneficiando, por tanto, de la emigración de nuestra población especializada.»

Pues bien, si todos los Estados deben prestar unos determinados servicios y han de financiarlos con los impuestos que recauden en sus territorios, dada la diferencia de capacidad impositiva que forzosamente existe entre ellos, el resultado es evidente: con un mismo nivel de carga fiscal, los residentes en algunos Estados podrán disfrutar un mayor nivel de servicios o, si lo que se mantiene uniforme es el nivel de servicios, los residentes en los Estados podrán soportar una presión fiscal menor.

Esto se produce porque en todos los países existen zonas y regiones con menos capacidad para obtener ingresos a causa de su menor desarrollo económico. Frente a esta situación considera Lynn (61) que pueden adoptarse dos tipos de medidas: una política de desarrollo regional a largo plazo destinada a atacar el fondo del problema, a corregir las causas de las desigualdades económicas entre las regiones; y otras, a más breve plazo —pero que pueden convertirse en permanentes— que tienden a compensar estas diferencias. En este segundo grupo se encuadran las transferencias intergubernamentales, que pueden producirse de un Estado miembro a otro o del Gobierno federal a los Estados.

Las transferencias para igualar el nivel de servicios entre las distintas regiones no son exclusivas de los Estados federales, sino que se producen también en los unitarios. Pero entre ambos casos existe una diferencia importante: en los Estados federales estas transferencias son explícitas, mientras que en los unitarios, se producen de manera escondida, se ocultan en el proceso presupuestario, pues todos los ciudadanos tienen derecho a utilizar los servicios públicos indivisibles con independencia de su contribución por vía impositiva.

Aunque este trabajo se centra, principalmente, en los problemas de la vertiente de los ingresos, nos ha parecido imprescindible dedicar un capítulo a las transferencias intergubernamentales, por varias consideraciones. En primer lugar, las transferencias se encuentran a caballo

---

(61) *Ob. cit.*, pág. 21.

entre el campo de los gastos y el de los ingresos, pues si desde la óptica de la autoridad que las abona caen dentro del ámbito de los primeros, para las autoridades que las reciben vienen a completar el volumen de sus ingresos. Por otra parte, constituyen un mecanismo fundamental de las Haciendas federales, de cuyo funcionamiento no se puede tener una idea clara sin una referencia a este tema. En realidad, constituyen un complemento inseparable de los sistemas de distribución de las fuentes impositivas, pues son una consecuencia de que se señalen a los Estados unas determinadas competencias y se les limiten las fuentes impositivas a que pueden acudir para financiarlas.

2. Clases de ajustes fiscales en las Haciendas federales.

Pueden formularse varias clasificaciones de los ajustes intergubernamentales:

a) En primer lugar, por el Gobierno que las efectúa, se distinguen las transferencias que realiza el Gobierno federal a los de los Estados miembros, y las que realizan unos Estados a otros. La doctrina habla a este respecto de una «perecuación vertical» a la que sirven las transferencias del primer tipo y de una «perecuación horizontal», de la que son instrumento las del segundo grupo.

Mediante las primeras se compensa el desequilibrio que se puede producir entre los dos niveles como consecuencia de que los impuestos reservados al nivel superior son susceptibles de producir más ingresos que los necesarios para atender los servicios a él confiados, mientras que a nivel estatal se produce una situación contraria: la insuficiencia de los ingresos derivados de las fuentes impositivas que pueden utilizar para producir recursos bastantes con los que financiar la demanda de servicios que deben atender. Aunque, inicialmente, en el momento de la constitución de una Federación, se procure establecer un sistema equilibrado de ingresos y gastos entre los dos niveles, en la práctica la evolución de estas dos magnitudes rara vez es paralela y, lo más probable es que actúe en perjuicio de los Estados. Heller (62) describe gráficamente la situación:

«A nivel federal, el crecimiento económico y un sistema impositivo poderoso, actuando como un sistema fiscal moderno, genera nuevos ingresos en forma más rápida de la que se generan nuevas demandas del bolsillo federal. Pero a nivel estatal y local, la situación se invierte. Bajo la tralla del látigo de la prosperidad, las responsabilidades dejan

(62) W. W. HELLER: *Nuevas dimensiones de la economía política*. Nueva colección Labor. Madrid, 1968, pág. 106.

atrás a los ingresos. Como Galbraith ha sugerido, la prosperidad da al Gobierno federal los ingresos y deja los problemas a los Gobiernos estatales y locales.»

Las transferencias entre Estados se producen de los que, por sus recursos y situación económica, tienen gran capacidad para obtener recursos, a los menos desarrollados que tienen gran dificultad para poder conseguir ingresos impositivos por ser escasas las fuentes de ingresos situadas en ellos y reducidas las bases imponibles que pueden gravar. Para compensar este desequilibrio horizontal, los primeros Estados ceden parte de los ingresos que recauden en su territorio en favor de los segundos, para completar la capacidad financiera de éstos.

Frecuentemente estas transferencias interestatales se formalizan mediante la dotación a Fondos especializados que pueden estar configurados como organismos federales, pero estimamos que la intermediación de instituciones de este carácter no cambia la naturaleza de las transferencias. Al contrario, algunos autores se plantean si las transferencias del primer grupo, en realidad, no deben encuadrarse dentro del segundo, puesto que en definitiva el Gobierno federal obtiene sus ingresos en mayor proporción de los Estados con mayor nivel económico.

b) Por la función que pretenden cumplir, los ajustes intergubernamentales pueden clasificarse en cuatro categorías:

a') Encaminadas a compensar las diferencias en la capacidad fiscal «per capita» entre los Estados.

La capacidad fiscal constituye un indicador de las posibilidades que tiene cada Estado miembro de recaudar ingresos impositivos. Para expresar numéricamente esta capacidad se utiliza como medida un determinado parámetro, como puede ser la renta o la base imponible total por el impuesto sobre la renta correspondiente al Estado.

Pues bien, esta capacidad varía de unos Estados a otros, en virtud de una serie de factores, pero sobre todo, de la importancia de las bases imponibles imputables a los residentes en sus territorios.

El Informe Lynn (63) advierte que no debe confundirse cuál es la esencia de este tipo de transferencia. Según él, con ellas puede pretenderse equiparar los rendimientos fiscales «per capita» entre los Estados miembros, pero no tiene que ser forzosamente así en todos los casos, pues las transferencias pueden ser compensadas con otro tipo de medidas que hagan que no sea necesario igualar los rendimientos fiscales.

---

(63) *Ob. cit.*, pág. 26.

«El punto relevante respecto a este tipo de transferencias —dice—, no es la cantidad recaudada por cada Gobierno ni los importes que cada uno de ellos necesita para suministrar un determinado nivel de servicios, sino que el criterio que determina la diversidad entre los importes de las transferencias a los distintos Estados está constituido por las diferencias en la capacidad de obtener ingresos.»

b') Transferencias en relación con las necesidades fiscales de los Estados miembros.

El grupo anterior atendía exclusivamente a las diversidades en los rendimientos fiscales; en cambio, las transferencias de este segundo grupo están en relación no sólo con estos rendimientos, sino también con las necesidades de gastos. Las diferencias en las cuantías de estas transferencias se basan, por un lado, en las diferencias en el coste por unidad de los servicios que deban suministrar los Estados, que puedan derivarse del valor de los terrenos, la composición de la población, los niveles de precios, etc., y, por otro lado, en las diversidades de rendimientos fiscales.

El Informe a que nos venimos refiriendo estima que las transferencias ideales serían las que se limitasen a complementar el desfase entre la capacidad de cada Estado para obtener ingresos y sus necesidades financieras, aunque en la práctica las dificultades para medir estos dos términos son muy considerables.

c') El tercer grupo está constituido por las transferencias finalistas que se conceden para estimular desde el Gobierno federal la prestación de determinados servicios públicos por los Gobiernos estatales.

En este caso, se habla de transferencias condicionales, por cuanto se subordinan a que el destinatario actúe en una determinada forma que el Gobierno federal considera conveniente a escala nacional.

Como una modalidad de estas transferencias condicionables cabe citar las que la doctrina norteamericana denomina «matching grants» que son subvenciones entregadas por el Gobierno federal y que representan un porcentaje del gasto realizado por un Estado miembro en la realización de un servicio o proyecto concreto.

d') Transferencias en relación con los ingresos recaudados en el territorio de cada Estado.

Con estas transferencias el Gobierno federal transfiere a los estatales la totalidad o una parte de los ingresos recaudados por aquél sobre hechos imponibles realizados en el ámbito territorial del Estado perceptor de la transferencia. Esto sucede en los supuestos de arrendamientos o cesiones de impuestos estatales al Gobierno federal a cambio de una participación en la recaudación.

En realidad, estas transferencias participan más de la naturaleza de los mecanismos de distribución de ingresos que de la de instrumentos de perecuación financiera.

d) En base a las razones que expone John F. Graham como explicativas de las subvenciones intergubernamentales (64) se llega a una clasificación similar. Este autor distingue según que las transferencias vayan dirigidas a:

— Paliar el desequilibrio general que se deriva de la distribución de fuentes de renta y funciones atribuidas a cada uno de los niveles. Estas transferencias las denomina «balancing transfers» o «deficiency transfers». Podría identificarse con el cuarto grupo anteriormente citado y se enfrenta con el problema de los desequilibrios verticales.

— Reducir los desequilibrios producidos por la distinta capacidad de las regiones para generar ingresos fiscales. Graham las denomina «equalization transfers». Se incluirían en este grupo los apartados *a'* y *b'*) de la clasificación anterior y van dirigidos a resolver el problema de los desequilibrios horizontales.

— Estimular la realización de unos determinados servicios. Estas subvenciones condicionales, que se corresponden con el apartado *c'*) anterior, son bautizados por Graham con el término «stimulation transfers».

Falta en la concepción de John F. Graham tal como viene expuesta en su trabajo «Fiscal Adjustment in a Federal Country» una clara distinción entre las transferencias basadas en una diferente capacidad fiscal y las que se apoyan en una diferente necesidad fiscal de los Gobiernos regionales. De aquí que ambos tipos queden englobados en un mismo concepto de transferencias niveladoras (equalization transfers) sin especificar de qué tipo de perecuación se trata.

3. **Fundamentos doctrinales de los ajustes fiscales.**

John F. Graham (65) define los ajustes fiscales como aquellos necesarios para la corrección de los desequilibrios entre las funciones y los

---

(64) JOHN F. GRAHAM: *Intergovermment Fiscal relationships Fiscal adjustements in a Federal Country*. Canadian Tax Foundation. Toronto, 1964, pág. 8.

(65) *Ob. cit.*, pág. 5.

ingresos atribuidos a los distintos niveles de Gobierno y la subsanación de los efectos fiscales derivados de las diferencias en la capacidad fiscal correspondiente a las distintas jurisdicciones. Esta definición es amplia y recoge, no sólo los ajustes necesarios para corregir los desequilibrios horizontales, sino también los verticales.

La problemática de ambos tipos de desequilibrios es distinta, como ya quedó apuntado al analizar los tipos de transferencias. En principio, el estudio de los desequilibrios verticales no tendría que llegar a conclusiones diferentes aplicado a una Hacienda de un Estado unitario o a una Hacienda de un Estado federal. En ambos existen los mismos problemas en lo que se refiere a las transferencias del escalón superior al escalón inferior. En definitiva, reconocida a este último la necesidad del cumplimiento de unas funciones, ha de proveérsele de los medios financieros para cubrir los costes en que incurra. El hecho de que el Gobierno federal se reserve unas fuentes de ingresos superiores a los costes generados por las funciones a cumplir por éste representará un compromiso similar de transferencia financiera que aquél en que pueda incurrir el Gobierno de un Estado unitario al reservarse los rendimientos de una imposición estatal en lo que se refiere a las necesidades sentidas por sus Autoridades locales en base a los servicios públicos que estén obligadas a costear. El hecho de que en el Estado federal exista un derecho originario de imposición en ambos niveles, federal y regional, y unas responsabilidades más fuertes y amplias en los servicios públicos a cargo de los Gobiernos regionales podrá afectar al «quantum» de este desequilibrio vertical, pero no a las características o formas de cubrir el mismo.

Por el contrario, los problemas de desequilibrio horizontal presentan mucha mayor complejidad en los Estados federales que en los unitarios. Ya se indicó al principio de este capítulo que las diferencias regionales en este último tipo de organización política darían lugar a una serie de transferencias redistributivas Estado-ciudadano (normalmente, sin la intervención de intermediario regional al no existir éste con el suficiente grado de autonomía política), transferencias que aparecerían integradas y subsumidas en la realización del presupuesto del Estado. En una organización federal esta transparencia financiera no se da y por consiguiente las diferencias regionales no pueden resolverse de forma inmediata por el Gobierno federal. Sin perjuicio de que éste lleve a cabo una adecuada política de desarrollo regional, será necesario proceder a los ajustes adecuados para realizar una perecuación financiera entre las diversas regiones.

Es a propósito de la justificación última de la mencionada perecuación donde existe un enfrentamiento de las posturas mantenidas por diversos autores. El ya citado John F. Graham, siguiendo la tesis mantenida por Buchanan en su obra «Federalism and Fiscal Equity», se inclina por una posición individualista. Para este autor el principio de la equidad fiscal es el criterio base para el cálculo de los ajustes fiscales en una hacienda federal. Utiliza en su desarrollo el principio de la equidad horizontal (igual tratamiento fiscal para los iguales), reconociendo asimismo la necesidad de que se cumpla un segundo principio, mucho más difícil de aprehender y medir en la práctica: el principio de la equidad vertical o tratamiento desigual de las personas en situaciones desiguales. En este sentido, el profesor Buchanan insiste en la necesidad de tener en cuenta, tanto la carga fiscal de cada individuo, como los beneficios que obtiene de los servicios públicos, para determinar si dos personas situadas en niveles equivalentes reciben el mismo tratamiento fiscal. Desarrolla, igualmente, el citado profesor el concepto de «residuo fiscal (Fiscal residuum)» estimando como tal la diferencia entre los beneficios obtenidos por un individuo de los servicios públicos utilizados y la carga fiscal soportada. Buchanan afirma que si el residuo fiscal de dos individuos es igual, su trato fiscal también es igual.

No acepta plenamente Graham el razonamiento de Buchanan sobre los residuos fiscales (66), ya que el nivel de satisfacción de un individuo puede depender del nivel más o menos elevado de servicios públicos que desee consumir. Dos niveles distintos de prestación de servicios públicos pueden dar lugar a un mismo residuo fiscal si las cargas fiscales son también distintas en la misma proporción y, no obstante, pueden no generar ambas combinaciones la misma satisfacción. Ello dependerá del mayor o menor deseo de cada individuo de sustituir bienes públicos por bienes privados, e impuestos, por precios.

En base a esta postura, Graham argumenta que el criterio de la equidad fiscal puede equivaler al de necesidad fiscal (concepto que, a nivel del ente político, conjuga sus necesidades financieras por razón del coste de los servicios, con los ingresos públicos susceptibles de ser generados), pero que es preferible el primero, al hacer referencia éste a los individuos, mientras que el segundo afecta a las unidades políticas, presentándose como un concepto de difícil aprehensión.

Frente a la mencionada tesis individualista, Douglas H. Clark (67) se inclina por justificar las transferencias en un desequilibrio entre entes regionales y no entre individuos. Para este autor la perecuación financiera ha de basarse en los derechos y necesidades de las unidades políticas. De seguirse la tesis de Buchanan y Graham, esto representaría una intervención o fiscalización del Gobierno federal sobre los

---

(66) *Ob. cit.*, pág. 11.

(67) D. H. Clark: *Fiscal Need and Revenue Equalization Grants*. Canadian Tax Foundation, 1969.

Gobiernos regionales respecto a la utilización por éstos de las subvenciones percibidas de aquél. Por el contrario, este tipo de transferencias tienen la naturaleza de incondicionales lo cual, ciertamente, favorece las relaciones dentro de la federación, respetando la autonomía de cada unidad política.

Para Douglas H. Clark la distinción entre las subvenciones por razón de necesidad fiscal («Fiscal need grants») y las subvenciones niveladoras de ingresos («Revenue equalization grants») es clara y tajante. Como definición de las primeras, recoge el autor (68) el concepto que de las «subvenciones especiales (special grants)» dio el tercer informe de la «Commonwealth Grants Commission of Australia» en 1936:

«Las subvenciones especiales se justifican cuando un Estado, mediante un esfuerzo financiero de cualquier tipo, es incapaz de cubrir eficientemente sus funciones como miembro de la Federación, y habrían de determinarse en base al monto de ayuda estimada necesaria para que dicho Estado, con un esfuerzo razonable, funcionase a un nivel que no fuese apreciablemente inferior al de los demás Estados.»

Por su parte, el mencionado autor define las subvenciones por necesidad fiscal como unos pagos intergubernamentales a las unidades políticas que, sobre la base de una determinada capacidad para generar ingresos derivados de sus propios contribuyentes, sienten la necesidad de una ayuda financiera que les permita, sin tener que recurrir a unas elevaciones indebidamente altas de los tipos de gravamen, la prestación a unos niveles razonables de los servicios públicos, comparativamente con otras unidades políticas que tienen las mismas responsabilidades de gastos y la misma autoridad para generar ingresos. Por el contrario, las subvenciones niveladoras de ingresos sólo atienden a una parte del problema y son definidas por Douglas H. Clark como pagos intergubernamentales a unas unidades políticas que sobre la base de una determinada capacidad para generar ingresos derivados de sus propios contribuyentes, sienten la necesidad de una ayuda financiera comparativamente con otras unidades políticas que disponen de la misma autoridad para generar ingresos. Las subvenciones por necesidad fiscal se asemejan en ocasiones a subvenciones por razón de diferencias en la capacidad financiera, si bien puede entenderse que estas últimas son un concepto más amplio. El profesor Walter Wittman (69) basa el cálculo de las subvenciones en un análisis de la capacidad financiera de los distintos cantones, siendo esta expresión más amplia que la simple capacidad fiscal. Asimismo reconoce la necesidad de integrar la perecuación financiera entre la Confederación y los cantones en una política

---

(68) *Ob. cit.*, pág. 2.

(69) W. Wittman: Une nouvelle repartition pour la perequation financiére entre la Confedération et les Cantons Suisses .

de desarrollo regional. Esta última idea, como se vio, venía igualmente recogida en el ya citado estudio de James H. Lynn, en el sentido de que la utilización de este instrumento no debe hacer olvidar la necesidad de un programa a largo plazo de desarrollo regional.

Esta idea de perecuación financiera es la contenida en la legislación suiza al establecer la Ley Federal de 19 de junio de 1959:

«Artículo 2. Una vez oídos los Gobiernos de los Cantones, el Consejo Federal establecerá un baremo que permita medir la capacidad financiera de los Cantones. Se tendrá especialmente en cuenta la capacidad fiscal de éstos, la medida en que la utilizan ellos mismos, las comunas y los distritos, así como sus otros recursos financieros.»

4. **Análisis crítico de las transferencias intergubernamentales.**

Aunque algunas de las consideraciones son comunes para las transferencias condicionales y para las incondicionales, la postura de la doctrina es distinta en muchos aspectos frente a estas dos clases de subvenciones. Por ello, a continuación se expone por separado un análisis crítico de cada una de ellas, aun a riesgo de repetir algunos de los argumentos o críticas.

a) *Transferencias incondicionales.*

Las subvenciones por razón de necesidad fiscal y las niveladoras de ingresos, estudiadas en el apartado anterior, tienen ambas en común el ser incondicionales, esto es, el Gobierno federal no puede fiscalizar o intervenir la forma en que dichas subvenciones son utilizadas por los Gobiernos regionales perceptores de las mismas. Este tipo de política ha sido objeto de crítica por diversas razones que pasamos a analizar:

a') En relación con su carácter incondicional.

Las críticas en este sentido se han desarrollado fundamentalmente en Estados Unidos, país que tradicionalmente sólo utiliza el instrumento de las subvenciones condicionales. En definitiva, los argumentos se apoyan en el hecho de que los fondos transferidos son propiedad de la Nación y, en consecuencia, ha de tenerse la garantía de que su utilización será para cumplir objetivos de interés nacional y no meramente regional. Por otra parte, y si se parte de la hipótesis de que el Gobierno federal tiene por meta el cumplimiento de una determinada política y objetivos, la entrega de las subvenciones incondicionales no le ahorrarán el tener que otorgar, además otras subvenciones condicionales que le garanticen el cumplimiento de dicha política y objetivos. La principal objeción que pueden hacerse a este argumento es, a juicio de Douglas H. Clark (70), que no distingue entre «interés federal» (el que corresponde al Gobierno federal en base a las funciones que tiene que cumplir) e interés nacional que es a su vez un concepto bastante más amplio. En tal sentido, si el disponer de un nivel uniforme en la prestación de los servicios públicos es un interés nacional, las subvenciones incondicionales se justifican por esta mera razón.

b') Este tipo de subvenciones permite a las unidades políticas continuar prestando unos servicios sin enfrentarse con reformas más importantes que permitieran racionalizar la prestación de los mismos en un sentido de mayor eficiencia. En definitiva, esta política puede representar un costoso sustitutivo de unas reformas básicas de la estructura gubernativa y contribuir a una cierta distribución antieconómica de los recursos del sector público.

Este argumento va más bien dirigido contra las subvenciones por razón de necesidad fiscal (donde se tiene en cuenta los costes de los servicios) que contra las subvenciones niveladoras de ingresos. Por otro lado estas ideas inciden en el tema ya aludido de la complementariedad que representa este instrumento dentro de una política más amplia de desarrollo regional.

c') Estas subvenciones producen una mala distribución de los recursos de la Nación. Dentro de una concepción económica liberal, los factores de producción se moverían hacia aquella localización geográfica que hiciera óptima su retribución. De hecho lo que ocurriría (y la realidad es buen ejemplo de ello) es un paulatino empobrecimiento de las regiones más pobres en favor de las regiones más ricas.

Este argumento no tiene en cuenta, como señala Douglas H. Clark, que el interés nacional no consiste solamente en la maximización del Producto Nacional Bruto, sino que el bienestar nacional se alcanza a través de una más equitativa distribución de la riqueza. E, incluso, puede ocurrir que, debido a la ley de las utilidades marginales decrecientes, el gasto para elevar un relativamente bajo nivel de servicios públicos puede producir una utilidad o satisfacción más elevada que si se realiza allí donde el nivel de por sí es ya elevado.

d') Las subvenciones a unas determinadas regiones producen un desequilibrio entre los ingresos y gastos federales atribuibles a los residentes de una determinada unidad política.

---

(70) *Ob. cit.*, pág. 10.

Este argumento, que sería aplicable a todo tipo de subvención, cuestiona cualquier política redistributiva de rentas por lo que atenta seriamente al principio de equidad. Por otro lado, sería necesario analizar hasta qué punto el gasto federal realizado en una provincia pobre no beneficia igualmente a la provincia más rica, al crear en la primera un incremento de demanda, un incremento de mano de obra cualificada, una mayor estabilidad social, etc., elementos todos ellos aprovechables por la segunda. En este sentido, puede decirse que las subvenciones tienen un efecto estabilizador y, por tanto, favorable para la economía nacional, al nivelar las bruscas alteraciones relativas en la recaudación de ingresos por parte de las distintas unidades políticas. Por su propia naturaleza, sin embargo, estas subvenciones no pueden funcionar como estabilizadores cuando todas las unidades políticas se mueven en un mismo sentido (elevación o reducción brusca de los ingresos, pero en una misma proporción en todas ellas).

e') Las subvenciones a las regiones más pobres no se justifican desde el punto de vista económico, ya que es en las provincias más ricas donde se suelen plantear los problemas de más difícil y costosa resolución. Las grandes concentraciones de población o de industrias en estas regiones plantean serias dificultades por polución, transporte o sanidad que no se dan en aquellas otras más pobres.

Esta crítica no sería técnicamente válida respecto de las subvenciones basadas en la necesidad fiscal, ya que éstas tienen en cuenta el diferente coste de prestación de los servicios públicos.

Frente a este conjunto de críticas o más bien como una respuesta a las mismas no es raro encontrar, en la práctica y en la doctrina, una serie de soluciones alternativas. Entre las más clásicas pueden citarse:

A) Programas de coste compartido («sharing cost programs»).

En relación con una serie de servicios o necesidades de carácter nacional (v. g. sanidad, educación, etc.) el Gobierno federal participa en la financiación de estos programas, financiación que, en principio, corresponde a las distintas regiones en base a sus respectivas competencias. Para cada uno de estos programas y en relación a cada una de las regiones habría de tenerse en cuenta:

1. El coste previsto de prestación del mismo en cada lugar (verbigracia coste «per capita» multiplicado por la población de cada región).
2. El rendimiento fiscal de cada unidad política (que igualmente podría venir medido como recaudación «per capita» multiplicada por la población de cada unidad política en cuestión).

La diferencia que entre estos dos conceptos se produjese en particular para cada región se cubriría por el Gobierno federal, bajo la forma de subvenciones condicionales del tipo de las utilizadas en Estados Unidos.

Los inconvenientes de este método coinciden con las críticas que se hacen a las subvenciones condicionales en las haciendas federales. En primer lugar, implica un incremento de las competencias federales dentro del campo de autonomía de los Gobiernos regionales. Expresado con palabras de Buchanan «no está justificado que exista una mayor intervención del Gobierno federal en los Estados que reciben estas transferencias comparativamente con los que no son receptores de las mismas». Además, y por el carácter fraccionario de este tipo de política, no cubrirían posiblemente las necesidades fiscales globales de cada una de las medidas políticas.

No siendo la doctrina canadiense favorable a este tipo de subvenciones condicionales, se reconoce no obstante la posibilidad de que este tipo de política pueda ser utilizable para unos determinados objetivos concretos. Así, por ejemplo, John F. Graham, estima que si bien a los efectos de una perecuación financiera son preferibles las subvenciones incondicionales (siguiendo también en este punto la postura de Buchanan), las subvenciones condicionales probablemente serán utilizables, con ventaja y sin producir conflictos de intereses en los casos de servicios de interés nacional, pero cuya administración se puede llevar a cabo en mejores condiciones a nivel regional. Desde un punto de vista realista puede concluirse, y así lo hace este autor, que la utilización de subvenciones condicionales o incondicionales vienen a resultar en gran medida una política dictada por las tradiciones de un país en concreto. Estados Unidos se inclina por las primeras, mientras que, por ejemplo, Australia y Canadá, prefieren utilizar las segundas.

B) Utilización de tipos de gravamen en los impuestos federales distintos según que se apliquen en provincias pobres o ricas.

El hecho de reducir la imposición federal en una región pobre, permitiría a ésta elevar sus propios impuestos, al menos hasta el margen de la rebaja del impuesto federal (lo que los sajones llaman el «room tax» o campo cedido por la hacienda federal a la regional). Aun cuando la imposición global de los individuos fruto de los dos niveles fiscales no variaría, no hay duda de que se plantearían serios problemas de equidad de trato y discriminación entre las distintas regiones frente al Gobierno federal. En muchos casos esta diferencia de trato fiscal estaría considerada como anticonstitucional.

C) Distribución no uniforme de los poderes públicos entre las distintas unidades políticas.

Si el problema surge porque algunas regiones no pueden costear determinados servicios a unos niveles aceptables, podría pensarse que la solución sería trasladar en estos casos la responsabilidad y la competencia de los mismos al Gobierno federal.

La crítica a esta postura coincide con la ya hecha a la política de las subvenciones condicionales. No hay duda que, a nivel político, plantearía una insoportable discriminación en el respeto a la autonomía de determinadas regiones.

D) Revisión de los límites geográficos de las distintas circunscripciones políticas.

Esta solución que tan sólo puede tomarse en consideración a nivel de laboratorio, pretendería mediante las modificaciones de los límites jurisdiccionales llegar a delimitar unas regiones con idéntica riqueza y potencial económico. Dada la irregular distribución de los recursos naturales y población, el problema sería prácticamente insoluble a nivel teórico. Pero incluso en la práctica se chocaría con unos precedentes históricos y culturales que harían totalmente imposible la utilización de este recurso.

E) Incremento de las transferencias del Gobierno federal a los particulares y empresas.

En un cierto sentido el Gobierno federal pretendería comportarse en relación con la política de redistribución de la renta nacional, como si se tratase de un Gobierno de un Estado unitario. Sin embargo, se olvidaría que en este último caso éste es responsable de la prestación de unos servicios públicos en todo el territorio nacional y a unos niveles aceptables. En consecuencia, o bien esta política redistributiva alcanzaba unos efectos inmediatos en el sentido de que las riquezas impositivas regionales se nivelasen a corto plazo en base a esta política o los desequilibrios regionales que subsistirían durante el programa alternativo de redistribución de la renta nacional a largo plazo requerirían imperiosamente otro tipo de solución (esto es, las subvenciones incondicionales a las que se pretende encontrar aquí una solución alternativa). Por supuesto, una política a corto plazo y eficaz de redistribución de la renta nacional directamente a los ciudadanos y por parte del Gobierno federal carecería de toda viabilidad dado el elevadísimo coste de transferencias a realizar. Aquí de nuevo hay que recordar que por tratarse de un Estado federal, la redistribución de la renta nacional ha de pasar a través de los Gobiernos regionales por lo que la política indicada es una política de desarrollo regional a largo plazo, complementada con una política de transferencias y subvenciones a los Gobiernos regionales.

b) *Transferencias condicionales.*

Parte de la doctrina norteamericana enjuicia muy favorablemente el sistema de las «grant in aid», o subvenciones intergubernamentales condicionadas. Para Due (71), con ellas se resuelve «de forma más satisfactoria que con cualquier otra alternativa, el problema básico de la inadecuación de los ingresos locales a las funciones que tienen encomendadas». Permiten que sean las autoridades estatales las que conserven la competencia sobre las materias, suprimiendo una innecesaria concentración de funciones. Evitan también, que los Estados y entidades locales tengan que descansar excesivamente en impuestos con efectos no deseables, como sucede con el «property tax» que, exigido a tipos impositivos excesivamente elevados, impone una carga intolerable para personas con rentas limitadas. Con ellas se puede, asimismo, atender al problema de la perecuación horizontal, graduándolas de forma que tomen en cuenta la capacidad tributaria de los Estados destinatarios, con lo que evitarán que en las áreas menos desarrolladas haya que acudir a una presión fiscal desproporcionada para garantizar el nivel de servicios nacional. Por último, otra ventaja del mecanismo es que se puede variar su importe de acuerdo con la situación económica, con lo que se corrige la «perversidad» del gasto público estatal y local que se produce cuando éstas tienen que financiar sus programas únicamente con sus ingresos.

Un juicio igualmente favorable merecen para W. Heller (72), «Los subsidios condicionales para funciones concretas desempeñan un papel indispensable en nuestro federalismo —dice—; unen la financiación federal con la estatal-local en un maridaje fiscal de conveniencia, necesidad y oportunidad.

— Conveniencia, porque permiten al Gobierno federal singularizar y apoyar los servicios estatales y locales que ofrecen un interés nacional identificado. Pienso, especialmente, en servicios tales como educación y sanidad, cuyos beneficios en un país con gran movilidad popular se esparcen en comunidades y Estados distintos de donde fueron logrados. Las ayudas funcionales permiten al Gobierno federal prestar un apoyo financiero a servicios específicos, que sea compatible con nuestros objetivos y prioridades nacionales.

— Necesidad, porque sin estos apoyos financieros, a los Estados y municipios les sería imposible cubrir la demanda de servicios esenciales. El fallo eventual en estas demandas significaría el traspaso de funciones al Gobierno federal, y de esta forma se debilitaría nuestro federalismo.

---

(71) *Ob. cit.*, pág. 478.

(72) W. W. HELLER: *Nuevas dimensiones de la economía política.* Nueva Colección Labor, págs. 123-124.

— Oportunidad, porque conceder los subsidios en forma condicional permite al Gobierno federal aplicar los estándares mínimos, asegurar la participación financiera de los Estados o entidades locales al cumplir los requisitos exigidos conjuntamente, y tener en cuenta las necesidades y las capacidades fiscales».

Para el Informe Lynn (73) el fin primario y la gran ventaja de las transferencias condicionales es que permiten estimular a los Estados miembros a realizar programas que se consideran de interés y a mantener los servicios afectados en un determinado nivel. Suponen, también, una modificación de la distribución de las fuentes de ingresos entre los dos niveles políticos; pero esto constituye sólo un fin accesorio, que puede conseguirse también por otros medios. En cambio, considera que el fin primordial es difícil de obtener por otros medios; sólo cabría acudir a la vía de la persuasión y la sugestión.

Pero no faltan tampoco objeciones al sistema que, sin embargo, «no aconsejan su abandono —dice Due— aunque constituyen una advertencia de la necesidad de utilizarlas con prudencia».

En primer lugar, suponen el peligro de que se pretenda acudir a ellas por las autoridades superiores como medio de controlar y de intervenir excesivamente en las actividades de los niveles inferiores. El problema se refiere más a las relaciones federales-estatales que a las estatales-autoridades locales, pues sobre éstas ya tienen aquéllas la posibilidad de intervenir directamente aun sin estas transferencias.

En segundo lugar, se objeta que pueden originar una disminución de la responsabilidad de la autoridad receptora en el uso de los recursos y ser causa de despilfarros, pues las autoridades tienen tendencia a utilizar con menos cuidado los recursos que reciben de otros que los que deben recaudar con su propio esfuerzo.

Una de las objeciones más polémicas es, como hemos señalado, que las transferencias interfieren con la óptima utilización de los recursos, contribuyendo a mantener desajustes en la distribución de los recursos productivos. Sin embargo, esto puede ser cierto en algunos supuestos y entonces se plantea con toda intensidad la dialéctica entre los objetivos de la equidad y del desarrollo económico. Las transferencias para fines sociales (planes de pensiones, por ejemplo) pueden contribuir a impedir la salida del exceso de mano de obra de una determinada localidad, lo que es un factor de que se mantengan bajas las rentas. Pero no siempre sucede de este modo. Así, si un área padece un bajo nivel de rentas y una de las causas de esta situación es la poca preparación de su mano de obra y la falta de trabajadores especializados

---

(73) *Ob. cit.*, pág. 193.

que impiden el establecimiento de industrias en la zona, las subvenciones pueden contribuir a la formación profesional de su población y a la canalización de recursos hacia la misma.

La distorsión puede referirse también al empleo de los ingresos del Gobierno beneficiario de la subvención. Esto sucede, sobre todo, cuando se emplee la condición de que éste deba contribuir a financiar un porcentaje del costo del proyecto subvencionado. Para ello tendrá que alterar sus presupuestos de gasto y es posible que se produzca una distribución de sus recursos que, en conjunto, suponga para la comunidad de que se trate una satisfacción menor que la que le hubiera proporcionado un presupuesto elaborado sin esta exigencia.

Una última objeción que se ha formulado por algunos autores es que resulta un mecanismo inútil, puesto que se vuelven a reintegrar los fondos por el Gobierno federal a los Estados de los que se recaudan. Pero —contesta Due— la situación raramente es esta, pues la distribución de las transferencias no es paralela a los porcentajes en que se recaudan los impuestos en cada territorio estatal, y, aun bajo esta hipótesis, el sistema de transferencias resultaría justificado en cuanto el Gobierno federal recaudase los impuestos de forma más efectiva que los Estados.

5. El problema de la medición de los ajustes fiscales en las Haciendas federales.

A lo largo de las páginas anteriores se ha pretendido analizar la naturaleza de los ajustes fiscales requeridos en las Haciendas federales para paliar los desequilibrios verticales y horizontales. Si bien a nivel teórico resulta relativamente fácil aceptar la necesidad de unas determinadas transferencias intergubernamentales, el problema se complica seriamente cuando se pretende perfilar un instrumento adecuado que permita medir el importe de los mencionados pagos.

Si, de acuerdo con James H. Lynn, las subvenciones a unas determinadas regiones se basan o bien en una diferente capacidad fiscal o bien en una diferente necesidad fiscal de las regiones, será necesario, no sólo definir estos conceptos, sino igualmente medirlos en base a un patrón que permita hacer comparaciones interregionales. Para el mencionado autor (74) la expresión «capacidad fiscal» hace referencia a la capacidad de los Gobiernos para obtener ingresos comparativamente con otros Gobiernos, dando por supuesto que todos ellos están haciendo el mismo «esfuerzo fiscal». Un método sería partir del producto

(74) *Ob. cit.*, pág. 28.

interior provincial (o de la renta nacional provincial) dado que gran parte de los impuestos suelen basarse en este componente. No obstante, hay que tener en cuenta que el lugar de tributación de la renta puede no coincidir con el lugar en que se genere (v. g. si tributa en el lugar de residencia del perceptor). Tampoco tiene en cuenta esta variable el patrimonio, concepto que puede igualmente ser utilizado como fuente de ingresos fiscales, especialmente a nivel municipal, en forma de impuestos sobre las propiedades.

En aquellos casos en que la estructura fiscal de las distintas regiones sea bastante similar, se puede intentar medir la capacidad fiscal en relación con una estructura impositiva media aplicada en todas las regiones a unos mismos tipos de imposición. Para que la comparación fuese válida, habrían de incluirse todas las clases de impuestos exigibles por cada región.

Uno de los problemas más discutibles en las fórmulas para calcular los ajustes por diferente capacidad fiscal es, a juicio de James H. Lynn (75), la elección del tipo impositivo a tener en cuenta. Dos opciones se presentan:

a) elegir un tipo convencional o estándar,

b) optar por la media nacional o el aplicado por un número determinado de regiones.

Esta segunda posibilidad tiene el inconveniente de dejar al arbitrio de las regiones el poder modificar el tipo medio desde el momento en que se modifique el tipo de alguna de ellas.

Otras dificultades inherentes a este tipo de cálculo se relacionan con las rentas derivadas de los recursos naturales. Es obvio que si determinadas regiones, por disponer de ingresos procedentes de recursos naturales en ellas ubicados (v. g. yacimientos de petróleo), disponen en contrapartida de menores riquezas imponibles, una fórmula que sólo tuviera en cuenta la estructura fiscal favorecería indebidamente a este tipo de regiones. En consecuencia, sería recomendable incluir algún índice que contemplase esta fuente de ingresos extrafiscales (siempre y cuando por otro lado se tomaran en consideración todos los impuestos).

Por otro lado, la medición de la necesidad fiscal plantea muchos más problemas. Los ajustes, en este caso, van destinados a compensar las diferencias significativas que se produzcan en el coste de prestación de los servicios por las distintas regiones o por aquellas circunstancias peculiares, incluidas las temporales, que originen unas necesidades

(75) *Ob. cit.*, pág. 186.

excepcionales en una región, tomando igualmente en consideración las variaciones de los rendimientos tributarios. Un ejemplo clásico de circunstancia excepcional que da lugar a una necesidad pública localizada geográficamente será un desastre natural (inundación, terremoto, etcétera). Pero igualmente puede tratarse de circunstancias permanentes (v. g. la situación geográfica de una región que, por razones de defensa nacional o por necesidades de transporte, ha de incidir en unos gastos que no sólo favorecen a dicha región, sino al resto de la nación).

Una de las mayores dificultades para medir las transferencias por razón de necesidad fiscal es la medición de este concepto en términos comparables. Uno de los métodos, según el autor últimamente citado, sería partir del gasto «per capita» para unos determinados servicios prestados a nivel nacional o respecto de los programas de mayor dimensión desarrollados en ciertas provincias. Habría que proceder a realizar ajustes en este gasto «per capita», tomando en cuenta los distintos condicionantes de los gastos provinciales y municipales (y estos ajustes ya introducen en la fórmula un cierto grado de subjetivismo). En todo caso, se parte de la hipótesis de que el nivel de servicios en todas las provincias ha de ser el alcanzado en una determinada región o en la media nacional. Un segundo método se basa, en la determinación, primero, de qué niveles de servicios se desean y, luego, de cuál sería el coste para cada uno de los Gobiernos provinciales. Se requiere, en consecuencia, una fijación objetiva del nivel de prestación, por un lado, y de las diferencias provinciales en el coste unitario de prestación del servicio, por otro.

Al enfrentarse con el problema de la perecuación financiera en Suiza, el profesor Wittman (76) recoge en su fórmula una ponderación de los distintos elementos que a nivel regional pueden reflejar una diferente distribución de la riqueza, de la capacidad fiscal e incluso de la necesidad fiscal si bien en una forma bastante simplificada. El coeficiente de ponderación sería el siguiente:

$$\frac{\text{Producto nacional cantonal}}{\text{Producto nacional suizo}} \times \frac{\text{Ingresos fiscales cantonales}}{\text{Producto nacional cantonal}} \times \frac{\text{Gastos públicos cantonales}}{\text{Producto nacional cantonal}} \times \frac{1}{\text{Densidad población}} \times \frac{1}{\text{Producto nacional cantonal} = \text{per capita}}$$

(76) *Ob. cit.*, pág. 30.

Aplicada esta fórmula a cada uno de los Cantones, se calcularía el porcentaje que el resultado para cada uno de ellos representa del total y, en principio ésta sería su participación en el total de subvenciones federales. Igualmente está previsto que los distintos componentes de la fórmula reciban una ponderación distinta (tal como está transcrita, los cinco elementos tienen el mismo peso específico).

El método propuesto para el cálculo de los ajustes fiscales en un Estado federal por John F. Graham tan sólo alude al problema de la diferente capacidad fiscal, sin contemplar el posible diferente coste en la prestación de los servicios o cualquier otro elemento relacionado con el gasto provincial. Se tratará, por tanto, del cálculo de las denominadas transferencias niveladoras de ingresos («equalization transfers»). El importe a pagar a una provincia X determinada sería:

$$\frac{\text{Ingresos provinciales y municipales totales}}{\text{Renta personal nacional}} \times$$

$$\times \left[\begin{array}{c}\text{Media de la renta personal} \\ \text{per capita de las dos pro-} \\ \text{vincias más ricas}\end{array} - \begin{array}{c}\text{Renta personal per capita} \\ \text{de la provincia X}\end{array} \right] \times \begin{array}{c}\text{Población de} \\ \text{la provincia X}\end{array}$$

De hecho, una fórmula equivalente fue propuesta en Canadá por el Gobierno de New Brunswick, en 1955. Sin embargo, mientras que en la fórmula transcrita se toma la media de la renta personal «per capita» de las dos provincias más ricas, en la propuesta en 1955 se tomaba tan sólo el 85 por 100 de la renta personal «per capita» nacional.

Esta simplificación en la medición de las subvenciones niveladoras de ingresos, al no tener para nada en cuenta la parte relativa al gasto público no es aceptada por Douglas H. Clark, al señalar (77): «Es usual describir la medición de las subvenciones niveladoras de ingresos («Revenue equalization grants») en términos sencillos, limitados al aspecto de la obtención de ingresos dentro de las cuentas gubernamentales. Este enfoque típico desprecia el principio implícito que sobre la parte de gastos de las cuentas gubernamentales se encuentra presente en cualquier fórmula niveladora de ingresos». Por esta razón, el punto de partida utilizado por este autor para el estudio de las fórmulas de medición de las subvenciones por razones de necesidad fiscal y las niveladoras de ingresos, es similar en ambos casos, como se comprueba al exponer sus siguientes dos hipótesis iniciales:

1) Necesidad fiscal = necesidad de gastos — ingresos disponibles.

2) Nivelación de ingresos = necesidades de gastos implícitas — ingresos disponibles.

(77) *Ob. cit.*, pág. 26.

Bajo la primera hipótesis, el cálculo de las necesidades de gastos plantea una serie de interrogantes relativos a:

— Selección de los servicios: pueden tomarse en cuenta todos los servicios provinciales y municipales o tan sólo los prestados en las provincias en las que está asentada la mayoría de la población. Incluso, pueden tan sólo tomarse los servicios que se consideren de interés nacional.

— Determinación del nivel de prestación del servicio: aquí se puede optar por el nivel medio nacional o por el que corresponda a unas determinadas provincias que, lógicamente, serían aquéllas que pueden financiar el servicio con los tipos impositivos más bajos.

— Valoración del coste del servicio: a efectos del cálculo de la necesidad fiscal, puede venir determinado en base a un coste medio nacional «per capita», o ajustando esta cifra en base a las distintas características provinciales. Estas diferencias pueden basarse en la distinta necesidad de la prestación del servicio (razones climáticas, concentración de la población) o en los distintos niveles de coste (niveles salariales de cada provincia).

Por su parte el concepto de ingresos disponibles puede definirse como los ingresos de una provincia estimados por la vía de aplicar a su propia riqueza imponible un determinado tipo de gravamen. Usualmente, este tipo de gravamen será el tipo medio utilizado por las provincias que se tomaron como muestra para calcular las necesidades de gastos y con cuyo tipo de gravamen cubrían los gastos de los servicios prestados a un determinado nivel sin recurrir a subvenciones. En consecuencia, los tres aspectos que intervendrán en la valoración de los ingresos disponibles serán:

— Selección de las fuentes de ingresos: pueden tomarse en consideración tan sólo algunos tipos de impuestos (sistema válido para las fórmulas simples que pretenden tan sólo una nivelación relativa de los ingresos procedentes de dichas fuentes) o tomar en consideración la totalidad de la estructura fiscal. Igualmente, pueden tomarse en consideración otras fuentes de ingresos (ya se aludió al tema de los recursos naturales). En principio, si en la primera parte de la fórmula se toman en consideración todas las necesidades financieras de cada provincia, lógicamente habría que incluir, por el lado de los ingresos, la totalidad de las fuentes de rentas públicas.

— Valoración de la riqueza impositiva de cada provincia: éste es uno de los pasos más delicados en la medición de la capacidad potencial de ingresos de cada provincia o región. En principio y para cada fuente de ingresos fiscales habría que proceder a evaluar lo que podría ser la base sobre la que giraría el correspondiente tributo.

— Selección de un determinado tipo de gravamen que, como se indicó podría ser el tipo medio a nivel nacional, el correspondiente a una región, o un tipo arbitrariamente escogido.

En el supuesto del cálculo de las transferencias necesarias para la nivelación de ingresos, la primera parte de la expresión (necesidades de gasto implícitas) ya no hace referencia a los gastos reales de la Nación o de las provincias, ni tan siquiera a un determinado nivel standard de prestación de los servicios públicos. Extos gastos hipotéticos se basan más bien sobre el conjunto de rentas de las de provincias cuyas fuentes de renta han de nivelarse. Si se trata de nivelar al nivel de una potencialidad media nacional de ingresos, el total gasto implícito será equivalente al total de ingresos a nivelar. Si se pretende nivelar las capacidades nacionales a un nivel superior (v. g. el correspondiente a las provincias más ricas), el total gasto implícito sería por definición superior al total de ingresos a nivelar. En este último caso se llegaría a la misma solución multiplicando el total nacional de ingresos a nivelar por el que Douglas H. Clark denomina factor del índice de nivelación («equalization level factor»). Si, por ejemplo, la nivelación pretende realizarse, no respecto de la media nacional de ingresos fiscales «per capita», sino respecto de la media de una muestra formada por las provincias más ricas, el mencionado factor sería:

$$K = \frac{\text{rendimiento fiscal per capita en las provincias de la muestra}}{\text{rendimiento fiscal per capita nacional}}$$

Sobre estas hipótesis la fórmula propuesta por el citado autor para la nivelación de ingresos fiscales es la siguiente:

$$T_n = \left[I \times p_n \times K \right] - \left[I \times b_n \right] \quad \text{donde}$$

T_n = transferencia a que tendría derecho la provincia *n* para nivelar sus ingresos en relación con el nivel de las provincias de referencia.

I = ingresos de todas las provincias procedentes de las fuentes de ingresos cuya potencialidad se pretende nivelar.

P_n = proporción que representa la población de la provincia *n* en el total nacional.

K = factor del índice de nivelación. Como se vio anteriormente, representa una proporción entre el rendimiento fiscal per cápita en las provincias de referencia respecto de la media nacional (esta última sería I/población nacional).

b_n = proporción que representa la riqueza imponible de la provincia *n* respecto del total nacional (si se estima que la riqueza imponible puede medirse por la renta nacional, b_n sería la proporción que representa la renta nacional imputada a la provincia *n* respecto de la renta nacional).

En la medida en que el grado de nivelación que se pretenda coincide con la media nacional, K, por definición sería la unidad. En este caso y mediante una simple transformación la fórmula anterior sería:

$$T_n - I (p_n - b_n)$$

6. Beneficios externos de los gastos de los Estados.

Un fenómeno que adquiere especial significación en los Estados federales es el de la transmisión de los beneficios de los servicios y gastos públicos y, también, de las cargas fiscales de unos Estados miembros a otros.

La doctrina anglosajona utiliza para referirse a este fenómeno las expresiones de «spillovers», «spillins», «externalities», en relación con el gasto público, y la de «tax exporting», en relación con las cargas fiscales. Con todas ellas se quiere hacer referencia al efecto que producen fuera de su ámbito jurisdiccional, los gastos realizados o los impuestos exigidos por una Administración estatal o local. Según Hirch's (78) se produce este fenómeno «siempre que una parte de los beneficios o de los costes de un servicio prestado por un Gobierno en un determinado territorio beneficia o es soportado por los residentes en otro territorio».

El problema puede considerarse tanto en el aspecto de los ingresos, como en el de los gastos públicos. En este segundo aspecto guarda estrecha relación con el fundamento de las transferencias intergubernamentales y por eso nos ha parecido apropiado estudiar este tema a continuación de aquellos.

Muchos son los ejemplos que pueden darse de servicios cuyos efectos traspasan los límites territoriales de la unidad política que los presta, desde un plan de desecación de terrenos pantanosos o la creación de un parque público, hasta la educación. Este es uno de los ejemplos más citados por los autores.

Así Oldman y Schoettle (79) señalan que la educación, no sólo beneficial al que la recibe y a su familia, sino también a muchas otras personas que mantienen relaciones con él, de trabajo o de convivencia o, simplemente, que son miembros de la misma organización política y económica.

Según estos autores, los beneficios externos del gasto en educación se producen por tres razones:

---

(78) W. Z. Hirch's: *The Economics of State and Local Government.* Mc-Graw Hill. Nueva York, 1970.

(79) *O. cit.*, pág. 120.

En primer lugar, la existencia de un alto nivel de educación en un país beneficia a toda la comunidad. Indudablemente existe una clara relación entre el buen funcionamiento de un sistema político y el grado de educación de los individuos que lo integran. Como prueba de esta afirmación los citados autores alegan, por ejemplo, el creciente porcentaje de participación en las elecciones que se da en los Estados Unidos a medida que es mayor el grado de educación recibido por las distintas capas sociales examinadas. Asimismo, una sociedad con alto nivel de educación ofrece muchas más posibilidades a todos sus miembros de encontrar en ella satisfacción a su ideal de vida.

En segundo lugar, de la educación se benefician todas las personas que de alguna manera tienen que mantener relaciones con la persona que la ha recibido, tanto en la esfera del trabajo, como en la mera vecindad de domicilio. Así personas con pocos hijos o aun sin ellos pueden contribuir de buen grado a financiar las escuelas de una localidad porque con ello consiguen verse rodeados de una comunidad más tranquila y responsable y con la esperanza de elevar así la vida artística o cultural de la comunidad en la que habitan.

Los beneficios de esta clase que se derivan de la educación pasan a convertirse en externos cuando la persona que ha sido educada en un Estado traslada su residencia a otro. La inmigración es, pues, el vehículo para la exportación de estos beneficios de un Estado a otro.

La tercera manifestación de los beneficios de la educación es el aumento y mejora de la producción que de ella se deriva. La educación es causa de que las personas puedan producir más bienes y servicios que los que hubieran aportado con un menor grado de formación y que obtengan rentas superiores a las que habría recibido en otras condiciones. Este aumento de nivel de vida beneficia también a toda la comunidad, pues permite que el Gobierno preste los mismos servicios con menos presión fiscal o aumente el nivel de aquellos manteniendo ésta.

Sin duda, no todos los servicios que prestan los Estados o las entidades locales irradian los mismos beneficios externos. Oldman y Schoettle exponen una clasificación en tres categorías de servicios, según el alcance territorial de sus beneficios:

a) Servicios con escaso efecto fuera del ámbito local:

— Servicio de incendios.

— Policía local.

— Parques y atracciones.

— Red de distribución de aguas.

— Calles urbanas.

b) Servicios con efecto externo significante a nivel local, pero no a nivel regional:

— Medidas contra la contaminación de la atmósfera y de las aguas.
— Suministro de agua.
— Parques y atracciones.
— Bibliotecas públicas.
— Alcantarillado.
— Transportes colectivos.
— Comunicaciones entre ciudades.
— Aeropuertos.
— Planificación urbana.

c) Servicios con efectos externos más allá del nivel regional:

— Educación.
— Parques y atracciones.
— Ayuda a las personas de bajas rentas.
— Control sanitario.
— Investigación.

Algunos de estos servicios están incluidos en los tres grupos, porque son difíciles de clasificar de forma general. Así, los parques y jardines, según sus características, pueden ser utilizados sólo por los vecinos más próximos o pueden también atraer gentes de las comarcas más lejanas.

La consideración de estos efectos externos es importante, porque en ellos puede encontrarse la justificación de transferencias intergubernamentales y porque pueden influir sobre las decisiones de los ciudadanos y la aprobación de los presupuestos públicos. Así, si los habitantes de una determinada localidad tienen la sensación de que algunos de los servicios que presta su Administración benefician de forma importante a los residentes en otras ciudades mostrarán resistencia a financiarlos, si los beneficiarios externos no contribuyen también a financiar su coste.

La trascendencia práctica del estudio de los beneficios externos es que pueden servir de base para el establecimiento de transferencias en favor de las unidades que los originan.

Para algunos autores estas transferencias son necesarias para conseguir la mejor utilización de los recursos. Oates (80) señala que cuan-

---

(80) W. E. Oates: *Fiscal Federalism.* Harcourt Brace Jovanovich, Inc. Nueva York, 1972, págs. 66 y siguientes.

do la actividad de un agente económico influye sobre el bienestar de otras personas, fuera del ámbito del sistema de mercado, puede presumirse que este agente, ignorando los beneficios o costes externos que causa, mantendrá su actividad a un nivel ineficiente.

El remedio tradicional contra esta situación fue expuesto por Pigou (81): para este autor las unidades que originan beneficios externos deben recibir una subvención igual al valor marginal de los beneficios que producen. De esta forma tendrán un incentivo para tomar en consideración los beneficios externos que se derivan de su actividad.

Pero frente a la tesis de Pigou, algunos autores han considerado, más recientemente que, en determinados casos, estas subvenciones no están justificadas e incluso pueden ser contraproducentes. Ronald Case (82) considera que la potencial ineficiencia que puede derivarse de no tomar en cuenta los beneficios externos debería resolverse mediante la actuación colectiva de las partes interesadas. Si la actividad de una unidad económica produce beneficios a otra, es ésta la que tendrá interés en estimular un aumento en la actividad de la primera. Y si se produce ya una eficiente asignación de los recursos en virtud de esta actuación de las partes, la subvención pública originaría un nuevo cambio de conducta que podría ser causa de una menor eficiencia en el empleo de los recursos.

La conclusión que debe sacarse de la teoría de Case es que las subvenciones por los beneficios externos no deben otorgarse cuando pueda esperarse que se llevará a cabo una acción conjunta de las partes interesadas para evitar niveles ineficientes de actividad.

La cuestión es determinar cuándo puede esperarse racionalmente que la acción colectiva de los afectados tendrá lugar. Para Oates, probablemente, el factor más importante es el tamaño de los grupos que producen los beneficios. Cuando éstos son unos pocos y, además, radican en las proximidades de los beneficiarios exteriores, las dificultades para que ambos lleguen a un acuerdo satisfactorio serán pequeñas.

Este autor considera, por ejemplo, que en los supuestos en que un número reducido de entes locales vecinos desarrollan programas de purificación de la atmósfera es preferible que el Gobierno se esfuerce en conseguir unos programas de actuación conjunta en este campo de todas las entidades interesadas en vez de conceder subvenciones a cada una de las entidades para que desarrollen esta actividad.

En cambio, cuando los efectos externos son consecuencia de la

---

(81) A. C. Pigou: *The Economics of Welfare*. Mc Millan. Londres, 1932.

(82) R. Case: «The Problem of Social Cost». *Journal of Law and Economics*, volumen 3, octubre 1960, págs. 1-44.

actividad de muchas unidades es más difícil que se logre la coordinación de las partes afectadas.

Algunos autores ponen en duda que la teoría de Pigou sobre las subvenciones para compensar los beneficios externos sea aplicable cuando los perceptores sean unidades políticas. Oates admite que existen casos en que este mecanismo resulta claramente inapropiado, como los supuestos en que la planificación y actuación conjunta de las Administraciones afectadas pueden evitar las ineficiencias en la utilización de los recursos, pero cuando sea evidente que esta cooperación no llegará a ser efectiva, las transferencias serán un sistema útil para mantener los servicios al nivel adecuado. Estas transferencias suponen, así, un medio de eliminar o al menos reducir uno de los mayores costes que se derivan de una creciente descentralización de la actividad del sector público.

Algunas de las transferencias intergubernamentales como las destinadas a financiar los gastos de educación o los de carreteras se pueden justificar en razón de sus beneficios externos.

Una última dificultad con este concepto parte de la posibilidad de que en muchos casos los beneficios externos sean recíprocos entre varias unidades jurisdiccionales. En estos supuestos, es más complicada la determinación de las subvenciones que deben otorgarse. El problema —dice Oates—, en la práctica, requiere la solución de un conjunto de ecuaciones simultáneas, pero conceptualmente, la teoría de Pigou sigue siendo una solución válida.

CAPITULO V

EXAMEN DEL DERECHO COMPARADO

En este capítulo expondremos, en primer lugar, un resumen de los principios constitucionales y de las principales normas aplicadas sobre esta materia en seis países que por sus diferencias de nivel económico, situación geográfica, y características históricas y culturales, hemos considerado que constituyen una muestra bastante expresiva de la forma en que se trata esta materia en el mundo occidental.

En la segunda parte del capítulo glosaremos los criterios y sistemas nacionales, tratando de reducirlos, en lo posible, a factor común y de obtener conclusiones generales por encima de las particularidades nacionales.

1.º Análisis de los sistemas de los distintos países.

Los países elegidos para su examen son los siguientes:

1. ALEMANIA

A) *Evolución histórica.*

La unidad política alemana es una obra de formación tardía con respecto a lo que sucedió en otras naciones europeas, como España, Francia o Inglaterra. No se produce hasta finales del siglo pasado (83).

A principios del siglo XIX pervivía todavía el Sacro Romano Imperio Germánico. Bajo la influencia napoleónica surgió la Confedera-

(83) Vid. N. PÉREZ SERRANO: *Tres Lecciones sobre la Ley Fundamental de Bonn.* Escuela Social de Madrid, 1951.

ción del Rhin que cayó con las demás creaciones políticas bonapartistas. En 1814 fue sustituida por la Confederación germánica, de predominio austriaco, que fue reemplazada después de una serie de episodios bélicos, por la Confederación de Alemania del Norte, dominada por Prusia. Esta actuó de elemento de cohesión y fue el motor de la formación del Imperio de 1871.

Si bien la Constitución Imperial de 1871 puede considerarse la primera constitución federal alemana, desde el punto de vista fiscal existen manifestaciones de uniones entre Estados desde fechas bastante anteriores. Así sucedió con la Unión Aduanera de 1833. Esta percibía unos derechos arancelarios comunes aunque los ingresos se distribuían entre los Estados miembros. Por otra parte, dentro de la Unión se constituyeron, a su vez, «áreas fiscales» formadas por algunos de los Estados miembros que concluyeron acuerdos entre sí para la administración y recaudación conjunta de ciertos impuestos de consumo; los Estados no asociados quedaban excluidos del régimen interior de estas áreas.

Con el Imperio se produce ya una distribución de fuentes impositivas entre el Gobierno federal y los Estados. Al primero, se le reservan los derechos arancelarios y los impuestos indirectos; mientras que los Estados obtienen sus ingresos de los impuestos directos, singularmente, de los impuestos sobre la renta y el patrimonio. Si los ingresos reservados a la Federación eran insuficientes para atender a sus gastos, los Estados tenían que realizar contribuciones para financiar el déficit.

La Constitución de 1871 fue esencialmente un tratado entre príncipes soberanos; representó la «alianza eterna» concluida por el Rey de Prusia y los Estados del Sur y las ciudades de la Liga Hanseática (84). En ella se definieron claramente los poderes y las limitaciones de todos los componentes. Todos los poderes no transferidos a la Federación los conservaban los príncipes.

Este sistema duró hasta el final de la Primera Guerra Mundial y cambió profundamente con la Constitución de Weimar de 1919. Con ella la Federación vio considerablemente incrementados sus poderes. El Reich se convirtió en el legatario de todos los poderes no transferidos expresamente a los Estados, que pasan a convertirse en países (Länder).

La tendencia unificadora se acentúa enormemente en la época nazi: «durante la época del movimiento nacionalsocialista —dice Pérez Serrano— (85), Alemania casi se unifica; los que fueron antaño Esta-

---

(84) Vid. *Taxation in the Federal Republic of Germany*. World Tax Series. Harvard Law School, 1969, pág. 309.

(85) *Ob. cit.*, pág. 11.

dos y, después países, quedan convertidos casi en circunscripciones geográficas históricas, con una gran autonomía administrativa y algún leve vestigio de imperium político, nada más».

La evolución en la organización política tiene un claro paralelo en la atribución de las competencias fiscales. Así con la Constitución de Weimar las principales fuentes impositivas se reservan para el Reich que distribuía parte de los ingresos recaudados a los países que de esta forma dependían financieramente de la Federación.

B) *El régimen financiero establecido en la Constitución de 1949.*

El Texto constitucional actual está constituido por la Ley Básica de mayo de 1949.

El capítulo X de la Ley Fundamental de Bonn lleva como título «El Régimen Financiero».

Comienza por consagrar el principio general de que la Federación y los Länder deberán atender por separado a la financiación de los gastos que se derivan del cumplimiento de sus tareas, salvo cuando en la propia Constitución se establezca otra cosa. En cambio, cuando los Länder actúen por delegación de la Federación será ésta la que habrá de financiar los gastos que de ello se derivan.

Como contrapartida, la Constitución distribuye entre los dos niveles las principales figuras impositivas. En esta distribución los preceptos constitucionales distinguen claramente los diversos aspectos que implica la distribución de las fuentes impositivas.

1. **Distribución de la competencia legislativa.**

En primer lugar, se refiere a la potestad de legislar en materia tributaria. En este aspecto, atribuye a la Federación, unas veces, competencia exclusiva y, otras, concurrente con los Länder.

La Federación tiene derecho exclusivo de legislar en cuanto a los derechos de Aduanas y a los Monopolios fiscales. Asimismo, tiene facultad legislativa, en concurrencia con los Länder, respecto a los demás impuestos, cuando concurra una de estas dos circunstancias:

a) que en virtud de las normas de la propia Constitución la correspondan todos o parte de los ingresos del impuesto de que se trate; o

b) que se den las condiciones que establece el artículo 72, apartado 2.º, de la Constitución.

Este último artículo, encuadrado dentro del capítulo consagrado al Régimen legislativo, se refiere a la competencia legislativa concurrente entre la Federación y los Länder.

Cuando la Constitución define una materia como de competencia legislativa concurrente, los Länder podrán legislar sobre ella en tanto la Federación no haga uso de sus facultades legislativas. El campo definido en la Constitución como de competencia legislativa concurrente es muy amplio. Si la Federación hace uso de su facultad legislativa el terreno queda inmediatamente fuera de la competencia de los Länder. Pero la Federación tampoco está autorizada a legislar ilimitadamente, sino que sólo puede ejercer esta facultad cuando concurren condiciones que demuestren la necesidad de la legislación federal. Estas condiciones son las que determina el artículo 72.2 de la Constitución, al que se remite el artículo 105 al definir cuando la Federación puede legislar sobre los impuestos que no tiene atribuidos de forma exclusiva. Las referidas condiciones son:

— Cuando un asunto no pueda ser satisfactoriamente regulado por la legislación de los Länder.

— Cuando la regulación de un asunto por la legislación de un Länder pueda afectar a los intereses de otros Länder o a los intereses generales; y

— Cuando lo requiera el mantenimiento de la unidad jurídica o económica, especialmente, el mantenimiento de niveles de vida uniformes entre los Länder.

A los Länder atribuye la Constitución competencia para legislar sobre los impuestos de consumo y de lujo, siempre que no sean equivalentes a los impuestos regulados por Ley Federal.

Finalmente, establece también la Constitución que las leyes federales relativas a impuestos cuyos rendimientos estén atribuidos a los Länder o a los municipios, requieren la aprobación del Consejo federal.

2. Distribución de los rendimientos.

En segundo lugar, regula la Constitución la atribución de los rendimientos de las distintas figuras impositivas. Los rendimientos de la mayoría de éstas se asignan con carácter exclusivo a uno de los dos niveles políticos; pero respecto a algunos impuestos dispone que sus ingresos se distribuyan entre los dos.

1. Se asignan, con carácter exclusivo, los rendimientos de los siguientes impuestos:

a) *A la Federación.*

— monopolios fiscales;

— derechos de Aduanas;

— impuestos especiales de consumo (excepto los atribuidos por la propia Constitución exclusivamente a los Länder, conjuntamente a la Federación y a los Länder, o a los municipios). De acuerdo con esta regla se atribuyen a la Federación los ingresos de los impuestos especiales sobre el consumo de tabaco, petróleo, café, té, sal, vinos espumosos, cerillas, cartas de juego, azúcar, alcohol, ácido acético, bombillas y lámparas de alumbrado. Queda excluido el impuesto sobre la cerveza por estar atribuido a los Länder;

— impuesto sobre los movimientos de capitales, seguros y letras de cambio;

— la contribución para la igualación de cargas.

b) *A los Länder.*

— impuesto sobre el patrimonio neto;

— impuest sobre las transmisiones patrimoniales;

— impuesto sobre las herencias y donaciones;

— impuesto sobre los vehículos a motor;

— impuesto sobre la cerveza;

— tasa sobre apuestas, lotería y tómbolas.

2. Los rendimientos del Impuesto General sobre la Renta, del Impuesto sobre Sociedades y del Impuesto sobre el Valor Añadido se distribuyen entre la Federación y los Estados. La Constitución estableció inicialmente que ambos niveles políticos participarían por partes iguales en los rendimientos de estos impuestos, una vez separada la parte atribuida a los municipios. Posteriormente, esta distribución se modificó en diversas ocasiones. Para 1974 los porcentajes, respecto al Impuesto sobre la Renta de las Personas Físicas fueron: para el Bund, 43 por 100; para los Länder, 43 por 100 y el 14 por 100 para los municipios. Los rendimientos del Impuesto sobre Sociedades se distribuyeron por partes iguales entre el Bund y los Länder. Para el Impuesto sobre el Valor Añadido, los porcentajes fueron: 63 por ciento para el Bund y 37 por 100 para los Länder.

El porcentaje asignado a los Estados se distribuye entre ellos en proporción a las cifras recaudadas por estos impuestos en los respectivos territorios. Parte de los ingresos que correspondan a cada Estado han de ser cedidos por éstos a sus municipios y entidades locales.

3. La Constitución cuida también de asignar recursos a los municipios. En primer lugar, les asigna una parte de los ingresos del Impuesto sobre la Renta que corresponda al Estado a que pertenecen. Esta parte habrá de ser distribuida entre los municipios en proporción al impuesto pagado por sus residentes.

Les corresponden también los ingresos producidos por los impuestos reales exigidos sobre bienes que radiquen en su territorio; y por impuestos locales sobre determinados consumos o manifestaciones de lujo, como las bebidas y los espectáculos, juegos y diversiones.

En este grupo reviste especial importancia e interés el impuesto sobre las actividades mercantiles. Aunque constituyen una sola figura tributaria se exige sobre tres bases diferentes, lo que permite distinguir tres partes separadas: el gravamen sobre los beneficios comerciales o industriales; el gravamen sobre el capital y el gravamen sobre el volumen de salarios. Exigir el impuesto o no es facultativo para los municipios, pero aquellos que lo hacen tienen forzosamente que aplicarlo en sus dos primeras modalidades; en cambio, es voluntario exigirlo sobre el volumen de salarios.

Este impuesto constituye una de las fuentes principales de ingresos de los municipios; pero la legislación corresponde a la Federación. Se encuentra regulado por una Ley Federal y diversas disposiciones reglamentarias, igualmente federales. En éstas se encuentran definidos los sujetos pasivos, la base imponible y los tipos tributarios básicos, así como las normas para su administración. Los municipios pueden determinar los tipos efectivos del impuesto aplicando multiplicadores que varían anualmente, y las autoridades municipales tienen encomendada su administración y recaudación.

De los rendimientos de este impuesto, se reserva el 60 por 100 para los municipios y se atribuye al Bund, y a los Länder un 20 por 100 a cada uno.

4. Existe, finalmente, un impuesto para el culto, al que están sujetas todas las personas físicas que pertenezcan a alguna religión.

Este impuesto se rige por la legislación de cada Länder y, por tanto, sus características pueden variar de uno a otro. Suele tomarse como base para su liquidación la del Impuesto General sobre la Renta o la del impuesto sobre salarios; en algunos Länder la base se relaciona con la de los impuestos sobre la propiedad inmueble.

Sus tipos impositivos se fijan por las respectivas religiones, dentro de los límites fijados en la legislación del Länder correspondiente. Su tipo varía entre el 6 y el 10 por 100.

Las propias Iglesias giran las legislaciones sobre sus fieles y reciben la recaudación.

3. Administración de los impuestos.

El tercer aspecto de la distribución de las fuentes impositivas que regula la Constitución es el de la Administración de los distintos impuestos.

Dispone que serán administrados por autoridades financieras federales, los derechos de aduanas, los monopolios fiscales, los impuestos de consumo regulados por leyes federales, incluidos los impuestos a la importación y las tasas exigidas de acuerdo con la regulación de la Comunidad Económica Europea.

La organización de estas administraciones será regulada por una ley federal, con la obligación de que los jefes de las organizaciones intermedias sean nombrados de acuerdo con los gobiernos de los Länder respectivos.

La administración de los demás impuestos corresponde a los Länder. Pero la organización de estos órganos, incluida la formación de los funcionarios, podrá ser regulada por una ley federal.

Cuando las autoridades de los Länder administren impuestos destinados, total o parcialmente, a la Federación, actuarán por delegación de ésta.

Prevé la Constitución que siempre que con ello se mejore o facilite considerablemente la ejecución de las leyes tributarias, mediante una ley federal que requiere la aprobación del Consejo federal, se podrá establecer la actuación conjunta de las autoridades financieras federales y de los Länder, así como la administración por estas últimas de los impuestos que inicialmente deben ser administrados por la Federación.

Los Länder podrán delegar, total o parcialmente, en las autoridades municipales la administración de los impuestos cuyos ingresos correspondan a los municipios.

El procedimiento a aplicar por las autoridades federales para la exacción de los impuestos se regulará siempre por ley federal. El procedimiento a aplicar por las autoridades de los Länder y, en su caso, de los municipios podrá ser regulado mediante ley federal que necesitará la aprobación del Consejo federal.

Toda la materia jurisdiccional será regulada de forma uniforme por ley federal.

4. Resumen de la distribución de competencias tributarias.

El sistema de distribución de competencias tributarias en la Constitución alemana puede resumirse en los siguientes puntos:

1) La Constitución no se limita a atribuir cada una de las fuentes impositivas a la Federación o a los países, sino que determina las facultades que corresponden a cada uno de estos poderes en cuanto a los tres aspectos fundamentales que implica la potestad tributaria: poder de legislar, administración de los impuestos y asignación de los rendimientos derivados de ellos.

2) En el primer aspecto, en unos casos, atribuye el poder de legislar con carácter exclusivo y, en otros, de forma concurrente. La Federación tiene facultad legislativa exclusiva en cuanto a los derechos de aduanas y monopolios fiscales y concurrente con los Estados respecto a todos los demás impuestos. Pero la Federación no es absolutamente libre de legislar sobre las figuras tributarias de competencia concurrente, sino que para hacerlo debe darse alguna de estas dos condiciones: que se trate de un impuesto cuyos rendimientos le correspondan de acuerdo con la Constitución, en su totalidad o en parte, o que la legislación federal deba sustituir a la estatal para evitar los efectos poco convenientes que se derivarían de ésta. En los impuestos de competencia legislativa concurrente, el ejercicio de la misma por la Federación impide que los Estados puedan hacer uso de ella.

El juego de estas reglas permite que la Federación legisle aun sobre aquellas figuras cuyos rendimientos se atribuyen a los Estados o a los municipios, ya sea para mantener la uniformidad económica o para permitir la actuación de la política fiscal a escala nacional.

De hecho el ejercicio de la potestad legislativa estatal queda reducido a los impuestos en que no existe legislación federal.

Los municipios prácticamente no tienen competencia legislativa en materia fiscal. La atribución a los municipios de parte de los rendimientos de los impuestos federales o estatales se hace por ley federal, y la distribución de estas participaciones entre los distintos municipios de un Estado se realiza por una ley estatal.

3) En cuanto a la atribución de los rendimientos de los impuestos, la Constitución parte de la idea, que se señala en la obra «Taxation in Germany» (86), de que es preferible conceder a los Estados directamente derecho a percibir los rendimientos de determinados impuestos antes que asignarles una participación en la recaudación federal, «como medio de imbuir en las subdivisiones políticas del país el sentido de la independencia financiera y de su responsabilidad fiscal». De acuerdo con esto, la Constitución, como hemos señalado anteriormente, determina de forma casuística y concreta a quien corresponden los rendimientos de las distintas fuentes impositivas.

(86) *Ob. cit.*, pág. 478.

4) En el aspecto administrativo, en principio, parece haber correlación entre el derecho a los rendimientos de un impuesto y la competencia para administrarlo. De acuerdo con esto a la Federación corresponde la administración, además de los derechos de aduanas y de los monopolios fiscales, de los impuestos sobre las ventas, especiales sobre el consumo y sobre el transporte; y a los Estados, la administración de los impuestos sobre el patrimonio y sobre las transacciones patrimoniales.

Sin embargo, de las normas constitucionales parece desprenderse la consideración de que la administración de los impuestos es una tarea más propia de los Estados. Así el apartado 2.º del artículo 108 del Texto constitucional atribuye con carácter general a los Estados la facultad de administrar todos los impuestos que el apartado 1.º no ha señalado expresamente como de administración federal. Esto hace que corresponda administrar a los Estados, los impuestos sobre la renta, sobre las sociedades y sobre las herencias y donaciones. Las dos primeras figuras impositivas son administradas por los Estados como agentes delegados de la Federación.

Asimismo, la administración del impuesto sobre las ventas a nivel local está delegada en las oficinas del Estado.

A su vez, los Estados pueden delegar en las entidades locales funciones administrativas relativas a los impuestos cuyos rendimientos se atribuyen a los municipios.

5. La perecuación fiscal.

Una pieza importante de la organización fiscal alemana es el sistema de perecuación fiscal entre los Estados.

En este aspecto ha habido un cambio profundo respecto al sistema que imperaba en la Constitución de 1919. En ella se atribuía al Reich el rendimiento de la mayoría de los impuestos, y luego aquél distribuía parte de lo recaudado a los Estados, que quedaban así financieramente dependientes. Se producía un sistema de «perecuación financiera vertical« (87), instrumentado mediante complicados criterios de distribución de los recursos entre los Estados.

Actualmente se ha sustituido este sistema por otro de «perecuación horizontal», con arreglo al cual los Estados con mayores recursos deben transferir una parte de sus ingresos a aquellos que no pueden obtener medios suficientes para cubrir sus gastos.

---

(87) Vid. *Taxation in Germany*, pág. 424.

El problema surge en parte por el hecho de que la participación de los Estados en la recaudación de ciertos impuestos (sobre la renta y sobre sociedades) se realiza en proporción a las recaudaciones obtenidas por estos conceptos en los distintos territorios.

Para corregir las disparidades de ingresos entre los Estados, el artículo 107 de la Constitución establece que «se garantizará por ley que quede debidamente compensada la desigual capacidad financiera de los Länder; a este respecto se tendrán en cuenta la capacidad y las necesidades financieras de los municipios».

En cumplimiento de este mandato se han publicado diversas disposiciones que han configurado un sistema de perecuación financiera (88).

La perecuación se lleva a cabo en función de la mayor o menor capacidad financiera de cada Estado. Se parte de la determinación de la recaudación ajustada de cada uno de ellos, basándose en la recaudación obtenida por todos los conceptos, en el Estado, incrementada en los rendimientos producidos por los impuestos sobre la propiedad y las actividades comerciales de los municipios radicados en su territorio. En segundo lugar, se calcula la recaudación «per capita» nacional, sobre la base de la recaudación ajustada de todos los Estados. Esta cifra «per capita», multiplicada por el número de habitantes de cada Estado, da su «cifra de perecuación».

Los Estados que tengan una cifra de recaudación ajustada que exceda de su «cifra de perecuación» deben efectuar transferencias en favor de aquellos cuya cifra de recaudación ajustada sea menor que el 95 por ciento de su «cifra de perecuación».

6. Composición de la presión fiscal.

La presión fiscal alemana, calculada sobre el producto interior bruto, se cifra para 1974, en el 25,2 por 100, sin computar las cuotas de la Seguridad Social, y en el 38 por 100, incluyendo éstas.

Del total de los ingresos fiscales, en 1972, correspondió a la Federación el 52,9 por 100, el 33,4 por 100 a los Länder y el 12,8 por ciento a los municipios. El 0,9 por 100 estuvo constituido por exacciones para la C. E. E.

El total de ingresos se distribuye entre las diferentes categorías impositivas de la siguiente manera (89):

(88) La descripción se toma de *Taxation in Germany*, pág. 427.

(89) P. Fontaneau: *Fiscalité Europeenne*, tomo I, pág. 9 (Cuadro referido a 1972).

	Por 100 sobre total de ingresos fiscales
I. *Impuestos relativos a la producción y a las importaciones.*	
— Impuesto sobre el valor añadido	23,8
— Derechos: de Importación	1,8
— Impuestos especiales de consumo	14,4
— Impuesto sobre los servicios	1,5
— Impuesto inmobiliario	1,5
— Derechos: de timbre y de registro	1,0
— Otros impuestos	10,4
	54,4
II. *Impuestos corrientes sobre la renta y el patrimonio*	45,3
III. *Impuestos sobre el capital*	0,3
TOTAL	100

2. SUIZA

A) *Evolución histórica.*

Los antecedentes de la Confederación helvética actual se remontan muy lejos. Desde 1291 a 1798 Suiza estuvo constituida por una Confederación de Estados independientes y soberanos con débiles lazos entre sí. La vinculación entre estos Estados derivaba, sobre todo, de sus luchas contra Austria y el Imperio. Es curioso señalar que una de las principales batallas fue la reñida en 1495 contra el Emperador, para oponerse a su pretensión de exigirles un impuesto general: las tropas imperiales fueron derrotadas en 1499 y, desde entonces, Suiza quedó exenta de todos los tributos feudales.

En 1798 las tropas revolucionarias francesas invadieron Suiza y establecieron un Estado centralista, la República Helvética. La organización unitaria no fue aceptada por los suizos y se produjeron continuas luchas entre los defensores del sistema unitario y los federalistas. En 1803, Napoleón, mediante el Acta de Mediación, dio al país una nueva Constitución que le volvió a estructurar como un Estado federal, la Confederación Helvética, que permaneció hasta la caída del régimen napoleónico.

En 1813 fue abolida la Constitución surgida del Acta de Mediación y se inició un período en el que volvió a organizarse como una Confederación de Estados con flojos vínculos de unión.

El sistema actual de organización política data de 1848 en el que se aprobó una nueva Constitución que sustituyó el sistema de Confederación de Estados independientes, por el de un verdadero Estado federal con autoridad sobre todos los Cantones. En 1874 Suiza adoptó una nueva Constitución, pero que no varió los principios esenciales de la organización de 1848. Desde entonces se han producido diversas enmiendas a la Constitución y se han preparado nuevos proyectos, pero el Texto de 1874 sigue, básicamente, en vigor.

B) *El sistema fiscal actual.*

1. **La atribución del poder tributario.**

En Suiza existen dos soberanías, una ejercida por la Confederación y otra por los Cantones. El artículo 3.º de la Constitución federal establece que «los Cantones son soberanos en tanto su soberanía no esté limitada por la Constitución federal» y, en consecuencia, los Cantones ejercen todos los derechos que no se han transferido a la autoridad federal.

La traducción en el campo tributario de estos principios es que los Cantones tienen su propia soberanía tributaria que debe ser debidamente coordinada con la de la Confederación. Esto lleva a una distribución de las fuentes tributarias entre estos dos niveles. El derecho de la Confederación a exigir impuestos se encuentra limitado por el principio del artículo 3.º de la Constitución, de forma que, en principio, no pueden exigirse más impuestos federales que los expresamente previstos en la Constitución.

Los Cantones pueden, a su vez, exigir sus propios impuestos, con exclusión de los que la Constitución haya asignado a la Confederación.

Un primer principio, por tanto, de la estructura de la imposición suiza es que las fuentes impositivas reservadas a la Confederación no pueden ser utilizadas por los Cantones. Existen figuras tributarias constitucionalmente definidas como federales que, como tales, quedan excluidas del ámbito de la soberanía tributaria cantonal.

El principio tradicional que inspira la distribución de fuentes impositivas en Suiza es el de «Impuestos directos para los Cantones, impuestos indirectos para la Confederación».

Actualmente, no puede decirse que este principio se cumpla rígidamente, pero la distribución de la carga tributaria sigue basándose, fundamentalmente, en él, pues aunque existen algunos impuestos federales de carácter directo, de ellos sólo procede menos de la tercera parte de los ingresos impositivos de la Confederación.

La situación la muestra muy claramente el siguiente cuadro (90):

IMPUESTOS	Confederación	Cantones	Municipios
(En millones de francos)			
Sobre la renta y el patrimonio	2.274,9	4.454,7	4.039,1
Sobre el consumo	4.966,1	462,0	25,4
TOTAL	7.241,0	4.916,7	4.064,5

Debe advertirse que en este cuadro se incluyen como impuestos sobre el patrimonio algunos que gravan la transmisión de elementos patrimoniales, que deben considerarse indirectos. Haciendo esta corrección, puede decirse que la primera parte del principio tradicional («impuestos directos para los Cantones») se cumple en alto grado, pues de impuestos de esta naturaleza procede más del 80 por 100 del total de los ingresos impositivos cantonales. La segunda parte del principio («impuestos indirectos para la Federación») también se cumple en gran medida, pues de ellos procede cerca del 73 por 100 de sus ingresos impositivos.

2. La imposición federal.

Dentro de los impuestos indirectos federales, por su recaudación se sitúan, en primer lugar, los derechos arancelarios y el impuesto sobre las ventas. Los primeros, producen, en el año a que se refiere el cuadro que comentamos, el 32,64 por 100 de los ingresos impositivos federales y, el segundo, el 23,31 por 100. Otros impuestos indirectos exigidos por la Federación son los impuestos especiales sobre el consumo (impuestos sobre la cerveza, sobre el tabaco y otros), de los que procede el 12,62 por 100. Tiene relativa importancia también el impuesto sobre el timbre que grava, esencialmente, la emisión y transmisión de títulos valores.

Dentro de estos impuestos indirectos, por su situación constitucional, caben distinguir dos categorías: la de aquellos que están definidos en la Constitución como figuras atribuidas a la Federación y los que se exigen con carácter temporal, al amparo de legislación excepcional para casos de emergencia.

(90) Tomado de *Taxation in Switzerland.* W. T. S. Harvard Law School, 1976, página 12.

En el primer caso, se encuentran, principalmente, los derechos arancelarios y los impuestos sobre el tabaco y las bebidas alcohólicas, y, en el segundo, el impuesto sobre las ventas y, hasta época reciente, el impuesto sobre la cerveza.

El impuesto sobre las ventas se exige en virtud de una autorización concedida en 1941 como medida de emergencia encaminada a salvar el déficit del presupuesto federal; después, esta autorización ha ido siendo objeto de sucesivas prórrogas, la última de las cuales expirará en 1982.

La Administración federal trata insistentemente de conseguir que se consolide el derecho a exigir un impuesto sobre las ventas como un medio permanente de financiación de sus ingresos, reformando en este sentido la Constitución. Pero hasta el momento, no ha conseguido más que prorrogar las sucesivas autorizaciones temporales. Por otra parte, en relación con esta figura impositiva, está actualmente planteada la cuestión de si debe sustituirse su modalidad actual de impuesto sobre las ventas en fase única, por otra sobre el valor añadido.

El impuesto sobre la cerveza que formó parte de un impuesto general sobre las bebidas establecido para hacer frente a las necesidades financieras derivadas de la gran depresión de los años 30 y suprimido en 1937, siguió exigiéndose posteriormente como impuesto independiente de carácter transitorio, pero ha sido finalmente incluido en la Constitución como fuente permanente de ingresos federales. Sin embargo, los preceptos constitucionales disponen que la carga que representen el impuesto sobre la cerveza, los recargos aduaneros sobre este producto y sus materias primas y el impuesto sobre las ventas, debe representar el mismo porcentaje respecto al precio de la cerveza que suponía en 31 de diciembre de 1970.

Dentro de los impuestos directos federales destaca, en primer lugar, el «Impuesto Federal de Defensa» que se compone de un impuesto progresivo sobre la renta de las personas físicas y de una imposición sobre las sociedades que consta, a su vez, de dos partes: un impuesto sobre los beneficios que se exige a tipos progresivos que aumentan según se incrementa la relación que el beneficio neto supone respecto al capital; y un impuesto proporcional sobre el capital y las reservas, que se exige al tipo del 0,0825 por 100. Existe, finalmente, un último componente de esta figura impositiva, que surgió como una solución de compromiso para una antigua discrepancia mantenida entre la Administración y las sociedades cooperativas sobre el trato fiscal que debía darse a los descuentos, y que está constituido por un gravamen del 3,3 por 100 sobre el importe de los descuentos y «rappels» que practiquen los comerciantes que realicen negocios en Suiza y que excedan del 5,5 por 100 del precio de los bienes que vendan.

La regulación del «Impuesto Federal de Defensa» presenta algunas características de gran interés doctrinal, pero lo que interesa destacar aquí es que mediante él, la Federación aplica las tres manifestaciones más importantes de la tributación directa, la imposición sobre la renta de las personas físicas y sobre los beneficios de las sociedades y un gravamen patrimonial que, según el esquema de distribución de fuentes mencionado, debería quedar reservadas para los Cantones.

Las autorizaciones para que la Federación exija alguna clase de impuestos directos se han producido normalmente como consecuencia de difíciles situaciones presupuestarias derivadas de la necesidad de hacer frente a fuertes incrementos de gastos públicos, como sucedió durante las dos guerras mundiales, o a considerables reducciones de los rendimientos de la imposición indirecta, como sucedió con la recaudación de Aduanas durante la gran depresión o, más recientemente, a consecuencia de las rebajas arancelarias impuestas por los compromisos con el G. A. T. T. o la E. F. T. A. Las autoridades federales han realizado continuos intentos para incorporar a la Constitución como una fuente permanente de ingresos el «Impuesto Federal para la Defensa», pero la resistencia de los Cantones a que la Federación incremente los rendimientos que obtiene de esta fuente o consolide definitivamente sus derechos sobre ella es constante, y se sigue manteniendo como medida temporal. Así, un referendum de 1971 autorizó a la Federación a exigir el Impuesto Federal para la Defensa hasta 1982, incorporando al mismo tiempo a la Constitución límites máximos para sus tipos impositivos. Esta enmienda elevó también las desgravaciones personales e introdujo medidas para evitar los efectos de la llamada «progresividad en frío». Además, en ella, se modificó el nombre de Impuesto Federal para la Defensa, que se sustituyó por el de «Impuesto Directo Federal», pero la nueva denominación no se hará efectiva hasta que se publique una nueva regulación del impuesto.

Junto al Impuesto Federal para la Defensa integran la tributación directa federal, el impuesto anticipado y el impuesto sobre las ganancias del capital. El primero, que fue establecido para evitar la evasión y asegurar el gravamen de las obligaciones suizas poseídas por extranjeros, grava los rendimientos del capital (dividendos, intereses, indemnizaciones por seguros), incluidos los premios de lotería. Para el período de 1976-1979 su tipo se ha fijado en el 35 por 100 y se retiene en la fuente. Cuando se trata de personas residentes en Suiza el impuesto constituye un pago a cuenta de los impuestos cantonales sobre la renta y el patrimonio; para los residentes en el extranjero, se convierte en un gravamen definitivo, salvo su devolución cuando así se acuerde en un convenio para evitar la doble imposición internacional.

El impuesto sobre las ganancias de capital —constituye el aspecto más complejo de la imposición suiza—, tanto por las dificultades para definir la materia, como por su complicada regulación. Grava los incrementos en el valor de los activos que no son debidos al esfuerzo de su propietario, sino a tendencias o especiales situaciones económicas. Este incremento se manifiesta normalmente como consecuencia de alguna modificación o del consumo de la fuente de la renta.

La Constitución atribuye también a la Federación el derecho a exigir una tasa por la exención del servicio militar y un impuesto sobre los residentes en el extranjero como medidas de retorsión, cuando un país adopte medidas contra los residentes en Suiza.

2. La imposición de los Cantones.

La imposición cantonal descansa, como se ha señalado, básicamente, en la imposición sobre la renta y el patrimonio. Todos los Cantones cuentan con un impuesto general sobre la renta y un impuesto complementario sobre el patrimonio. El libro de Harvard citado afirma que esto ha sido consecuencia de la influencia del Impuesto para la Defensa Nacional y de la Jurisprudencia del Tribunal Federal. Estos impuestos siguen bastante los criterios del Impuesto Federal, aunque se exigen a tipos más elevados. Por lo general, los Cantones cuentan también con impuestos sobre los beneficios y sobre el capital de las sociedades. También en casi todos los Cantones se exige un impuesto sobre las herencias y donaciones.

En la otra vertiente impositiva, los Cantones cuentan normalmente, con impuestos sobre los vehículos que constituyen una partida importante de sus ingresos. En 1970 el rendimiento de estos impuestos supuso el 8 por 100 del total de la recaudación cantonal por impuestos. Otras figuras impositivas que se encuentran en algunos Cantones son los impuestos del timbre sobre documentos, los impuestos sobre espectáculos y otros gravámenes de menos importancia sobre la tenencia de determinados bienes o ciertos consumos.

3. Impuestos municipales y de otros entes públicos.

La fiscalidad suiza no se agota con la imposición federal y cantonal, sino que una parte muy considerable de la carga fiscal total está representada por los impuestos municipales. Como muestra el cuadro antes reproducido, de la carga impositiva total, corresponde al 44,7 por ciento a la imposición federal, el 30,3 por 100 a la cantonal y el 25 por ciento a la municipal, si bien los municipios no gozan de potestad tributaria originaria, sino derivada de la cantonal.

Los ingresos municipales proceden en su 95 por 100 de los impuestos sobre la renta y el patrimonio neto, que en muchos casos, son más fuertes que los exigidos en los correspondientes Cantones.

En cuanto a la normativa de los impuestos municipales, pueden hacerse tres grupos: en la mayoría de los casos, los impuestos exigidos por los municipios sobre los mismos que los de los Cantones a que pertenecen, si bien, anualmente, cada municipio determina los tipos impositivos exigibles mediante la aplicación de un coeficiente a la tarifa cantonal, pero con tarifas propias; y en otros cuatro Cantones, los municipios tienen mayor autonomía al estructurar sus figuras impositivas, sobre todo, en la determinación de la base imponible.

En algunos Cantones, los municipios están también autorizados a exigir impuestos sobre las herencias y donaciones y sobre las transmisiones de bienes inmuebles.

Para completar el cuadro fiscal suizo hay que mencionar que existen también impuestos exigidos en favor de las Iglesias.

Estos impuestos se exigen por las comunidades religiosas reconocidas, tanto católicas como protestantes, a sus respectivos miembros. Normalmente, de la recaudación se encargan las autoridades locales.

Por lo general, estas exacciones están constituidas por un recargo sobre los impuestos básicos de los cantones o ayuntamientos. El porcentaje de estos recargos se fija, anualmente, por los órganos rectores de cada comunidad religiosa y varían de un ayuntamiento a otro.

Está previsto en la Ley que cuando en un matrimonio cada esposo pertenece a distinta comunidad religiosa, cada una de éstas exige sólo el 50 por 100 del impuesto que le corresponde. Lo mismo sucede si sólo uno de los esposos es miembro de una religión.

Una cuestión muy debatida ha sido si las sociedades podían quedar sometidas a los impuestos de las iglesias. El precepto constitucional que prohibe exigir estos impuestos a las personas no miembros de una comunidad, ha sido invocado, frecuentemente, como impedimento para gravar por este concepto a las personas jurídicas. Pero las leyes cantonales las declaran sujetas y el Tribunal Federal ha estimado que estas normas son constitucionales.

En cuatro cantones esta imposición se exige a nivel cantonal; en otros cantones forma parte del sistema fiscal local y se liquida sobre la misma base de los impuestos del Ayuntamiento.

Cuando en una localidad están establecidas varias iglesias, las sociedades que operan en el término municipal deben contribuir a todas ellas, pero los tipos impositivos se ajustan al porcentaje de fieles que corresponda a cada una. El libro de Harvard, «Taxation in Switzerland», cita el siguiente ejemplo explicativo: si en una localidad el 74 por 100 de los habitantes son protestantes y el 26 por 100 son católicos y el tipo impositivo fijado por la primera iglesia es el 18 por ciento y el de la católica el 25 por 100, el tipo impositivo exigible por la comunidad protestante será el 13,32 por 100 (18 del 74 por 100) y por la iglesia católica el 6,50 por 100 (26 del 25 por 100).

4. La distribución de las fuentes impositivas entre la Federación y los Cantones.

A grandes rasgos y en relación sólo con las que se pueden considerar figuras impositivas principales, la distribución de las mismas entre la Federación y los Cantones puede esquematizarse así:

— Están reservados exclusivamente a la Federación los derechos de aduanas, el impuesto general sobre las ventas y los impuestos especiales sobre el tabaco, la cerveza y las bebidas alcohólicas y el impuesto sobre emisión y transmisión de títulos valores.

— Se exigen, tanto por la Federación, como por los Cantones y los municipios, los impuestos sobre la renta de las personas físicas y sobre los beneficios y patrimonio de las sociedades.

— Se exige por los Cantones y los municipios, pero no por la Federación, el Impuesto sobre el patrimonio neto de las personas físicas.

— Constituyen impuestos, principalmente cantonales, sin perjuicio de que en algunos Cantones estén autorizados también a exigirlos los municipios, los impuestos sobre las sucesiones y donaciones, y los impuestos sobre las transmisiones patrimoniales. Es una importante fuente de ingresos cantonales, la imposición sobre los vehículos.

5. La competencia legislativa.

En Suiza, la Federación tiene potestad legislativa, pero sólo respecto a los impuestos que la Constitución la autoriza específica y concretamente a exigir. Sin embargo, esta autorización puede figurar en la Constitución con carácter permanente o ser consecuencia de enmiendas constitucionales de carácter temporal.

Los Cantones, por el contrario, pueden exigir toda clase de impuestos, excepto los que la Constitución reserva para la Federación. Los Cantones tienen, por tanto, plena jurisdicción tributaria, pero ésta está sometida a varias limitaciones, algunas expresamente declaradas en la Constitución federal y otras implícitas en sus preceptos. Por otra parte, las propias constituciones cantonales contienen también limitaciones en este campo.

Como hemos dicho, la primera limitación es consecuencia del principio «la Ley Federal prevalece sobre la cantonal», en virtud del cual los Cantones no pueden incidir sobre las fuentes tributarias que la Constitución federal reserva para este nivel.

En segundo lugar, la potestad tributaria cantonal puede verse restringida como consecuencia del principio de igualdad ante la ley.

Este principio ha sido descrito como la regla de derecho más activa de toda la Constitución y el Tribunal Federal ha interpretado que le otorga una jurisdicción en equidad sobre todas las decisiones cantonales, tanto ejecutivas como legislativas. Pero, teniendo en cuenta los poderes soberanos de que gozan los Cantones, el Tribunal ha sentado el criterio de que, en base a este principio, sólo pueden revisarse las leyes y los actos de aplicación de las mismas que se consideren arbitrarias. Las leyes cantonales se consideran arbitrarias «cuando son irracionales y contrarias al sentido común». Como ejemplo de leyes fiscales que han sido consideradas irracionales se citan las siguientes (91): impuestos exigidos sólo a los asalariados y no a los profesionales independientes; imposición de las empresas importantes de una rama de actividad en base a su volumen de ventas; limitación del derecho a deducir las deudas para determinar la base del tributo sobre las propiedades inmuebles, cuando se aplica sólo a las personas residentes en otro municipio que tenga bienes en él, y trato discriminatorio de los socios residentes en otro territorio.

Una tercera fuente de limitaciones en este aspecto, es el artículo 46 de la Constitución Federal que prescribe que se publicarán las disposiciones federales necesarias para evitar la doble imposición intercantonal. Aunque estas disposiciones no se han publicado, el Tribunal Federal ha establecido un extenso cuerpo de doctrina para evitar la doble tributación entre los Cantones, doctrina que supone también una garantía para cada Cantón contra las interferencias de otros en su jurisdicción tributaria.

Actúa en el mismo sentido el principio constitucional de la libertad de comercio e industria. Este principio no impide que se exijan impuestos especiales sobre determinadas industrias o actividades; pero sí se entenderían contrarios al mismo, impuestos que resultaran prohibitivos, es decir, que hicieran imposible el ejercicio de la actividad por anular completamente su beneficio.

Una última muestra de limitaciones federales a la jurisdicción tributaria cantonal se presenta en relación con los impuestos eclesiásticos. En este campo, el artículo 49 de la Constitución Federal establece que «nadie está obligado a pagar impuestos afectados especialmente a financiar exclusivamente los gastos de una comunidad reli-

(91) *Taxation in Switzerland*, pág. 11.

giosa a la que no pertenezca», que es una manifestación del principio de libertad de conciencia, consagrado, asimismo, en la Constitución.

En cuanto a las Constituciones cantonales, muchas de ellas consagran principios generales tributarios como el de la imposición, según la capacidad de pago o con arreglo a criterios de progresividad, la exención de los productos de primera necesidad, la prohibición de privilegios fiscales, la concesión de desgravaciones por consideraciones sociales y mínimos exentos, etc. Algunas constituciones llegan a regular con detalle los elementos básicos de determinados impuestos; pero, normalmente, la competencia tributaria se atribuye a las leyes ordinarias.

Finalmente, puede señalarse también que la jurisdicción tributaria de los Cantones ha resultado autolimitada en virtud de acuerdos firmados por todos o algunos de ellos. Así, todos se adhirieron al concordato propuesto por el Gobierno federal en 1948 para cortar la práctica de ciertos Cantones y ayuntamientos de conceder desgravaciones fiscales, con objeto de atraer a acaudalados contribuyentes extranjeros.

6. **La distribución de los ingresos.**

La autonomía en cuanto a la apropiación de los ingresos obtenidos por las fuentes impositivas que tienen atribuidas, está constitucionalmente limitada para ambos niveles por la Constitución federal. Esta asigna los ingresos de algunas figuras impositivas en su totalidad a la Federación, bien incondicionalmente o bien con la obligación de afectar una parte de los mismos a la financiación de gastos específicos; para los ingresos de otros impuestos, la Constitución marca los porcentajes en que corresponderán a la Federación y a los Cantones.

Así los derechos arancelarios son reservados íntegramente para la Federación, pero ésta debe destinar forzosamente el 60 por 100 de los derechos exigidos por la importación de combustibles para la construcción y conservación de las carreteras. Le corresponde, asimismo, a la Federación el total de la recaudación obtenida del impuesto general sobre las ventas y de los impuestos sobre la cerveza y sobre el tabaco. La total recaudación obtenida de este último impuesto se destina a la financiación de las clases pasivas y seguridad social de los jubilados; pero se reserva a los Cantones el 20 por 100 de los ingresos brutos producidos por este impuesto, en compensación a que está a su cargo la recaudación del impuesto.

Los ingresos de otros impuestos se distribuyen entre la Federación y los Cantones. De la recaudación del impuesto del timbre federal, 4/5 se reserva para este nivel y el otro quinto se entrega a los Cantones. La distribución de los rendimientos del Impuesto Federal de Defensa es 7/10 para la Federación y 3/10 para los Cantones. A estos últimos debe entregarse, también, el 12 por 100 de la recaudación obtenida por el Impuesto anticipado sobre los cupones. La recaudación del impuesto sobre las bebidas alcohólicas se reparte por mitades entre la Federación y los Cantones. La parte atribuida a la primera está afectada, igualmente, a la financiación de la seguridad social, y los Cantones, a su vez, deben destinar 10 por 100 de los ingresos que les corresponden a combatir las causas y efectos del alcoholismo.

Por otra parte, las leyes cantonales regulan, asimismo, la participación que se reserva a los municipios en los impuestos correspondientes a los Cantones.

7. La administración de los impuestos.

En relación con la exacción de los impuestos tampoco se produce una separación tajante y total entre los dos niveles. Así, la liquidación y recaudación del Impuesto Federal de Defensa se realiza por la Administración cantonal existiendo en las organizaciones correspondientes de la mayoría de los Cantones una sección específicamente dedicada al desempeño de esta tarea. El libro de Harvard dice que este impuesto se exige por los Cantones bajo la supervisión de la Federación. Los Cantones pueden regular el ejercicio de las funciones que les corresponden en la exacción de este impuesto, aunque estas reglamentaciones han de ser aprobadas por el Departamento Federal de Hacienda y Aduanas. Los Cantones aplican el impuesto, pero para asegurar su exigencia de forma correcta y uniforme, la Administración Fiscal Federal puede dictar reglamentaciones sobre la liquidación que llegan a regular la forma de las declaraciones y registros de contribuyentes. Por otra parte, en gran número de Cantones, las autoridades municipales cooperan en las tareas de liquidación de este impuesto.

La cooperación de las autoridades municipales en la exacción de los impuestos cantonales, sobre todo, en la fase preparatoria (elaboración y puesta al día de censos de contribuyentes, acumulación de informaciones sobre las fuentes de ingresos y cuantías de las bases impositivas, etc.), tiene gran intensidad. En la práctica el peso del trabajo preparatorio se lleva a cabo por las oficinas fiscales municipales. Incluso en la mayoría de los Cantones, la liquidación de los impuestos correspondientes a las personas físicas se realiza por las autoridades locales; en cambio, las autoridades cantonales se reservan las liquidaciones correspondientes a las sociedades. Otra característica de la administración de los impuestos en los Cantones es la importante participación de los particulares, que actúan como representantes de los contribuyentes en Comisiones encargadas de la fijación de las bases impositivas.

8. La perecuación financiera.

Finalmente, la atribución de los ingresos, tanto federales, como cantonales, está muy afectada por los mecanismos de «perecuación financiera».

La necesidad de adoptar medidas con esta finalidad está prescrita en la propia Constitución federal. Su artículo 42, establece que la Constitución debe promover la igualdad fiscal entre los Cantones y que, al conceder subvenciones, debe hacerlo tomando en cuenta la capacidad financiera de cada uno de ellos y de las regiones de montaña. Y el artículo 41, dispone que al menos 1/6 de la parte que corresponda a los Cantones en la recaudación del Impuesto para la Defensa Nacional se destine a conseguir la perecuación fiscal entre los mismos.

Entre los mecanismos destinados a conseguir la perecuación financiera destacan las subvenciones concedidas por la Federación a los Cantones y los criterios utilizados para distribuir entre éstos los rendimientos de determinados impuestos.

El mandato del artículo 42, ter, de la Constitución fue desarrollado por la Ley federal de 19 de junio de 1959, cuyos puntos básicos son los siguientes:

— El Consejo Federal clasifica los Cantones en tres grupos, según su capacidad financiera (Cantones financieramente fuertes, Cantones financieramente medios, Cantones financieramente débiles). Esta clasificación se revisa cada dos años.

— Según el grupo en que esté clasificado, cada Cantón recibirá las subvenciones con arreglo a un coeficiente elevado, medio o reducido.

— Para calcular el baremo y la clasificación de los Cantones en uno de los tres grupos se utiliza una fórmula basada en sus índices de capacidad financiera (cuota parte en el Impuesto para la Defensa Nacional; base de este impuesto; relación entre este impuesto y los impuestos cantonales y locales; la carga fiscal (inversamente proporcional) representada por los impuestos cantonales y locales; gastos de los Cantones y ayuntamientos, después de deducir las transferencias de impuestos federales y de las contribuciones locales; densidad de población). Todos estos componentes tienen la misma ponderación.

En el otro aspecto, la participación cantonal en los rendimientos de determinados impuestos y recursos federales (impuesto de timbre, beneficios del Banco Nacional y rendimientos de la Administración Federal de Alcoholes), no se basa en la recaudación obtenida en el territorio de cada Cantón, sino en su volumen de población.

En cuanto a la parte correspondiente a los Cantones en la recaudación del Impuesto para la Defensa Nacional, se distribuye entre ellos, dividiendo el 25 por 100 de esta parte con arreglo a las bases de población entre todos los Cantones, y el 75 por 100 restante, sólo entre aquellos Cantones en los que la recaudación «per capita» de este impuesto en su territorio ha sido inferior a la media nacional.

La preocupación por la perecuación dentro de los Cantones se encuentra también recogida en las Constituciones de la mayoría de éstos y, en consecuencia, se aplican también medidas de esta naturaleza para conseguir la perecuación entre las distintas entidades locales de cada Cantón.

El tema de la perecuación es uno de los más polémicos de las finanzas suizas y se encuentra permanentemente en estudio; actualmente, existen varias propuestas de revisión elaboradas por un grupo de trabajo nombrado por el Gobierno federal, que han sido sometidas al Consejo de Estado.

3. CANADA

A) *Marco constitucional e institucional.*

a) Al igual que los EE. UU., Canadá nace como Estado, partiendo de la federación de las antiguas colonias inglesas situadas al Norte del Continente americano. A partir de los Acuerdos de Quebec, de 1864, van perfilándose los instrumentos jurídicos que constituirían la constitución del nuevo Estado. El texto fundamental está constituido por la British North America Act de 1867, en la que se contienen las normas básicas de deslinde de atribuciones y competencias características de todo estado federal. Hay que señalar que en el momento de la aprobación de este texto, tan sólo se integraban las provincias de Nueva Escocia, New Brunswick, Quebec y Ontario. Posteriormente, se irían adhiriendo las demás provincias, hasta el número de diez.

Desde el punto de vista de la atribución de potestades tributarias, los padres de la Confederación, ya desde los Acuerdos previos de Quebec, intuyeron la necesidad de reconocer amplios poderes en este campo al Gobierno federal, esto es, al Dominio. Por esto, se establecía que el Parlamento general sería competente para regular la implantación o regulación de los derechos de aduanas sobre importaciones y exportaciones, salvo en lo que se refería a la exportación de determinadas maderas para la construcción procedentes de New Brunswick y del carbón y ciertos minerales de Nueva Escocia. El texto añadía a continuación que dicho Parlamento era igualmente competente para la implantación y regulación de los impuestos sobre el consumo. Estas referencias específicas eran irrelevantes, ya que a continuación establecía, con carácter general, el derecho del Parlamento federal para regular la obtención de dinero por cualquier otro método o sistema de tributación. Esta última fórmula fue la única retenida en la redacción definitiva de la British North America Act y, consiguientemente, su sección 91, apartado 3.º establecía como una de las competencias del Parlamento (o más propiamente de la Reina de Inglaterra, previo informe y consentimiento del Senado y de la Cámara de los Comunes) el dictar las leyes relativas a:

«La obtención de dinero por cualquier modo o sistema de tributación.»

Frente a estas facultades omnímodas reservadas al dominio, a las provincias se les reserva una potestad específica en la sección 92, número 2 del mencionado texto legal al permitirles dictar leyes en materia de:

«Imposición directa dentro de la provincia con el objeto de obtener ingresos para fines provinciales.»

Asimismo, el número 9 de la mencionada sección amplía estos poderes a la regulación de:

«Licencias de tiendas, bares, tabernas, salas de subastas y otros con el objeto de obtener ingresos para fines provinciales, locales o municipales.»

Las reglas hasta ahora enunciadas, marcan las líneas generales de demarcación de las dos potestades tributarias: la relativa al dominio y la de las provincias. Esta delimitación se perfila aún más con un conjunto de prohibiciones también contenidas en el mismo texto constitucional. Así, la sección 121 crea un área de libre comercio al obligar a cada provincia a admitir libre de toda carga los productos de la tierra o manufacturados procedentes de otras provincias. De esta forma, el Dominio ejerce un monopolio indiscutible en lo que se refiere a la utilización de los derechos de aduanas como fuente de ingresos públicos. Tan sólo se recoge en la sección 124 una excepción a favor de la provincia de New Brunswick y respecto de la producción de tablas de madera, excepción que como se dijo, recoge la prevención que ya se contenía en los Acuerdos previos de Quebec.

Mayor transcendencia tiene la prohibición contenida en la sección 125, por la que los terrenos o los bienes pertenecientes al Canadá o alguna de sus provincias no pueden someterse a imposición.

Ya se indicó que la British Norh America Act vinculaba a las cuatro provincias constituyentes. Sin embargo, en las sucesivas Actas de Unión de las restantes provincias se recogían estas normas fiscales con escasas excepciones. En este sentido, pueden citarse las que con carácter transitorio, se contenían en la Manitoba Act o aquélla por la que se admitían los derechos de Aduanas y sobre consumos específicos en la Columbia Británica hasta la fecha en que el ferrocarril alcanzara la costa del Pacífico.

No estaría completo el panorama relativo a las competencias tributarias, si no se aludiese a determinado tipo de privilegios históricos reconocidos a la Compañía de la Bahía del Hudson. En virtud de éstos, no se establecería ningún impuesto excepcional sobre el terreno, comercio o empleados de la Compañía. Una interpretación restrictiva del término «impuesto excepcional» ha limitado bastante estos privilegios. En una línea similar se mueven las ventajas reconocidas a la Compañía de ferrocarriles Canadian Pacific, encargada de enlazar las provincias ricas del Este con la costa del Pacífico.

Planteado en estos términos el texto constitucional, puede afirmarse que los padres de la Federación atribuyeron como principal fuente de ingresos públicos del Dominio la que podría denominarse imposición indirecta (Aduanas e impuestos sobre el consumo), preveyendo que estos ingresos serían más que suficientes, incluso ante un fuerte incremento del gasto público federal. No obstante, y como precaución supletoria, no limitaron en absoluto la utilización de otras figuras fiscales por parte del Dominio. Por el contrario, estimaron que los gastos de las provincias podrían cubrirse holgadamente con transferencias y subvenciones por parte del Dominio. Asimismo, y como una posibilidad, más o menos remota, concedieron a las provincias una potestad tributaria en materia de imposición directa que, en 1867, se presentaba como escasamente rentable y altamente impopular.

b) Desde un punto de vista institucional, Canadá sigue la pauta común a los Estados federales de duplicar sus órganos legislativos, ejecutivos y judiciales que existen en los dos niveles políticos.

Intimamente influido por el ejemplo británico, el legislativo federal está compuesto por dos Cámaras (el Senado y la Cámara de los Comunes). Por su parte, el ejecutivo, en lo que se refiere a las materias fiscales, dispone de dos departamentos ministeriales: el de Finanzas, encargado de elaborar y proponer los proyectos de normas fiscales y el de la Renta Nacional, al que compete su aplicación.

La elaboración de estas normas y, muy particularmente, de las grandes reformas tributarias sigue un recorrido ya tradicional. Las propuestas de cambios fiscales son presentadas al Parlamento dentro del discurso del presupuesto (Budget Speech) y pasan el primer tamiz en el seno de un Comité especializado (Committee of Ways and Means), donde se aprueban provisionalmente las mociones del Gobierno, y se estudian las propuestas concretas que, aprobadas por el Comité, darán lugar a la elaboración de las «Amending Bills», una por cada ley fiscal a rectificar. A continuación, estas disposiciones habrán de pasar por las dos Cámaras.

La estructura provincial del legislativo sólo presenta una Cámara, salvo en la provincia del Quebec que mantiene el bicameralismo. La elaboración de los presupuestos y leyes fiscales provinciales sigue unas líneas semejantes a las ya expuestas para el nivel federal. Parte la iniciativa del Ministro de Finanzas (denominado en algunas provincias el «Provincial Treasurer») y, al igual que en el nivel superior, la disposición pasa previamente por un Comité especializado.

Dado el particular deslinde de competencias entre ambos poderes, federal y provincial, especialmente en lo que se refiere a materias fiscales, resulta claro que ambos niveles disfrutan de una potestad originaria, a diferencia de lo que ocurre con las Autoridades municipales que actúan en base a una potestad delegada por las provincias. Pero, incluso, podría pensarse que si tanto la Federación como las provincias tienen unos poderes originarios, éstas podrían, a su vez, delegar en otro ente. Existe, no obstante, el reconocimiento tácito de que la potestad de la Federación, siendo «per se» delegable, no puede serlo en la provincia. No obstante, ha habido cierto precedente de delegar la potestad federal en materia de impuestos indirectos (aun cuando esta delegación nunca podría alcanzar a las facultades legislativas, pues la imposición indirecta se transformaría rápidamente en una barrera aduanera interprovincial).

En otros aspectos también han surgido dificultades respecto al ejercicio de los poderes legislativos de la Federación, dado que una determinada legislación fiscal federal podría incidir, por necesidades técnicas, en definiciones o regulaciones extrafiscales, tales como, por ejemplo, las relativas a determinados vínculos familiares o actividad contractual, temas reservados a la competencia del legislativo provincial.

Por último, como un nivel orgánico dependiente de la provincia, se encuentra la organización municipal que cubre gran parte del territorio nacional, alcanzando un número aproximado de 4.000 unidades, susceptibles de agruparse en dos categorías: municipios urbanos y municipios rurales. Dentro de sus competencias son claramente de destacar las necesidades educacionales y escolares.

B) *Evolución histórica y situación actual de las relaciones fiscales federales-provinciales.*

La evolución histórica del sistema federal fiscal del Canadá es básica para comprender y analizar las distintas fuerzas y equilibrios que se dan en este tipo de organizaciones. Esta evolución se condensa en las siguientes seis etapas:

a) 1867-1914.

El origen de la Confederación de 1867 fue más bien político que económico, ante la fuerte influencia del vecino del Sur. No obstante, se constituye un área de libre cambio que permitirá el futuro desarrollo de una economía de carácter nacional. De hecho, el principal instrumento de la «National Policy» será el arancel, el cual favorecerá en gran medida a las dos provincias más ricas y donde se produce la centralización industrial: Quebec y Ontario.

Como se vio, las provincias se vieron privadas de su ingreso básico, la renta de aduanas, a cambio de unos subsidios y una hipotética imposición directa. El futuro crecimiento de los gastos públicos provinciales fue el motor que impulsó el desarrollo de dicha imposición directa.

b) Primera Guerra Mundial.

El gasto creciente y extraordinario que representó el esfuerzo bélico fue financiado básicamente por un endeudamiento del sector público. Sin embargo, éste también se llevó a cabo por una ampliación de la imposición a nivel federal, viéndose obligado el Dominio a entrar en un campo que hasta dicho momento era utilizado exclusivamente por las provincias: la imposición directa. Esta ampliación se inicia con la War Profit Act de 1916 y culmina con la implantación de un impuesto federal sobre la renta en 1917.

Era lógico que esta política tributaria del Dominio levantara las quejas de las provincias, las cuales llegaron incluso a estimar que esta actuación era anticonstitucional. No obstante, el «Privy Council» estimó que el Dominio y las provincias tenían competencias concurrentes en materia de imposición directa. Es aquí donde se marca la doctrina que diferencia, en cierta forma, el régimen canadiense de otros sistemas federales, ya que, a diferencia de lo que supusieron los padres de la Confederación, el deslinde de las dos potestades tributarias no se llevaría a cabo atribuyendo a cada una de ellas unas determinadas figuras tributarias.

c) 1918-1930.

En este período la actividad pública federal se estabiliza, ya que el hacer frente a las necesidades de la guerra ha hipotecado sus posibilidades financieras de expansión. Las provincias, sin embargo, que se encuentran desarrollando su potencial público tienen necesidades de nuevas fuentes de ingresos. Dado que la imposición directa no presenta un crecimiento capaz de financiar estos nuevos gastos, éstas se ven obligadas a desbordar en la práctica la interpretación estricta de la prohibición de incidir en la imposición indirecta.

En este sentido se aceptaba como criterio de deslinde la definición de J. S. Mill, que entendía como impuesto directo aquél que se exige de la persona que se pretende o desea que lo pague en última instancia. Dado que el fenómeno de la traslación de los impuestos podía dificultar la aplicación práctica de este criterio, se distinguió como característica típica de la imposición indirecta la repercusión querida por el Fisco, no afectando a la naturaleza de impuesto indirecto el hecho de que en la práctica no se lleve a cabo dicha repercusión. A sensu contrario, un impuesto seguiría siendo directo, aun cuando las reglas del mercado permitieran su traslación a una tercera persona. Con esta última idea también se enlaza el principio utilizado en este campo por los tribunales canadienses para calificar un impuesto como directo: el llamado «test» de las categorías por el que se considera impuesto directo aquel que, tradicionalmente, ha venido siendo calificado como tal.

En base a los criterios apuntados y forzando en cierta forma su aplicación, las provincias conseguían calificar como impuestos directos un conjunto de impuestos sobre consumos o sobre las ventas en la medida en que el adquirente ya no pueda trasladar el impuesto (por cuanto que consume el bien) y el vendedor que ingresa el impuesto sea considerado como un agente del Fisco.

Sin embargo, el creciente desarrollo económico de las distintas provincias refuerza aún más las diferencias entre las mismas, mientras que el Dominio no parece inclinado a actuar ante estos desequilibrios provinciales. Se hacen sentir las reclamaciones cada vez más insistentes de las provincias industriales más ricas. Hay que resaltar no obstante, que en esta época de resurgir de las provincias y de languidecimiento del Dominio, se inicia la aplicación de uno de los instrumentos más importantes para el federalismo canadiense: la política de las subvenciones condicionales (Old Age Pensions Act de 1927, por la que el Dominio paga a las provincias la mitad del coste del programa de pensiones a la vejez).

d) La gran depresión.

La recesión iniciada a nivel mundial a partir de 1929, pone de manifiesto las debilidades del sistema fiscal canadiense para poder desarrollar eficazmente una política económica a nivel nacional. El Dominio, prácticamente, contaba sólo con la renta de aduanas e impuestos sobre el consumo como parte de ingresos fiscales, por lo que se ve precisado a buscar nuevas fuentes.

A los efectos de resolver los problemas del federalismo fiscal canadiense, se reunió en 1937 la Comisión Rowell-Sirois que llegó a las siguientes conclusiones: las provincias eran incapaces de encontrar medios suficientes para cubrir las necesidades de sus ciudadanos, no sólo en los casos de emergencia, sino también en tiempos normales.

Ante la necesidad de estabilizar las finanzas provinciales se llegó a la conclusión de que había que transferir a la potestad tributaria del Dominio los impuestos más importantes a cambio de que éste no compitiese con las provincias en aquellas figuras tributarias que les fueran propias. Esta distribución de competencias por figuras impositivas iría acompañada de una revisión de la política de subvenciones a las provincias. En todo caso, las conclusiones de la Comisión no fueron aceptadas plenamente, por lo que no pasaron de meras propuestas.

c) Acuerdos impositivos en los períodos bélicos y postbélicos.

Las relaciones fiscales entre el Dominio y las provincias toman cuerpo en una serie de estipulaciones que, a partir de 1941, definen claramente las competencias concurrentes de ambas potestades en unas mismas figuras impositivas. Estos sucesivos acuerdos pretenden marcar esta línea cambiante.

En 1941, a cambio de que las provincias cedieran al Dominio el derecho a recaudar los impuestos sobre las personas físicas y las sociedades, éste daba una opción a aquéllas para escoger entre:

— Una cantidad a la recaudación de estos tributos en el último período impositivo dentro de cada provincia.

— Una cantidad al coste de la Deuda Pública menos el rendimiento del impuesto de sucesiones.

Este acuerdo estaba pensado como una solución de emergencia para el período bélico. Pero en 1945 y dentro de una política de reconstrucción, se propuso ceder al Dominio, no sólo los impuestos sobre la renta, sino también el de sucesiones, a cambio de un conjunto de subvenciones. Una nueva propuesta de este tipo se produjo en 1947 y tan sólo Quebec y Ontario (las provincias más ricas) se quedaron voluntariamente al margen de estos acuerdos. Esta separación les produjo, no obstante, serias dificultades en el desarrollo de su fiscalidad provincial, por lo que en 1952 Ontario se adhiere a los acuerdos.

Sólo Quebec mantiene, como fiel reflejo de su espíritu independiente, una total autonomía fiscal incluso en aquellos impuestos en los que compite con la potestad federal. Y consigue que en 1955 el Dominio eleve del 5 al 10 por 100 la reducción del impuesto federal sobre la renta en aquellas provincias en que también se exige este tipo de impuesto (Quebec lo exige al tipo del 15 por 100).

A partir de 1957 se llevan a cabo nuevos acuerdos sobre los tres impuestos mencionados, sobre la renta de los individuos y sociedades y sobre las sucesiones. En forma simplificada puede decirse que las provincias podían optar entre exigir los impuestos a unos tipos convenidos con el Dominio (porcentaje equivalente que el Dominio rebajaba de sus propias cuotas) o «arrendar» sus impuestos al Gobierno federal a cambio de una recaudación equivalente a la que hubieran podido obtener a los tipos standard (10 por 100 en el impuesto sobre la renta de los individuos, elevada al 13 por 100 en 1958; 9 por 100 en el impuesto sobre sociedades, elevada al 10 por 100 en 1960; 50 por 100 en el impuesto federal sobre sucesiones). Aceptan este arreglo todas las provincias menos Quebec y Ontario.

1. **El resurgir de las provincias.**

El año 1962 representa el término de vigencia de los acuerdos fiscales y éstos ya no fueron renovados. El nuevo equilibrio de potestades tributarias que perfila la «Federal-Provincial Fiscal Arrangements Act» se basa en reservar a las provincias un determinado campo de tributación en cada uno de los tres impuestos sobre la renta, por la vía de reducir el impuesto federal en un determinado porcentaje. Este porcentaje en el impuesto federal sobre la renta fue del 16 por 100 en 1962, elevándose un 1 por 100 cada año, hasta alcanzar el 20 por 100 en 1966, y del 9 por 100 en el impuesto federal sobre sociedades. Asimismo, el Dominio se ofrece para recaudar, libre de cargas, los impuestos provinciales, siempre que la definición de la base imponible sea la misma en los dos niveles. Ontario y Quebec mostraron su disconformidad. Ontario aceptó el arreglo exclusivamente en lo que se refiere al impuesto sobre la renta de las personas físicas. Quebec, por su parte, rechazó la propuesta exigiendo la totalidad del impuesto de sucesiones y un margen de hasta el 25 por 100 en el impuesto sobre la renta (de hecho, se llegó a admitir en 1966 por parte del Dominio, el 24 por 100).

Dentro de este mismo acuerdo y en materia de impuesto de sucesiones, el Gobierno federal concedía el 50 por 100 de los ingresos a las provincias en las que no se exigía dicho impuesto o una rebaja por el mismo porcentaje en aquellas provincias que lo tenían establecido. En 1963 este porcentaje se eleva al 75 por 100.

Como complemento de estas medidas relativas a la fuente de ingresos fiscales, se preveían una serie de transferencias calculadas con el fin de reducir las diferencias existentes entre las rentas «per capita» provinciales, reflejo de los desniveles económicos provinciales.

Los actuales acuerdos fiscales para el período de 1972 a 1977 modifican sensiblemente la situación anterior. Como se explicará posteriormente, el Gobierno federal prescinde de exigir el impuesto sobre las sucesiones. No obstante, ofrece su organización administrativa para recaudar el que corresponda a las provincias. Prácticamente, sólo dos de ellas utilizaron en una primera etapa esta asistencia federal, mientras que la administración de este impuesto se llevaba directamente por Quebec, Ontario y la Columbia británica.

El sistema de reservar, por la vía del crédito fiscal deducible del impuesto federal, una parcela de la capacidad tributaria («room tax») a la imposición federal, se mantiene en el impuesto sobre la renta de sociedades. Por el contrario, en el impuesto sobre la renta de las personas físicas se suprime el método del crédito fiscal que por un importe del 28 por 100 se venía aplicando. Una vez reestructuradas las nuevas tarifas del impuesto federal, la imposición provincial representaría un recargo sobre dicho impuesto, para aquellas provincias que no gestionaran directamente su propio impuesto personal. Para que este cambio de sistema no representase una reducción en la recaudación provincial, se establecía que los tipos de imposición a dicho nivel se incrementarían multiplicándolos por un determinado coeficiente (30,5/28). Si las provincias actuaban en este sentido, la Administración federal garantizaba por cinco años la recaudación anterior.

El régimen de los pagos niveladores («equalization payments») se amplía en estos nuevos acuerdos. De hecho, este tipo de transferencias incondicionales han ido aumentando sensiblemente a lo largo de los años en cifras absolutas (de 927 millones en 1970-71 a 1.750,7 millones en 1974-75), así como en importancia relativa (representaban en 1970-71 el 75 por 100 del total de transferencias incondicionadas, subiendo al 88 por 100 en 1974-75). Frente al sistema vigente en el período anterior en que sólo se tomaba en cuenta para estos pagos tres impuestos (impuestos sobre la renta de las personas físicas, de sociedades y sucesorios) el actual sistema de pagos niveladores afecta a 23 fuentes de renta provincial. Un ejemplo puede aclarar la forma en que funcionan estas transferencias. Supóngase que se trate de los impuestos provinciales sobre la gasolina. Sumadas las recaudaciones provinciales por este concepto y dividida esta cifra por las ventas nacionales, se tendrá un tipo medio de imposición nacional. Aplicado este tipo a las ventas de una determinada provincia, se divide esta cifra por la población de la misma. La diferencia entre la cotización provincial «per capita» y la cotización nacional teórica, igualmente «per capita», multiplicada por la población de la mencionada provincia, representará el pago nivelador a hacer a la misma por el concepto tributario de impuesto sobre la gasolina. Este mismo cálculo se realizaría para las otras veintidós fuentes de renta.

C) *El sistema fiscal actual.*

1. **La imposición federal.**

Los principales impuestos exigidos por la Federación son los siguientes:

a) *Impuesto sobre la renta de las personas físicas.*

Todos los individuos residentes en Canadá están sujetos a este impuesto por la totalidad de su renta mundial («World wide income»). Las personas que no sean residentes en Canadá, sólo están sometidas por la parte de renta obtenida en dicho país.

La definición de la base imponible se ha visto ampliada a partir de enero de 1972, al incluirse en ella nuevos conceptos, como la mitad del importe de las ganancias de capital y los pagos derivados del seguro de desempleo. Igualmente, al haber modificado Canadá sus sistemas de integración del impuesto de sociedades en el de la renta del accionista (inclinándose el actual sistema por el del crédito del impuesto de sociedades en un porcentaje determinado), los dividendos incluidos en la base imponible han de incrementarse en 1/3, importe del crédito fiscal a que el accionista tiene derecho.

Por lo general, las rentas derivadas de una actividad mercantil profesional o de la propiedad, se calculan en base a métodos contables y no a meros movimientos de caja. Por su parte, en las rentas de empleo dependiente, no existe el derecho a deducir gastos específicos, a cambio de lo cual se admite una deducción del 3 por 100 del sueldo con un máximo anual de 150 dólares. Asimismo, como deducciones más usualmente aplicadas, se pueden citar las correspondientes a la educación de los hijos (550 dólares por hijo menor de catorce años, con un máximo de 2.000 dólares por familia), contribuciones al seguro de desempleo, al plan de pensiones del Canadá o del de Quebec, etc. Al margen de estas deducciones, están establecidos unos importes exentos de impuesto para ajustar la carga tributaria a la situación personal y familiar (en 1973 era de 1.600 dólares, para una persona soltera, añadiéndose diferentes importes por razón de matrimonio, edad por encima de los 65 años, incapacidad, hijos dependientes, etc.).

Los tipos de imposición son, progresivos, por tramos de renta, iniciándose, para 1975, en el 9 por 100 para los primeros 587 dólares de base imponible hasta el 47 por 100, para el exceso sobre 70.440 dólares. En 1973 se estableció una reducción del 5 por 100 del impuesto a pagar, con un mínimo de 100 dólares y un máximo de 500 dólares (el mínimo se elevó, posteriormente, al 8 por 100, con un mínimo de 200 dólares y un máximo de 750 dólares; sin embargo, en junio de 1975 este máximo se redujo a 500 dólares).

b) *Impuesto sobre la renta de sociedades.*

Este impuesto ha sido objeto de grandes modificaciones en 1971. Se mantiene un tipo reducido de gravamen como incentivo de las pequeñas empresas (25 por 100 sobre los primeros 100.000 dólares de renta hasta que el beneficio así gravado alcance la cifra de 500.000 dólares). El tipo general de imposición se estableció en 1972 en un 50 por 100 que se iría reduciendo hasta alcanzar el 46 por 100 en 1976. Sin embargo, a partir de enero de 1973, el tipo máximo aplicable a las sociedades por razón de los beneficios industriales obtenidos en Canadá se redujo al 40 por 100.

Para armonizar este impuesto federal con el exigido por las provincias, el Gobierno federal concede un crédito fiscal con respecto al 10 por 100 de la renta obtenida en las provincias. Esta reducción no se aplica respecto de los beneficios obtenidos en los territorios del Noroeste o en el Yukón, donde tan sólo se exige el impuesto federal.

Por otra parte, para el período de mayo 1974 a abril 1975, se estableció un recargo del 10 por 100 para determinado tipo de beneficios.

c) *Impuesto sobre los no residentes.*

Todas las personas, físicas y jurídicas, no residentes en Canadá están sujetas al impuesto federal sobre la renta por razón de la renta derivada de un empleo ejercido en Canadá, del ejercicio de negocios allí o por razón de la mitad de las ganancias de capital procedentes de la enajenación de los bienes sometidos a imposición en Canadá. Otros tipos de renta, tales como dividendos, intereses, participaciones de consejeros, cánones (incluidos los pagos por «know how») están sujetos a una imposición específica en el momento de su pago y el impuesto ha de ser retenido por el pagador.

El tipo de la retención era el 15 por 100 hasta finales de 1975, en que se eleva al 25 por 100, salvo que se reduzca por un Convenio internacional. La retención en la fuente para los dividendos distribuidos por una sociedad con participación canadiense será 5 puntos por debajo del tipo general. El presupuesto de junio de 1975 preveía una exención respecto de los intereses pagados por una sociedad residente a un no residente por razón de un préstamo a largo plazo concertado con posterioridad a junio de 1975 y antes de 1979.

De especial interés es el llamado «impuesto de sucursales» que supone un impuesto adicional de 15 por 100 (que se elevó al 25 por ciento a partir de 1975) sobre los beneficios de la sucursal de una sociedad no residente, una vez deducido el propio impuesto de sociedades. Se admite la posibilidad de minorar la base de este impuesto adicional en el importe de las inversiones realizadas en Canadá a nombre de la sucursal. Este impuesto pretende equiparar el trato fiscal que puedan recibir en Canadá las sucursales y las filiales de sociedades extranjeras.

d) *Impuesto sobre las ventas.*

Su regulación se encuentra contenida en la «Excise Tax Act», siendo su principal componente el impuesto general sobre productos manufacturados. Este impuesto se aplica a todo producto manufacturado o importado en Canadá, salvo exenciones determinadas: productos alimenticios, electricidad, petróleo, medicinas, bicicletas, cierta maquinaria y material de transporte, etc.

Para los productos manufacturados en Canadá el impuesto se aplica sobre el precio de venta del fabricante. Para los objetos importados, se toma como base el valor en aduana.

El tipo general, a partir de enero de 1967, se fijó en el 12 por 100.

c) *Otros tributos sobre el consumo.*

El resto de los impuestos al consumo consisten en un conjunto de impuestos «ad valorem» sobre determinados artículos que se exigen, además del impuesto general sobre las ventas. Los ejemplos más importantes son: el impuesto sobre los cigarros puros, que se exige al 20 por 100; el impuesto sobre los objetos de joyería, que se gravan al 10 por 100; a este mismo tipo se gravan los relojes de lujo, las cerillas, el tabaco para pipa, etc.

Otro grupo de impuestos se exige en base a unos derechos específicos: tabaco (3 centavos cada 5 cigarrillos o 90 centavos por libra de tabaco), vinos, etc.

También se someten a impuestos de este tipo los automóviles y motocicletas de gran cilindrada, así como las embarcaciones a motor y los aviones.

Frente a los que hemos denominado impuestos al consumo («Excise taxes»), se exigen unos derechos específicos («Excise duties») sobre determinados productos (licores, brandy, cerveza, cigarrillos, cigarros, etcétera). Estos derechos, a diferencia de los impuestos al consumo antes citados, se exigen sólo para los productos nacionales, pero ésto no representa una ventaja especial para los productos importados, ya que los derechos de aduana compensan con exceso dicha diferencia. En definitiva, un mismo producto (por ejemplo, tabaco o determinadas bebidas) puede soportar a la vez tanto el «excise tax» como el «excise duty».

Otras manifestaciones de la fiscalidad federal, son: el impuesto sobre el transporte aéreo, la tasa a la exportación del petróleo y los derechos de aduanas.

2. La imposición provincial y la municipal.

Como ya se ha indicado, no se puede decir, por motivos constitucionales, que las provincias exigen impuestos indirectos. Ello no obsta para que haya que empezar esta parte descriptiva por la imposición sobre el consumo, que representa la fuente más saneada de ingresos de las provincias.

a) *Impuestos sobre el consumo.*

La principal manifestación la constituye el impuesto sobre las ventas al por menor («retail sales tax»), exigido en todas las provincias con la excepción de Alberta. Con dos excepciones, en todas estas provincias está gravada la venta de comidas preparadas. Están también sujetas las bebidas alcohólicas, tanto si se compran en una tienda como si se consumen en un bar (en tres provincias se gravan, incluso, a un tipo superior al general).

Cada provincia fija la lista de productos exentos, aunque algunas categorías suelen coincidir en la mayoría de las provincias (alimentación, medicinas, determinados libros, etc.).

El tipo de gravamen oscila entre el 5 por 100, en cuatro provincias, y el 8 por 100, que se aplica en otras cuatro, siendo el 7 por 100 en otras provincias. Como ya se dijo, este tipo es superior en algunas provincias para las bebidas alcohólicas que se gravan al 10 por 100.

Técnicamente, el impuesto se paga por la persona que adquiere o importa los productos o solicita el servicio; el comerciante que habitualmente vende los productos o presta los servicios se considera a estos efectos como recaudador del Gobierno provincial. En su calidad de recaudadores, estas personas están autorizadas a deducir un cierto porcentaje en concepto de premio de retención.

Tan sólo Quebec comparte este hecho imponible con sus municipios y a partir del ejercicio 1974/75 los municipios superiores a 150.000 habitantes perciben la mitad del impuesto sobre las comidas y hoteles exigido en su respectivo territorio. Por otra parte, los municipios de Newfoundland pueden establecer un impuesto sobre el teléfono; su importe es de un dólar por cada línea telefónica establecida.

Por otra parte, la venta de bebidas alcohólicas constituye un monopolio de los gobiernos provinciales y el margen del vendedor constituye una saneada fuente de ingresos para estos gobiernos. Los municipios de la Columbia británica pueden, en base a la «Municipal Act», establecer un impuesto especial del 20 por 100 del valor de la licencia concedida a cada expendedor.

El tabaco sirve, igualmente, de soporte a la imposición provincial. Todas las provincias exigen este impuesto, bajo la forma de unos derechos específicos por unidad.

Los productos petrolíferos son, igualmente, objeto de imposición. Todas las provincias tienen establecidos impuestos sobre los derivados del petróleo utilizados para el transporte por carretera ya se trate de gasolina, gasoil, propano, butano o, incluso, gas natural. En cuanto al consumo de estos productos fuera del tráfico rodado, suele estar exento o gozar de un tipo impositivo bonificado.

A nivel municipal, está autorizado este impuesto en Newfoundland, aun cuando sus tipos son muy reducidos (por ejemplo, 2 centavos por galón de fuel oil).

b) *Impuestos sobre sociedades.*

En base a los acuerdos fiscales entre la federación y las provincias para el período 1972-1977, el Gobierno federal establece un crédito fiscal dentro del impuesto sobre la renta de las sociedades, correspondiente al 10 por 100 de la renta obtenida en la provincia. Cualquier provincia puede solicitar que éste recaude a su favor este 10 por 100 o una cantidad superior que tendrá la consideración de impuesto provincial. En la actualidad, tan sólo Quebec y Ontario siguen administrando particularmente su impuesto sobre las sociedades. De las otras ocho provincias, cuyo impuesto es recaudado por el Gobierno federal, sólo tres lo exigen al tipo señalado del 10 por 100, siendo superior para las restantes.

Desde el punto de vista del ámbito territorial, se imputa la renta de la sociedad a la provincia o provincias en las que disponga de un establecimiento permanente.

En tres provincias, Quebec, Ontario y Columbia británica, existe un impuesto sobre el capital desembolsado de las sociedades. En Quebec el tipo general es el 0,2 por 100, existiendo tipos especiales para determinadas ramas de actividad (bancos, seguros, etc.). Si bien la totalidad del capital social está sometido a imposición en esta provincia, se admite una posible deducción en base a que parte del mismo puede estar utilizado fuera de la provincia.

c) *Impuesto sobre la renta de las personas físicas.*

Los acuerdos fiscales para 1972-1977 entre el Gobierno federal y los Gobiernos provinciales exigían que todas las provincias contaran con su propio impuesto sobre la renta de las personas físicas. El Gobierno federal recaudaría el impuesto provincial siempre que la base imponible del mismo estuviera definida de la misma forma que en el impuesto federal. Nueve provincias aceptaron el sistema y tan sólo Quebec sigue administrando su propio impuesto sobre la renta. Pero si bien esta provincia está excluida de dicho acuerdo, participa, no obstante, en el sistema de pagos redistributivos a que se hizo mención en el desarrollo de la evolución histórica. Tanto el Yukón como los territorios del Noroeste están, igualmente, excluidos de los acuerdos fiscales mencionados. No se exige en estos territorios un impuesto equivalente a los provinciales, pero este hecho está compensado al prever el «Income Tax Act» un recargo del 30 por 100 sobre el impuesto federal devengado respecto de la renta procedente de dichos territorios.

El actual sistema establecido por los acuerdos fiscales para 1972-1977, modificó el método empleado en los anteriores de 1967-1972. Con arreglo a éstos, el Gobierno federal reservaba una parcela del impuesto sobre la renta («Tax room») para el desarrollo de la imposición provincial. En este sentido se reducía el impuesto federal en un 28 por 100. Por supuesto, el impuesto provincial podía exigirse al tipo de la reducción federal o a uno superior. Con el actual sistema desaparece la reducción del 28 por 100 a cambio de una reestructuración de la escala de gravamen del impuesto federal.

Quebec ha quedado, como se dijo, al margen de estos acuerdos y sigue exigiendo el impuesto de acuerdo con su propio sistema, y con su propia tarifa progresiva que va desde el 16 al 28 por 100.

En otras provincias, los tipos impositivos consisten en un porcentaje de los tipos federales. En Alberta el impuesto representa el 26 por ciento del impuesto federal con ciertas reducciones cuando la renta no sobrepasa los 4.000 dólares. Ontario y Columbia británica exigen este impuesto al tipo del 30,5 del federal, la Isla del Príncipe Eduardo al 36 por 100, Saskatchewan y Newfoundland al 40 por 100, Nueva Escocia al 38,5 por 100, New Brunswick al 40,67, para 1976, y para posteriores períodos, el 38,595 por 100 y Manitoba, al 42,5 por 100.

En determinadas provincias se han introducido deducciones especiales de la base impositiva. Así, por ejemplo, en Ontario se deduce, en el caso del propietario de la vivienda, 180 dólares más el 10 por 100 de los impuestos sobre la propiedad pagados y, en el caso del arrendatario, 180 dólares más el 2 por 100 de la renta anual. Un sistema similar se utiliza en Manitoba.

d) *Impuestos sucesorios y sobre donaciones.*

Estos impuestos fueron suprimidos a nivel federal en la reforma fiscal de 1971. Bajo los acuerdos de 1972, el Gobierno podría aceptar un acuerdo trienal para encargarse de recaudar el impuesto provincial, a cambio de un canon razonable, en aquellas provincias que en dicha fecha todavía no lo tenían implantado, siempre y cuando: 1) lo solicitasen, al menos, cuatro provincias; 2) las provincias regulasen la base imponible de manera uniforme; 3) se produjese cierta uniformidad en los tipos exigibles, respecto de los que estaban en vigor en Ontario, Quebec y Columbia británica; 4) los procedimientos administrativos previstos fuesen razonables en cuanto a los derechos de los contribuyentes; 5) que quedase claro que se trataba de un impuesto provincial respecto del cual el Gobierno federal tiene unas funciones puramente administradoras.

Originariamente, seis provincias, Newfoundland, Isla de Príncipe Eduardo, Nueva Escocia, New Brunswick, Manitoba y Saskatchewan (conocidas como las provincias cooperadoras) pactaron con el Gobierno federal. De hecho, en 1974 sólo las dos últimas mantenían el impuesto sucesorio, administrándolo ellas mismas a partir de dicha fecha. Por su parte, Columbia británica y Ontario que disponen de su propio impuesto de sucesiones y que hasta dicho año recaudaban el impuesto sobre donaciones por intermedio del Gobierno federal, pasaron igualmente a gestionarlo directamente. Y Quebec administra directamente su propio impuesto sucesorio y el establecido en 1972 sobre las donaciones.

Los tipos de gravamen del impuesto de sucesiones en Ontario y Quebec están en función de: 1) el valor total de la herencia; 2) la relación familiar entre el beneficiario y el causante; y 3) el importe de la alícuota de cada beneficiario. En las provincias «cooperadoras» (Manitoba y Saskachewan) el tipo es progresivo atendiendo al importe de la herencia, aplicándose este tipo a la alícuota de cada beneficiario reducida en las exenciones que, particularmente, correspondan a cada uno.

En Ontario y para evitar el impacto financiero adverso que el pago de este impuesto puede producir en una economía familiar, se llega a fraccionar el impuesto en diez anualidades, recargadas con el interés normal del mercado.

e) *Impuesto sobre la propiedad.*

Normalmente este tipo de imposición carecía de importancia a nivel provincial y sólo se exigía por estos Gobiernos en aquellas zonas geográficas que por su falta de ordenación carecían de organizaciones municipales. Sin embargo, New Brunswick y la Isla del Príncipe Eduardo constituyeron recientemente la excepción a esta regla. En ambos casos el impuesto iba dirigido a una política de mantenimiento de la educación y las escuelas.

En todo caso, la función de valoración de los bienes está alcanzando una gran importancia a nivel provincial, ya que sus Gobiernos suelen asumir cada vez más la responsabilidad en la valoración a efectos de la imposición local.

En la Isla del Príncipe Eduardo se autorizó en 1971 al Ministro de Finanzas para establecer un impuesto para fines escolares, sobre el valor de mercado de los inmuebles, el valor estimado de los negocios y el de las granjas agrícolas.

En Nueva Escocia existe un impuesto sobre el valor estimado de las tierras que excedan de una superficie de 1.000 acres.

Como se dijo, New Brunswick exige un impuesto educacional sobre los inmuebles y los locales de negocios para financiar sus responsabilidades en el campo de la educación, sanidad, bienestar y justicia.

Ontario somete a este tipo de tributación todos los terrenos que no estén comprendidos en algún término municipal. Lo mismo hacen Alberta y la Columbia británica. En esta última, el impuesto tiene cierta importancia dado que gran parte de la provincia no está organizada municipalmente.

Pero donde la imposición de la propiedad alcanza su mayor relevancia es en el ámbito municipal. Los estatutos provinciales suelen autorizar y regular la tributación de la propiedad a favor de sus municipios y para fines generales o escolares. Como ya se indicó, la valoración puede quedar en manos del Gobierno provincial (v. g. Ontario, New Brunswick); en otros casos, puede variar la competencia según que se trate de municipios rurales o urbanos.

El impuesto se aplica en todas las provincias al suelo y las edificaciones y en la mayoría se incluyen también la maquinaria, equipos e instalaciones unidas al edificio. Existen determinados tipos de exenciones, tales como las aplicables a las escuelas, iglesias, terrenos de la Corona, etc.

Por otra parte, el número de provincias que autorizan la tributación de la propiedad mobiliaria ha disminuido sensiblemente. Hoy tan sólo lo hacen Manitoba y Nueva Escocia y, en todo caso, sobre una base restrictiva.

Dentro de este capítulo y también a favor de los municipios habría que incluir los impuestos sobre los negocios. Estos, tan sólo se exigen en Saskatchewan, Ontario y la Isla del Príncipe Eduardo. Los criterios o base de esta imposición pueden ser varios (valor en renta, superficie ocupada, capacidad de almacenamiento, etc.).

3. La distribución de la presión fiscal.

Como complemento al estudio de las características de las distintas figuras impositivas que se exigen en Canadá en cada uno de los niveles federales, se exponen a continuación unos cuadros que muestran la importancia relativa que las mismas tienen en el conjunto de los ingresos públicos. Los datos utilizados, que se refieren al período presupuestario 1974-1975, han sido tomados de las estimaciones publicadas por la Canadian Tax Foundation.

A) INGRESOS FEDERALES 1974-1975

	Millones de dólares	Por 100 total
Impuesto sobre la renta individual	10.000	40,2
Impuesto sobre la renta de sociedades	4.850	19,3
Impuesto sobre no residentes	350	1,4
Derechos de Aduanas	1.750	7,0
Impuesto sobre las ventas	2.750	11,0
Otros impuestos	2.850	11,4
Total impuestos	22.650	90,2
Ingresos no fiscales	2.450	9,8
Total ingresos presupuestarios	25.100	100,0

B) INGRESOS PROVINCIALES 1974-1975

	Millones de dólares	Por 100 total
Impuesto sobre la renta individual	5.287,0	21,1
Impuesto sobre la renta de sociedades	1.379,4	5,5
Impuesto general sobre las ventas	3.305,0	13,2
Impuestos sobre el petróleo	1.439,6	5,7
Impuestos sobre tabaco	258,8	1,0
Impuestos sobre donativos y herencias	152,4	0,6
Otros impuestos	2.379,1	9,6
Total impuestos	14.201,3	56,7
Ingresos no fiscales provinciales	5.091,4	20,4
Transferencias	5.745,6	22,9
Total ingresos presupuestarios	25.038,3	100,0

C) INGRESOS MUNICIPALES 1974

	Millones de dólares	Por 100 total
Impuestos sobre propiedad inmobiliaria	3.854,2	33,7
Impuestos especiales	222,2	1,9
Impuestos sobre propiedad mobiliaria	11,7	0,1
Impuestos sobre negocios	376,3	3,3
Otros	52,6	0,5
Total impuestos	4.516,9	39,5
Ingresos no fiscales	1.250,5	10,9
Transferencias	5.657,8	49,5
Total ingresos presupuestarios	11.425,2	100,0

Una primera conclusión es la dimensión muy semejante que tienen ambos niveles, federal y provincial, con un volumen de ingresos ambos superior a los 25.000 millones de dólares. Sin embargo, a nivel provincial esta cifra se alcanza incluyendo un 20 por 100 de transferencias del nivel federal, reflejo del desequilibrio financiero vertical que se da en la mayoría de los sistemas fiscales federales. Por otro lado, la utilización de las fuentes de ingresos fiscales muestran un mayor grado de aprovechamiento por parte del Gobierno federal, ya que éstos representan el 90 por 100 del total de ingresos mientras que a nivel provincial sólo alcanza el 56 por 100.

En cuanto a la naturaleza de las distintas figuras impositivas, es difícil pretender utilizar la clásica separación entre impuestos directos e impuestos indirectos, ya que como se dijo, esta distinción en el caso canadiense se encuentra profundamente desdibujada por razones constitucionales (en principio, las provincias sólo podrán establecer impuestos directos). Una primera aproximación sería comparar, a nivel federal, la recaudación por los dos impuestos sobre la renta, de personas físicas y sociedades y el impuesto sobre no residentes, tomando por parte provincial, exclusivamente los dos impuestos sobre la renta. La recaudación federal de los citados impuestos representa el 62,6 por ciento de los ingresos y casi el 70 por 100 de los de carácter fiscal. Por el contrario, los mencionados impuestos provinciales, sólo representan el 26,6 por 100 de los ingresos totales y el 47 por 100 de los de carácter fiscal.

Si, además, se tienen en cuenta los presupuestos municipales, la tendencia ya apuntada respecto de la hacienda provincial se acentúa aún más. Por un lado, los impuestos ya sólo representan un 39,5 por ciento del total de ingresos (frente al 56,7 por 100 de las provincias), mientras que los ingresos por transferencias alcanzan un mayor peso económico (49,5 por 100 frente al 22,9 provincial).

La importancia financiera de la actividad municipal, medida por la cifra de sus ingresos, no llega a la mitad de la provincial o de la federal. Sus ingresos fiscales se apoyan básicamente en la fiscalidad de los inmuebles, representando ésta más del 85 por 100 de la recaudación por impuestos.

4. ESTADOS UNIDOS DE NORTEAMERICA

A) *Organización política y estructura jurídica.*

Desde su independencia del Imperio británico, las antiguas colonias inglesas en América del Norte mantuvieron claras sus diferencias específicas. Los trece Estados originarios integrados en una Confederación adoptaron sus propias Constituciones. Poco a poco fue apareciendo la necesidad de una mayor integración y cohesión en esta naciente estructura política, período constituyente que abarca desde 1776 (declaración de independencia) hasta 1788, en cuya Constitución aparece ya un Gobierno federal con las tres clásicas ramas del poder: ejecutiva, legislativa y judicial. Por supuesto, la naturaleza jurídica de los EE.UU. como una federación de Estados se mantiene firmemente. Básicamente, la Constitución reserva a los estados todos aquellos poderes que no se hayan delegado expresamente en el Gobierno federal. Entre otros, cada estado, a través de su propio poder judicial, es libre de variar y establecer su propio sistema fiscal.

En su estructura actual pueden distinguirse tres niveles políticos:

a) Gobierno federal.

b) Cincuenta estados.

c) Autoridades locales.

El Gobierno federal está integrado por las tres ramas mencionadas: legislativo, ejecutivo y judicial, representadas por las siguientes instituciones. El poder legislativo reside en el Congreso, integrado, a su vez, por el Senado (compuesto por dos senadores por estado) y la Cámara de representantes (cuyo número varía en función de la población de cada estado). El ejecutivo está encarnado en la figura del Presidente, del que dependen los distintos departamentos ministeriales respecto de los cuales nada dice la Constitución. Por su parte, el poder judicial está desempeñado por la Corte Suprema de Justicia que, a su vez, dispone de una estructura jerárquica (aun cuando, como en el caso del ejecutivo, la Constitución tan sólo hace referencia a la Corte Suprema).

En los estados, el jefe del poder ejecutivo es el Gobernador, elegido por voto popular. El legislativo, elegido en igual forma, suele ser de estructura bicameral (salvo en Nebraska, donde sólo hay una Cámara). Igualmente, cada estado dispone de su propia institución judicial, cuyos jueces son designados por el Gobernador, normalmente con consentimiento del Senado.

Las Autoridades municipales y demás entidades locales son creadas y reguladas por la ley de cada estado y sus poderes los reciben por delegación de los propios estados. Por lo general, suelen estar al margen de la Ley federal. Como orientación de su elevado número, puede considerarse que existen más de 80.000 entidades locales, con poderes tributarios delegados.

La Constitución de los EE.UU. de 1788 fue modificada prácticamente de inmediato con la adición de las diez primeras enmiendas («Bill of Rights»), con el fin de imponer expresamente unos límites concretos a la actuación del Gobierno federal, reflejando un deseo ampliamente sentido por los distintos estados. De las restantes y posteriores enmiendas es de resaltar, desde el punto de vista fiscal, la número 16 en la que se reconoce expresamente el Gobierno federal la posibilidad de establecer un impuesto sobre la renta. En base a esta Constitución y, en particular, a los poderes por ella reconocidos al Congreso en determinadas áreas, éste ejerce sus facultades legislativas en la medida en que sean necesarias para el ejercicio de aquéllos.

Por su parte, los estados tienen a su vez, facultades legislativas sometidas, por un lado, a los imperativos de sus propias Constituciones y, por otro, a las limitaciones establecidas por la Constitución de los EE.UU. Por ejemplo, la ley estatal regula las relaciones familiares (matrimonio, divorcio, relaciones paternofiliales, etc.), las formas de contratación y los derechos sucesorios y, lo que reviste una gran importancia práctica, la constitución y funcionamiento de las distintas sociedades mercantiles. Y, como ya se indicó, cada estado establece su propio sistema fiscal y regula el correspondiente a sus propias Corporaciones locales.

A este respecto, hay que destacar que los distintos cuerpos legislativos de los estados se inspiran en la Common Law sajona. Como excepción, la tradición legal francesa se mantiene en el estado de Louisiana, e incluso, se encuentran rastros de la legislación española en el citado estado, así como en Texas, California, Nuevo Méjico, Arizona, Nevada y Washington. Esta preeminencia de la influencia sajona caracteriza, fundamentalmente, la estructura del Derecho mercantil (desarrollo de la figura de la «partnership», en cierta forma similar a las sociedades de personas y vinculación de las sociedades a su lugar de constitución).

La existencia de estos dos niveles legislativos exigía una regulación de las relaciones entre ambos. El artículo VI de la Constitución establece la llamada «cláusula de la supremacía» en el sentido de que «la Constitución y las leyes de los Estados Unidos que se dicten para la aplicación de aquélla, y todos los Tratados realizados o que puedan realizarse bajo la autoridad de los Estados Unidos, serán la Ley Suprema del país; y los jueces de cada estado vendrán obligados por ésta, a pesar de que se establezca lo contrario en la Constitución o leyes de cualquier estado». En uno de los campos en que más suele producirse este enfrentamiento legal, con preferencia de la Ley federal, es en lo relativo a la regulación del comercio con el extranjero y del realizado entre los distintos estados de la Federación. Pero, incluso, si la ley del estado no contradice expresamente una ley federal, su validez puede ser puesta en entredicho cuando la aplicación de la ley estatal interfiera en alguna forma la actividad del Gobierno federal. La jurisprudencia de la Corte Suprema ha perfilado la llamada teoría de «los poderes federales implícitos», esto es, aquellos que no están explícitamente reconocidos por la Constitución, pero que deben entenderse comprendidos en algún precepto de ésta, lo que desdibuja la línea de demarcación de ambos poderes legislativo, federal y estatal.

B) *Definición constitucional del poder tributario.*

El artículo 1.º, sección 8, de la Constitución de los Estados Unidos reconoce al Congreso el poder para establecer y recaudar tributos, derechos, contribuciones o impuestos sobre el consumo, para pagar las deudas y proveer para la defensa común y el bienestar general. Ante este enunciado general y, teniendo en cuenta que las distintas Constituciones de los estados establecen igualmente las bases de unos poderes tributarios paralelos, procede analizar qué límites encuentran cada uno de los dos niveles políticos a sus derechos tributarios originarios.

a) Límites del Gobierno federal.

En primer lugar, el Gobierno federal no puede gravar las exportaciones de los productos americanos (artículo 1.º, sección 9, de la Constitución). Además, y con carácter general, se establece que los impuestos federales han de ser uniformes en los distintos estados (artículo 1.º, sección 8). Esta limitación, como se verá posteriormente, coarta las posibilidades del Gobierno federal en el desarrollo de una política fiscal encaminada a una reducción de los desequilibrios entre estados (no puede, por ejemplo, establecer bonificaciones en favor de estados más pobres).

Por su carácter histórico hay que recordar la limitación establecida en el artículo 1.º, sección 9, por la que se negaba al Gobierno federal la posibilidad de establecer ningún impuesto de capitación u otro impuesto directo, salvo que fuese en proporción al censo de población. Una primera interpretación de esta curiosa limitación podría llevar a la conclusión de que el Gobierno federal tenía seriamente mermadas sus facultades en orden a la imposición directa. Ante esta confusión, la Enmienda número 16 reconoció en 1913 que el Congreso tendrá derecho a establecer y recaudar impuestos sobre la renta, derivada de cualquier fuente, sin necesidad de prorrateo entre los distintos estados y sin tener en cuenta ningún censo o lista.

Por último, y como garantía de seguridad jurídica, puede citarse la Enmienda número cinco por la que ninguna persona podrá ser privada de la vida, libertad o propiedad sin un debido proceso legal.

b) Límites de los estados.

Estos no pueden gravar las exportaciones, pero además y a diferencia del Gobierno federal, tampoco pueden gravar las importaciones y el transporte por aguas interiores.

Igualmente, tampoco pueden negociar tratados con otras naciones. Hay que señalar que uno de los poderes reservados al Gobierno federal es el relativo a la representación internacional de los EE.UU. frente a los demás estados y organismos internacionales.

C) *Estructura del sistema tributario de EE.UU.*

1. **Imposición federal.**

Desde el punto de vista recaudatorio, el impuesto sobre la renta constituye la principal fuente de ingresos del Gobierno federal. Para 1973, el impuesto exigido a las personas físicas representó el 48 por ciento del total recaudado y el exigido a las sociedades, el 16 por 100. Si se excluye la imposición sobre la masa salarial («payroll»), el impuesto sobre la renta exigido conjuntamente de personas físicas y jurídicas alcanza el 86 por 100 de los ingresos fiscales federales.

Como ya se indicó, la enmienda número 16 autorizó al Gobierno federal a establecer un auténtico impuesto sobre la renta que proceda de cualquier fuente. Desde su creación en 1913 hasta la fecha, el impuesto ha ido adquiriendo complejidad, pero mantiene en esencia la misma naturaleza: una tributación referida a todo tipo de rentas percibidas por el contribuyente a lo largo de un período fiscal, exigida a través de un impuesto único y no por medio de un conjunto de tributos de naturaleza cedular.

La imposición sobre la renta comprende dos figuras tributarias de gran importancia: el impuesto general sobre la renta de las personas físicas («Income tax») y el impuesto sobre las sociedades («Corporation tax»). Las sociedades mercantiles se someten a gravamen, sin ninguna deducción por los beneficios distribuidos, si bien los intereses de las deudas son plenamente deducibles. Desde el punto de vista de la integración del impuesto sobre sociedades y el impuesto sobre la renta del accionista, el sistema americano admite la doble imposición económica de los dividendos, aliviada en cierta forma a través de la exención de los dividendos percibidos hasta un límite de 100 dólares (en el caso de los dividendos percibidos por una sociedad, no tributarán el 85 por 100 de los mismos).

Las sociedades personalistas no están sujetas al «Corporation Tax», sino que la parte del beneficio imputable a cada socio debe integrarse en la renta personal de éste.

Respecto a las relaciones intergubernamentales, es de destacar la exención concedida con carácter general de los intereses de las obligaciones emitidas por los estados o las Autoridades locales. Por el contrario, los derivados de las obligaciones emitidas por el Gobierno federal sólo estarán exentos si en la ley de emisión así se establece. A pesar de que aquella exención ha sido ampliamente criticada por lo que tiene de discriminatoria a favor de los tenedores de los bonos, no ha podido derogarse ante la duda de que fuese constitucional que el Gobierno federal gravase los intereses de los bonos o títulos de la Deuda emitidos por los estados o municipios.

La estructura de los tipos impositivos en el impuesto sobre la renta de las personas físicas es progresiva por tramos. En lo que se refiere a sociedades, el doble juego de un tipo proporcional más una sobretasa a partir de cierto nivel de beneficios, introduce igualmente una cierta progresividad en esta modalidad de tributo. Los primeros 25.000 dólares de beneficio tributan al 20 por 100; los 25.000 dólares siguientes, al 22 por 100 y a partir de los 50.000 dólares de beneficios, se aplica el tipo del 48 por 100.

A la imposición sobre la renta le sigue en importancia la imposición sobre la masa salarial que representa un 26 por 100 del total de ingresos impositivos. Este impuesto, exigido de los empresarios sobre una parte del salario de cada uno de sus empleados, se encuentra adscrito a programas de ayuda a la vejez y de asistencia social, así como al sistema de compensaciones por desempleo. Hay que destacar que se concede un crédito fiscal en este impuesto respecto de los impuestos recaudados a nivel estatal de naturaleza análoga al aquí mencionado.

El impuesto federal sobre sucesiones y donaciones representa, aproximadamente, el 2 por 100 de los ingresos fiscales. Introducido en su forma actual en 1916, grava la totalidad de la herencia, una vez deducidos determinados conceptos (deudas, gastos de entierro, donativos benéficos e incluso un mínimo exento). Por su parte, la tributación de las donaciones fue establecida en 1932, existiendo una cierta integración entre ambos impuestos: por un lado, se integran en la herencia las donaciones hechas en los tres años anteriores a la muerte, mientras que por otro se deduce el impuesto sobre donaciones pagado en su día. La tributación de la herencia se lleva a cabo por aplicación de una escala progresiva en la que sólo se tienen en cuenta el mayor o menor importe de la misma, esto es, para nada se contempla el grado de parentesco con los futuros herederos. Equivale, en consecuencia, a un impuesto sobre el caudal relicto.

Es importante aludir a los impuestos deducibles del impuesto federal sobre sucesiones. Junto a un crédito concedido por los impuestos equivalentes extranjeros sobre bienes incluidos en la herencia y al impuesto de donaciones ya aludido, la ley concede un crédito por los impuestos estatales pagados sobre la misma herencia. Además, el crédito fiscal alcanza a los impuestos federales y estatales pagados por razón de bienes incluidos en sucesivas transmisiones «mortis causa», dentro de un determinado período de tiempo.

Los impuestos sobre consumos específicos («Excise taxes») y derechos de aduanas, representaron en 1973, aproximadamente, el 8 por ciento de los ingresos fiscales federales. Desde el punto de vista de la imposición sobre el consumo, ésta abarca un conjunto de bienes y servicios sometidos, en unos casos, a unos derechos «ad valorem» y, en otros casos (tabaco, gasolina o bebidas alcohólicas), a unos derechos específicos atendiendo a la cantidad. Además de los ya mencionados productos, existe un impuesto sobre determinados bienes manufacturados (aceites lubricantes, cubiertas de vehículos, determinados cauchos, camiones y autobuses, armas de fuego incluida la cartuchería, etcétera). Por el contrario, son muy escasos los bienes que soportan este tipo de imposición a nivel del minorista (por ejemplo, la gasolina y el petróleo que no esté sujeto al impuesto sobre productos manufacturados).

En relación con los servicios sujetos a este tipo de imposición, puede citarse el que grava las comunicaciones telefónicas, el transporte aéreo, la utilización de autopistas por determinados vehículos, etc.

Ya se dijo que el Gobierno federal, a diferencia de los estados, tenía derecho a gravar las importaciones a los EE.UU. Si bien históricamente esta fuente de ingresos tuvo su importancia, especialmente como medio de establecer un proteccionismo económico, desde la implantación del impuesto sobre la renta, su peso relativo ha disminuido considerablemente.

2. Imposición de los estados.

A diferencia de lo que ocurre a nivel federal, los ingresos fiscales de los estados se apoyan básicamente en la imposición indirecta. Sin embargo, la tendencia en los últimos años es a una elevación de importancia relativa de la imposición sobre la renta.

Antes de describir someramente las diferentes figuras impositivas y para ilustrar la anterior afirmación, se expone en el siguiente cuadro el porcentaje que de la total recaudación representa cada concepto impositivo, con referencia a 1971.

	Por 100
Impuesto sobre la renta de las personas físicas	19
Impuesto sobre la renta de sociedades	6
Impuesto general sobre las ventas	29
Impuesto sobre consumos específicos	20
Licencia sobre vehículos de motor	6
Impuestos sobre la propiedad	2
Impuestos sobre sucesiones y donaciones	2
Impuesto sobre la masa salarial	5
Otros	11
	100

Gran parte de los estados, en número de 40, tienen establecido un impuesto sobre la renta de las personas físicas. De estos estados, 36 exigen el impuesto con un tipo progresivo que viene a oscilar entre el 0,5 y el 18,1 por 100, para 1976, en algún estado el tipo máximo llega al 26 por 100. Hay que destacar que la escala progresiva de gravamen ha sido la razón de que en alguno de ellos se haya renunciado al establecimiento de un impuesto de esta naturalesa. En otros, y dado que sí se admitía una diferenciación de tipos por clases de renta, se ha llegado a un sistema cedular.

En lo que se refiere a la definición conceptual de renta sujeta al impuesto, puede señalarse una clara tendencia a aproximarse al modelo de la legislación federal: 31 estados definen la renta en términos sustancialmente idénticos al impuesto federal y la ley de algún estado es una copia bastante fiel del «Internal Revenue Code». Excepcionalmente, como en el caso de Alaska, se llega a una pérdida de autonomía fiscal, convirtiéndose el impuesto estatal en un porcentaje del propio impuesto federal sobre la renta.

En cuanto al impuesto sobre los beneficios de las personas jurídicas, 45 estados disponen de él. La mayoría de estos estados lo exigen a un tipo proporcional (31 estados), variando éste del 3,25 al 12 por ciento, siendo la media un 6,21 por 100. En los restantes 14 estados, el impuesto de sociedades se exige con tipos progresivos que suelen oscilar del 1 al 10 por 100.

Un problema común a la tributación de la renta de las personas físicas y de las sociedades en la esfera estatal, reside en el cómputo de la misma, según el ámbito geográfico, esto es, según proceda de dentro o fuera de cada estado. Por regla general, en materia de sociedades, sólo se grava la renta obtenida, dentro de cada estado; pero este criterio no se ha mantenido respecto de las personas físicas. En principio, se ha aceptado que cada estado tiene derecho a gravar la renta derivada de los bienes inmuebles en ellos situados. E, incluso, el Tribunal Supremo ha ido más lejos al admitir la tributación de los dividendos distribuidos por una sociedad no domiciliada en un estado en la proporción en que el beneficio distribuido pueda considerarse obtenido en dicho estado. En cuanto a los sueldos, salarios y otras rentas similares, se respeta el principio de tributación en la fuente.

Cada estado es libre de organizar la propia administración y recaudación de este tributo, por lo que históricamente ha existido una gran diversidad de sistemas y modelos de declaración. Posteriormente, habrá ocasión de referirse a los intentos de armonización que se han producido en este campo, especialmente con el fin de reducir el coste excesivo de esta atomización del servicio, buscando una coordinación con la administración del Gobierno federal.

Todos los estados, con excepción de Nevada (que dispone de grandes ingresos derivados del juego y casinos) cuentan con impuestos sobre las herencias y donaciones. De ellos, 32 estados gravan las cuotas hereditarias y 17 toman como base el caudal relicto. Por otra parte, 16 estados gravan las donaciones. A esta generalización del impuesto de sucesiones no ha sido ajena la política desarrollada por el Gobierno federal. Por un lado, este último está interesado en que los distintos estados desarrollen sus propias fuentes de ingresos; por otra, se pretende evitar que estos estados compitan mediante sus legislaciones tributarias para atraerse a las futuras grandes herencias. Para conseguir estas dos finalidades el Gobierno federal establece un generoso crédito fiscal dentro de su propio impuesto, por razón de los impuestos sucesorios pagados en los diversos estados, hasta un 80 por 100 de estos últimos.

Ya se ha indicado la gran importancia que la imposición indirecta reviste a nivel de los ingresos estatales. 46 estados disponen de un impuesto general sobre las ventas a nivel del minorista. El tipo es proporcional y oscila del 2 por 100 en dos estados, al 8 por 100, en otro. Los tipos más comunes son el 4 por 100, vigente en 17 estados, y el 3 por 100, vigente en 15 estados. Con escasas excepciones, sólo se aplica a la venta de bienes materiales de carácter mueble y, por lo general, están exentos los productos alimenticios. Con el fin de evitar el efecto de cascada, suele eximirse la compra de bienes para su reventa.

Se encuentra igualmente generalizada la imposición sobre consumos específicos. En los 50 estados se grava el tabaco con derechos específicos que oscilan de 2 a 21 centavos el paquete. En todos ellos, o bien existe un impuesto sobre las bebidas alcohólicas, o bien la venta de las mismas es monopolio del estado. También en los 50 estados se grava el consumo de la gasolina con derechos que oscilan de 5 a 10 centavos el galón.

3. Imposición a nivel de las Autoridades locales.

Los ingresos locales se apoyan, como se comprueba en el siguiente cuadro, en la imposición de la propiedad, teniendo las demás fuentes poca importancia relativa:

	Por 100 total ingresos fiscales
Impuesto sobre la renta	4
Impuesto general sobre las ventas	8
Impuesto sobre la propiedad	82
Otros	6
	100

La imposición sobre la propiedad (preferentemente bienes inmuebles) se realiza sobre la base de las valoraciones administrativas de ésta. Por lo general, puede afirmarse que dichas valoraciones están muy por debajo del valor real de los bienes. El valor de los bienes inmuebles tiene en cuenta el correspondiente al suelo y las mejoras, sin reducir éste por razón de hipotecas. En algunos estados se utiliza para determinar la base imponible respecto de determinados bienes el sistema de la capitalización de la renta presunta o estimada. En cuanto al ámbito objetivo del impuesto, frente a la generalidad de la tributación de los bienes inmuebles, algunos estados excluyen todos o parte de los bienes muebles.

Una excepción típica al ámbito de aplicación de este impuesto es la referente a bienes inmuebles propiedad del Gobierno federal, aun cuando la jurisprudencia ha dejado sin efecto esta exención cuando el bien se encuentra arrendado a un particular. Paralelamente, en aquellos estados en que se someten a imposición, los bienes inmateriales, las obligaciones emitidas por el Gobierno de los EE.UU. están exentas de impuestos.

Ya se indicó que el poder para percibir impuestos por parte de las Autoridades locales es delegado y deriva de la propia competencia de los estados. Los puestos de los funcionarios encargados de la valoración suelen ser electivos en las zonas urbanas, pero en las grandes ciudades son designados, por lo general, por los Alcaldes. Por su parte, la administración estatal suele reservar a sus funcionarios la valoración de determinadas clases de bienes. Pero, incluso, en aquellos estados que recaudan estos impuestos para sus propios fines, la etapa inicial de estas valoraciones se lleva a cabo por personal de las entidades locales.

En relación con los demás conceptos impositivos, a pesar de su escasa importancia económica, suelen aplicarse por gran número de Autoridades locales. Esto es cierto para la imposición general sobre las ventas, utilizada en más de 4.200 entidades, y exigiéndose usualmente el tipo del 1 por 100; lo mismo ocurre con la imposición sobre la renta, vigente en unas 4.200 entidades locales y exigida también en muchas ocasiones al tipo del 1 por 100.

Por último, hay que destacar que un porcentaje muy elevado de sus ingresos procede de fuentes distintas de los impuestos, como son las tasas. Esta proporción es sensiblemente superior en este nivel, un 32 por ciento, que para los estados (16 por 100), al igual que ocurre con éstos respecto del Gobierno federal (10 por 100).

D) *Desequilibrios y ajustes fiscales en la estructura federal de los Estados Unidos.*

Tanto en la doctrina como en los ambientes técnicos y políticos, en Estados Unidos existe una gran preocupación por los desniveles de ingresos y gastos que se producen entre los dos Gobiernos, así como por encontrar medidas adecuadas para paliarlos.

En las relaciones verticales, la experiencia muestra claramente que el desequilibrio opera en contra de los Gobiernos estatales: la comparación entre los recursos e ingresos asignados a cada jurisdicción y las obligaciones que deben cumplir resulta netamente favorable al Gobierno federal, respecto a la situación existente en los estados, aunque últimamente se percibe una tendencia a mejorar la posición de estos últimos, tendencia debida en parte a la propia actitud del Gobierno federal.

Al equilibrio estatal entre ingresos y gastos pueden contribuir de forma importante tanto las transferencias de recursos federales, como los mecanismos relacionados con la distribución de las fuentes impositivas.

En el primer aspecto, en Estados Unidos tienen gran importancia las subvenciones por el Gobierno federal a los estados («Grants-in-aid»), que suelen condicionarse a su empleo en usos específicamente determinados y a la supervisión por los órganos superiores de la utilización hecha de los fondos recibidos.

Según Due (92), los Estados Unidos han hecho mayor uso de estas subvenciones condicionadas que ningún otro país. Durante muchos años el Gobierno federal ha venido transfiriendo fondos a los estados para fines muy diversos, como educación agrícola, mantenimiento de la Guardia Nacional, construcción de carreteras, etc., etc.

En cuanto a la distribución de estas subvenciones puede hacerse, fundamentalmente, con arreglo a dos criterios: atendiendo solamente a las necesidades de recursos, a los gastos que deben realizar los estados, sin tener en cuenta las posibilidades de cada uno de ellos para sufragarlos; o tomando en cuenta, no sólo los gastos a realizar, sino también la capacidad financiera del Gobierno receptor, de forma que su cuantía sería mayor para los estados menos desarrollados que para los que poseen mayor riqueza. Esta segunda fórmula contribuye más a conseguir la perecuación financiera entre los estados.

A partir de la década de los cincuenta se ha extendido en Estados Unidos la práctica de distribuir las transferencias, atendiendo a la capacidad tributaria de los estados miembros.

Muchos de los programas a que se destinan las transferencias del Gobierno federal exigen que por parte del Gobierno receptor se contribuya a su financiación en una proporción que, frecuentemente, es del 50 por 100, aunque en algunos casos, como planes de carreteras de gran interés, la participación federal llega hasta al 90 por 100 del coste del proyecto.

Según el autor citado últimamente, es indiscutible que el sistema de los «grants in aid» ha contribuido de forma considerable a elevar el nivel de muchas actividades, aunque puede objetarse que la política de transferencias se ha desarrollado de forma un tanto azarosa, existiendo un número muy considerable de ellas, alguna de importancia realmente muy pequeña. Algunas de éstas han sido fruto de presiones de determinados grupos y otras se han perpetuado aun después de que haya desaparecido la necesidad que las originó.

La segunda contribución al equilibrio vertical proviene de los mecanismos destinados a facilitar a los estados la obtención de ingresos

(92) J. F. Due: *Govermment Finance*. R. D. Yrwin Inc. Illinois, 1959, pág. 481.

impositivos. En este sentido operan la deducción como gasto para determinar las bases imponibles federales, de los impuestos estatales y locales y la imputación de estos impuestos de las cuotas de aquéllos («Tax credit»).

En la misma dirección de fortalecer la imposición estatal, actúa la tendencia, cada vez más generalizada, de los estados de establecer impuestos sobre la renta y sobre las ventas. Estudios econométricos recientes demuestran que esta tendencia aumenta la eficiencia de la fiscalidad estatal. Así en 22 estados la elasticidad de la imposición, respecto a la renta es superior a la unidad, lo que constituye un signo evidente de que ésta es la vía para que puedan alcanzar su autonomía fiscal. Esta elasticidad se manifestó superior a la unidad, respecto al impuesto sobre la renta, igual a la unidad para el impuesto sobre las ventas e inferior a la unidad (lo que supone un crecimiento menor que proporcional a medida que aumenta la renta del estado) para los aumentos sobre consumos específicos y sobre la propiedad.

Paralelamente a este ensanchamiento de la materia imponible utilizada por los estados, debe destacarse el hecho de que el Gobierno federal nunca ha establecido un impuesto general sobre las ventas, aunque no existe obstáculo constitucional que se lo impida.

Junto a los desequilibrios verticales existen los horizontales, tanto en la comparación de unos estados miembros con otros, como dentro de cada uno de éstos, a nivel de las entidades locales. La causa más importante de estos desequilibrios está constituida por la desigual distribución de la riqueza entre los estados. Medida en función de la renta «per capita», la desigualdad entre los 50 estados norteamericanos varía desde el 0,67 hasta el 1,20 de la media nacional.

En cierto modo, produce un efecto corrector de los desequilibrios horizontales el impuesto federal sobre la renta, al recaudarse según una tarifa altamente progresiva y en el mismo sentido se actúa mediante una política federal de gasto público encaminada al desarrollo económico regional. Pero en esta materia debe destacarse, sobre todo, la Ley de Asistencia Fiscal estatal y local, de 1972.

C) *La Ley de Asistencia Fiscal a los estados y entidades locales de 1972.*

La «State and Local Fiscal Assistance Act of 1972» ha supuesto un hito en las relaciones financieras intergubernamentales en Estados Unidos.

En su título I se regula un sistema de transferencia de fondos federales a los estados y a las demás entidades locales. Aunque el programa establecido por esta ley se conoce normalmente como un programa de distribución de ingresos, de «Revenue Sharing», e incluso la oficina encargada en la Tesorería de su gestión ha recibido esta denominación («Office of Revenue Sharing»), en rigor esta denominación no refleja bien la verdadera esencia del programa, pues con él no se atribuye a los estados un porcentaje de la recaudación de ningún impuesto, sino que se crea un Fondo (de 30.200 millones de dólares) que habrá de ser empleado para estos fines a lo largo de cinco años, sin que se afecten para nutrirlo los rendimientos de ningún impuesto en especial.

Con el programa se trataba de encontrar solución a los problemas más agudos que habían planteado en Estados Unidos las dificultades financieras de los estados y entidades locales y de estructurar de manera más adecuada las relaciones entre los dos niveles.

Según Nathan (93) los principales objetivos que en la discusión del programa alegaron sus defensores que podían conseguirse con el mismo fueron los siguientes:

— Ayudar a que se satisfacieran las necesidades públicas a nivel estatal y local.

— Estabilizar o reducir los impuestos estatales o locales, singularmente el «property tax».

— Descentralizar las funciones.

— Igualar las condiciones fiscales entre los estados pobres y ricos y entre las entidades locales.

— Modificar la estructura federal general, de toda la nación, para descansar más en el impuesto sobre la renta (principalmente en el federal) y reducir el peso de los impuestos sobre la propiedad y sobre las ventas.

Con cargo al Fondo («Trust Fund») creado se realizan transferencias a los estados y a otras entidades locales. El número de entidades perceptoras de estas transferencias se ha calculado en más de 38.000. En él se incluyen además de los estados, los condados («Counties»), ciudades («Townships») y municipios; prevé, asimismo, la ley, que se subvencione a las tribus indias y a los poblados nativos de Alaska. Se excluyen, en cambio, los organismos y entidades (escuelas, librerías, organismos autónomos, etc.) que no pueden considerarse como Administraciones de carácter general.

No se trata de subvenciones condicionadas que han de ser empleadas para un fin concreto, pero tampoco es completamente libre el destino que pueden dar los perceptores a los recursos recibidos. Según la

(93) R. P. Nathan, A. D. Manvel y S. E. Calkins: *Monitoring Revenue Sharing.* Brookings Institution. Washington DC, 1975, pág. 4.

ley de creación pueden destinarse al pago de los costes de funcionamiento o mantenimiento de una de las siguientes categorías de «gastos prioritarios»:

— Seguridad (incluyendo gastos de policía, tribunales, prevención de la criminalidad, servicio contra incendios, defensa civil, etcétera.)
— Protección del medio ambiente (regulación de humos, inspección del suministro de agua, control de la polución, desagües, reconversión de desechos, etc.).
— Transportes y comunicaciones.
— Sanidad.
— Actividades recreativas.
— Bibliotecas.
— Servicios sociales en favor de los ancianos y de los indigentes.
— Gastos de la Administración Financiera (gastos de inspección, presupuestos, recaudación, etc.).

Uno de los temas más interesantes que plantea el programa, como todos los sistemas de distribución de ingresos, es el de los criterios para distribuirlos entre los posibles beneficiarios. «La clave —dicen Nathan, Manvel y Calkins (94)— de todo programa de distribución de ingresos es la fórmula que determina quien recibe y el qué. Al establecer una fórmula, el legislador tiene que contemplar una serie de aspectos. ¿Qué entidades pueden beneficiarse? ¿Qué factores han de tomarse en cuenta para determinar las respectivas proporciones y qué peso ha de tener cada factor? ¿Deberán establecerse limitaciones y correctivos para la aplicación de la fórmula?

La Ley establece dos fórmulas de distribución, una de tres factores (población, esfuerzo fiscal y renta) y otra, de cinco factores (población total, población urbana, renta «per capita», recaudación estatal por el impuesto sobre la renta y esfuerzo fiscal).

Estos factores pretenden reflejar las distintas variables que teóricamente tienen relevancia dentro de una política de redistribución de la renta nacional. Así, por ejemplo, la fórmula de los tres factores lleva a cabo la distribución entre las distintas entidades atendiendo a estos tres factores de ponderación: población, esfuerzo fiscal y renta relativa. El primer factor, favorecería a aquellos estados con mayor número de habitantes. El factor del esfuerzo fiscal, calculado éste como la propor-

---

(94) *Ob. cit.*, pág. 37.

ción entre la recaudación y la renta del estado, incitará a estos estados a utilizar más intensamente sus propios recursos fiscales. Por último, el factor de renta relativa, siendo ésta el cociente entre la renta «per capita» en EE.UU. y la renta «per capita» en el estado en cuestión, permitirá ponderar la desigual distribución de la renta entre los habitantes de los distintos estados.

Con ellas se opera de la siguiente manera. La cantidad a utilizar en cada ejercicio, por ejemplo, en 1974, 6.050 millones de dólares, se distribuye entre todos los estados, primero, con arreglo a la fórmula de los tres factores y, luego, con arreglo a la fórmula de los cinco factores.

Para cada Estado se toma la cantidad que resulte mayor de la aplicación de las dos fórmulas y como el total daría un importe superior a los 6.050 millones, crédito máximo para el año, las cantidades asignadas a cada estado se reducen, proporcionalmente, de forma que la suma total no exceda del crédito anual.

De la cantidad asignada a cada Estado, 1/3 se utiliza por el Gobierno estatal y los 2/3 restantes se distribuyen entre las entidades locales de cada Estado. Como principio general, corregido por ciertas limitaciones y ajustes, la cantidad correspondiente a las entidades locales se distribuye sobre la base da la ratio que cada entidad supone del total de las de la misma naturaleza, dentro del estado, de acuerdo con la fórmula: población X esfuerzo fiscal X renta relativa.

¿Qué juicio puede formularse de esta ley? El libro de Nathan, Manvel y Calkins citado que constituye, probablemente, el estudio más completo de este programa, estima que debe enjuiciarse desde una triple perspectiva: efectos de la distribución, efectos fiscales y efectos políticos.

Los primeros se refieren a la forma como se ha distribuido el total de los fondos entre todas las entidades beneficiarias. Este es el aspecto del que en el momento de la publicación del libro se tenían datos más completos para formar una opinión. Las principales conclusiones a que llega en cuanto a él son las siguientes: las ciudades metropolitanas, en las que las necesidades de servicios son mayores, reciben una porción considerablemente mayor que otras áreas, en términos «per capita». Sin embargo, si la comparación se hace en relación con la financiación local esta ventaja es menor.

Los estados con menor renta «per capita» resultan favorecidos por la ley, pero el grado de preferencia no es grande. Algunos comentaristas, particularmente preocupados por la igualación entre los estados, consideran que el programa debería hacer más para compensar las desigualdades económicas interestatales.

Los efectos fiscales hacen referencia, por un lado, a las consecuencias que los ingresos recibidos por este sistema han tenido sobre la estructura y composición de los ingresos de la entidad perceptora, es decir, si la ha permitido no emitir deuda pública, o hacerlo en menor cuantía, o reducir un determinado impuesto, o no incrementar la carga de otros o prescindir de establecer nuevas figuras tributarias, etc. Por otra parte, deberá tomarse en cuenta las consecuencias sobre los gastos efectuados.

La obra comentada (95) contiene el siguiente cuadro resumen de los principales efectos producidos por el programa:

EFECTO FISCAL NETO	PRINCIPALES PORCENTAJES	
	Local	Estatal
1. *Nuevos gastos*:		
De capital	46,0	21,6
Incremento de operaciones	10,8	11,6
Aumento de sueldos	0,8	—
No atribuidos	—	2,5
	57,5	35,7
2. *Sustituciones*:		
Sustitución de ayuda federal	0,3	3,0
Reducción de impuestos	3,5	13,2
No aumento de impuestos	13,8	—
Mantenimiento programas	12,6	15,3
Evitar Deuda	9,5	3,3
Aumento fondos nivelación	2,7	4,5
Otros	0,1	—
No asignados	—	25,0
	42,5	64,3
	100	100

El último aspecto es el de los efectos políticos. Estos se centran, principalmente, en los cambios que el programa puede producir en el proceso de aprobación presupuestaria y, como consecuencia, en las decisiones del gasto público, y en las variaciones que puede ocasionar en cuanto a las funciones a realizar por los distintos niveles políticos y entidades administrativas y a las relaciones entre ellas.

En relación con el proceso presupuestario, los autores del libro aunque advierten de las dificultades que existen para sacar conclu-

(95) Pág. 193.

siones definitivas sobre esta materia, señalan que ha producido algunos cambios significativos. Así, en cerca de una tercera parte de los entes utilizados como muestra, los fondos procedentes del programa se han administrado con cierta independencia lo que originó un aumento del interés público y de la participación de los grupos en el proceso presupuestario. En nueve casos en que no se administraron separadamente, constataron, no obstante, un cambio de conducta en los grupos interesados. En la mitad de las localidades examinadas, el sistema de «revenue sharing» tendió a aumentar la competitividad y transparencia del proceso presupuestario.

En cuanto al último punto, «los autores (96) creen que, hasta la fecha, la intervención institucional bajo el sistema «revenue sharing» probablemente ha sido menos extensa que bajo otras formas de subvenciones. Pero ciertos elementos y determinadas características del mecanismo de las fórmulas han tenido importantes efectos estructurales, incluidos algunos que parecen muy poco convenientes. Estos efectos pueden hacerse más pronunciados a medida que el programa continúa».

5. ARGENTINA

A) *Los principios constitucionales.*

La constitución federal argentina data de 1853. A partir de entonces, en su organización política coexisten el Estado federal y 22 provincias.

En el sistema argentino de distribución de competencias, en lo que se refiere a la materia fiscal, destacan claramente dos características:

1. En primer lugar, Argentina es uno de los países federales en los que la competencia tributaria se atribuye con carácter general a las provincias, reservando a la Federación sólo aquellas fuentes impositivas taxativamente señaladas en la Constitución.

2. En su aplicación, el sistema fiscal argentino ha ido desviándose de los principios formulados en la Constitución, de forma que la realidad actual dista mucho de la que resultaría de una aplicación estricta de las normas constitucionales. Los comentaristas atribuyen esta situación, sobre todo a dos motivos, por un lado, a la falta de precisión de las normas constitucionales relativas a esta materia y, por otro, a la transformación que el transcurso del tiempo ha impuesto en las condiciones económicas y sociales que han obligado a alterar profundamente los cometidos que inicialmente se habían atribuido a la Federación y a las provincias. Dino Jarach (97) expresa con claridad estas ideas:

(96) NATHAN, MANVEL y CALKINS: *Ob. cit.*, pág. 308.

(97) D. JARACH: *Curso superior de Derecho Tributario.* Liceo Profesional Cima. 1969, pág. 26.

«El contenido y alcance del poder fiscal de la nación se halla definido en la Constitución nacional en forma tal, que ha originado controversias doctrinales y jurisprudenciales. A estas controversias, pero aún más, al imperio de las circunstancias que han evolucionado profundamente desde la sanción de la Carta Constitucional hasta hoy, debe atribuirse el hecho de que el ejercicio del poder fiscal de la nación en la realidad de nuestra vida institucional haya terminado por alejarse radicalmente de las normas constitucionales».

Asimismo, Fonrouge (98) señala que en el país se produce el fenómeno de la doble imposición por no existir clara determinación de las facultades tributarias de los diversos entes gubernativos y que de hecho se han producido una serie de violaciones de los principios constitucionales que «obedecen en buena parte a la rebelión de los hechos contra estructuras arcaicas».

La Constitución de 1853 se refiere a las fuentes impositivas que se reservaron a la Federación en dos artículos: en su artículo 4.º, que enumera las fuentes de ingresos del Tesoro Nacional, y en el artículo 67, que determina las atribuciones del Congreso.

La primera fuente de ingresos del Tesoro Nacional que enumera el artículo 4.º son los derechos de importación y exportación, la tercera, la renta de Correos y la cuarta, «las demás contribuciones que equitativa y proporcionalmente a la población imponga el Congreso General».

A su vez, el artículo 67 incluye entre las atribuciones del Congreso la de imponer «contribuciones directas por tiempo determinado y proporcionalmente iguales en todo el territorio de la nación, siempre que la defensa, seguridad común y bien general del estado lo exijan».

Algunos comentaristas (99) señalan que existe una clara correlación entre estos dos artículos, de forma que el 67 no hace más que concretar las competencias que corresponden al Congreso en cuanto a las fuentes de ingresos que el artículo 4.º concede al Tesoro.

Con esta interpretación «las contribuciones equitativas y proporcionales» de que habla el artículo 4.º, serían las mismas que las «contribuciones directas por tiempo determinado y proporcionalmente iguales en todo el territorio de la nación» del artículo 67. La importancia de esta interpretación es que significaría que lo que la Constitución asigna a la nación, como fuente de ingresos impositivos, son las contribuciones directas y sólo por tiempo determinado y cuando se justifiquen los fines concretos que se mencionan en el último artículo.

Sin embargo, la jurisprudencia ha interpretado los preceptos consti-

---

(98) G. Fonrouge: *Derecho Financiero*, vol. I. Depalma, 1973, pág. 344.

(99) D. Jarach: *Curso Superior de Derecho Tributario*. Liceo Profesional Cima. 1969, pág. 27.

tucionales de forma diferente y ha sentado la doctrina de que ambos artículos no contienen conceptos idénticos y que el artículo 4.º autoriza a la nación a establecer contribuciones de toda índole, es decir, tanto directas como indirectas. En cambio, el artículo 67 establece las condiciones en que el Gobierno federal puede exigir contribuciones directas, es decir, con carácter temporal y para fines específicos. De aquí se ha derivado una doctrina general sobre la distribución de fuentes impositivas entre los dos niveles políticos: los impuestos indirectos constituyen una fuente concurrente para la Nación y las provincias; mientaas que los impuestos directos, son en principio, una fuente de ingresos exclusiva para las provincias, salvo la facultad de la nación de exigirlas en circunstancias extraordinarias y por tiempo determinado.

Esta doctrina se ha aplicado en la práctica y así a partir de 1894, el Congreso estableció los llamados «impuestos internos», impuestos especiales de consumo, y luego, en 1935, el impuesto sobre las ventas, ambos como fuente permanente de ingresos impositivos. En cambio, los impuestos directos, tales como el impuesto sobre la renta (el «impuesto a los réditos»), a las ganancias eventuales, sobre los beneficios extraordinarios y sustitutivos del gravamen sobre la transacción gratuita de bienes, se establecieron con carácter temporal y justificándolos como medidas de emergencia.

La competencia fiscal de las provincias viene dada por el juego conjunto, de un lado, de los principios consagrados en los artículos 104 y 108 de la Constitución y, de otro lado, por una serie de limitaciones formuladas en otros artículos del texto constitucional (9, 10, 11, 12 y 67).

El artículo 104 establece el principio de que las provincias conservan todo el poder que no han delegado al Gobierno por medio de la Constitución. La filosofía que late detrás de este artículo es que las provincias al decidir constituir la Federación delegaron algunas de sus atribuciones en el Gobierno federal, asignándolas como competencia de este último en la Constitución.

El artículo 108 completa el sistema al disponer que las provincias no pueden ejercer los poderes que han delegado a la nación.

La doctrina se ha planteado si este artículo 108 impide que existan facultades concurrentes del Gobierno y las provincias para exigir el mismo impuesto. Pero la interpretación dominante es que las que prohíben ejercitar a las provincias son las facultades que han delegado al Gobierno, con carácter exclusivo. Cuando la delegación no tenga este carácter, pueden concurrir el Estado y las provincias.

Las limitaciones a la potestad tributaria provincial son, precisamente, consecuencia de haber atribuido a la nación competencia exclusiva en una serie de materias.

El artículo 9.º establece que en todo el territorio de la nación no habrá más aduanas que las nacionales. Correlativamente, el artículo 108 prohíbe a las provincias establecer aduanas provinciales. En consecuencia, los derechos de aduanas son una fuente de ingresos exclusivamente nacional.

El artículo 10 consagra el principio de la libertad de circulación de los bienes, tanto de los de producción nacional, como de los importados.

El artículo 11 reconoce la libertad de transporte y prohíbe cualquier impuesto que se exija por el hecho de transitar por el territorio. El artículo 12 prohíbe asimismo, que se exija a los buques pagar derechos por causa de tránsito. A su vez, el artículo 67 señala como competencia del Congreso regular el comercio marítimo y terrestre con el extranjero y de las provincias entre sí.

En base a estos artículos la Jurisprudencia ha elaborado una doctrina que prohíbe a las provincias gravar la circulación de mercancías. Pero —advierte Dino Jarach— (100) hay que distinguir entre la circulación territorial y la económica: lo que esta doctrina ha querido prohibir es que se grave el desplazamiento material de mercancías, no la circulación económica. No se permiten impuestos que se exijan por el hecho del envío de mercaderías de una provincia a otra; pero están permitidos los impuestos sobre las ventas o sobre el consumo. Lo que parece que quiere evitarse es que las provincias impongan impuestos que obstaculicen el comercio entre ellas. En esta línea una Sentencia de 1948 (101) prohibió los impuestos que discriminan según el destino:

«Mediante la creación de impuestos más gravosos para las ventas de mercancías destinadas a lugares ubicados fuera de sus fronteras, las provincias podrían fácilmente dificultar y aun imposibilitar el comercio con las demás, del mismo modo que el empleo del procedimiento inverso podría permitirles la eliminación de los competidores existentes en las otras; con lo cual, se habría puesto en sus manos un recurso que conduciría directamente a la lucha económica que se ha querido impedir con la prohibición establecida en los artículos 9, 10, 11, 12, 67, inciso 12, 108 y los concordantes de la Constitución (...)».

Según Fonrouge (102), el esquema de distribución de las fuentes impositivas entre la nación y las provincias es el siguiente:

(100) *Ob. cit.*, pág. 77.
(101) «Salvadori y Compañía. C/ Provincia de Buenos Aires».
(102) *Ob. cit.*

I. CORRESPONDE AL GOBIERNO NACIONAL

a) Con carácter permanente.

a') *De forma exclusiva.*

— Los derechos de importación y exportación.
— Las tasas postales.

b') *En concurrencia con las Provincias.*

— Los impuestos indirectos al consumo.

b) Con carácter transitorio.

— Los impuestos directos.

II. CORRESPONDE A LAS PROVINCIAS

a) Con carácter exclusivo y permanente.

— Los impuestos directos.

b) Con carácter permanente y en concurrencia con la Nación.

— Impuestos indirectos.

B) *Estructura del sistema fiscal argentino.*

1. **Imposición federal.**

a) *Imposición sobre la renta.*

La figura básica de la imposición directa argentina es hoy el «Impuesto a las ganancias».

Este impuesto fue establecido en 1974 por la Ley 20.268 y sustituyó al anterior «Impuesto a los Réditos» que durante mucho tiempo constituyó la manifestación en Argentina de la imposición sobre la renta. La Ley 20.268 ha sido modificada en algunos puntos por la Ley 21.286, aprobada el 7 de abril de 1976.

El Impuesto a los Réditos fue establecido en 1932. Hasta entonces el sistema fiscal estaba constituido básicamente por la imposición sobre el consumo que suministraba el 62 por 100 de los ingresos impositivos. A su vez, el 76 por 100 de la recaudación sobre el consumo correspondía a los derechos de Aduanas.

La restricción de las importaciones que se operó como consecuencia de la Primera Guerra Mundial y el influjo de las nuevas doctrinas tributarias, crearon a partir de 1914 un fuerte movimiento en favor del establecimiento de un impuesto sobre la renta, pero aunque llegaron a elaborarse varios proyectos, pasó un largo período de tiempo, de diecisiete años, hasta que uno de ellos consiguió convertirse en ley positiva.

Uno de los problemas que se plantearon con la creación de este impuesto fue el principio constitucional que reserva la imposición directa a las provincias. Como hemos señalado, el artículo 67 del texto constitucional sólo permite a la Federación exigir contribuciones directas por tiempo determinado y siempre que lo exijan la defensa, seguridad común y bien general del Estado. Para respetar este precepto, el Decreto-ley de 19 de enero de 1932 que creó el Impuesto a los Réditos, lo estableció «como gravamen de emergencia nacional» y con vigencia sólo hasta el 31 de diciembre de 1934.

El impuesto fue regulado fundamentalmente por Ley de 30 de diciembre de 1932, que en esencia, ha seguido en vigor hasta 1973, aunque, naturalmente, han sido objeto de numerosas modificaciones durante todo este período.

Fonrouge y Navarrine (103) señalan como «durante la discusión parlamentaria de la primera ley de impuesto a la renta quedó bien establecido que el gravamen correspondía a las provincias, pero en ese momento particular —años 1932 y 1933— se la sancionaba como recurso nacional de «emergencia» por el término de tres años, lo cual encuadraba en las situaciones excepcionales que permiten a la nación aplicar impuestos directos. La verdad que no se dijo públicamente es que en esos momentos existía una gran tensión en las relaciones con un país limítrofe y se temía un conflicto armado, lo cual exigía mayores recursos con carácter de urgencia; por esto fue recurso exclusivamente nacional hasta el 31 de diciembre de 1934».

Desde entonces se ha mantenido como recurso nacional, si bien desde el punto de vista formal se han venido dictando prórrogas periódicas de su vigencia.

A partir de 1935, se comenzó a dar a las provincias participación en la recaudación de este impuesto, que se distribuyó inicialmente, en 82,5 por 100 para la nación y un 17,5 por 100 para las provincias y municipalidad de Buenos Aires.

Una fecha básica fue 1947, año en que la ley de 1932 perdió su carácter primitivo para convertirse en una ley-contrato entre la nación y las provincias. Aquélla promulga la ley y éstas se adhieren mediante una ley local, renunciando a exigir gravámenes de la misma naturaleza y percibiendo, en cambio, una participación en los ingresos.

Los autores citados entienden que este nuevo sistema no ha cam-

---

(103) G. Fonrouge y S. C. Navarrine: *Impuesto a las Ganancias*. E. Depalma, 1976, pág. 38.

biado los principios constitucionales y que la imposición sobre la renta sigue siendo facultad provincial, sin que puedan ser utilizadas por la nación más que en situaciones de emergencia.

En 1973 el Impuesto a los Réditos fue sustituido por el Impuesto a las Ganancias que amplió el contenido del hecho imponible: aquél se inspiraba en el concepto de renta periódica que no altera la fuente que la produce, mientras que el nuevo impuesto grava también las ganancias de capital. El Impuesto a los Réditos se completaba con un impuesto independiente sobre las ganancias eventuales. Sin embargo, la Ley de 7 de abril de 1976, que ha modificado la Ley 20.268, parece haber vuelto en parte al concepto de renta-producto anterior. Según esta reforma constituyen ganancias:

«Los rendimientos, rentas o enriquecimientos susceptibles de una periodicidad que implique la permanencia de la fuente que los produce y su habilitación.»

Es decir, con carácter general, el concepto de renta está tipificado por las características de periodicidad del rendimiento y de permanencia de la fuente. Sin embargo, en el caso de las sociedades se gravan todos los rendimientos, rentas o beneficios que obtengan, aunque no sean susceptibles de periodicidad que impliquen permanencia de la fuente. El mismo criterio es aplicable a quienes ejerzan profesiones liberales, funciones de albacea, síndico, mandatario, gestor de negocios, director de sociedades anónimas, corredor, viajante de comercio y agente de aduanas.

El artículo 1.º de la ley creadora del nuevo impuesto dice:

«Todas las ganancias derivadas de fuente argentina, obtenidas por personas de existencia visible o ideal, cualquiera sea su nacionalidad, domicilio o residencia, quedan sujetas al *gravamen de emergencia* que establece esta ley.»

Como se ve el legislador sigue recurriendo al carácter de ley de emergencia para justificar el establecimiento de este impuesto como figura impositiva nacional. Fonrouge y Navarrine (104) consideran que «la frase contenida en la ley es un subterfugio que encubre la alteración del régimen tributario previsto en la Constitución».

Tanto el anterior Impuesto a los Réditos como el actual Impuesto a las Ganancias comprende en su ámbito, lo mismo a las personas físicas, que a las sociedades y otras entidades con personalidad jurídica. El artículo 1.º de la ley declara, asimismo, sujetas al impuesto a la herencia indivisa mientras no se produzca la declaración de herederos.

(104) *Ob. cit.*, pág. 61.

Las personas físicas y las sucesiones indivisas quedan sometidas a una tarifa progresiva cuyos tipos impositivos van desde el 7 por 100 hasta el 46 por 100 que se aplica a partir del tramo de renta superior a 3.000.000 de pesos.

Las sociedades argentinas quedan sometidas al tipo proporcional del 33 por 100. Pero los establecimientos en Argentina de empresas extranjeras se gravan al tipo del 45 por 100.

Esta diferencia de tipo la justifican los comentaristas considerando que en el caso de las sociedades argentinas al impuesto sobre éstas hay que añadir el que grava los dividendos cuando se distribuyan (105).

Las sociedades argentinas quedan, además, sometidas a un impuesto sobre los beneficios no distribuidos dentro de los plazos que marque el Poder Ejecutivo. Para determinar estos beneficios se excluyen la reserva legal y las demás reservas obligatorias, el tipo aplicable es el 29,50 por 100. Si, posteriormente, una sociedad gravada por este concepto distribuye los beneficios por los que se exigió el impuesto adquirirá un crédito fiscal por el importe de éste.

La ley argentina, como medio de integrar la imposición sobre la renta de las personas físicas y de las sociedades, concede un crédito fiscal a las personas que incluyen en su renta imponible dividendos, por un importe equivalente al aumento de tributación derivado de esta inclusión hasta el límite máximo del 15,5 por 100 de dichos dividendos.

La Ley 21.284, de 1976, ha establecido que determinadas ganancias ocasionales obtenidas por las personas físicas y las herencias indivisas, así como las obtenidas tanto por las personas físicas como por las jurídicas como consecuencia de la enajenación de propiedades inmuebles afectas a una explotación agrícola, se gravan al 15 por 100.

b) *Imposición sobre el patrimonio.*

1. La Ley 21.287 de 1976, ha establecido un impuesto sobre el capital fiscal de las sociedades. Quedan sometidas al mismo todas las sociedades cuyo patrimonio neto tenga un valor superior a 5.000.000 de pesos. El tipo impositivo aplicable es el 1,5 por 100.

La misma ley estableció, con carácter extraordinario y por un período de diez años, un impuesto periódico sobre el patrimonio neto de las personas físicas y sobre las herencias indivisas que se exige con arreglo a una escala progresiva que comienza en el 0,5 por 100 y termina en el 1,5 por 100.

---

(105) FONROUGE Y NAVARRINE: *Ob. cit.*, pág. 469.

2. Existe un «Impuesto al enriquecimiento patrimonial a título gratuito» que recae sobre la transmisión, por actos «mortis causa», de bienes y derechos que radiquen en la jurisdicción de la Capital Federal. Se presumen comprendidos en el hecho imponible las transmisiones onerosas realizadas en los años inmediatamente anteriores a la sucesión.

El impuesto grava las cuotas hereditarias y se exige con arreglo a dos tarifas progresivas, una para los ascendientes y descendientes y otra, para los demás herederos (distingue entre colaterales del 2.º y tercer grado y los demás).

c) *Imposición sobre el consumo.*

A nivel federal, la imposición sobre el consumo ha quedado centrada, por un lado, en el impuesto sobre el valor añadido y, por otro, en los impuestos internos sobre determinados productos.

El primero, grava con carácter general la venta de mercancías y la prestación de servicios al tipo del 13 por 100. Existe un tipo más elevado, el 21 por 100, que se aplica a determinadas ejecuciones de obras e importaciones.

Los impuestos internos son impuestos específicos sobre determinados productos, que están sometidos al régimen de unificación al que luego nos referiremos. En unos casos, se exigen tipos específicos y en otros, «ad valorem» que pueden llegar hasta el 60 por 100.

d) *Impuesto sobre las transmisiones.*

En este capítulo pueden citarse las siguientes figuras tributarias:

— El impuesto sobre las transmisiones inmobiliarias. Si su valor es inferior a 800.000 pesos, se gravan al tipo del 2 por 100, si su valor excede de este importe la cuota será la suma de 16.000 pesos y el 3 por ciento del exceso.

Impuesto a la venta de valores mobiliarios:

— La transmisión de títulos valores se grava al tipo del 0,5 por ciento. Está obligado al pago el transmitente y se retiene por las Bolsas que intervienen en la operación.

— Existe un impuesto especial sobre las remesas de utilidades por las sociedades con capital extranjero.

e) *Tributación sobre el Comercio exterior.*

A partir de 1965, las importaciones están sujetas al pago de recargos que engloban los derechos arancelarios.

A su vez, determinadas exportaciones han sido sometidas a gravámenes encaminados a compensar los efectos de devaluaciones del peso.

d) *Impuesto para educación técnica.*

Con esta finalidad se exige un impuesto consistente en el 1 por ciento de la nómina de sueldos y salarios, que se liquida trimestralmente.

e) *Impuesto de sellos.*

Se exige en la Capital federal, por los documentos extendidos o que producen efecto en ella. Su tipo es el 1 por 100.

2. Imposición provincial.

Los impuestos exigidos directamente por las provincias son, principalmente, los siguientes:

a) *Impuesto inmobiliario o Contribución Territorial.*

Se exige por cada provincia, según su propia regulación y con tipos impositivos propios. En la Capital federal los tipos van del 0,1 por ciento al 1,3 por 100 sobre el valor de los inmuebles.

b) *Impuesto sobre las transmisiones gratuitas de bienes.*

c) *Impuesto de sellos.*

Grava con tipos fijos o proporcionales determinados documentos.

3. Imposición local.

a) *Impuesto de las actividades lucrativas.*

Entre los impuestos locales destaca el impuesto sobre las actividades lucrativas que grava el ejercicio de cualquier actividad comercial, industrial o profesional. La base imponible está constituida por los ingresos brutos (deducidos los impuestos nacionales y provinciales y los descuentos y bonificaciones concedidos a los contribuyentes). El tipo más general es del orden del 12 por 100.

Una modalidad del mismo es el impuesto sobre las actividades agropecuarias.

C) *Sistema de unificación de impuestos y de coparticipación.*

El sistema constitucional argentino no establece una línea divisoria clara entre las competencias en materia fiscal del Estado y de las provincias, por lo que se produce la superposición de los impuestos exigidos por ambos niveles. Surgieron así una serie de inconvenientes desde el punto de vista económico y de equidad tributaria que ha sido permanente fuente de preocupación para las autoridades de aquel país. El problema alcanzó especial gravedad en el terreno de los impuestos internos sobre el consumo y motivó la adopción para evitarlos de un régimen de unificación impositiva, que, surgido inicialmente respecto a estos impuestos, ha ampliado luego considerablemente su campo de aplicación.

En el Proyecto de Ley de Presupuestos para 1934, el Gobierno incluyó un artículo que le facultaba para concertar con las provincias lo recaudado por impuestos internos al consumo. La Comisión de Presupuestos y Hacienda amplió esa disposición, extendiéndola a los impuestos sobre réditos y transacciones. La modificación fue aceptada por el Congreso y por el Senado y quedó convertida en ley.

Al año siguiente el Gobierno remitió al Congreso dos Proyectos de Ley: uno de unificación de impuestos internos y otro sobre distribución del impuesto a los réditos. La Comisión modificó también estos proyectos unificándolos en uno sólo que sometió a la Cámara, pero durante la discusión se volvió a los dos Proyectos y se sancionaron definitivamente dos Leyes separadas: la 12.139, sobre unificación de impuestos internos y la 12.147, relativa a la distribución del impuesto a la renta y del impuesto a las ventas.

El régimen consistió en la atribución exclusiva a la nación, por un período de tiempo determinado, de la facultad de exigir y recaudar estos impuestos, a cambio de la entrega a las provincias de una parte de sus rendimientos.

Según D. Jarach (106), el régimen de coparticipación representa

(106) *Ob. cit.*, pág. 31.

una verdadera delegación por parte de las provincias a la nación de sus facultades impositivas y no una simple delegación del ejercicio de estas facultades, es decir, de la administración y recaudación de impuestos.

Con él la nación crea los impuestos, los regula, modifica y suprime, sin intervención provincial.

Para su aplicación las provincias deben adherirse por medio de una ley que supone la admisión de las siguientes condiciones:

a) La aceptación del régimen ha de hacerse «sin limitaciones ni reservas».

b) Se comprometen a no gravar y que no lo hagan tampoco los municipios y demás entidades dependientes de ellas, con ningún impuesto, las materias y productos gravados por los impuestos unificados.

c) Deben derogar cualquier gravamen provincial o municipal que se viniese exigiendo sobre estos productos.

(Fonrouge (107) dice que esta última condición es de «cumplimiento dudoso en razón de que en la mayoría de las provincias los municipios gozan de autonomía de origen constitucional, por lo cual el Gobierno central carece de facultades y de medios para hacer efectivo lo prometido al adherir al régimen de coparticipación»).

d) No deben gravar en forma más intensa que en otros casos las actividades, bienes y elementos vinculados a la producción, comercialización, almacenamiento, transporte o consumo de los bienes sujetos a impuestos unificados.

e) Habrán de suspender la entrega a los municipios que incumplan los términos de la ley, de su participación en los rendimientos de impuestos nacionales o provinciales.

El régimen lleva consigo la distribución de los rendimientos de los impuestos entre la nación y las provincias. Los procedimientos de distribución han sido muy debatidos y varían según las distintas leyes que han regulado la unificación de impuestos.

La Ley 12.139, de unificación de impuestos internos, preveía que las provincias que se adhiriesen al sistema percibirían durante 1935 una suma igual al promedio de recaudación total que hubieran recaudado durante los años 1929-1935, en concepto de impuestos al consumo provincial, aumentado en un 10 por 100. Para los años siguientes, hasta 1944, esta participación se reducía en un 10 por 100 anual.

---

(107) *Impuesto a las Ganancias*, pág. 41.

A su vez, la Ley 12.147 dispuso, por un lado, la prórroga del impuesto sobre la renta hasta 1944 y estableció, por otro lado, que de su recaudación se atribuiría el 82,5 por 100 a la nación y el 17,5 por ciento a las provincias, dando, además, criterios para la distribución de este porcentaje en el nivel provincial.

Para fijar los índices de distribución —que son bienales— y, asimismo, para dictar normas interpretativas y de control, fue creada una Comisión de Contralor e Indices, integrada por representantes de las partes interesadas, la cual, además, tiene la facultad de «decidir de oficio o a pedido de la Secretaría de Hacienda de la nación, de las provincias y de las municipalidades, si los gravámenes nacionales o locales se oponen o no, y en su caso, en qué medida a las disposiciones de la presente ley», y puede intervenir «a petición de los contribuyentes o de asociaciones reconocidas», sin perjuicio del cumplimiento de las obligaciones fiscales respectivas. Las decisiones son obligatorias para la nación y para las provincias, salvo el derecho de solicitar su revisión dentro de los treinta días contados desde la notificación correspondiente.

Estos regímenes han sido objeto de sucesivas leyes o decretos leyes de prórrogas, varios de los cuales cambiaron los porcentajes y criterios de distribución.

Para dar una idea reciente de los porcentajes de participación, exponemos a continuación el sistema establecido por el Decreto-ley 20.221/73, modificado en algunos puntos por el Decreto-ley 20.413, también de 1973 y por la Ley 20.633, de 29 de diciembre de 1973.

El Decreto-ley 20.221 sustituyó y unificó los regímenes de coparticipación de impuestos a los réditos, ganancias eventuales y ventas, de unificación de impuestos internos y de distribución del impuesto sustitutivo.

Los porcentajes que prevé para la atribución de la recaudación producida por estos impuestos son los siguientes (108):

a) 48,5 por 100, para la nación;
b) 48,5 por 100, para las provincias adheridas y
c) 3 por 100, aportación al Fondo de Desarrollo Regional, creado por la misma ley.

La cuota asignada a las provincias deberá distribuirse entre ellas, con arreglo a los siguientes criterios:

(108) La descripción del sistema se toma del artículo de Víctor S. Groppa y Marcelo R. Lascano: «La coparticipación federal de impuestos». *Boletín de la Dirección General Impositiva*, núm. 41. Buenos Aires, octubre 1974.

a) 65 por 100 en proporción directa al volumen de población.

b) 25 por 100 en proporción «per capita» a la «brecha de desarrollo» entre cada provincia y el área más desarrollada del país, siempre que la provincia no pertenezca a dicha área.

c) 10 por 100 para las provincias que no tengan densidad de población superior al promedio del conjunto de las provincias y en proporción a las diferencias entre la densidad de población de cada provincia y de dicho promedio.

El concepto de «brecha de desarrollo» es definido en la ley como la diferencia porcentual entre su nivel de desarrollo y el correspondiente al área que comprende a la Capital federal y a la provincia de Buenos Aires.

Para calcular el nivel de desarrollo se atenderán al promedio de los siguientes índices:

— calidad de vivienda, según el último censo nacional de la vivienda;

— grado de educación de los recursos humanos, según el último censo nacional de población, y

— automóviles por habitantes, según el último censo nacional de población.

A partir de 1975 se incorporó al régimen de coparticipación el impuesto sobre el valor añadido. Para distribuir los ingresos producidos por él, se seguirán dos principios:

1. La parte de su recaudación que corresponda al porcentaje que la recaudación del anterior impuesto sobre las ventas supuso de la suma de la recaudación de este impuesto y la del impuesto sobre las actividades lucrativas, se distribuirá conforme al régimen general de distribución prescrito en la ley.

2. La diferencia se asignará a las provincias, Ayuntamiento de la Ciudad de Buenos Aires y territorio nacional de Tierra de Fuego, Antártida e Islas del Atlántico Sur, en proporción al porcentaje que supone lo recaudado por cada una de ellas por el impuesto sobre actividades lucrativas respecto a la recaudación total de este último impuesto.

El Decreto 20.221 ha sido objeto de diversas modificaciones por la Ley 20.633, según esta disposición, el régimen de coparticipación se aplica a los siguientes impuestos nacionales: impuesto a las ganancias, a los premios de determinados juegos y concursos, a las tierras libres de mejoras, a los eventuales gravámenes nacionales de emergencia adicionales a los mismos, a los impuestos nacionales de regularización patrimonial, al capital, al patrimonio neto, a la posesión neta de divisas, al valor agregado, internos y adicionales a los aceites lubricantes.

La importancia cuantitativa del régimen de coparticipación la muestra el siguiente cuadro, tomado del artículo citado de Groppa y Lascano:

AÑO	Recaudación de la D. G. I.	Coparticipación Global	Por 100
	(Miles de pesos)		
1950	67.519	11.571	17,1
1951	99.292	18.295	18,4
1971	9.783.721	2.717.720	27,8
1972	13.639.656	3.762.804	27,8
1973	24.260.650	8.179.637	33,7

Respecto a la evolución de la significación de la coparticipación en la recaudación general, el artículo comentado dice: «la participación porcentual global si bien señala algunos altibajos, sobre todo a partir de 1967, no disimula como tendencia a largo plazo un sostenido ritmo de crecimiento que, en términos porcentuales, alcanza alrededor del 100 por 100».

Para los tres últimos años que recoge el cuadro la contribución relativa de los tres impuestos más importantes sometidos al régimen fue la siguiente:

IMPORTANCIA RELATIVA DE LOS IMPUESTOS A LOS REDITOS, A LAS VENTAS E INTERNOS EN EL TOTAL DE LA COPARTICIPACION GLOBAL

AÑO	Réditos Por 100	Ventas Por 100	Impuestos Internos Por 100
1971	30,41	30,37	26,55
1972	30,79	29,67	26,22
1973	38,18	26,34	20,04

Por último, reproducimos del mismo artículo un cuadro que muestra el porcentaje que los ingresos procedentes de la coparticipación suponen, para cada provincia, respecto al total de sus ingresos tributarios (tanto propios como procedentes de la Federación).

AÑO 1971	Por 100
Buenos Aires	37
Catamarca	84
Córdoba	48
Corrientes	74
Chaco	62
Chugut	66
Entre Ríos	48
Formosa	70
Jujuy	70
La Pampa	53
La Rioja	88
Mendoza	39
Misiones	72
Neuquen	66
Río Negro	35
Salta	62
San Juan	58
San Luis	71
Santa Cruz	43
Santa Fe	37
Santiago	70
Tucumán	48

El cuadro muestra la relativa autonomía financiera de algunas provincias (Buenos Aires, Córdoba, Mendoza y Santa Fe) y la gran dependencia de otras (Catamarca, La Rioja, San Luis y Santiago Estero).

El ejercicio del poder tributario en Argentina y su distribución entre la Nación y las provincias se encuentra actualmente regido por este régimen de leyes-convenio que si, de un lado, han suprimido los inconvenientes que producía la superposición de los impuestos de los dos niveles políticos, de otro lado, son objeto de enconada polémica doctrinal.

Algunos comentaristas estiman que éste no constituye el método adecuado para resolver los problemas fiscales de un Estado federal, porque atentan contra la esencia misma de este tipo de organización política que supone que, tanto las provincias como el Estado nacional, cuenten con sus propias fuentes de ingresos, exijan sus propios impuestos. Fonrouge (109) considera que «la tarea no es fácil, y la solución no puede hallarse solamente en el tecnicismo puesto al servicio de ideas centralizadoras» y, recogiendo la idea del «Committee on Intergovernmental Fiscal Relations», sostiene que «el objetivo debe ser coordinación y cooperación antes que subordinación y coerción».

Este autor reconoce la necesidad de adaptar la organización federal a la situación y a las necesidades actuales; pero de forma que no desaparezca lo esencial del federalismo: «aunque fieles a la idea federalista, que consideramos insustituible por su hondo arraigo popular, derivado de la historia y de la configuración geográfica, es indudable que no pueden mantenerse las formas ortodoxas del siglo XIX. Nos hallamos frente a un nuevo federalismo» con modalidades que deben adaptarse a las modernas circunstancias de la vida y cimentarse en un amplio concepto de solidaridad nacional».

6. BRASIL

A. Principios constitucionales.

Brasil es una república federal compuesta de veintidós Estados, cuatro Territorios federales y un Distrito federal que constituye la capital de la República. Los estados se encuentran, a su vez, divididos en municipios.

Con la proclamación de la Independencia en 1822, Brasil se constituyó en reino. La Constitución de 1824 dividió el país en Provincias, que, en gran parte, correspondían a los actuales Estados; las provincias contaban con cierto grado de autonomía política, pero no tenían facultades de exigir sus propios impuestos. En 1835 se modificó la Constitución para autorizar a las provincias a establecer todos los impuestos

---

(109) *Ob. cit.*, pág. 345.

que no estuviesen específicamente reservados a la Corona, pero de hecho, ésta utilizaba todos los impuestos importantes que se exigían normalmente en aquella época.

En 1889 se estableció la República y en 1891 se proclamó la primera Constitución republicana que dio al país la forma federal. «La Federación Brasileña surgió, no como consecuencia de la agrupación de Estados independientes que cedieron cada uno de ellos parte de sus poderes al Gobierno nacional, sino al asumir poderes autónomos Entidades políticas que, originalmente, eran componentes del Estado centralizado» (110).

En principio se resevó a la Unión la competencia para exigir los impuestos que por su carácter se consideraban nacionales y a los Estados los impuestos sobre la propiedad o las actividades mercantiles o industriales de ámbito local. Salvo estos principios, cada nivel podía establecer y exigir cualquier clase de impuestos, sin que existiesen restricciones que impidiesen la superposición de impuestos de la misma naturaleza a nivel federal y estatal.

Este sistema varió rotundamente con la nueva Constitución que dio al país Getulio Vargas en 1934. De acuerdo con ésta, quedó reservado al Gobierno federal el impuesto sobre la renta y a los Estados, los impuestos sobre las ventas. Con ella se asignaron, también, por primera vez ingresos impositivos a los Municipios, a los que se reservó el poder exclusivo de exigir impuestos sobre la propiedad inmueble, así como los impuestos y licencias sobre los espectáculos.

Otra característica importante de la nueva regulación de la competencia tributaria fue el establecimiento de normas encaminadas a evitar la superposición de los impuestos federales y estatales. Con este objeto, la Constitución dispuso que cuando, en virtud de una resolución del Senado federal, se declaraba que en ambos niveles se exigían impuestos de la misma naturaleza, prevalecía el federal.

La siguiente Constitución fue la de 1946 que, en materia de distribución de las fuentes impositivas, adoptó el criterio de enumerar en tres de sus artículos, los impuestos concretos que se atribuían con carácter exclusivo, respectivamente, a la Federación, a los Estados y a los Municipios. Se estableció así un sistema de impuestos separados para cada uno de estos niveles que, sin embargo, no evitó las superposiciones y duplicidades impositivas.

En 1966 se varió profundamente el sistema, en virtud de la Enmienda núm. 18 a la Constitución, conocida como la «gran Reforma Fiscal». que estructuró el sistema tributario atendiendo a la naturaleza económica de las actividades gravadas.

---

(110) *Taxation in Brazil.* Harvard Law School, pág. 7.

B. **La Ley del Sistema tributario Nacional.**

Hoy, Brasil es uno de los países federales que regula de forma más completa la distribución de las competencias tributarias dentro de la Federación. El texto básico en esta materia es la Ley del Sistema Tributario nacional de 25 de octubre de 1966.

Esta Ley constituye un Código tributario que contiene un conjunto de reglas generales aplicables a todos los tributos y que tienen eficacia tanto para la Unión, como para los Estados y los Municipios.

Consta de dos Libros: el primero lleva como título «Sistema Tributario Nacional» y el segundo, «Normas Generales del Derecho Tributario». Este último regula el régimen jurídico de los elementos de la relación jurídico tributaria.

El primero hace referencia a la composición y estructura del sistema tributario, basándose en los principios contenidos en la Enmienda Constitucional núm. 18, de 1965. Después de unas definiciones generales (concepto de tributo, clases, circunstancias que determinan el hecho imponible), contenidas en el Título I, el Título II, se consagra íntegramente a definir las Competencias Tributarias y las limitaciones a la misma.

Este Título II define el alcance que tiene la atribución constitucional de competencia respecto a una determinada figura tributaria.

En primer lugar declara que la atribución por las constitución de una competencia tributaria comprende la competencia legislativa plena, sin perjuicio de las limitaciones establecidas en la propia Constitución federal, en las Constituciones de los Estados, en las Leyes orgánicas del Distrito federal y de los Municipios y en la Ley que comentamos.

Este principio no se altera por el hecho de que los rendimientos de un impuesto se atribuyan, total o parcialmente, a una persona jurídica distinta de aquélla a la que constitucionalmente se ha atribuido el impuesto, pues la competencia legislativa sigue perteneciendo a esta última.

Un tercer principio que completa el alcance de la atribución constitucional, es que la atribución de competencia tributaria lleva consigo el ejercicio de esta competencia.

Entre las limitaciones de la competencia tributaria que hacen relación a la materia objeto de este trabajo, la Ley que comentamos establece las siguientes:

— Ni la Unión, ni los Estados, ni el Distrito federal, ni los Municipios pueden establecer limitaciones al tráfico, en el territorio nacional de personas o mercancías, mediante tributos interestatales o intermunicipales.

— Ninguna de estas cuatro unidades pueden gravar las rentas o servicios de los otros;

— Queda prohibido a la Unión establecer tributos que no sean uniformes en todo el territorio nacional, o que supongan distinción o preferencia para un Estado o Municipio determinado.

— Está prohibido a los Estados, al Distrito federal y a los Municipios, establecer en relación con bienes de cualquier naturaleza, diferencias tributarias por razón de su procedencia o de su destino.

En el Título III de la Ley, se definen los hechos imponibles, bases imponibles y sujetos tributarios de las distintas figuras tributarias comprendidas en las siguientes categorías de impuestos: impuestos sobre el comercio exterior, impuestos sobre la renta y el patrimonio; impuestos sobre la producción y circulación de bienes e impuestos especiales.

Al referirse a cada una de las figuras tributarias, la ley especifica si se trata de un impuesto de competencia de la Unión, de los Estados o de los Municipios.

El cuadro de distribución de competencias entre los distintos niveles puede resumirse así:

I. IMPUESTOS SOBRE EL COMERCIO EXTERIOR

A) *Son competencia de la Unión.*

— Impuesto a la importación.
— Impuesto a la exportación.

II. IMPUESTOS SOBRE LA RENTA Y EL PATRIMONIO

A) *Son competencia de la Unión.*

— Impuesto sobre la Propiedad territorial rústica (es un impuesto patrimonial sobre los bienes rústicos).
— Impuesto sobre la renta e ingresos de cualquier naturaleza.

B) *Son competencia de los Estados.*

— Impuesto sobre la transmisión de bienes inmuebles y derechos relativos a los mismos, por cualquier título.

(Este impuesto grava tanto las transmisiones «inter vivos», como «mortis causa». En este último caso se toma como base la cuota correspondiente a cada heredero.

De las transmisiones «inter vivos», no se gravan las aportaciones a sociedades, ni las que son consecuencia de una fusión de sociedades.)

C) *Son competencia de los Municipios.*

— Impuesto sobre la propiedad territorial urbana.

(Impuesto patrimonial sobre los bienes inmuebles de naturaleza urbana).

III. IMPUESTOS SOBRE LA PRODUCCION Y CIRCULACION

A) *Son competencia de la Unión.*

— Impuesto sobre los productos industrializados (I.P.I.).

(El impuesto grava los productos industriales nacionales y la importación de productos industriales extranjeros. Se exige según la modalidad del impuesto sobre el valor añadido calculado por la deducción de «impuesto a impuesto».)

— Impuesto sobre los servicios de transporte y comunicaciones.

B) *Son competencia de los Estados.*

— Impuesto sobre las operaciones relativas a la circulación de mercancías (I.C.M.).

(Este impuesto grava la salida de mercancías de los establecimientos comerciales, industriales o de producción, así como la entrada en los mismos establecimientos de mercancías procedentes del extranjero.)

Sigue también la modalidad de impuesto sobre el valor añadido. La Ley del Sistema Tributario Nacional establece que:

«La Ley estatal deberá configurarse de forma que el importe debido resulte de la diferencia en más, en determinado período, entre el impuesto correspondiente a las mercancías salidas de los establecimientos y el pagado por las mercancías entradas en ellos.»

Dispone también que «el impuesto sobre la circulación de mercancías no es acumulativo deduciéndose en cada operación el importe cobrado en las anteriores, por el mismo Estado o por otro».

C) *Son competencia de los Municipios.*

— Impuesto municipal sobre las operaciones relativas a la circulación de mercancías.

(Se trata del impuesto de la misma naturaleza atribuido a los Estados, que podrá ser percibido por los Municipios en cuanto a los hechos imponibles que se realicen en sus respectivos territorios, tomando como base las cuotas estatales. El tipo impositivo no podrá exceder del 30 por 100.)

— Impuesto sobre los servicios de cualquier naturaleza.

(Grava la prestación de servicios de cualquier naturaleza por empresas o profesionales independientes, que no constituyen hecho imponible de impuestos de la Unión o de los Estados.)

IV. IMPUESTOS ESPECIALES

A) *Son de la competencia de la Unión.*

— Impuesto sobre las operaciones relativas a combustibles, lubricantes, energía eléctrica y minerales del país.

(El impuesto grava:

— la importación, producción, exportación o consumo de de combustibles y lubricantes, líquidos o gaseosos;

— la producción, distribución y consumo de energía eléctrica;

— la extracción, circulación o consumo de productos minerales nacionales, no comprendidos en el primer apartado.)

— Impuestos extraordinarios (en caso de guerra con otro país, la Unión puede establecer, temporalmente, impuestos extraordinarios, se trate o no de los mencionados en esta ley, que habrán de ser suprimidos gradualmente en un plazo de cinco años desde la firma de la paz).

V. TASAS Y CONTRIBUCIONES ESPECIALES

Pueden ser percibidas, en el ámbito de sus respectivas atribuciones, por la Unión, los Estados, el Distrito federal y los Municipios.

C) *La distribución de los ingresos.*

El título VI de la Ley, que lleva por rótulo «Distribución de los ingresos tributarios», regula una serie de instituciones y mecanismos que constituyen manifestaciones de la colaboración tributaria entre los distintos niveles.

En primer lugar, establece la Ley, a este respecto, que los Estados y los Municipios que celebren con la Unión convenios destinados a asegurar amplia y eficiente coordinación en los respectivos programas de inversiones y servicios públicos, especialmente, en el campo de la política tributaria, podrán participar hasta en el 10 por 100 de la recaudación correspondiente a su territorio por el impuesto sobre la renta de las personas físicas y sobre los productos industriales (excluidos el tabaco y las bebidas alcohólicas).

Permite, en segundo lugar, la Ley que se encargue a los Estados, al Distrito federal o a los Municipios, la recaudación de los impuestos federales, cuyos rendimientos les sean atribuidos, total o parcialmente.

Este mismo principio podrá aplicarse respecto a los impuestos competencia de los Estados, cuyos ingresos se atribuyen, total o parcialmente, a los Municipios.

Otro mecanismo previsto en la Ley es el de la distribución obligatoria y directa por la Unión de parte de sus ingresos impositivos entre los otros niveles. Así debe distribuir entre los Municipios donde se encuentren situados los inmuebles, los rendimientos del impuesto sobre la propiedad territorial rústica; y entre los Estados, el Distrito federal y los Municipios, la recaudación, retenida en la fuente, en concepto de impuesto sobre la renta por los títulos de la Deuda pública, y sobre los sueldos de sus funcionarios y organismos autónomos dependientes.

La transferencia de estos fondos habrá de realizarse por las autoridades recaudadoras, bajo pena de destitución, dentro del plazo de treinta días siguientes a la recaudación.

En otros casos, la distribución de los ingresos federales no se hace directamente por la Unión a los niveles inferiores, sino por medio de Fondos especiales. Con este objeto, existen el «Fondo de participación de los Estados y del Distrito Federal» y el «Fondo de Participación de los Municipios».

Cada uno de estos Fondos se nutre con el 10 por 100 del importe de la recaudación del impuesto sobre la renta y los ingresos de cualquier naturaleza y del impuesto sobre los productos industriales, de forma, que la Unión cobra sólo el 80 por 100 de la recaudación de estos impuestos.

El Fondo de participación de los Estados y del Distrito federal se distribuye de la siguiente forma:

— 5 por 100, proporcionalmente, a la superficie de cada entidad participante;

— 95 por 100, proporcionalmente, al coeficiente individual de participación resultante del producto del factor representativo de la población por el factor representativo del inverso de la renta «per capita», de cada entidad participante.

Todos estos conceptos son definidos en la Ley.

El Fondo de Participación de los Municipios se distribuye de la siguiente manera:

— 10 por 100 para los municipios de las capitales de los Estados.

— 90 por 100 para los demás Municipios.

La primera fracción será distribuida entre los Municipios afectados en proporción a un coeficiente individual de participación resultante del producto de los siguientes factores:

— factor representativo de la población: se obtiene multiplicando el porcentaje de población de cada Municipio respecto al del conjunto de las capitales por el siguiente factor:

	Factor
Hasta 2 por 100................	2
De 2 por 100 a 5 por 100:	
Por los primeros 2 por 100....	2
Cada 0,5 por 100 o fracción...	0,5
Más de 5 por 100...............	5

— factor representativo del inverso de la renta «per capita» del Estado respectivo.

La segunda fracción se distribuye asignando a cada Municipio un coeficiente individual de participación establecido de acuerdo con un baremo de coeficientes fijados según los distintos tramos de población:

NUMERO DE HABITANTES		Coeficiente
I.	Hasta 10.000, para cada 2.000 o fracción excedente.	0,2
II.	De 10.000 a 30.000:	
	a) Por los primeros 10.000....................	1,0
	b) Para cada 4.000 o fracción excedente.........	0,2
III.	De 30.000 a 60.000:	
	a) Por los primeros 30.000....................	2,0
	b) Para cada 6.000 o fracción excedente.........	0,2
IV.	De 60.000 a 100.000:	
	a) Por los primeros 60.000....................	3,0
	b) Para cada 8.000 o fracción excedente.........	0,2
V.	Desde 100.000..............................	4,0

2.º **Principios básicos que presiden la distribución de las fuentes de ingresos.**

En la primera parte de este capítulo hemos expuesto, a grandes líneas, los sistemas que han seguido para la distribución de las fuentes impositivas los seis países que hemos seleccionado en representación de los regímenes federales.

A continuación, vamos a examinar qué enseñanzas pueden sacarse de estos países y si existen en ellos ideas comunes que permiten esbozar una doctrina general sobre esta materia.

Antes de entrar en el estudio concreto de la asignación de las distintas fuentes impositivas, parece interesante hacer una referencia al principio fundamental, a la que se puede considerar «regla de oro» que ha presidido esta materia en cada uno de estos países.

En algunos de ellos aparece claramente el principio que ha servido de viga maestra del sistema.

1. SUIZA

Así en Suiza el principio tradicional ha sido: «impuestos directos para los cantones; impuestos indirectos para la Confederación».

Este principio surgió a mediados del siglo XIX como consecuencia, por un lado, de las modificaciones impuestas por la nueva configuración política y, por otro lado, de la aceptación de la idea de la progresividad impositiva.

Como se ha señalado anteriormente, la Constitución de 1848 supuso el punto de partida del actual Estado helvético. En virtud de ella, Suiza se transformó de una Confederación de Estados soberanos, en un Estado federal con autoridad sobre todos los Cantones. En el régimen de confederación, los Cantones obtenían sus ingresos principalmente de los derechos de aduanas y otros impuestos indirectos; pero la constitución del Estado federal atribuyó a éste la competencia arancelaria y obligó a buscar nuevas fuentes de ingresos para los Cantones. El predominio que en este época comenzó a alcanzar la idea de que la justicia tributaria estaba íntimamente ligada a los impuestos personales de carácter progresivo, llevó a que se considerase que la imposición de los Cantones debía basarse en impuestos de esta naturaleza. Así, a mediados del siglo, en varios Cantones comenzaron a establecerse impuestos sobre la renta, completados en muchos casos con impueztos sobre el patrimonio neto. Con la Constitución de 1874 se afirmó el principio de la imposición cantonal montada sobre la imposición directa, pero la pieza fundamental fue inicialmente el impuesto sobre el patrimonio neto y no el impuesto sobre la renta. Este se consideró sólo como una manera de completar aquél. A fines del siglo, se impuso en cambio, la idea del impuesto sobre la renta como figura central de la imposición de los Cantones, que redujeron su imposición patrimonial para que el establecimiento de aquél no diera lugar a una excesiva presión fiscal personal.

Paralelamente, la imposición federal quedó confinada al campo de la imposición indirecta. La atribución a este nivel de la recaudación de aduanas le suministró ingresos suficientes para atender a sus necesidades y aun realizar importantes transferencias de recursos a los Cantones.

La suficiencia de la imposición indirecta permitió deslindar claramente la materia impositiva y mantener a la Hacienda federal fuera del campo de los impuestos directos. Probablemente, influyó también en este sistema el deseo cantonal de evitar la injerencia federal en la esfera privada de los contribuyentes que toda imposición personal lleva inevitablemente consigo.

Como se ha expuesto en el apartado correspondiente, el principio no se ha respetado rígidamente, y la Hacienda federal ha invadido también el campo de los impuestos directos. Pero la distribución de la carga fiscal de cada uno de los niveles responde todavía en gran medida a este principio tradicional.

2. CANADA

También en Canadá la Constitución atribuye a las provincias el derecho a establecer impuestos directos. La Sección 92 de la «British

North America Act» de 1867, faculta a las provincias para exigir «impuestos directos dentro de la Provincia con objeto de obtener ingresos con los que atender los gastos provinciales».

Sin embargo, esta atribución tiene un sentido muy distinto al que hemos visto tenía en Suiza. En este país se repartía la materia tributaria reservando la imposición directa a los Cantones y la indirecta a la Federación. En cambio, en Canadá, en primer lugar, la Federación —el Dominio— no queda excluido del campo de la imposición directa, sino que, según la Constitución, tiene potestad «para recaudar ingresos mediante impuestos de cualquier clase o naturaleza». La vinculación de la imposición provincial a los impuestos directos no tiene el significado de acotar esta parcela para ella, sino al contrario, de no permitirla salir de la misma.

En el fondo, señalan los comentaristas, con esta declaración lo que se estaba tratando de impedir era que las provincias recaudasen ingresos importantes. Los redactores de la Constitución —dice Perry (111)— lo que pretendieron fue reservar las principales fuentes de ingresos para el Dominio, coincidiendo con la distribución de funciones que realizaron, que trató de fortalecer al máximo el papel del Gobierno federal.

El «Informe Sirois» coincide con esta interpretación (112): «Todo lo que, sin duda, se conoce es que los redactores de la Constitución tenían grandes planes para el Dominio y propusieron un fuerte gobierno central con amplios poderes financieros para llevar a cabo este programa. El sistema de distribución de fuentes que atribuyó al Dominio el poder sin restricciones para exigir impuestos y el uso exclusivo de las principales fuentes impositivas de la época (casi 4/5 partes de los ingresos que anteriormente venían percibiendo las provincias se traspasaron al Dominio) es la prueba más clara del papel preponderante previsto para el nuevo gobierno Federal y de la importancia de las responsabilidades que se esperaba que asumiese».

Perry señala que existen varias declaraciones de la época que sirven para probar que se permitió a las provincias exigir impuestos directos, porque dada la impopularidad que padecían entonces estos impuestos, les iba a ser muy difícil establecerlos y obtener ingresos importantes de ellos, lo que rimaba perfectamente con las reducidas funciones que se esperaba que llevasen a cabo.

Este autor, considera, asimismo, que esta distribución de fuentes impositivas, era lógica con la tributación existente en la época, en la

(111) H. PERRY: *Taxation in Canada.* University of Toronto Pres, 1951, pág. 153.

(112) Report of the Royal Commision on Dominion. Provincial Relations. Libro I, página 36.

que había tres grandes fuentes impositivas (los derechos de aduanas, los impuestos especiales de consumo y la imposición sobre la propiedad —«property taxes»— y al haberse atribuido las dos primeras al Gobierno federal, sólo quedaba la tercera para las provincias.

Otro aspecto muy interesante de esta materia es la interpretación que vino a dar la jurisprudencia al alcance del poder tributario asignado a las provincias y, concretamente, al concepto de impuestos directos. En un caso célebre («Bank of Toronto Lambe»), resuelto en 1856, el Consejo privado sentó el criterio general de que «son impuestos directos los que se exigen de las propias personas que la Ley pretende que los paguen». La resolución atiende al criterio de la repercusión y considera como directos aquellos impuestos que no se trasladan, sino que se soportan por la persona configurada por la Ley como contribuyente; se inspiró evidentemente, en la distinción formulada por Stuart Mill de estas dos categorías de impuestos. Para este autor, eran impuestos directos «los que se exigen de la misma persona que se pretende que los pague», e indirectos, los que se exigen de una persona que se espera recupere su importe de otra. Incluso en alguna resolución se declaró expresamente que «Estas decisiones han sentado que el significado que debe atribuirse a la frase «impuestos directos» en la sección 92 de la «British North America Act», 1867, es, sustancialmente, la definición arriba citada de la obra de John Stuart Mill, con lo que esta cuestión deja de estar sometida a discusión».

Resoluciones posteriores precisaron que lo que había que tener en cuenta a estos efectos, no es la incidencia del impuesto en casos concretos o especiales, sino su naturaleza y tendencia general. En consecuencia, si, en condiciones normales, la carga del impuesto se trasladaría a otros por la persona obligada al pago, se está ante un impuesto indirecto; en cambio, no influye en la naturaleza del impuesto los pactos que hayan podido firmarse entre particulares respecto a la repercusión del impuesto.

La aplicación de estas reglas llevó a considerar impuestos indirectos a los impuestos sobre la fabricación o la venta al por mayor, y directos, a los que inciden sobre el consumidor final, como un impuesto sobre los productos petrolíferos que resulte graduado según la cantidad consumida por cada contribuyente, o un impuesto sobre las ventas al por menor. La filosofía es que, en estos casos, el vendedor al por menor actúa como recaudador y el consumidor es el obligado al pago que, normalmente, no puede repercutir el impuesto.

Por una Resolución de 1887, se consideró directo el impuesto sobre sociedades, con lo que se ofreció una importante fuente impositiva para las provincias, aunque sólo pueden exigir este impuesto «dentro de la provincia».

Esta es la segunda limitación al poder tributario de las provincias. Para que puedan exigir impuestos no basta con que se trate de impuestos directos, sino que, además, han de exigirse dentro de la provincia. La jurisprudencia vino a precisar que esta circunstancia concurre cuando las personas o la materia de que se trate se encuentre físicamente en la provincia. Respecto a las primeras, no se atiende al concepto de residencia o domicilio, sino al de su estancia física en el territorio provincial. Respecto a las sociedades, la vinculación a una provincia ha sido objeto de continuas discrepancias; normalmente, se considera que se cumple este requisito cuando realizan actividades en ellas.

Actualmente, los dos niveles comparten el campo de la imposición sobre la renta y de la imposición sobre el consumo. La imposición federal se basa, fundamentalmente, en la imposición sobre la renta de las personas físicas y de las sociedades, que suministra más del 60 por 100 de los ingresos presupuestarios, seguida del impuesto sobre las ventas y de los derechos de aduanas, como segundas fuentes de recaudación. A nivel provincial también ocupa el primer lugar en la recaudación la imposición sobre la renta, pero de forma mucho menos destacada que en el Dominio (26,6 por 100 de los ingresos presupuestarios); la segunda fuente de ingresos está constituida, también, por la imposición sobre el consumo y, dentro de ella, se sitúan en primer lugar, los rendimientos del impuesto sobre las ventas al por menor y, a continuación, los del impuesto sobre el petróleo y el tabaco.

3. ARGENTINA

En Argentina, el criterio básico fue asimismo, el de la atribución preferente de la imposición directa a las provincias.

La Constitución consagra dos principios: *a*) el Gobierno central sólo puede recurrir a los impuestos directos en circunstancias excepcionales, cuando sea necesario por razones de «defensa, seguridad común, y bienestar general», pero sólo con carácter temporal y de forma proporcionalmente igual en todo el país.

b) Salvo en estas excepcionales situaciones, los impuestos directos corresponden a las provincias.

En cuanto a los impuestos indirectos, son competencia de ambos niveles políticos, concurrentemente, con la única excepción de los derechos de aduanas que son competencia exclusiva del gobierno central.

«Sin embargo —señala Atchabahian (113)—, a pesar de estas disposiciones constitucionales, la legislación fiscal ha actuado de forma muy diferente». De hecho, la parte fundamental de la imposición directa, se exige por el gobierno central. Así en 1932, se estableció como ingreso federal el impuesto a los réditos (actualmente «impuesto a las ganancias») que, aunque se creó como medida excepcional, con carácter temporal, se ha ido perpetuando en virtud de sucesivas prórrogas y hoy constituye una de las piezas básicas del sistema fiscal argentino. Con el mismo carácter se crearon otros impuestos, como el impuesto sobre los beneficios extraordinarios, creado en 1944 y que estuvo en vigor hasta 1964, o el impuesto sobre las ganancias eventuales, establecido en 1946 para gravar categorías de renta que no quedaban sujetas al impuesto general.»

Por otra parte, en la práctica, las provincias han transferido al gobierno federal su facultad de exigir impuestos indirectos en virtud del régimen de la unificación de los impuestos internos.

En este caso, una vez más, la realidad se ha impuesto a los principios abstractos de las constituciones federales. Inicialmente, los ingresos de aduanas bastaban casi para atender todos los gastos de la nación, por lo que no se concebía la necesidad de acudir a nuevos ingresos más que excepcionalmente y, en realidad, no se planteaba el problema de la distribución del poder tributario entre el Gobierno central y las provincias. Pero ya desde la depresión de 1890, los ingresos de esta fuente dejaron de ser suficientes, se planteó la necesidad de utilizar nuevas figuras impositivas y comenzaron a surgir problemas sobre la constitucionalidad de las figuras elegidas.

4. ESTADOS UNIDOS (114)

En Estados Unidos el sistema constitucional es el de no imponer la distribución de las fuentes impositivas entre los dos niveles (115). Con excepción de los impuestos sobre las exportaciones e importaciones, que son competencia exclusiva de la Federación y alguna otra limitación concreta inspirada en consideraciones de otro tipo, tanto el

---

(113) A. ATCHABAHIAN: «Allocation of the taxing power in Argentina between the central government and the provincies». *Bulletin for International Fiscal Documentation*, 1968, págs. 501 y siguientes.

(114) Puede verse un estudio del federalismo norteamericano en la comunicación presentada por Juan Zurdo a la XXIV Semana de Estudios de Derecho Financiero, titulada «El reparto de competencias financieras en Estados Unidos».

(115) Este mismo sistema se sigue por otros países federales como Méjico (Véase E. FLORES ZAVALA: *Elementos de Finanzas Públicas Mexicanas*. Ed. Porrua, S. A., 1976, página 339.

Gobierno federal, como los estatales, pueden establecer para financiar sus gastos impuestos de cualquier clase y naturaleza.

El principio general está formulado en el primer apartado de la Sección VIII de la Constitución, que dice: «El Congreso estará facultado para imponer y percibir contribuciones, derechos, impuestos y sisas, con el fin de pagar las deudas y proveer a la defensa común y al bienestar general de los Estados Unidos».

En la época constituyente hubo algunas críticas a este sistema, basadas en la idea de que hubiera sido preferible evitar la superposición de impuestos y distribuir la materia tributaria entre las dos jurisdicciones, reservando los impuestos interiores a los Estados y los exteriores para la Federación. Pero Hamilton defendió el sistema que se adoptó por la Constitución. En defensa de la libertad de la Unión para recurrir a cualquier clase de impuestos expuso en «El Federalista» las siguientes razones (116):

1.ª «Cualquier división de las fuentes de ingresos habría significado sacrificar los grandes intereses de la Unión al Poder de los Estados individuales. La Convención pensó que la jurisdicción concurrente era preferible a esa subordinación y es evidente que esta solución tiene cuando menos, el mérito de hacer conciliable un poder constitucional ilimitado de imposición por parte del Gobierno federal, con la facultad apropiada e independiente de los Estados para proveer a sus necesidades propias.»

2.ª «Si la jurisdicción del Gobienro nacional en lo tocante a ingresos se restringiera a ciertos objetos determinados, esto tendría, naturalmente, como consecuencia que una proporción excesiva de las cargas públicas pesaría sobre esos objetos. Esto acarrearía dos males: que ciertas ramas de la industria se verían sofocadas; y la distribución desigual de los impuestos, tanto entre los varios Estados, como entre los ciudadanos del mismo estado.»

3.ª «Un gobierno debe contener en sí todos los poderes necesarios para la plena realización de los fines que se someten a su cuidado, y para desempeñar cumplidamente los encargos de que es responsable, con libertad de cualquier restricción que no sea el acatamiento del bien público y los deseos del pueblo.»

4.ª «Como la obligación de dirigir la defensa nacional y de asegurar la paz pública contra la violación doméstica o del extranjero implica hacer frente a contingencias y peligros a los que no es posible asignar un límite, el poder respectivo no debe tener otros términos que las exigencias de la nación y los recursos de la comunidad.»

---

(116) Las reproducimos tal como han sido expuestas por Flores Zavala, en sus *Elementos de Finanzas Públicas Mexicanas*, págs. 340-341.

5.ª «Como los ingresos del erario son la máquina esencial que procura los medios para satisfacer las exigencias nacionales, el poder obtener dichos ingresos con toda amplitud debe ser necesariamente concomitante del de subvenir a las referidas exigencias.»

6.ª «Como la teoría y la práctica concurren para probar que el poder de recaudar los ingresos es ineficaz cuando se ejerce sobre los Estados en su calidad colectiva, el Gobierno Federal debe forzosamente gozar de facultades ilimitadas para cobrar impuestos con arreglo a los métodos usuales.»

A su vez, en relación con la facultad ilimitada de los Estados de establecer sus propias figuras tributarias dice:

«Estoy dispuesto a reconocer en toda su amplitud la justicia del razonamiento que requiere que los Estados individuales posean una autoridad absoluta y no sujeta a restricción ajena para recaudar sus propios ingresos y satisfacer sus necesidades peculiares. Al conceder lo anterior afirmo, que (con la sola excepción de los derechos de exportación e importación) conforme al plan de la Convención, conservarían esa potestad del modo más absoluto e incondicional.»

«Los párrafos transcritos —dice Flores Zavala (117)— de uno de los más serios comentaristas de la Constitución americana, nos hace ver que la intención de sus autores fue dejar en libertad tanto a la Federación como a los Estados, de establecer sus propios impuestos aun cuando concurrieran en la misma fuente. Este criterio ha sido confirmado por Santiago Madison y otros tratadistas.»

No puede dejar de comentarse aquí que la cláusula 4, de la Sección IX de la Constitución prohibía el establecimiento de impuestos directos que no fuesen repartidos entre los Estados de acuerdo con su población («No se establecerá ningún impuesto de capitación ni directo ni de cualquier otra clase, a no ser que lo sea en proporción al censo de población mencionado en las Secciones anteriores»). El verdadero alcance y finalidad de esta cláusula ha sido siempre muy discutido, pero no dejó de invocarse en contra del impuesto sobre la renta cada vez que se presentaba un proyecto relativo a este impuesto. Sin embargo, el precepto fue derogado por la famosa Enmienda XVI a la Constitución, aprobada en 1913, que autorizó al Congreso a «establecer y recaudar impuestos sobre la renta, derivada de cualquier fuente, sin distribución entre los diversos Estados y sin relación con ninguna clase de censo».

En uso de esta autorización, se creó, el año de su aprobación, un im-

---

(117) *Ob. cit.*, pág. 341.

puesto general sobre la renta que iba a convertirse rápidamente en la pieza fundamental del sistema tributario federal, aunque sus rendimientos en este ejercicio no llegaron al 5 por 100 del total de los ingresos impositivos.

En el desarrollo de la imposición federal se ha producido con el tiempo una profunda evolución. Hasta la Guerra Civil, los derechos de aduana eran su fuente fundamental de ingresos, completada con algunos impuestos especiales de consumo y los rendimientos obtenidos de la enajenación de terrenos públicos. Durante la guerra se implantó entre los impuestos extraordinarios, un impuesto sobre la renta, que fue derogado al terminar ésta, volviendo los derechos de aduanas a constituir su principal fuente de ingresos, si bien en esta época se establecieron los impuestos sobre el tabaco y los licores cuyos rendimientos se aproximaron mucho a los de Aduanas.

El establecimiento del impuesto sobre la renta con carácter definitivo al amparo de la Enmienda XVI, motivó que, de hecho, se produjese una clara separación de fuentes impositivas entre los dos niveles, descansando la imposición federal fundamentalmente en la imposición sobre la renta de las personas físicas y de las sociedades. En cambio, la imposición de los Estados se basó esencialmente en los impuestos sobre las ventas. Aunque en los últimos tiempos, también esta separación de hecho tiende a diluirse en virtud, sobre todo, de que la mayoría de los Estados han establecido también un impuesto sobre la renta.

5. ALEMANIA

La distribución de las competencias tributarias ha pasado en Alemania por etapas muy distintas a lo largo de su evolución histórica.

Según la Constitución de 1871, al poder imperial no le correspondían más que los derechos de aduanas, los impuestos sobre el consumo y los ingresos de los servicios de Correos y Telégrafos. Refiriéndose a esta situación, Bismark afirmó que el Imperio era «el pensionista molesto de los Estados». Ni siquiera los enormes gastos de la Primera Guerra Mundial pudieron provocar un cambio de este sistema y el coste bélico se financió, principalmente, mediante empréstitos extraordinarios (118).

---

(118) *Le pouvoir fiscal dans les Etats membres de la Communaute.* Etudes, Commission des Communautés Europeennes, número 8, 1969, pág. 10.

En cambio, la Constitución de Weimar estableció el sistema contrario. Al Estado federal le correspondía la soberanía legislativa «sobre los impuestos y otros ingresos fiscales en cuanto los reinvindicase, íntegra o parcialmente, para fines propios». Le correspondía, asimismo, la administración de los derechos e impuestos de consumo. Esta situación se reforzó aún más con la aprobación en 1919 de la Ley sobre la administración de las finanzas públicas, que concedió al «Bund» soberanía financiera completa sobre las grandes figuras impositivas: impuestos sobre la renta, sobre las sociedades y sobre las ventas. Los ingresos propios de los «Länder» no bastaban para cubrir sus gastos y dependían de las subvenciones federales. En esta época, se ha dicho, fueron los «Länder» los pensionistas del Estado».

Tras el paréntesis nacionalsocialista, en el que los «Länder» perdieron, prácticamente, su soberanía, el sistema seguido en la ordenación adoptada después de la Segunda Guerra Mundial se caracteriza, más que por la atribución de las diversas fuentes impositivas a uno y otro nivel, por la distribución respecto a cada una de ellas de los tres aspectos que abarca el poder tributario: la competencia legislativa, la administración de los impuestos y la apropiación de los ingresos. En cuanto a la primera, corresponde básicamente a la Federación; en cambio, en el aspecto administrativo el papel más importante es desarrollado por los «Länder» a quien corresponde la gestión de todos los impuestos, salvo en los supuestos en que está encomendada expresamente al «Bund» (derechos de aduanas, impuestos de consumo, e impuestos sobre las ventas). Respecto a la atribución de los ingresos, sí se han establecido reglas concretas de reparto entre los dos niveles, asignándose los de algunos impuestos a uno u otro y distribuyéndose entre los dos los de otras figuras impositivas.

Algunos comentaristas ponen en duda que en el aspecto fiscal, en Alemania pueda hablarse de un verdadero sistema federal. Así el Informe Hansen (119) dice: «Mientras el «Bund», los «Länder» y los «Gemeinden», en principio deciden acerca de sus gastos con autonomía, la legislación fiscal es. en general, una prerrogativa federal. Aparte de algunos tributos menores «con efectos exclusivamente locales» y de lo tipos del impuesto sobre las actividades comerciales e industriales, todas las modificaciones en la legislación fiscal ya afecten a figuras tributarias federales, estatales o locales, necesitan acción a nivel federal». Y añade más adelante: «Aunque la administración de los impuestos se lleva a cabo en su mayor parte por los «Länder», en el sistema fiscal alemán existe poco federalismo (en el especial sentido que en Estados Unidos se da a este concepto)».

---

(119) BENT HANSEN: *Fiscal Policy in Seven Countries*. 1955-1965. O. E. C. D. París, marzo 1969, págs. 211 y 214.

6. BRASIL

Finalmente, en Brasil, la Ley del Sistema tributario nacional de 1966, clasifica los impuestos según su función económica y al establecer los principios básicos de cada uno de ellos determina si son competencia de la Unión, de los Estados o de los Municipios. Los criterios adoptados en esta clasificación y atribución de competencias pueden esquematizarse así: los impuestos sobre el comercio exterior se reservan para la Federación; dentro de los impuestos sobre la renta y el patrimonio, se asignan los primeros a la Federación y los segundos, a los Estados; y se considera materia competencia de los dos niveles la imposición sobre la producción o consumo de mercancías.

3.º Criterios seguidos en relación con las distintas figuras impositivas.

A continuación vamos a resumir los criterios seguidos por los países examinados en relación con las distintas figuras impositivas.

1. Imposición sobre la renta de las personas físicas.

En relación con el impuesto general sobre la renta de las personas físicas cabe distinguir, en primer lugar, dos grupos de países: aquellos en que se exige este impuesto por los dos niveles y aquellos en que se exige exclusivamente a nivel federal.

En el primer caso se encuentran Estados Unidos y Suiza.

En Estados Unidos este impuesto constituye de forma muy destacada la primera fuente de ingresos fiscales federal. De él procedió, en 1973, el 48 por 100 de la recaudación federal y el 86 por 100, si no se computa el gravamen sobre la nómina salarial. Pero, al mismo tiempo, es exigido por 40 de los Estados miembros. Los impuestos estatales se exigen a tipos muy reducidos (en 36 Estados, los tipos de la tarifa progresiva se mueven entre el 0,5 por 100 y el 5,1 por 100), y existe una tendencia reciente a alinear su regulación con la del impuesto federal.

En Suiza, la imposición sobre la renta de las personas físicas forma parte, a nivel federal, del Impuesto para la Defensa Nacional. Esta es una figura impositiva federal, pero la recaudación del impuesto se lleva a cabo por las autoridades cantonales y 3/10 de su recaudación se transfiere a los Cantones. Por su parte, todos los Cantones exigen un impuesto de esta naturaleza, que constituye hoy su principal figura impositiva.

En ninguno de estos dos países se permite imputar las cuotas de los impuestos estatales a las del impuesto federal. En Estados Unidos se consideran como gasto deducible para determinar la base imponible.

¿Qué juicio merece la exigencia de impuestos sobre la renta por los dos niveles? Due (120) expone las siguientes ventajas e inconvenientes:

Como ventaja señala que un impuesto estatal de esta naturaleza introduce progresividad en los sistemas de los Estados, que suelen ser relativamente regresivos, y con ello se distribuye la carga fiscal de forma más equitativa que con otras posibles alternativas. «Sin embargo, —añade— surgen varias objeciones importantes que han motivado que se restrinja el ámbito y la magnitud de esta imposición», a nivel estatal, en Norteamérica.

Como inconvenientes menciona los siguientes:

a) La exigencia del impuesto a nivel estatal produce entre ellos conflictos jurisdiccionales que complican la administración del impuesto, facilitan la evasión y, en muchos casos, producen doble tributación sobre la misma renta.

b) Un segundo inconveniente es el posible peligro de que la exigencia de impuestos de este tipo por los Estados origine el desplazamiento de los recursos productivos, principalmente del trabajo, de un Estado a otro. Aunque no exista evidencia de la realidad de este efecto, el simple peligro de que pueda producirse basta para hacer imposible que se establezcan tarifas elevadas.

c) Supone una duplicidad de la maquinaria administrativa y de la presión indirecta para los contribuyentes. Admite que, en teoría, este peligro puede evitarse si las bases de los dos impuestos están reguladas de la misma manera pero, considera, que en la práctica, esta correlación es difícil de conseguir.

d) El uso independiente de estos impuestos por los dos niveles políticos, perturbará considerablemente la adecuada estructuración del sistema fiscal, pues si las tarifas estatales se establecen sin tener en cuenta los tipos impositivos federales, puede llegarse a unos tipos impositivos combinados que excedan de los que pueden estimarse razonables por consideraciones de equidad y de sus efectos sobre la economía. Con el nivel que alcanzan en la mayoría de los países las tarifas de los impuestos nacionales sobre la renta, el intento de los Estados de contar con tipos impositivos altos puede producir fácilmente una carga fiscal conjunta excesiva.

---

(120) J. F. Due: *Government Finance*. R. D. Irwin, 1959, pág. 264.

En el otro grupo, en Alemania, Argentina y Brasil, el impuesto general sobre la renta se exige sólo por el Estado federal.

En Alemania, corresponde a la Federación la competencia legislativa sobre el impuesto, pero sus rendimientos se dividen entre los dos niveles. Asimismo, la administración y recaudación está atribuida a las autoridades locales.

En Argentina, ha sido incluido en el régimen de los impuestos unificados, de acuerdo con el cual, las Provincias han delegado en el Estado Federal sus facultades sobre este impuesto a cambio de un porcentaje de sus rendimientos.

Finalmente, en Brasil, el impuesto está atribuido a la Federación, pero de sus ingresos debe transferir un 10 por 100 al «Fondo de participación de los Estados y del Distrito Federal» y otro 10 por 100, al «Fondo de Participación de los Municipios».

Canadá constituye, en cierto modo, una categoría intermedia, pues por un lado, se exige el impuesto a nivel federal, pero, al mismo tiempo, la Federación, recauda un impuesto de esta naturaleza para las Provincias, utilizando la misma base imponible federal. Por excepción, Quebec recauda su propio impuesto sobre la renta.

La segunda fórmula evita los problemas del conflicto de jurisdicciones, tanto federal-estatal como entre los Estados. Desde el punto de vista de pura técnica tributaria parece sin duda, preferible. Las objeciones que pueden hacerse habrán de basarse en consideraciones básicamente políticas, como la de suponer una menor autonomía financiera estatal y disminuir la responsabilidad fiscal de estas entidades y de su población.

2. Impuesto sobre sociedades.

En cuanto al impuesto sobre sociedades, en Alemania, Argentina y Brasil se exige sólo por uno de los niveles.

En Alemania corresponde a la Federación la competencia legislativa; en cambio, la administración está encomendada a los «Länder». La recaudación se distribuye entre los dos niveles.

En Brasil es un impuesto competencia de la Unión, aunque ésta conserva sólo el 80 por 100 de la recaudación: el 20 por 100 restante se entrega a los Fondos de participación de los Estados y del Distrito federal y de participación de los municipios.

En Argentina, las sociedades están sujetas, junto con las personas físicas, al impuesto a las ganancias. Las constituidas en Argentina quedan gravadas al 33 por 100. Este impuesto está comprendido, como ya hemos señalado, en el régimen de unificación de impuestos internos, y se halla atribuido a la Federación, que debe ceder a las Provincias un porcentaje de la recaudación.

En los otros tres países, se exige tanto por el gobierno Federal, como por los Estados.

En Estados Unidos, existe un impuesto federal sobre las sociedades y, además, en 45 de los Estados se exige un impuesto de esta naturaleza: la mayoría de estos Estados lo exigen a un tipo proporcional que va del 3,25 por 100 al 12 por 100; en 14 Estados se exige a tipos progresivos que suelen oscilar entre el 1 por 100 y el 10 por 100.

En Suiza, a nivel federal, la imposición sobre las sociedades forma parte del Impuesto para la Defensa Nacional. Consta de dos partes: un gravamen sobre beneficios que se gradúa teniendo en cuenta la «intensidad del rendimiento», es decir, el porcentaje que los beneficios representan del capital y cuyo tipo impositivo máximo es el 9,8 por 100 y un impuesto sobre el capital y las reservas, exigido al tipo proporcional del 0,0825 por 100. El impuesto se recauda por los Cantones, bajo la supervisión federal.

En la mayoría de los Cantones, las sociedades quedan sometidas a tributación en forma similar a como lo están a nivel federal, con una imposición sobre los beneficios basada en la intensidad de los rendimientos y un impuesto sobre el capital. En cuatro Cantones se exige con arreglo a una tarifa progresiva aplicada sobre el beneficio neto. En varios Cantones se aplica un «impuesto mínimo», exigible aunque no obtengan beneficios, que se liquida sobre los ingresos brutos.

Canadá cuenta también con impuestos sobre sociedades, tanto a nivel federal, como de las provincias. Característica destacada de este país es que admite un sistema de integración de la imposición de los dos niveles. El impuesto federal se exige al tipo del 46 por 100 y contra la cuota resultante se admite un crédito por el impuesto provincial hasta el límite máximo del 10 por 100 de la renta obtenida en el territorio. Esto supone en definitiva, que el Gobierno federal cede a las Provincias la parte de la recaudación de su impuesto sobre sociedades que corresponde a este 10 por 100. En virtud de los acuerdos entre el Dominio y las Provincias, éstas pueden encargar a aquél que les recaude el impuesto sobre sociedades hasta el tipo del 10 por 100, o bien con tipos superiores. Quebec y Ontario siguen exigiendo su impuesto sobre sociedades independiente. No se exige en el Jukón. Las demás provincias se han acogido al sistema de los acuerdos con el Dominio y le han encomendado su recaudación; en tres Provincias el tipo aplicable es el 10 por 100 y en las demás, superior.

En resumen, en tres de estas naciones el impuesto se exige sólo a nivel federal, aunque en todas ellas los Estados participan, de una forma o de otra, en la recaudación. En otros tres países, se exigen, tanto por el Gobierno federal, como por las Provincias. De ellos, sólo en Canadá se aplica el sistema de imputación, dentro del límite del 10 por 100, de las cuotas del impuesto provincial al federal. En Suiza existe bastante uniformidad entre la estructura federal y la cantonal de la imposición sobre sociedades. En Estados Unidos y en Canadá el tipo impositivo del impuesto federal es considerablemente superior al de los impuestos estatales o provinciales; en cambio, en Suiza, los tipos de los impuestos cantonales, con los recargos municipales, superan abiertamente al federal.

3. **Imposición sobre el patrimonio.**

La segunda gran categoría de la imposición directa es la imposición patrimonial, que tiene, fundamentalmente, dos manifestaciones: el impuesto sobre el patrimonio neto y la imposición sobre las sucesiones.

a) El primero tiene una clara vocación estatal. En Suiza constituye, junto con el impuesto sobre la renta, la principal fuente de los ingresos impositivos cantonales. A nivel federal no se exige impuesto sobre el patrimonio neto a las personas físicas. En cambio, las sociedades están sujetas a un impuesto sobre el capital y las reservas, tanto a nivel federal como cantonal. En Alemania, el impuesto sobre el patrimonio neto es una de las figuras atribuidas a los «Länder», a quienes les corresponde su recaudación total y su administración. En Canadá, la imposición patrimonial está reservada, principalmente, para las entidades locales. La Federación no exige un impuesto sobre el patrimonio neto, ni existe tampoco impuesto de esta naturaleza en la mayoría de las provincias, aunque algunas de éstas han acudido recientemente a alguna manifestación de imposición patrimonial con un carácter finalista, afectando sus ingresos a fines de educación y para construcción de escuelas. En Estados Unidos, la situación es similar; no se exige a nivel federal; tiene algunas manifestaciones parciales en la imposición estatal y constituye la pieza básica de la imposición local, en la figura del «property tax».

En Brasil no existe impuesto sobre el patrimonio neto, ni a nivel federal ni estatal. La federación exige un impuesto sobre la propiedad rústica que se exige sobre el valor patrimonial de los bienes de esta naturaleza. Los bienes de naturaleza urbana también son objeto de un gravamen patrimonial pero exigido por las entidades locales.

Finalmente, en la Argentina, en 1975, se ha establecido un impuesto sobre el patrimonio neto de las personas físicas que será exigido con carácter temporal por un período de 10 años. Las sociedades quedan, también, sometidas a un impuesto patrimonial siempre que el valor de su patrimonio exceda de 5.000.000 de pesos.

b) Todavía es más clara la vinculación a los Estados de los impuestos sobre las sucesiones.

De los seis países examinados, solamente en Norteamérica y Argentina se exige un impuesto de este tipo por el Gobierno federal; en los demás, constituye una fuente impositiva de los Estados. En éstos se exige, predominantemente, en la forma de impuestos sobre las cuotas hereditarias, aunque también tiene aplicaciones el impuesto sobre el caudal relicto.

Así en Suiza, en 21 de los 25 Cantones se exige un impuesto del primer tipo y sólo en tres, uno sobre la masa hereditaria. En Norteamérica, 32 Estados cuentan con un impuesto sobre las cuotas hereditarias y diecisiete, sobre el caudal relicto. En los «Länder» alemanes, reviste sólo la primera modalidad. En Canadá, el Dominio abandonó esta figura impositiva a las Provincias en virtud de los convenios de 1971. En los términos de estos convenios las Provincias pudieron encomendar al Dominio la recaudación de sus impuestos sucesorios. Inicialmente, la mayoría de ellas se acogieron a esta posibilidad, pero luego, la fueron abandonando. En tres Provincias, el gobierno provincial ha conservado siempre la administración de este impuesto.

En Norteamérica, donde coexiste el impuesto sucesorio federal con los estatales, se concede un crédito contra las cuotas de aquél del 80 por 100 de las cuotas estatales. Este mecanismo tiende tanto a evitar la doble tributación, como a evitar desigualdades de carga fiscal por este impuesto, que, en otro tiempo, comenzaron a desencadenar una guerra entre los Estados para atraer a los contribuyentes acaudalados a fijar la residencia en su territorio, a base de suprimir este impuesto o reducir considerablemente su carga.

4. Imposición sobre el consumo.

En relación con la distribución de los impuestos indirectos entre los dos niveles, existe unanimidad absoluta en atribuir al Gobierno federal, con carácter exclusivo, los derechos de aduanas. Pero no existe la misma unanimidad en cuanto a la imposición interna sobre el consumo.

La manifestación moderna más importante de la imposición sobre el consumo es el impuesto general sobre las ventas.

En Alemania este impuesto reviste la forma de impuesto sobre el valor añadido y es competencia federal, sin perjuicio de que parte de sus ingresos se transfiera a los Estados.

En Brasil existen dos manifestaciones de imposición sobre las ventas, ambas de la modalidad de impuesto sobre el valor añadido, el impuesto sobre los productos industrializados, exigido por el Gobierno federal, y el impuesto sobre la circulación de mercancías, que está a cargo de las provincias.

En Argentina, en 1975, se creó el impuesto federal sobre el valor agregado. A nivel local se exige el impuesto sobre las actividades lucrativas, que recae sobre los ingresos brutos de las empresas mercantiles e industriales y de servicios y sobre las explotaciones agrarias.

En Suiza se exige un impuesto sobre las ventas de fase única, que grava las ventas a nivel de mayorista y que es competencia federal. En Canadá existe también un impuesto sobre las ventas exigido en la fase de fabricación, por el Dominio; pero, además, las Provincias exigen un impuesto considerado directo por exigirse directamente del consumidor.

En cambio, en Estados Unidos, no existe impuesto federal sobre las ventas y esta figura constituye la principal fuente de ingresos estatales. Cuarenta y seis, de los cincuenta Estados, cuentan con un impuesto sobre las ventas al por menor. Los tipos impositivos oscilan entre el 2 y el 6,5 por 100; los más comunes son del orden del 3 por 100 al 4 por 100.

En resumen: en cinco países, el impuesto general sobre las ventas se exige a nivel federal, en dos de ellos (Alemania y Suiza) con carácter exclusivo, en cambio, en Brasil se exige por los dos niveles, y en Argentina y Canadá, aunque su manifestación más importante es la federal, tiene también aplicación en los Estados. En Norteamérica constituye la fuente fundamental de los ingresos estatales y no se aplica por la Federación.

¿Qué criterio predomina en relación con los impuestos especiales sobre el consumo? No es fácil encontrar la tendencia general de la atribución de esta categoría, dada la gran variedad de impuestos que comprende y la profunda disparidad de criterios que se produce de unos países a otros.

Podemos, en primer lugar, fijarnos en los que se pueden considerar los grandes productores de ingresos impositivos dentro de esta categoría: impuestos sobre el tabaco, el petróleo y las bebidas alcohólicas.

El impuesto sobre el tabaco, está reservado a la Federación en Suiza y Alemania; en cambio, es competencia estatal en Canadá y en los Estados Unidos.

El impuesto sobre los productos petrolíferos, reviste diferentes modalidades de recaudación, pero, como principio, constituye fuente de ingresos para los Estados, en Norteamérica y para las Provincias, en Canadá. Es competencia federal, en cambio, en Alemania y en Brasil.

Asimismo, en Suiza estos productos se gravan a su importación en el país, dentro del régimen de los derechos arancelarios.

En cuanto a la tributación de las bebidas alcohólicas, en Norteamérica y Canadá, o bien su venta constituye un monopolio reservado a los Estados o Provincias o se grava por éstas con un impuesto específico. En Suiza existe un monopolio federal sobre la fabricación de estos productos con materias primas nacionales; los rendimientos de esta fuente se distribuyen al 50 por 100 entre la Federación y los Cantones.

En Alemania, estos impuestos se exigen por el Gobierno federal. En Brasil constituyen, también, materia atribuida a los Estados.

Es de señalar, que, tanto en Alemania como en Suiza, tiene autonomía propia el impuesto sobre la cerveza, respecto al cual se aplica un criterio de distribución distinto al de los demás gravámenes sobre las bebidas alcohólicas. Así en Suiza, constituye un ingreso federal y, en cambio, en Alemania, está reservado a los «Länder».

Con carácter general, en Estados Unidos, a nivel federal no se exigen impuestos sobre el consumo. Por el contrario, en Alemania, la Federación exige varios gravámenes de esta naturaleza. En Canadá se exigen impuestos especiales sobre algunos productos, tanto a nivel federal como por las Provincias.

Finalmente, en Argentina, toda esta materia ha sido el embrión del régimen de unificación de los impuestos internos por el que las Provincias han traspasado gran parte de sus competencias tributarias al Gobierno federal.

En Suiza, tiene considerable importancia el impuesto sobre los vehículos, que suministra el 8 por 100 de los ingresos impositivos de los Cantones. Es un impuesto que grava la posesión de vehículos de motor y se exige anualmente, tomando como base la potencia y categoría de los mismos. Las licencias para la utilización de los vehículos de motor constituyen también fuente de ingresos estatal, en Estados Unidos. En Canadá, los derechos sobre la matriculación de vehículos han sido fuente tradicional de ingresos provinciales. Sin perjuicio de esto, a nivel federal se exige un impuesto especial sobre los automóviles y motocicletas de gran cilindrada.

5. Imposición sobre las transmisiones patrimoniales.

El campo de las transmisiones patrimoniales se reserva preferentemente para la imposición estatal. Así en Alemania, los rendimientos y la administración de este impuesto están encomendados a los «Länder»; en Suiza, no se exigen a nivel federal impuestos de este tipo y sí existen en la mayoría de los Cantones; en Brasil, es uno de los impuestos que la Ley considera competencia de los Estados. En Norteamérica, existe un impuesto federal sobre las transmisiones inmobiliarias, pero éstas se gravan, además, en la mayoría de los Estados.

En varios de estos países, existe como impuesto estatal el impuesto del timbre, configurado como gravamen sobre los documentos.

6. Tendencia general en cuanto a la distribución de las fuentes impositivas.

La variedad de criterios seguidos por los países analizados hace muy difícil que se puedan sacar conclusiones válidas para todos ellos y pergeñar lo que podríamos denominar «distribución tipo» de las fuentes impositivas en el Derecho comparado representado por estos países.

No obstante, el examen realizado, quizás permita señalar unas líneas muy generales de tendencias preferentes en esta materia. Estas líneas podrían ser:

— exigencia a nivel federal de los impuestos sobre la renta de las personas físicas y de las sociedades, pero con participación de los Estados en los rendimientos de estas fuentes impositivas, ya sea por asignárseles una parte de la recaudación federal o por permitirles exigir impuestos propios de esta naturaleza conjuntamente con los federales;

— utilización preferente de la imposición patrimonial por los Estados;

— exigencia a nivel federal del impuesto general sobre las ventas, aunque sin excluir totalmente a los estados de la posibilidad de gravar también esta materia.

— utilización por los dos niveles de distintas manifestaciones de impuestos especiales de consumo; y

— reserva exclusiva de los derechos de aduanas y de los impuestos sobre las importaciones y exportaciones para la Federación.

CAPITULO VI

PRINCIPIOS QUE DEBEN PRESIDIR LA DISTRIBUCION DE LAS FUENTES IMPOSITIVAS ENTRE EL GOBIERNO FEDERAL Y LOS ESTADOS MIEMBROS

1. El sistema fiscal de una organización federal considerado como un todo.

Como hemos venido señalando, la organización federal implica que cada uno de los niveles políticos tome a su cargo el desempeño de determinadas funciones y, paralelamente, que cuente con los recursos necesarios para poder realizarlas. Pero las posibles fuentes de ingresos públicos y, concretamente, las figuras tributarias son limitadas en su número y en cuanto a la intensidad con que pueden ser exigidas. No cabe, por lo tanto, que cada uno de los niveles establezca los impuestos que estimen más convenientes, sin tener en cuenta la carga tributaria exigida por el otro, sino que debe efectuarse una distribución racional entre los dos de la materia tributaria, de forma que los impuestos federales y los estatales se ensamblen ordenadamente para constituir en conjunto un verdadero sistema fiscal nacional, escalonado en varios niveles.

El punto de partida es que, por exigencias políticas, porque así lo requiere la esencia de la organización federal, los Estados miembros participan del poder tributario y tienen sus propios recursos, como los tiene el Gobierno federal. Hay que distribuir las fuentes de ingresos impositivos entre los dos niveles, atribuyendo a cada uno de ellos los que resulten más adecuados a sus características, de forma que, el sistema fiscal nacional, en conjunto, cumpla de la mejor manera posible las importantes funciones que le corresponden en nuestros días.

Esto exige que la atribución de los impuestos se haga con arreglo a criterios racionales, pensados en función de estas finalidades.

A continuación, vamos a exponer cuáles pueden ser los principios que deben presidir la distribución de las figuras tributarias entre la Federación y los Estados miembros. Pero antes, conviene hacer unas aclaraciones previas sobre qué cabe entender por atribuir una figura tributaria a un nivel político en vez de a otro.

La exigencia de un impuesto abarca tres aspectos muy importantes: en primer lugar, la potestad de legislar sobre el mismo, de configurarlo y reglamentarlo; en segundo lugar, su exacción, es decir, el ejercicio de todas las facultades administrativas necesarias para su liquidación y recaudación; y finalmente, la apropiación de los ingresos producidos por él.

«La noción de soberanía fiscal —se dice en un estudio de la Comisión de la C.E.E. (121)— implica la cuestión de saber quien ejerce en el país el poder de disposición sobre los tributos, y, a estos efectos, el «poder de disposición sobre los tributos comprende un triple interrogante:

— ¿Quién ejerce la soberanía legislativa sobre los impuestos y demás tributos?

— ¿Quién ejerce la potestad administrativa sobre estas exacciones?; y

— ¿Quién percibe los ingresos fiscales?»

En principio, la atribución de una figura tributaria supone la facultad de ejercitar estos tres derechos. Pero, en la práctica, no siempre la atribución se lleva a cabo en su sentido más absoluto. Cabe, perfectamente, que la Entidad a quien corresponde un impuesto utilice la colaboración de otra para su exacción, confiándola la realización de todo o parte de los procesos de liquidación y recaudación. Asimismo, los ingresos producidos por un impuesto pueden no reservarse íntegramente para la autoridad que lo recauda, sino distribuirse con otros niveles políticos o administrativos.

Es la primera de las notas señaladas, la potestad legislativa y reglamentaria, la que, en nuestra opinión, define realmente la pertenencia de una figura tributaria a un nivel político, aunque estas potestades no necesitan ser —y, de hecho, no lo son— ilimitadas, sino que han de realizarse, desde luego, respetando los principios fundamentales consagrados en la norma constitucional y, muchas veces, dentro de unos límites señalados por una norma de rango superior a las que puede promulgar el nivel que aplica el impuesto. Concretamente, la facultad normativa de los Estados miembros en materia tributaria, puede estar

---

(121) *Le pouvoir fiscal dans les Etats membres de la Communauté.* Etudes, núm. 8, 1969. Commission des Communautes Européennes.

condicionada por preceptos muy diversos: en primer lugar, habrá de someterse a los principios de la Constitución federal; en otros casos, la potestad tributaria estatal, se limita a concretar los elementos básicos del impuesto, pero dentro de unos límites máximos y/o mínimos fijados por una ley federal. Por otra parte, las limitaciones al legislador tributario estatal pueden proceder de su propio ordenamiento, como sucede con los principios tributarios que contienen las Constituciones de los Estados miembros. Puede tratarse también de autolimitaciones a que se someten los Estados como consecuencia de convenios interestatales.

2. Administración eficiente.

Como requisito previo para que pueda hablarse de la aplicación de cualquier principio tributario, surge inmediatamente la exigencia de que las figuras tributarias que se vayan a asignar a cada uno de los niveles políticos, puedan ser administradas por éstos de forma eficaz.

Las leyes tributarias se estructuran de manera que, al ejecutarlas, se realicen una serie de principios básicos desde el punto de vista de la equidad, y contribuyan a la consecución de los objetivos de la política económica y social, pero para que estos objetivos se cumplan, es necesario que los efectos reales de la imposición coincidan con los previstos por el legislador y que la realidad sobre la que se aplique, coincida con la que el legislador tuvo en la mente al configurar el sistema fiscal y calcular sus efectos. Sabido es que es muy difícil que coincidan plenamente la realidad de los sujetos tributarios y de los hechos imponibles con la «realidad fiscal» que va a resultar de la aplicación de las normas tributarias. Hay que admitir como inevitable un cierto desvío de esta última, pero el desfase entre ambas debe mantenerse dentro de unos límites prudenciales que no alteren excesivamente los resultados legalmente esperados.

La correcta aplicación de las normas tributarias depende, básicamente, de la capacidad de la Administración tributaria para elaborar relaciones y censos de contribuyentes de la forma más completa posible, sin que escapen a la tributación posibles contribuyentes potenciales; de que resulte incidida por la tributación toda la materia tributaria definida como tal en las leyes, gravándose todos los supuestos que encajen en la configuración legal de los hechos imponibles; y de la posibilidad de fijar las verdaderas valoraciones de las bases imponibles.

Si con los impuestos se buscase exclusivamente obtener unos ingresos con los que financiar los gastos públicos, aquéllos podrían estructurarse de forma simple y fácil de aplicar, pero cuantas más condiciones se imponen a la distribución de la carga impositiva y más objetivos se encomiendan a los instrumentos tributarios, más compleja tiene que ser su regulación, pues se hace necesario incorporar complicadas disposiciones y mecanismos técnicos que faciliten la consecución de los objetivos buscados y el cumplimiento de los principios que en nuestros días se considera han de presidir el reparto de la carga tributaria.

Sin embargo, no todas las figuras tributarias deben jugar el mismo papel como instrumentos al servicio de la política económica. Por otro lado, en relación con algunos impuestos, son fundamentales los aspectos de equidad y la función redistributiva, mientras que para otros, es más esencial la finalidad meramente recaudadora. Existe, por ello, gran diversidad en el grado de complejidad de las figuras tributarias, y en la mayor o menor complicación de la regulación de sus elementos básicos. En algunos impuestos, los hechos imponibles se definen de manera relativamente simple y las bases no presentan graves problemas de determinación y valoración; pero, en otros casos, los hechos imponibles están definidos con un alto grado de tecnificación jurídica o las bases liquidables necesitan complicados procesos contables para su determinación.

Para la recta aplicación de los impuestos de este último tipo es imprescindible una Administración debidamente preparada, lo que requiere que cuente, en primer lugar, con personal especializado, altamente cualificado en las diversas disciplinas afectadas (jurídicas, contables, económicas, técnicas, etc.), ayudado por efectivos bastantes de personal menos especializado, y, en segundo lugar, que esté bien dotada de medios materiales modernos para el desarrollo de su tarea, pues hoy es evidente que muchos de los procesos de liquidación tributaria sólo pueden llevarse a cabo eficientemente mediante su adecuada mecanización.

Contar con una buena Administración tributaria exige un esfuerzo importante, no es tarea fácil, ni que pueda improvisarse y, forzosamente, tiene un coste elevado. Pero es más difícil todavía que un mismo país pueda contar, a dos niveles distintos, con dos Administraciones capaces de aplicar de forma eficiente cualquier clase de impuestos.

Normalmente, será a nivel federal donde se encuentre el núcleo principal de la Administración y desde donde podrán administrarse más eficazmente las figuras tributarias más complicadas. Teóricamente podría pensarse en una organización federal en que los principales efectivos administrativos y los cuadros más preparados se encontrasen a nivel estatal; pero no parece probable, pues la Federación suele reservarse las funciones de mayor transcendencia que exigen para su desarrollo los mayores conocimientos técnicos y que imponen un alto nivel al aparato administrativo federal.

También el mayor volumen de la actividad federal puede ser causa de que cuente con una Administración más eficaz. Así, W. Heller (122), señala que los estados tienen que soportar hipotecas económicas e institucionales, entre las que incluye la menor dimensión de su ámbito de actuación: «la segunda consiste en que la jurisdicción limitada y la pequeña dimensión frustran a las oficinas de impuestos locales y estatales de muchas de las economías de escala de que goza el «Internal Revenue Service», estorban sus esfuerzos administrativos y desvían los sistemas impositivos hacia impuestos sobre la propiedad y el consumo».

De todas formas, más que determinar cuál de los dos niveles debe tener mejor Administración, lo que queremos subrayar aquí es que no debe atribuirse a ninguno de los dos niveles políticos ninguna figura tributaria que no esté plenamente capacitado para aplicar con eficacia. Nos parece imprescindible que ambos niveles cuenten con una Administración bien preparada para llevar a cabo las funciones que les correspondan.

Si se parte de que una Administración está más desarrollada que otra, las figuras más complejas deben reservarse para aquélla, sin que esto quite para que las dos Administraciones deban mantener el máximo grado de colaboración, prestándose mutuamente toda la asistencia posible para el descubrimiento de los hechos imponibles y exacta valoración de las bases. Incluso, la más desarrollada deberá asistir técnicamente a la otra, no sólo para la correcta aplicación de las normas tributarias, sino también para su propia organización y desarrollo de los servicios.

3. Equidad en la distribución de la carga fiscal.

En segundo lugar, ha de atenderse al principio de la equidad en la distribución de la carga impositiva. Y decimos segundo lugar, no en el sentido de importancia, sino en el de considerar que la correcta aplicación de las normas es presupuesto imprescindible para que pueda aspirarse a que tenga efectividad cualquier principio que se considere que debe presidir la estructura del sistema fiscal. Como hemos señalado en otro lugar (123):

«La equidad se encuentra en la propia esencia de los sistemas tributarios porque, como dice el Informe Carter, con éstos los Estados

(122) *Ob. cit.*

(123) Félix de Luis: «El significado de la equidad tributaria y principales factores que le determinan», en *El reparto de la carga fiscal.* Centro de Estudios Sociales del Valle de los Caídos, 1975, pág. 772.

buscan conseguir los medios para poder adquirir bienes y servicios y si se prescinde de la preocupación por la equidad, podrían utilizar otros procedimientos menos complejos para obtener los bienes y servicios de quienes los posean o puedan prestarlos.»

La doctrina habla de dos manifestaciones o dos aspectos de la equidad fiscal: la «equidad vertical» y la «equidad horizontal». La primera requiere un tratamiento fiscal diferente para los que están en desigual situación económica y la segunda exige trato igual para los que están en las mismas condiciones.

La equidad vertical se realiza, fundamentalmente, mediante los impuestos progresivos y se traduce en el efecto redistributivo del sistema fiscal. Esta función corresponde esencialmente al impuesto federal, sin perjuicio de que pueda ser necesario o, incluso, imprescindible que la imposición estatal colabore también en ella.

El postulado de igual trato para los iguales obliga a preguntarse en primer lugar, a qué condiciones ha de atenderse para considerar a dos personas iguales a efectos fiscales. Como decía Pigou (124), se debe tratar a los contribuyentes de forma semejante a no ser que existan entre ellos diferencias en aspectos relevantes. Tradicionalmente, se ha atendido sólo a criterios objetivos, prescindiendo de las diferencias subjetivas o psicológicas. Se deben considerar iguales las personas que tienen la misma capacidad económica, es decir, la misma posibilidad de pagar impuestos. A su vez, la capacidad económica se define en función de unas magnitudes que se consideran expresivas de esta capacidad, principalmente, el nivel de renta y el valor del patrimonio; pero estos dos índices, deben ser ponderados para tomar en cuenta las diferentes obligaciones que deberán atender los contribuyentes según cual sea su situación familiar, e incluso determinadas condiciones personales (edad, enfermedad, etc.). Así, en todas las legislaciones fiscales, las cuotas de los impuestos personales resultan, no sólo de aplicar tarifas progresivas a la respectiva base imponible, sino también del efecto de determinadas desgravaciones o deducciones concedidas en atención a la situación o cargas familiares.

Todas estas consideraciones son aplicables, tanto respecto a los sistemas fiscales de Estados unitarios, como a los de organización federal. Pero, en cambio, en estos últimos cobra especial relevancia un factor del que se prescinde en los primeros para determinar la situación de igualdad o desigualdad de dos contribuyentes. Se trata de su localización geográfica, de la localidad donde residen o desarrollan su actividad.

En los Estados unitarios, los contribuyentes con igual capacidad eco-

---

(124) A. C. Pigou: *A Study in Public Finance.* Londres. McMillan, 1929, pág. 9.

nómica, básicamente, soportan la misma carga fiscal con independencia de su localización geográfica en el territorio de la nación. Con esto, no se deshace la igualdad de trato, puesto que, en términos generales, todos los ciudadanos recibirán los mismos servicios del Estado; las prestaciones de los servicios públicos obedecen a una decisión única y, salvo consideraciones especiales de política económica o social, existirá un alto grado de uniformidad. Pero en los Estados federales, la situación es muy diferente.

En éstos se asigna a los Estados miembros, que pueden tener muy diferente capacidad financiera unos de otros, la competencia para para desempeñar determinadas funciones y prestar muchos de los servicios que en las naciones unitarias corren a cargo del Estado. Dadas las diferencias en la capacidad financiera de los Estados miembros, si se ven obligados a financiar exclusivamente con sus propios medios los servicios que tienen atribuidos, forzosamente tendrán que producirse entre ellos considerables diferencias en el número y nivel de los servicios que presten o en la presión fiscal que habrán de imponer a sus residentes para poder sufragarlos. Por tanto, todos los nacionales que soporten la misma carga fiscal no recibirán como contrapartida los mismos servicios públicos o, existirán personas a las que, para recibir el mismo nivel de servicios, se les exijen contribuciones a su financiación muy diferentes.

Sin duda, no se puede hablar en estos casos de que todas estas personas reciban un trato equivalente por parte del Estado. Buchanan (125), que es el autor que más ha desarrollado esta idea, considera que en estos supuestos no existe verdadera equidad fiscal, pues este concepto obliga a tomar en cuenta no sólo los recursos que se detraen a cada contribuyente, sino también, al mismo tiempo, los servicios públicos que recibe como contrapartida.

Para él, lo importante es, que los contribuyentes tengan el mismo «residuo fiscal» que está constituido, como ya dijimos en el Capítulo IV, por la carga fiscal que soporta una persona menos los beneficios que obtenga de los servicios públicos. El sistema fiscal será equitativo sólo cuando los «residuos fiscales» de la personas situadas en situaciones similares sean equivalentes.

Para ilustrar esta idea expone el siguiente ejemplo:

En un país federal X, existen dos Estados miembros, A y B. La población total de este país está compuesta por seis personas, tres de

---

(125) J. M. BUCHANAN: «Federalism and Fiscal Equity», *American Economic Review*. Vol. XL, núm. 4, septiembre 1950 (Reproducido en *Readings in the Economics of Taxation*, seleccionados por Musgrave y Shoup. R. D. Irwin. Illinois, 1959, páginas 93 y siguientes.)

las cuales residen en A y las otras tres en B. Estas personas se denominan A1, A2, A3 y B1, B2 y B3. Dadas sus distintas estructuras económicas, en A pueden ser empleadas dos personas especializadas y uno no especializada, mientras que en B sólo hay empleo para una persona especializada y dos no especializadas. A1, A2 y B1, tienen formación de especialistas, los otros tres, sólo pueden realizar trabajos no especializados. Los trabajadores especializados reciben un salario anual de 10.000 dólares y los no especialistas de 1.000 dólares.

A nivel federal se exige un impuesto sobre la renta cuyos tipos son diez por ciento para las rentas de 10.000 dólares y 5 por 100 para las de 1.000 dólares. A su vez, los dos Estados miembros exigen un impuesto proporcional al tipo del 10 por 100.

La carga fiscal total sobre cada uno de los ciudadanos será:

NOMBRE	Impuesto federal	Impuesto de A o B	Impuesto total
A1	1.000	1.000	2.000
A2	1.000	1.000	2.000
A3	50	100	150
B1	1.000	1.000	2.000
B2	50	100	150
B3	50	100	150

Si se atiende sólo a la carga fiscal, hay que concluir que todos los ciudadanos están sometidos a un trato fiscal equitativo, pues a los que tienen la misma capacidad económica se les detrae el mismo porcentaje.

Pero se puede completar el ejemplo suponiendo que el Gobierno federal y los dos Estados gastan sus recursos de forma que todos los nacionales, en el caso del Gobierno federal, y sus respectivos residentes, en los de los dos Estados, reciben el mismo beneficio en concepto de servicios públicos, es decir, el Gobierno federal ha recaudado impuestos por un importe de 3.150 dólares y presta servicios a cada uno de los seis ciudadanos por un valor de 525 dólares; el Estado A recauda dos mil cien dólares y presta a cada uno de sus residentes servicios por valor de 700 dólares; y el Estado B, recauda 1.200 dólares y los servicios que presta a sus residentes les reporta un beneficio a cada uno de 400 dólares.

La situación, entonces, de cada uno de los contribuyentes frente a la actividad total del sector público será la siguiente:

NOMBRE	Total Impuestos	Total Beneficios	Residuo fiscal
A1	2.000	1.225	775
A2	2.000	1.225	775
A3	150	1.225	— 1.075
B1	2.000	925	1.075
B2	150	925	— 775
B3	150	935	— 775

A1, A2 y B1, pagan en total los mismos impuestos, pero B1 recibe 300 dólares menos en servicios, porque el Estado A suministra 700 dólares de servicios por cabeza, mientras que B1 sólo obtiene 400 dólares de servicios de su Estado de residencia. El residuo fiscal de los dos primeros es de 775 y, en cambio, el del tercero es de 1.075 dólares.

Asimismo, A3, B2 y B3, soportan una presión fiscal total de 150 dólares cada uno; pero, mientras el primero recibe unos beneficios por los servicios que le prestan el Gobierno federal y su Estado de 1.225, los beneficios que reciben B2 y B3, sólo importan 925 dólares (525 del Gobierno federal y 400 de su Estado). Con ello A3 tiene un «residuo fiscal» negativo de —1.075, mientras que el «residuo fiscal» de B2 y B3 es también negativo, pero sólo por un importe de —775 dólares.

Como se ve, si entra en juego el valor de los servicios recibidos se deshace la situación de equidad entre los seis ciudadanos y sólo tienen el mismo residuo fiscal los que residen en el mismo Estado y perciben la misma renta.

Algunos autores no comparten totalmente la teoría de Buchanan del «residuo fiscal». Así Graham (126) advierte que no siempre la igualdad de «residuos fiscales» hará que los contribuyentes se sientan sometidos al mismo trato, pues para muchos su sentimiento de «bienestar social» está muy en función de los servicios públicos que recibe, de forma —dice— que un residente de una localidad donde se exijan impuestos bajos y la educación pública que se ofrezca a los escolares tengan también un nivel bajo, puede sentirse en peor situación que otro que resida en un Estado donde las escuelas públicas sean numerosas e impartan un nivel alto de educación, aunque los impuestos que exija sean más fuertes, incluso si a ambos les corresponde el mismo residuo fiscal. Para que este concepto determinase realmente una igualdad de trato, sería necesario una plena sustitución de los servicios públicos por los privados, lo que frecuentemente no sucede.

(126) J. F. Graham: «The Fiscal Equity Principle», en *Public Finance in Canada: Selected Readings.* Methuen-Toronto, 1968, pág. 132.

Musgrave (127) estima que la exposición de Buchanan constituye una visión muy simplificada del problema y que existen una serie de consideraciones que hacen que la argumentación de Buchanan tenga dudosa importancia práctica, principalmente, las complicaciones que se derivan de la traslación de los impuestos de unos Estados a otros, la exigencia de muchos impuestos estatales y locales sobre las empresas en vez de directamente sobre las personas físicas y las diferentes funciones de coste para los servicios públicos locales.

Por otra parte, la filosofía de la construcción de Buchanan parece basarse en la justificación de los impuestos en la teorías del beneficio, considerando que debe existir proporción entre lo que se aporta al Estado por vía impositiva y la contraprestación que se recibe de él. A nivel nacional, la doctrina dominante se basa más en consideraciones de capacidad de pago que del beneficio, pero en las organizaciones federales, nos parece que la elaboración de Buchanan es muy positiva en cuanto hace entrar en juego las posibles diferencias en las políticas presupuestarias de los distintos Estados miembros.

Concretamente, pensamos que sirven de apoyo para defender dos principios:

1. No va contra la equidad fiscal el hecho de que los distintos Estados miembros sometan a sus residentes a presiones fiscales diferentes, siempre que a la mayor presión fiscal corresponda un nivel superior de servicios públicos. Con esto se respeta la autonomía financiera de los Estados. Aún si se parte de Estados que tengan la misma capacidad financiera, normalmente se producirán entre ellos diferencias sustanciales en sus estructuras presupuestarias: unos pueden optar por exigir impuestos más elevados que otros y ofrecer a sus contribuyentes más y mejores servicios.

2. La equidad fiscal entre los residentes en los distintos Estados miembros requiere forzosamente que se produzcan transferencias de fondos en favor de los Estados con menor capacidad económica.

Como hemos señalado al principio, sin estas transferencias las personas residentes en los Estados más pobres se verían condenadas a disfrutar un menor nivel de servicios o a realizar para sufragarlos un sacrificio tributario muy superior al de los residentes en Estados con mayor nivel de rentas.

Buchanan (128) explica que en Estados Unidos, esta situación es consecuencia de tres fenómenos que se han producido últimamente con gran intensidad: 1) la continua industrialización, especialización

(127) R. Musgrave: *Approaches to a fiscal theory of Political Federalism.*

(128) J. M. Buchanan: *Ob. cit.*, pág. 94.

e integración de la economía a escala nacional ha tendido a concentrar las industrias y los perceptores de las rentas más elevadas en determinadas áreas geográficas, 2) el enorme crecimiento de la intervención del Sector Público en todos los campos. 3) La extensión de la actividad pública, principalmente en los niveles inferiores de gobierno, se ha centrado en la prestación de servicios de carácter predominantemente social. «Incluso —dice este autor— con el creciente aumento de los gastos públicos, las disparidades interestatales de capacidad fiscal no se hubiesen acentuado si este aumento no se hubiese producido en gran medida mediante el incremento de los servicios sociales. Si la naturaleza de la actividad pública hubiese seguido siendo esencialmente de carácter «protector», el sistema fiscal se habría basado más en los principios del beneficio, y las Entidades más ricas hubiesen necesitado un mayor volumen de gastos públicos. Pero cuando aparece el «Estado social» se hace evidente la divergencia entre las necesidades y las capacidades financieras de los Estados. Cuantos más servicios sociales se presten con carácter general para todos los ciudadanos, o con criterios de necesidades personales, más significado alcanzan las discrepancias entre capacidades y necesidades.»

Estos desajustes sólo pueden salvarse mediante transferencias intergubernamentales que permitan que los Estados miembros con distinta capacidad fiscal puedan ofrecer el mismo nivel de servicios imponiendo iguales niveles de presión fiscal.

Esta conclusión es compartida también por Graham, para quien la aplicación completa del principio de equidad fiscal lo que requiere es que personas residentes en distintos Estados, con los mismos niveles de renta, consumo y patrimonio soporten la misma carga tributaria y puedan contar con el mismo nivel de servicios públicos, y para esto es imprescindible que se produzcan suficientes transferencias de recursos de los Estados más ricos a los que tienen menos posibilidades económicas.

Pero esto no supone que todos los Estados deban tener idénticos niveles de servicios y de carga fiscal. Como dijimos antes, las diferencias en estas dos magnitudes son una consecuencia primaria de la autonomía financiera de los Estados miembros.

El objetivo del sistema de transferencias no debe ser el de la igualación total, sino sólo el de garantizar a todos los Estados miembros la posibilidad de que ofrezcan un nivel medio de servicios a cambio de un nivel medio de presión fiscal.

Oates (129) considera que, teóricamente, una alternativa a las transferencias intergubernamentales como medio de restablecer la equidad

---

(129) *Ob. cit.*, págs. 83 y siguientes.

fiscal horizontal en un Estado federal, sería un impuesto federal sobre la renta con tipos impositivos variables geográficamente. Exigiendo tipos más elevados a los residentes en los Estados más ricos, el Gobierno federal igualaría los costes de los bienes y servicios públicos para todas las personas con la misma renta, cualquiera que fuese el lugar de su residencia y, los contribuyentes de los Estados con menor capacidad financiera, resultarían compensados de su mayor presión fiscal estatal, por una carga fiscal federal más reducida.

Pero él mismo reconoce que existen obstáculos políticos y constituciones muy difíciles de salvar para implantar un impuesto de este tipo, por lo que estima que el sistema de las transferencias es el procedimiento más viable para resolver el problema.

4. La suficiencia del sistema fiscal de los Estados.

Según Laufenburger (130), las dos grandes pruebas de que el conjunto de las numerosas figuras tributarias que integran la tributación en un Estado federal constituyen un verdadero sistema impositivo, son las de la equidad y la suficiencia.

La suficiencia presupuestaria debe ser otro principio fundamental que ha de presidir la distribución de las fuentes impositivas en un Estado federal. Las fuentes de ingresos que se asignen a cada uno de los niveles políticos deben ser suficientes para garantizarles los ingresos necesarios para financiar los gastos que en la organización de la Federación queden a su cargo.

No es necesario insistir mucho en los inconvenientes de un sistema fiscal que no cumpla el postulado de la suficiencia: es fuente de graves injusticias, pues obliga a arbitrar medios complementarios para obtener recursos que pueden responder menos a los requisitos de equidad; puede dar lugar a que se acuda a recursos inflacionarios y se ponga en peligro la estabilidad económica, e, incluso, puede ser fuente de inestabilidad política, al impedir que se ofrezcan suficientes bienes y servicios públicos o se produzcan injustificadas desigualdades en este aspecto entre los domiciliados en los distintos Estados miembros.

No puede olvidarse, no obstante, la transcendencia que en las organizaciones federales tienen las transferencias intergubernamentales y que los ingresos estatales proceden de fuentes impositivas propias y de la participación, por alguno de los procedimientos a que nos hemos referido en el Capítulo III, en la recaudación federal. El principio de suficiencia hace referencia al conjunto de los ingresos de los estados y, por tanto, deberán computarse los que perciban por ambas vías.

---

(130) H. Laufenburger: *Economie des Finances Suisses*, 1961, págs. 151 y 141-142.

La primera conclusión que puede extraerse de la necesidad de satisfacer el principio de suficiencia, es que la distribución de las fuentes impositivas en un Estado federal no puede hacerse con un planteamiento meramente teórico, sino que ha de realizarse en función de las tareas que se asignen a cada uno de los niveles políticos y, en consecuencia, de sus necesidades presupuestarias.

La segunda conclusión es que ha de procurarse el máximo aprovechamiento de la materia tributaria. Las necesidades financieras de un Estado moderno son enormes y, por el contrario, la capacidad económica que puede gravarse es limitada, lo que exige que no se deje sin gravar ninguna parcela importante de la capacidad económica nacional. Esto sucedería si se asignase a uno de los niveles políticos una determinada figura tributaria con carácter exclusivo, y por tanto, impidiendo la utilización de la correspondiente materia tributaria por la otra jurisdicción fiscal, y, luego, el nivel para el que se reserve ésta no la utilizase o lo hiciese de forma insuficiente. Un posible remedio contra esta situación podría ser establecer el principio de que la no utilización de una fuente tributaria por el nivel político que según la Constitución pueda hacerlo en primer lugar, permitiría al otro nivel político establecer en su favor este impuesto, en tanto no lo hiciese el que tuviese el derecho primario al mismo.

Uno de los aspectos que los autores que se ocupan de los problemas fiscales de las Hacienda federales destacan enseguida es la insuficiente elasticidad que suelen tener los ingresos estatales para poder seguir el crecimiento de los gastos que deben atender.

La causa básica del desfase entre los ingresos y los gastos estatales se encuentra en la diferencia de la «elasticidad renta» de estas dos magnitudes —dice el «Informe del Comité de Política Fiscal de New Jersey» (131). La elasticidad en cuanto a la renta —explica este Informe—, de estas magnitudes mide el porcentaje de incremento de las mismas respecto al incremento de la renta. Así una elasticidad de los gastos o los ingresos de 1, significa que su importe experimenta el mismo porcentaje de variación que la renta; si la elasticidad es mayor que 1, los cambios en estas magnitudes exceden a los que experimenta la renta y si es menor que 1, son inferiores.

Pues bien, el índice de elasticidad del total de los gastos de este Estado, es 1,49, mientras que el de los ingresos es de 0,98. Los índices de elasticidad de cada una de sus fuentes de ingresos son los siguientes:

---

(131) «Report of the New Jersey Tax Policy Committee». 1972, recogido en el libro de Oldman y Schoettle, págs. 104 y siguientes.

IMPUESTOS SOBRE:

Vehículos a motor	0,73	Apuestas en las carreras	0,48
Combustibles para vehículos	0,62	Impuesto sobre cigarrillos	0,35
Herencias	1,19	Impuesto sobre transporte	1,86
Bebidas alcohólicas	0,61	Tasas	1,23
Patrimonio de las sociedades	0,83	Ventas de bienes y servicios	1,60
Beneficio de las sociedades	1,49	Impuesto sobre ventas	1,44
Empresas de seguros	1,24	Otros ingresos	1,28
Recargo sobre empresas públicas	0,83	*Total ingresos*	0,98

Para salvar este desfase, los Municipios norteamericanos han acudido a continuas elevaciones de los tipos impositivos del «property tax». Los Estados, por una parte, han aumentado los tipos de sus impuestos ya existentes y, por otro, han acudido al establecimiento de nuevas figuras tributarias, como el impuesto sobre las ventas al por menor.

Finalmente, señala el Informe comentado, que una de las causas de la alta elasticidad de los gastos públicos estatales es su inherente incapacidad para elevar la productividad de los servicios que presta, pues muchos de estos servicios tienen una gran intensidad de mano de obra con escasas posibilidades de mejorar su productividad, de forma que mientras los sueldos y salarios pagados por estos gobiernos se elevan en línea con los privados, los gobiernos no se benefician de los aumentos de productividad que en las empresas privadas amortiguan el aumento de costes.

Esta situación que parece bastante generalizada en los Estados federales, requiere una reordenación de la distribución de fuentes entre los dos niveles para asignar a los Estados impuestos con mayor grado de elasticidad.

En estrecha relación con este problema está el de la necesidad de que la distribución de las fuentes impositivas permita un grado aceptable de igualdad entre los servicios públicos que presten a sus residentes los distintos Estados miembros. Debe procurarse, por ello, que las fuentes impositivas que se asignen a los Estados, puedan exigirse en todos ellos. De todas formas, dada la gran disparidad de riqueza y de actividad económica que, normalmene, existe entre las distintas zonas geográficas de un mismo país, es muy difícil que los ingresos estatales puedan llegar a garantizar un nivel de servicios públicos paralelo entre todos los Estados miembros. En un Estado unitario este problema tiene menos importancia, pues la distribución del gasto público se planifica a nivel nacional, con independencia del origen territorial de los ingresos públicos. Pero en un Estado Federal, al encomendarse a los Estados miembros la prestación de importantes servicios y funciones públicas, se hacen imprescindibles medidas de perecuación fiscal que eviten grandes disparidades de presión fiscal o en el nivel de servicios públicos entre los residentes en distintos Estados miembros, como ya hemos expuesto en el Capítulo IV.

5. El sistema fiscal como instrumento de política económica.

Por último, no debe olvidarse que los mecanismos fiscales constituyen, hoy, un elemento muy importante para que puedan conseguirse los objetivos de la política económica moderna.

La política económica de nuestros días trata de conseguir simultáneamente múltiples objetivos. «Además de por la estabilidad —dice Lindbeck—, los Gobiernos tienen que preocuparse por la asignación de los recursos, el crecimiento económico, la distribución de la renta y lo que constituye un aspecto no menos importante, por obtener los ingresos necesarios para sobrevivir» (132) y, a su vez, la estabilidad —aclara este mismo autor— «no es un solo objetivo, sino al menos tres: pleno empleo, estabilidad de precios y una aceptable posición de la balanza de pagos».

Para conseguir todos estos abjetivos conjuntamente, es necesario la utilización combinada de todas las armas de que puede disponer la política económica y entre ellas, ocupan un lugar importante los instrumentos fiscales.

Este es uno de los aspectos en que ha cambiado más profundamente la postura doctrinal frente al sistema fiscal. Hasta la década de los treinta, una de las condiciones que se exigía a los impuestos era la estabilidad de sus rendimientos, es decir, que éstos se mantuviesen con independencia de las variaciones en la actividad económica. Se buscaba sobre todo, la seguridad de que en todo momento se iban a obtener ingresos suficientes para asegurar el funcionamiento del Estado. «Un sistema fiscal inestable, como se le denominaba —dice Shoup—, era considerado inconveniente, sino perjudicial para el Gobierno». (133).

Este enfoque olvidaba el papel que el sistema fiscal debe jugar como elemento estabilizador de la actividad económica privada. Hoy se estima que los ingresos fiscales deben variar para compensar las oscilaciones en las rentas particulares y en el volumen de empleo: en épocas de tensión inflacionista, el sistema fiscal debe obtener mayores ingresos

---

(132) A. LINDBECK: «Fiscal Policy as a tool of Economic Stabilization. Comments to an O.E.C.D. Report». Kyklos, vol. XIII, 1970, pág. 25.

(133) C. S. SHOUP: «The fiscal system of Venezuela. A Report». The John Hopkings Press. Baltimore, 1959.

para detraer poder de compra de los particulares y disminuir el exceso de demanda y, consiguientemente, la presión sobre los precios. Paralelamente, en las fases de depresión debe disminuir la recaudación fiscal, dejando más recursos disponibles en manos de los contribuyentes que puedan contribuir a relanzar la demanda.

La contribución de los impuestos a la estabilidad económica puede producirse de dos maneras. En primer lugar, como «estabilizadores automáticos», efecto que se produce cuando sus rendimientos se adaptan a las necesidades de la coyuntura sin necesidad de variar su regulación. Cuando un impuesto cumple esta condición, en los momentos de expansión, su recaudación aumenta más que proporcionalmente al incremento experimentado por las rentas privadas, e, igualmente, durante las depresiones los ingresos procedentes de ellos se reducen en mayor proporción que lo hacen las rentas. Un impuesto se comportará de esta manera si, por un lado, su base imponible está constituida por magnitudes económicas sensibles a las variaciones coyunturales y, por otro lado, cuenta con tarifas progresivas que detraigan porcentajes crecientes a medida que aumenta la cuantía de las bases.

En segundo lugar, actúa la llamada «política fiscal discrecional», es decir, la variación por las autoridades tributarias de los tipos impositivos o de algún otro elemento de la regulación de los impuestos, como pueden ser las amortizaciones de los bienes de equipo, para contrarrestar los desajustes de la coyuntura económica.

No es éste momento oportuno para comparar las ventajas e inconvenientes de las medidas de estabilización automática y discrecional. Como dice Shaw (134), «cuando llegue el momento de formular las propuestas políticas, el economista fiscal deberá valerse tanto de los cambios discrecionales como de los estabilizadores automáticos. No obstante, hay un elemento de conflicto, ya que todo estabilizador automático tiende a disminuir el impacto de las políticas estabilizadoras discrecionales. Cuanto más alejen la economía de una recesión («downturn») los estabilizadores automáticos, más debilitarán las medidas expansionistas cuando la recuperación se haga necesaria».

La necesidad de una política fiscal que contribuya a la estabilidad de la economía es hoy indiscutible, tanto para los Estados unitarios, como para los federales. Pero en estos últimos, el problema adquiere características especiales, derivadas de la existencia de la imposición estatal junto a la federal.

Parte de la doctrina considera que en este aspecto, los Estados federales se encuentran en una situación de desventaja frente a los uni-

---

(134) G. K. Shaw: «Política Fiscal», Colección MacMillan-Vicéns Vives. Barcelona, 1974.

tarios, porque la actividad financiera estatal opera, normalmente, en sentido contrario al que requiere una política fiscal estabilizadora.

Así —señalan Robinson y Couchene (135)— que, tradicionalmente, gran parte de los estudios realizados en Estados federales sobre la política fiscal estabilizadora se han concentrado sólo en el papel que pueden jugar los gastos y los ingresos federales para regular la demanda total. Esto obedece «a que, implícitamente, se acepta la hipótesis de que las Haciendas provinciales y locales son neutrales en cuanto a la estabilidad económica. Otras veces, se sostiene que la actuación de estas Haciendas está completamente dominada por su tendencia, a largo plazo, al crecimiento: los Gobiernos provinciales y locales se ven forzados a conseguir grandes incrementos de ingresos para atender a la demanda creciente de nuevos servicios a que se ven sometidos».

Con referencia a los Estados Unidos, Hansen y Perloff (136), afirmaron que «la imposición, el gasto y la deuda pública de los Gobiernos estatales y locales en conjunto, han constituido un ejemplo de actuación en contra de lo que deben ser una sana política fiscal... han gastado y construido en los períodos de prosperidad y disminuido su actividad durante las depresiones».

Varios son los factores por los que una Hacienda federal puede ser menos eficaz como arma de política coyuntural que la de un Estado unitario.

En primer lugar, está la propia composición de los sistemas fiscales federales. Una parte importante de los ingresos proceden de la imposición estatal y en ésta predominan, en muchos casos, figuras tributarias que tienen escaso efecto estabilizador.

Otro factor es el hecho de que varias de las figuras tributarias no dependan de las autoridades que tienen a su cargo la política económica nacional, sino de las autoridades locales que, normalmente, tendrán centrada su preocupación en los problemas concretos de su jurisdicción y serán menos sensibles a las necesidades de la economía en general. Pueden surgir así conflictos entre las medidas adoptadas por las autoridades económicas federales y la actuación que sigan los Estados. Así Neumark (137) señala que, en el caso de Alemania, podían surgir dificultades de este tipo por el hecho de que el artículo 109 de la Constitución establecía que el Gobierno federal y los estados son autónomos

---

(135) T. R. Robinson y T. J. Couchene: «Fiscal Federation and Economic Stability: an examination of multilevel Public Finance in Canada, 1952-1965». Canadian Journal of Economics, núm. 2, mayo 1969, págs. 165-189.

(136) A. H. Hansen y H. S. Perloff: «State and Local Finance in the National Economy». W. W. Norton y C., 1944, pág. 49.

(137) F. Neumark: «The German Stabilization Law: a new experiment», en *Essays in honor of C. S. Shoup*, pág. 230.

e independientes uno de otro en el manejo de sus finanzas. Esta situación se corrigió, en gran medida, en virtud de una Enmienda a este artículo en la que se estableció que, tanto el Gobierno federal, como los de los Estados «están obligados a tomar en cuenta, en su actividad financiera, las exigencias del equilibrio económico general».

Esta situación se agrava por el hecho de que las autoridades estatales se verán sometidas a fuertes presiones políticas para que actúen de forma contraria a la que requiere una política coyuntural. «En los períodos de prosperidad —dicen Hansen y Perloff (138)— las autoridades tenderán a compartir el optimismo general y a embarcarse en costosos programas expansionistas. Cuando aparecen superavits presupuestarios, surgirán fuertes presiones por parte de grupos interesados para que, por una parte, se incrementen las inversiones en obras públicas y, por otra, se reduzcan los impuestos. En relación con estos últimos el deseo de atraer a las empresas en expansión y el miedo a perder establecimientos industriales, dictará una reducción de impuestos cuando el Tesoro esté menos boyante.

A nivel estatal y local es especialmente difícil recaudar fuertes ingresos durante los períodos de prosperidad. Es fácil sucumbir a las presiones para que se rebajen los impuestos y, en cambio, es difícil elevar los tipos impositivos o establecer nuevos impuestos.»

Al decidir sobre la estructura fiscal de los Estados federales y sobre las fuentes a atribuir a cada uno de los niveles políticos, es importante estudiar qué papel deben y pueden juzgar las Haciendas estatales en relación con la política estabilizadora. Parte de la doctrina es, como acabamos de ver, muy escéptica sobre esta materia, pero, últimamente, parece que se está revisando esta postura.

El «Informe Carter» aborda este tema a través de las tres cuestiones siguientes:

«1. ¿El comportamiento de los Gobiernos provinciales y municipales contribuye a la inestabilidad económica? En otros términos, ¿la estabilidad automática de la economía se ve perturbada por el crecimiento de los sectores provinciales y municipales?

2. ¿El poder discrecional de estabilización que posee el Gobierno federal ha disminuido, sea por la acción inversa de las provincias, sea porque las intervenciones se han complicado por los convenios financieros concluidos entre los Gobiernos o se han vuelto ineficaces por los conflictos reales o imaginarios entre el Gobierno federal y los Gobiernos provinciales?

---

(138) *Ob. cit.*, págs. 52-53.

3. ¿En qué medida y a través de qué medios deberían las provincias participar activamente en la política de estabilización?» (139)

Respecto a la primera cuestión, llega a la conclusión de que, al menos durante el período comprendido entre el fin de la Segunda Guerra Mundial y el año 1961, los gastos provinciales y locales no han ejercido una influencia desestabilizadora sobre la economía. Resulta contradicha así la opinión de que la evolución de estos gastos contribuye a acentuar la tendencia cíclica al aumentar rápidamente en los períodos de inflación y disminuir también rápidamente cuando hay un exceso de capacidad productiva inutilizada. La explicación la encuentran en que los ingresos de estos niveles procedían principalmente de impuestos indirectos que eran poco sensibles a las fluctuaciones a corto plazo del nivel de la actividad económica.

Incluso considera que el efecto sería peor si las provincias descansasen más en impuestos más sensibles a las fluctuaciones cíclicas.

La explicación de esta postura hay que encontrarla en que los autores del «Informe», ponen especial interés en el efecto del gasto público sobre la coyuntura. Este, a nivel provincial, depende del volumen de ingresos y si, como consecuencia de los impuestos flexibles, aquéllos aumentan en los momentos de expansión, el gasto de los gobiernos provinciales experimentará, igualmente, un incremento en la fase del ciclo con más tensiones sobre la demanda. El problema básico en los períodos de inflación, es el incremento acelerado de los gastos que viene provocado por el rápido crecimiento de ingresos.

Respecto a la segunda cuestión, el «Informe» considera que la influencia provincial sobre la efectividad del poder fiscal discrecional del Gobierno federal se produce más como consecuencia de consideraciones políticas, que porque, técnicamente, las modificaciones fiscales de las provincias en sentido contrario, tengan que anular forzosamente las medidas estabilizadoras federales.

Este segundo punto lo explica de la siguiente manera: «Una reducción del impuesto federal destinado a estimular la economía no será neutralizada por un aumento equivalente del impuesto provincial, a condición de que el Gobierno federal mantenga sus gastos al mismo nivel que antes, y que los gobiernos provinciales gasten pronto sus ingresos adicionales. De la misma forma, un aumento del impuesto federal, destinado a contener la demanda global, no podrá anularse por una reducción equivalente del gravamen provincial, a condición de que el Gobierno federal no gaste sus ingresos adicionales y que las Provin-

(139) «Informe Carter». Traducción por el Instituto de Estudios Fiscales. Madrid, 1975, vol. I, pág. 92.

cias reduzcan sus gastos en el importe total de su reducción del impuesto.»

Desde el punto de vista político, el Gobierno federal puede dudar en adoptar las medidas de política fiscal discrecional por varias razones derivadas de la autonomía fiscal provincial: temor de que surja resistencia si incrementa sus impuestos, disminuyendo las posibilidades recaudatorias de las provincias; peligro de que si reduce su recaudación, las provincias pretendan incrementar sus fuentes impositivas o su participación en los ingresos federales, etc.

Finalmente, estima que las Provincias no deben desarrollar una política fiscal discrecional propia, pero sí colaborar estrechamente en este campo con las autoridades federales, ajustando su actuación a las directrices de éstas, y recibiendo para ello adecuada información. El instrumento fiscal más eficaz como arma coyuntural es el Impuesto General sobre la Renta, que debe ser reservado, principalmente, para el nivel federal, precisamente para no disminuir las posibilidades de su actuación discrecional.

Lo expuesto hasta ahora, evidencia claramente la mayor complejidad que experimenta la política fiscal en el marco de una organización federal.

Una conclusión que parece indiscutible, es que cada Estado miembro no debe realizar su propia política fiscal discrecional. Las economías estatales son más interdependientes que las nacionales, y las medidas tomadas aisladamente por un Estado, pueden resultar anuladas por las de los otros o perjudiciales para éstos. Pero, esto no quiere decir que las autoridades estatales deban quedar al margen de la política fiscal discrecional. Al contrario, debe buscarse con todo interés su colaboración para que contribuyan a la realización de una política fiscal común, actuando con sus instrumentos en el sentido que marquen las directrices federales.

En cuanto a la política fiscal automática, ha de enfocarse como un efecto conjunto de toda la actividad nacional, a nivel federal y a nivel estatal y contemplando, no sólo la vertiente de los ingresos, sino también la de los gastos. El efecto estabilizador automático de la actividad estatal, puede buscarse a través de sus propios ingresos o mediante mecanismos de coordinación federal-estatal. En este último sentido, el «Informa Carter» (140), considera que el grado de estabilidad automática de la economía podría mantenerse, e incluso, quizás, aumentarse, a despecho de la creciente importancia de los gastos provinciales y municipales, a condición de que la tasa de crecimiento de los gastos provinciales no sea influenciada por las variaciones de la tasa de paro o

(140) Tomo I, pág. 110.

de la tasa de aumento de precios. Dos medidas estima adecuadas con esta finalidad:

— Que el Gobierno federal subvencione a las provincias para compensar la disminución de los ingresos por sus impuestos sobre la Renta de las Personas Físicas y sobre las Sociedades que se produzca por la diferencia entre el P.N.B. realizado y el P.N.B. potencial, es decir, para compensar la diferencia entre los rendimientos obtenidos de estos impuestos y los rendimientos que habrían producido a pleno empleo.

— Que las Provincias consignen en depósitos especiales controlados por el Gobierno Federal, los rendimientos que produzcan estos impuestos, por encima de su rendimiento normal en períodos de pleno empleo sin inflación.

La teoría de la «perversidad» de la actuación de las Haciendas estatales y locales ha sido también refutada para los Estados Unidos de la segunda postguerra por Rafuse (141).

Este autor recuerda la observación de Galbraith de que los fallos de las teorías económicas se producen, no tanto por errores iniciales de planteamiento, sino por obsolescencia de las mismas.

Hansen y Perloff formularon sus condiciones en relación con el período de 1920 a 1930; pero a partir de la Segunda Guerra Mundial se produjeron cambios muy profundos en la actuación financiera de estas entidades. Así Rafuse señala que en 1964, el gasto público de los Estados y los municipios norteamericanos fue seis veces mayor que lo que había sido en 1946 y, en relación con el P.N.B., pasó a suponer un porcentaje del 10,8 por 100, en vez del 5,3 por 100.

Partiendo de esta realidad se pregunta: ¿la inflación que padeció Norteamérica durante la década siguiente a la guerra fue consecuencia, al menos en parte, de la conducta fiscal de los Estados y entes locales? ¿las condiciones de las cuatro recesiones económicas de la postguerra se empeoraron por las políticas presupuestarias de estos niveles? ¿cabe pensar que la política fiscal de estos gobiernos agravan las fluctuaciones en el nivel general de actividad económica?

En primer lugar examina la conducta de los ingresos de estos niveles desde 1945 a 1961, separando cuatro ciclos de la coyuntura (1945-49; 1949-54; 1954-58 y 1958-61). Estos ingresos están compuestos de las transferencias federales y de los rendimientos de sus propias fuentes impositivas. Estas últimas no dejaron de crecer durante los cuatro ciclos —solamente experimentaron un declive en el segundo

(141) RAFUSE, R. W.: «Cyclical Behavior of State-Local Finances», en *Essays in Fiscal Federalisme*, editado por R. A. Musgrave, Brookings Institution.

trimestre de 1951, durante la Guerra de Corea—. De los componentes de estos ingresos, el que produjo mayores oscilaciones con la coyuntura fue el impuesto sobre sociedades. El principal determinante del mantenimiento en el incremento de estos ingresos fue el «property tax», que representó el 40 por 100 del total de estos ingresos y que experimentó mínimas o ninguna variación ante los declives de la renta nacional.

A su vez, los gastos públicos de estos niveles experimentaron también un crecimiento constante durante todo el período. La conclusión que extrae Rafuse del examen de estos ciclos, es que, cuando la conducta fiscal estatal y local se separó de la tendencia de su crecimiento durante el período lo hizo más en una línea de estabilización que de «perversidad».

Considerando conjuntamente los ingresos y los gastos de estos niveles, considera que han tenido un efecto altamente estabilizador durante las contracciones. Si bien, durante los períodos de «boom», han contribuido al efecto expansionista, han prestado una importante contribución a la estabilidad económica compensando los declives en el P.N.B. durante los períodos de recesión.

Sin embargo, este autor advertía que en el futuro, los peligros de las depresiones para estas Haciendas se incrementaría como consecuencia de la disminución de la importancia relativa en sus ingresos del «property tax», relativamente inelástico, que está siendo desplazado por otras figuras de mayor elasticidad, como el impuesto sobre la renta. Para poder hacer frente a las posibles pérdidas de ingresos durante estos períodos, aconsejaba que se diera mayor flexibilidad a sus posibilidades de acudir a la Deuda Pública, sustituyendo los techos rígidos de endeudamiento por sistemas más flexibles de control administrativo; así como mecanismos para ayudar a la colocación de las emisiones locales.

Con este fin, algunos autores aconsejaron la creación por estas Haciendas de sus propias «reservas de estabilización». En algunos Estados llegaron a ponerse en práctica, como la «Revenue Deficiency Fund» establecida en 1946 en California, o el «Tax Stabilization Reserve Funds» creado en la misma época en Nueva York. Pero estas experiencias en la práctica no resultaron muy alentadoras y no fueron seguidas por los demás Estados.

Estos últimos análisis del tema permiten obtener las siguientes conclusiones:

— Para estos países, durante las épocas a que se refieren, no se ha confirmado la hipótesis de la actuación antiestabilizadora de las Haciendas estatales y locales que durante mucho tiempo pareció predominar en la doctrina como consecuencia, sobre todo, del análisis de Hansen y Perloff.

— Aunque existen razones que tienden a que la actividad financiera de estos niveles (142) actúe de forma contraria a la que exige una política estabilizadora, estas tendencias pueden corregirse con una estructuración de sus ingresos y una política de gasto público adecuadas. Para esto pueden jugar un papel muy importante las transferencias federales y una mayor flexibilidad en sus posibilidades de endeudamiento.

Otro campo en el que no es conveniente que los Estados realicen su propia política, es el de los incentivos fiscales al desarrollo económico. Medidas de este tipo adoptadas por unos Estados sí y otros no, o con distinta intensidad, por unos y otros, puede ser un factor de perturbación en las decisiones sobre el emplazamiento de las industrias y la realización de las inversiones. Para neutralizar estos efectos puede desencadenarse una guerra de incentivos entre los Estados, que acabe poniendo en peligro su capacidad para recaudar ingresos suficientes.

---

(142) Rafuse resume así estas causas:

1) Existen limitaciones constitucionales y normativas sobre la política presupuestaria que dificultan en la mayoría de los Estados y entes locales la función tradicional de asignación de los recursos.

2) La baja elasticidad de los ingresos de estos niveles restringe la contribución de sus sistemas fiscales a la estabilidad automática.

3) La exportación a otros territorios de los efectos de las inversiones que originan puestos de trabajo disminuye el interés de sus gobiernos por adaptar sus políticas de construcciones a las necesidades de la coyuntura.

4) La capacidad de estos Gobiernos para acudir a la deuda pública es muy inferior a la del Gobierno federal.

5) La competencia interestatal supone una traba para la libre actuación de estos gobiernos.

6) La flexibilidad presupuestaria se ve limitada por la práctica de afectar determinados ingresos a determinados empleos concretos.

7) Finalmente, el enorme número de unidades estatales y locales con poder de adoptar decisiones económicas, los cientos de miles de funcionarios públicos elegidos y nombrados directamente, la diversidad de actitudes a cerca del papel de los gobiernos en este campo, son fuentes potenciales de confusión e inconsistencia que pueden bastar para frustrar los esfuerzos más concertados para conseguir cierto grado de estabilidad en las políticas fiscales estatales y locales.

CAPITULO VII

LA DISTRIBUCION DE LAS FUENTES IMPOSITIVAS ENTRE LOS DOS NIVELES POLITICOS

1. Adecuación de las distintas figuras tributarias a los principios enunciados en el Capítulo anterior.

En el Capítulo anterior se han expuesto los criterios que, fundamentalmente, han de tenerse en cuenta al asignar los impuestos a cada uno de los niveles políticos titulares de poder tributario en un Estado federal, para que, tanto la imposición federal, como la estatal puedan cumplir debidamente las funciones que deben cumplir, y para que ambas se coordinen adecuadamente de forma que, a escala nacional, se integren en un verdadero sistema fiscal.

En este Capítulo vamos a tratar de examinar la aplicación de estos criterios en relación con las principales figuras impositivas.

Sin duda, el sistema fiscal tiene un carácter instrumental: es un mecanismo para recaudar ingresos públicos y para hacerlo de forma que se respeten las exigencias de la equidad tributaria y que colabore a la consecución de los objetivos de la política económica y social.

Los sistemas fiscales no pueden, por lo tanto, planearse en abstracto sino en función de los objetivos concretos que deben cumplir en cada momento y en cada país. Consecuentemente, la distribución de las fuentes impositivas entre un Gobierno federal y sus Estados miembros deberá decidirse en base, en primer lugar, a las funciones que con arreglo a los preceptos constitucionales se reservan a cada uno de los niveles políticos. A cada uno de estos habrá de proporcionárseles los medios necesarios para que pueda hacer frente a sus necesidades; las fuentes impositivas deberán distribuirse, por tanto, en función, en primer lugar, de los gastos en que deban incurrir los respectivos gobiernos en virtud de las materias que se les encomienden.

Los estudios sobre los Estados federales señalan unánimemente, que uno de los principales problemas que se presentan en estas organizaciones, es que los Estados miembros se ven sometidos a la petición continua de mayores y más caros servicios, sin que cuenten con unas fuentes de ingresos impositivos que les permiten sufragarlos.

Anteriormente reprodujimos una cita de Walter Heller, que describe muy gráficamente esta situación para los Estados Unidos. En la misma línea, ha afirmado L. L. Ecker Racz (143): «No hay escapatoria del conflicto porque (...), el progreso nacional confiere, al mismo tiempo, ventajas y cargas: las ventajas tienden a ser nacionales; las cargas estatales y locales».

Una distribución racional de las fuentes impositivas deberá evitar esta situación. Si las responsabilidades que la Constitución atribuye a los Estados miembros son amplias, ha de permitírselas que obtengan recursos suficientes para atenderlas. La distribución de fuentes impositivas deberá considerar, igualmente, el papel que se piense debe jugar el sistema fiscal estatal como instrumento de la política económica y social.

Quiere esto decir, que cualquier planteamiento teórico de este tema, habrá de adaptarse necesariamente a la realidad específica del país de que se trate. Pero esto no significa que carezca de utilidad examinar en el plano abstracto de la teoría, la mayor o menor aptitud que pueden tener las grandes figuras impositivas para ser utilizadas por cada uno de los niveles políticos, aptitud que deberá estudiarse a la luz de los criterios expuestos en el capítulo anterior. Al contrario, este examen permitirá distribuir las fuentes de ingresos de forma que se logre su mejor utilización y se evite que se atribuya a un nivel político el derecho a disponer de recursos que luego, en la práctica, no va a poder, realmente obtener, o lo va a hacer de manera muy imperfecta.

Como señalamos anteriormente, la posibilidad de aplicarlos en la práctica correctamente es requisito imprescindible para que pueda aspirarse a que los impuesos se ajusten a los principios de equidad y puedan ser instrumentos útiles de la política económica o social.

a) *Administración eficiente.*

La primera exigencia, por lo tanto, de una buena distribución de las fuentes impositivas entre los dos niveles políticos, es que, a cada uno de ellos se asignen exclusivamente aquéllas que puedan administrar de forma eficaz.

---

(143) L. L. Ecker-Racz: «Federal-State Fiscal Inbalance: The Dilemma». The Tax Executive, junio 1965, págs. 281-289.

Como hipótesis general puede partirse de que la Administración federal será, normalmente, más técnica y completa que la de los Estados. Esto llevará a que en la distribución de fuentes impositivas se reserven para aquel nivel los impuestos más complejos y que necesiten mayor especialización para su correcta aplicación. Esto afectará sobre todo, al Impuesto sobre los beneficios de las sociedades.

En los sistemas fiscales de los Estados miembros de una federación suelen existir diversas modalidades de gravámenes sobre las Sociedades que no recaen sobre los beneficios de éstas, sino sobre otra serie de magnitudes (capital, volumen de ventas, primas de seguros (144), etc. etcétera). Estos gravámenes son relativamente fáciles de aplicar, pero sus efectos, tanto desde el punto de vista económico, como de la neutralidad impositiva, dejan mucho que desear.

La forma más conveniente para gravar las sociedades es el impuesto sobre sus beneficios netos. Pero, en cambio, su técnica es complicada. En primer lugar, la determinación del beneficio neto necesita la llevanza de una buena contabilidad que permita conocer con exactitud sus ingresos y sus gastos, lo que requiere que la Administración cuente con personal altamente especializado en este campo, capaz de determinar correctamente la base imponible y realizar las debidas comprobaciones. Por otra parte, éste es uno de los impuestos más eficaces para ser utilizados como instrumento de política económica e influir sobre la actividad de las empresas, por lo que suelen incorporarse al mismo una serie de mecanismos especiales que aumentan considerablemente la complejidad del impuesto.

Por consideraciones administrativas, parece claro que esta figura impositiva, es muy poco apta para ser utilizada por las Haciendas estatales, al menos como figura autónoma de este nivel. Una posibilidad es permitir la existencia de impuestos estatales sobre las sociedades, pero que recaigan, no sobre una base independiente para cada Estado, sino sobre la misma base del impuesto federal o una muy semejante a ella.

Necesita también una buena formación contable el personal que tenga encomendada la gestión del impuesto sobre las ventas, en la modalidad del impuesto sobre el valor añadido. Se dice que la determinación de la base imponible con este impuesto es muy sencilla, porque viene dada automáticamente por la diferencia entre las compras y las ventas o de los impuestos correspondientes a las mismas. Pero para que opere realmente, la gran ventaja de este impuesto que es su neutralidad, hace falta que las compras y las ventas se conozcan y se puedan

---

(144) El Informe Sirois clasifica las sociedades sometidas a alguno de estos gravámenes hasta en 29 grupos, según la actividad a que se dedican, y en cada uno de ellos enumera seis o siete modalidades de imposición.

comprobar con gran exactitud, si no puede producirse un fraude importante y surgir distorsiones considerables. También en su regulación existen algunos mecanismos complicados, como las prorratas que surgen como consecuencia de la existencia de exenciones para algunos productos, o reglas especiales (como la famosa regla tope o de «butoire» francesa) complementarias de los sistemas de deducción del impuesto correspondiente a las inversiones. Asimismo, si ésta se lleva a cabo, no de forma inmediata en el momento de la adquisición de los bienes, sino en proporción a la depreciación de los mismos, se traslada a este impuesto gran parte de la complejidad de la política de las amortizaciones.

Por estas razones tampoco nos parece que un impuesto sobre las ventas de esta modalidad pueda ser administrado fácilmente por los Estados miembros. En los Derechos positivos se encuentran exigidos a este nivel impuestos sobre las ventas, pero, generalmente, de modalidades menos sofisticadas, como el impuesto en cascada o el de fase única.

Una tercera figura que también presenta dificultades para ser administrada eficazmente a nivel estatal, es el impuesto sobre el patrimonio neto de las personas físicas. Con él, se grava con tarifas progresivas, anualmente, el valor neto de todos los elementos patrimoniales de cada contribuyente. Esta tarea presenta dos graves dificultades desde el punto de vista de su administración: requiere el conocimiento de todos los elementos patrimoniales, evitando lagunas que produzcan graves desigualdades y, sobre todo, la valoración periódica de los mismos, lo que supone un esfuerzo administrativo muy considerable. Puede sinplificarse en cierto modo su administración manteniendo las valoraciones por plazos más o menos largos, o acudiendo a procedimientos indiciarios. Pero, a medida que la base del impuesto se separa del verdadero valor del patrimonio del contribuyente, se debilita su justificación que es la de gravar la capacidad económica que supone la posesión de un patrimonio como complemento de la que significa la renta percibida.

Los impuestos sobre sucesiones también plantean la dificultad de las valoraciones patrimoniales, pero el carácter no periódico de los mismos hace menos grave este problema.

La primacía de los impuestos sobre la renta desde el punto de vista de la equidad es indiscutible, pero para que cumplan este papel, es necesario que recaigan sobre la verdadera capacidad económica de cada contribuyente. Por ello, es fundamental que se administren de forma eficiente. En principio, la mecánica del impuesto no tiene por qué ser excesivamente compleja; pero es innegable que tiene una serie de características que complican grandemente su administración. En primer lugar, su comprobación obliga a entrar en la esfera privada de los contribuyentes, lo que produce inevitable reacción. Por otro lado, la progresividad de la tarifa es un factor de complejidad para todos los mecanismos que se gradúen en función de ella. Asimismo la complicación será todavía mayor si se incorporan a su regulación desgravaciones u otras técnicas al servicio de la política económica o social.

El punto más débil de este impuesto, incluso cuando se exige a nivel nacional, es la dificultad para conocer las verdaderas rentas de determinadas categorías de contribuyentes (ciertos profesionales, agricultores, pequeños comerciantes, etc.). La significación real de este problema dependerá en gran medida de la estructura socioeconómica de cada país.

Ursula Hicks (145) señala que, para que pueda hablarse de un impuesto efectivo sobre la renta, tienen que darse determinados requisitos previos: «determinación de la renta global que obtenga cada contribuyente de todas sus fuentes efectuada por funcionarios especializados, bien adiestrados y bien pagados; completa identificación de los contribuyentes; y comprobación por un personal suficientemente numeroso y preparado que actúe sobre los contribuyentes para asegurar el debido cumplimiento de la ley.»

A su vez, para Estados Unidos, la Comisión Asesora sobre las relaciones intergubernamentales (146), consideró que para que el impuesto sobre la renta pudiese ser utilizado como una figura impositiva estatal eficaz y satisfactoria, debería cumplir, al menos, los siguientes requisitos:

— Para asegurar la equidad, contar con exenciones personales, al menos, tan generosas como las del impuesto federal;

— Por razones de sencillez administrativa y para hacer posible su aplicación por los contribuyentes, emplear la retención en la fuente y adecuar su regulación técnica a la legislación federal;

— Para que sea aceptable desde el punto de vista de su productividad, que la recaudación de cada impuesto estatal alcance, al menos, el 20 por 100 de la recaudación por el impuesto federal dentro del Estado.

Considera esta Comisión que, en cambio, no es imprescindible que la tarifa del impuesto sea progresiva, pues con unos tipos proporcionales puede conseguirse a la vez una buena recaudación y una dis-

---

(145) U. HICKS: «Development Finance». Clarendon Press. Oxford, 1965.

(146) Advisory Commission on Intergovernmental Relations: «State and a Local Finances. Significant Features: 1966-1969». Washington D. C., noviembre 1968, página 6.

tribución progresiva de su carga en virtud del efecto de las exenciones personales.

No obstante las dificultades descritas, consideramos que si se renuncia a estructurarlo con excesivo tecnicismo, cabe exigir a nivel estatal un impuesto sobre la renta que opere de forma eficiente, coordinándolo debidamente con el impuesto federal.

En el aspecto administrativo es fundamental la mayor o menor vulnerabilidad de las distintas figuras tributarias al fraude fiscal. El grado de fraude fiscal es un índice muy apreciable de la posibilidad de administrar eficazmente un impuesto. Este fenómeno mina la eficacia recaudatoria del sistema y ataca gravemente a la equidad tributaria, puesto que supone una disminución discriminatoria de la carga fiscal precísamente en favor de los que incumplen la ley. Pero, además, por lo general, del fraude fiscal se pueden beneficiar más los contribuyentes con mayor capacidad económica, lo que supone un gravísimo factor de regresividad del sistema. Existen figuras tributarias en la que se produce un considerable desfase entre las bases fiscales y las bases reales, pero en las que la amplia extensión de este desfase hace que, en cierto modo, se restablezca la igualdad de tributación, aunque a niveles de presión fiscal inferiores a los legales. El fraude en impuestos de este tipo, es menos grave que cuando se produce de forma aislada en beneficio de unos pocos con intensidades muy dispares de unos a otros. Las figuras en las que se produce un fraude de aquel tipo, pueden mantenerse, siempre que pueda contarse con módulos o índices objetivos que permitan fijar las bases imponibles a niveles uniformes aunque inferiores a los reales y sin perjuicio, naturalmente, de que se realicen los máximos esfuerzos para suprimir este desfase. Esto puede suceder, por ejemplo, en relación con las transmisiones patrimoniales.

Los impuestos que recaen sobre el patrimonio inmobiliario, tanto si gravan su posesión como su transmisión, y los impuestos sobre tenencia o utilización de determinados bienes —como los automóviles— que necesariamente deben figurar para otros fines en registros administrativos, se consideran especialmente aptos para su aplicación por los Estados.

b) *La equidad en la distribución de la carga fiscal.*

Una vez garantizada la administración eficaz, la distribución de las fuentes impositivas ha de atender primordialmente al criterio de la equidad tributaria. ¿Qué significa esto en el contexto de una Hacienda federal?

Como ya dijimos en el Capítulo anterior, la respuesta a esta pregunta obliga a distinguir entre el aspecto vertical y el horizontal de la equidad tributaria. El primero requiere que las personas con distinta capacidad económica soporten distinta carga fiscal. Creemos que esta función debe tomarla a su cargo fundamentalmente la imposición federal. El segundo aspecto, el de la equidad horizontal, en los países federales no puede aislarse de la realidad de las diferencias en el nivel de servicios que puede producirse de un Estado miembro a otro, aun con igualdad de presión fiscal. Por ello la comparación entre iguales, sólo puede hacerse dentro del grupo de contribuyentes que, por pertenecer a un mismo Estado reciben los mismos servicios. Esto supone que puede considerarse equitativo un sistema en el que los distintos Estados apliquen diferentes tarifas impositivas, siempre que esta diferencia obedezca a niveles de servicios también dispares.

En este caso, para conseguir un cierto grado de armonización de carga fiscal total en todo el país, en los impuestos federales debe concederse un crédito fiscal de los impuestos estatales, pero con un límite —hasta un porcentaje de la base imponible que el contribuyente obtenga en el Estado de que se trate— que se procure corresponda al nivel medio de servicios que se considere conveniente para toda la nación. Este sistema evitará, además, que algún Estado pretenda convertirse en «paraíso fiscal» para atraer a los residentes en otros Estados.

Cabe que la imposición estatal descanse en figuras más eficaces desde el punto de vista recaudatorio, aunque satisfagan menos al principio de distribución de la carga fiscal según la capacidad económica, pero siempre que este efecto se compense con una imposición federal fuertemente progresiva.

Desde el punto de vista de la equidad, la máxima jerarquía corresponde a los impuestos personales de carácter progresivo, singularmente, al impuesto general sobre la renta de las personas físicas, combinado o no, según las posibilidades administrativas, con un impuesto personal sobre el patrimonio neto, de carácter periódico. Los efectos de estos impuestos se completan, normalmente, con los impuestos sucesorios a los que se encomienda fundamentalmente una función de redistribución de patrimonios que modere la excesiva concentración de la riqueza. Pero también desde el lado de la imposición indirecta se puede contribuir a la equidad, bien mediante impuestos específicos sobre los consumos o tenencias más suntuarias, o incluso desde los impuestos generales sobre las ventas, mediante el juego de exenciones y de la diferenciación de tipos impositivos.

Los impuestos sobre las plusvalías que se pongan de manifiesto mediante la transmisión de bienes, son, también, una medida eficaz en este sentido.

La equidad en la distribución de la carga fiscal global, será muy difícil de conseguir sin un alto grado de integración o coordinación entre los impuestos federales y estatales.

La cuestión es si puede llegarse a una situación satisfactoria en este aspecto, si la imposición estatal se despreocupa del problema de la equidad. Es evidente que cuanto mayor sea la significación relativa de la carga fiscal estatal, menos fácil será que el objetivo de la equidad pueda conseguirse descansando sólo en los impuestos progresivos exigidos a nivel nacional. A medida que aumente la importancia de los impuestos estatales será más necessario introducir también a este nivel impuestos de esta naturaleza.

Cuando la recaudación estatal represente porcentajes importantes de la recaudación total percibida a todos los niveles, será inevitable por exigencias de la equidad que parte de sus ingresos, procedan de la imposición sobre la renta. Pero para coordinar esto con las dificultades administrativas y con el objetivo de no incrementar excesivamente la presión indirecta sobre los contribuyentes puede acudirse a alguno de los procedimientos que hemos estudiado en el Capítulo III permiten la utilización conjunta de la misma figura tributaria por los dos niveles.

La función de equidad de estos impuestos puede completarse a nivel estatal mediante el establecimiento de gravámenes especiales sobre los consumos de lujo y sobre la tenencia de inmuebles y otras manifestaciones suntuarias

c) *Suficiencia presupuestaria.*

El tercer principio es el de la suficiencia presupuestaria. Respecto a este principio, es todavía más difícil formular consideraciones abstractas que respecto a los demás principios. Las necesidades presupuestarias están en función de las tareas que se encomiendan a cada uno de los niveles. A la vista de los gastos en que deban incurrir cada uno de ellos, habrá de hacerse la atribución de fuentes impositivas.

Por otro lado, el potencial recaudatorio de las distintas figuras tributarias, varía enormemente de unos países a otros. Así mientras en algunos la mayor recaudación procede de los impuestos personales sobre la renta, en otros, esta figura tiene escaso significado recaudatorio. En este aspecto, influye mucho el grado de desarrollo económico del país y también sus condiciones sociales y el nivel de conciencia fiscal que impere en el mismo. Para que la imposición sobre la renta pueda ser pieza clave de la recaudación necesita sin duda, un alto grado de cumplimiento voluntario, sin perjuicio de que sea imprescindible, al mismo tiempo, una adecuada organización administrativa e incluso un sistema legal sancionador suficientemente disuasorio. En países que no reúnen estas características no puede confiarse demasiado en este impuesto en el aspecto recaudatorio.

Probablemente, las mayores posibilidades recaudatorias las ofrece la imposición sobre el consumo, principalmente en su versión moderna de impuesto general sobre las ventas, completada con gravámenes especiales sobre productos específicos de demanda muy extendida.

Es también una fuente importante de ingresos la imposición sobre las sociedades.

En definitiva, la base de la recaudación de cualquier sistema tributario ha de encontrarse en alguna de estas figuras o en una combinación de las tres, completadas con otros impuestos que pueden considerarse menores como productores de ingresos, pero que, sumados a otros, contribuyen a aportar los ingresos necesarios.

Como muestra del peso de las distintas figuras tributarias en el total de los ingresos impositivos, comentamos a continuación de forma esquemática los cuadros de distribución de los ingresos impositivos publicados para los países de la O.C.D.E. (147)

Los impuestos sobre los bienes y servicios en los países miembros de esta organización supusieron, como media para el año 1974, porcentajes comprendidos entre el 45,11 por 100 (Irlanda) de sus ingresos impositivos y el 14,83 por 100 (Japón). Pero para la gran mayoría de estos países el porcentaje se encontraba entre el 30 y el 40 por 100.

Los impuestos generales sobre el consumo representaron en 1974, porcentajes de la recaudación total entre el 24,09 por 100 (Francia) y el 6,48 por 100 (Estados Unidos). Para tres países, el porcentaje se encontró entre el 20 por 100 y el 25 por 100, para cinco, entre el 15 por 100 y el 20 por 100; para otros siete, entre el 10 y el 15 por 100, y para seis, porcentajes inferiores al 10 por 100.

También son fuente importante de ingresos, los impuestos sobre algunos consumos específicos. El impuesto sobre el tabaco representó en 1974 porcentajes entre el 7,96 por 100 (Irlanda) y el 1,39 por 100 (Francia); para la mayoría fue del orden del 2 por 100. Los impuestos sobre las bebidas representaron porcentajes entre el 12,06 por 100 (Irlanda) y el 1,11 por 100 (Bélgica); pero, para cinco países no llegó al 2 por 100, y sólo para cinco, excedió del 3 por 100. El porcentaje de la recaudación del impuesto sobre los productos petrolíferos para 1971 va desde el 9,2 por 100 (España) al 3,3 por 100 (Dinamarca); para ocho países se encontró por encima del 3 por 100 sin llegar al 5 por 100 y para seis, entre el 6 por 100 y el 8 por 100.

Los impuestos sobre la renta personal supusieron para 1974, por-

(147) Stadistiques de Recettes Publiques des pays membres de l'O. C. D. E. 1965-1974. O. C. D. E.

centajes entre el 54 por 100 (Nueva Zelanda) y el 8 por 100 (Portugal) de su total de ingresos fiscales. Para seis de los 22 países, el porcentaje se encuentra entre el 30 por 100 y el 40 por 100; para siete, entre el 20 por 100 y el 30 por 100; para otros cuatro, entre el 8 por 100 y el 15 por 100; en cuatro países, el porcentaje excede del 40 por 100.

El porcentaje de la recaudación del impuesto sobre sociedades respecto a la recaudación total, va del 23,3 (en el Japón), al 3,2 por 100 (Dinamarca). Sólo en dos países representa más del 15 por 100 y para seis países, es inferior al 5 por 100.

Los impuestos sobre el patrimonio neto y la propiedad inmobiliaria representaron porcentajes entre el 12,09 por 100 (EE.UU.) y el 0,21 por 100 (Portugal). Para doce países no llegó al 5 por 100, y sólo para dos, pasó del 10 por 100.

Puede resultar ilustrativo analizar los resultados recogidos en el Cuadro adjunto, relativo a la presión fiscal y estructura impositiva de un conjunto de países, clasificados en dos grupos: los que disponen de unas haciendas unitarias y los organizados en forma federal.

En lo que se refiere a la presión fiscal general, o porcentaje que representan los impuestos totales, incluida la Seguridad Social, respecto del P.N.B., la media aritmética correspondiente a los países unitarios se sitúa por encima de la de los países federales (36,50 por 100 frente a 29,19 por 100). También es más amplio el intervalo de distribución de los distintos porcentajes en el caso de las haciendas unitarias. Este se extiende desde un 45,71 por 100 para Noruega, hasta un 21,09 por 100 para Japón. En el caso de las haciendas federales, el intervalo se extiende desde el 35,97 por 100 para Alemania, hasta el 24,12 por 100 para Suiza.

No obstante el porcentaje que representan los impuestos sobre la renta respecto del P.N.B. es bastante similar en ambas organizaciones: 12,73 por 100 de media en las haciendas unitarias y 12,53 por 100 en las federales. En el primer caso, los porcentajes se extienden desde el 22,35 por 100 para Dinamarca al 6,09 por 100 para Francia y en el segundo, desde el 15,19 por 100 para Canadá al 10,01 para Suiza.

En cuanto a la estructura impositiva es de destacar una mayor importancia relativa de los impuestos sobre la renta en los países federales (43,66 por 100 del total de ingresos fiscales en éstos, frente al 34,57 por 100 en los estados unitarios) ocurriendo lo contrario en materia de cotizaciones a la Seguridad Social (básicamente porque Australia, incluida en la muestra, no precisa de este tipo de recurso para mantener las prestaciones de éste). De hecho, hay que destacar que parece existir un cierto carácter sustitutivo entre la recaudación por

PRESION FISCAL Y ESTRUCTURA IMPOSITIVA
EN PAISES CON ORGANIZACION UNITARIA O FEDERAL

	Impuestos % PNB	Impuestos Renta % PNB	POR 100 DEL TOTAL INGRESOS			
			B. y Serv.	Renta	S. Social	Otros
Austria..........	37,04	9,92	36,92	26,78	25,51	10,79
Bélgica..........	35,20	12,29	31,90	34,92	30,19	3,00
Dinamarca.......	44,82	22,35	36,34	49,88	7,70	6,08
Finlandia........	35,75	15,90	40,11	44,49	13,25	2,15
Francia..........	35,80	6,09	36,22	17,01	40,45	6,30
Irlanda..........	31,09	8,73	49,20	28,08	9,08	13,64
Italia............	31,07	6,26	33,96	20,16	39,08	6,80
Japón...........	21,09	9,23	21,77	43,78	19,44	15,01
Holanda.........	41,84	14,46	26,72	34,55	35,22	3,51
Noruega.........	45,71	13,67	39,91	29,92	27,08	3,09
Suecia...........	43,89	20,21	30,06	46,05	20,33	3,56
Reino Unido.....	34,73	13,61	28,64	39,19	15,56	16,61
	36,50	12,73	34,31	34,57	23,57	7,55
Australia........	24,28	13,10	30,85	53,95	—	15,20
Canadá..........	33,53	15,19	32,50	45,32	8,70	13,48
Alemania........	35,97	11,77	28,71	32,73	33,73	4,83
Suiza............	24,12	10,01	26,28	41,51	23,37	8,84
Etsados Unidos..	28,06	12,57	19,27	44,80	20,48	15,45
	29,19	12,53	27,52	43,66	17,26	11,56
España..........	21,30	4,21	31,50	19,78	42,03	6,69

FUENTE: Stadistiques de Recettes Publiques des pays membres de l'O.C.D.E., 1965-1972. O.C.D.E. París, 1975.

impuestos sobre la renta y para la Seguridad Social. Así, en las haciendas unitarias, el mayor peso de los impuestos sobre la renta se da en Dinamarca (49,88 por 100) y el menor en Francia (17,01 por 100); justo lo contrario ocurre al nivel de la Seguridad Social donde el mayor peso relativo de las cotizaciones se da en Francia (40,45 por 100) y el menor en Dinamarca (7,70 por 100). A la misma conclusión se llega contemplando este fenómeno en las Haciendas federales. Mientras que, a nivel de los impuestos sobre la renta, éstos ostentan la mayor importancia relativa en Australia (53,95 por 100) y la menor en Alemania (32,73 por 100), en relación con las cotizaciones a la Seguridad Social, Australia ostenta el puesto más bajo del intervalo de distribución (valor nulo) mientras que Alemania el más alto (33,73 por 100).

En la última línea del Cuadro figuran los datos referentes para España, datos que se comentan por sí solos.

d) *Efectos sobre la coyuntura económica.*

El último de los criterios que hemos señalado en el Capítulo anterior que debe tenerse en cuenta al asignar las fuentes impositivas a los distintos niveles políticos es el de su efecto para compensar la coyuntura económica.

Como ya hemos señalado, durante una época se consideró que una de las notas definidoras de un buen impuesto era la estabilidad de sus rendimientos. En cambio, hoy, —dice Goode (148)—» uno de los criterios para juzgar un impuesto nacional es su eficacia para moderar las variaciones de la actividad económica.

«Un impuesto —sigue diciendo Goode— puede actuar como estabilizador si los ingresos devengados o pagados se mueven en la misma dirección que la actividad de los negocios y, en consecuencia, recorta la demanda privada más durante los períodos de expansión y prosperidad que durante las recesiones. Supuesto que las modificaciones en los ingresos no originan cambios paralelos en los gastos públicos, las variaciones en los superavits o déficits presupuestarios compensarán, total o parcialmente, las fluctuaciones en la inversión y consumo privados.»

El sistema fiscal puede actuar como estabilizador de forma automática o en virtud de cambios introducidos en su regulación. En el primer caso se habla de flexibilidad automática («built in flexibility») y, en el segundo, de política fiscal discrecional.

La flexibilidad automática se mide por la relación en que se encuentren los cambios en la recaudación y los cambios en la demanda global (149).

A su vez, los cambios en la recaudación de un impuesto dependen, por un lado, de las variaciones en sus bases imponibles (150) y, por otro, del tipo tributario que resulte aplicable en cada caso.

---

(148) R. GOODE: «The individual Income Tax». The Brookings Institution. Washington, 1964, pág. 286.

(149) Goode advierte que la flexibilidad automática es distinta de la elasticidad renta de los rendimientos de los impuestos, con la que a veces se confunde. Esta última se refiere a la relación entre los porcentajes de cambio de la recaudación y de la renta. La estabilidad económica resulta más influenciada por la flexibilidad automática que por la elasticidad renta.

(150) Puede verse un interesante estudio de la sensibilidad de las distintas materias impositivas a las fluctuaciones de la coyuntura en: J. L. MARCHAL: «Rendements Fiscaux et Conjoncture». Ed. Politiques, economiques et sociales. París, 1942.

La doctrina suele considerar que el mayor estabilizador automático es el impuesto general sobre la renta de las personas físicas. Esto es así, fundamentalmente, a causa de la progresividad de su tarifa: cuando la actividad económica decae, contribuyentes anteriormente sujetos al impuesto quedan debajo de los mínimos exentos y otros se sitúan en tramos de la escala inferiores a los que les correspondían anteriormente, e, inversamente, en las fases de expansión, contribuyentes antes no gravados pasan a superar el mínimo exento y los que ya estaban por encima de él quedan sometidos a tipos impositivos más elevados que los que les correspondían por sus anteriores niveles de renta.

El efecto estabilizador automático de este impuesto se aprecia claramente con el siguiente ejemplo de Pechman (151), que muestra la diferencia de tributación que se produce como consecuencia de la disminución de la renta imponible, aplicando las normas del «Income Tax» norteamericano:

	A	B
Renta imponible, ...	10.000	8.000
Desgravaciones...........	4.500	4.200
Base liquidable...........	5.500	3.800
Cuota....................	905	586
Renta disponible.........	9.095	7.414

En este caso, mientras la renta imponible disminuye en un 20 por ciento, la base liquidable lo hace en un 31 por 100 y la cuota impositiva en un 35 por 100.

De las otras grandes figuras impositivas, el impuesto sobre sociedades resulta muy sensible a la coyuntura económica, pero su flexibilidad automática es menor porque, normalmente, sus tipos impositivos son proporcionales. Por otro lado, su efecto estabilizador de la economía opera a través de las alteraciones en los volúmenes de inversión o de los dividendos, pero el efecto sobre los dividendos es relativamente pequeño, porque las sociedades suelen seguir una política de reparto de dividendos basada en los beneficios a largo plazo y procuran mantener las distribuciones de beneficios a niveles constantes. En cuanto a las decisiones de invertir, resultan influidas por muchos otros factores, además de la carga de este impuesto.

(151) J. A. PECHMAN: «Federal Tax Policy». The Brookings Institution Washington D. C., 1966, págs. 12-13.

Goode estima que el consumo es más estable que la renta y que la flexibilidad automática de los impuestos que inciden sobre aquél, es menor que la de los que gravan esta última.

En cuanto a los impuestos sobre el patrimonio, son los que tendrán menor eficacia en este sentido. Muchos de los elementos que lo componen mantienen invariables sus valores a pesar de los cambios de la coyuntura y, aun en aquellos casos en que se producen cambios en sus cotizaciones en el mercado, tardan en reflejarse en las bases imponibles.

2. **Modelo de distribución de las figuras impositivas.**

A la vista de estas consideraciones, se expone a continuación un sistema de distribución de las figuras tributarias entre la Federación y los Estados que respondería a los criterios enunciados.

Las tres grandes figuras tributarias (impuestos sobre la renta, sobre las sociedades y general sobre las ventas) habían de exigirse a nivel federal.

El impuesto general sobre la renta, porque la función redistributiva y de ajuste de la carga fiscal a la capacidad económica de los contribuyentes ha de realizarse con criterios uniformes para todo el país. Y, en otro orden de cosas, por mantener el principal instrumento fiscal estabilizador vinculado a la autoridad rectora de la política económica (152).

Una parte importante de sus ingresos debería atribuirse a los Estados, para que los contribuyentes se sintiesen más solidarios de este impuesto, al saber que parte de sus rendimientos se destinaba a financiar los gastos más sensiblemente conexos con la vida cotidiana de los contribuyentes.

Superponer al impuesto federal un impuesto personal sobre la renta de carácter estatal, representaría una presión fiscal indirecta importante para los contribuyentes. Si, no obstante, se adoptase este criterio, nos parece imprescindible que su estructura y regulación se armonizase en alto grado con las del impuesto federal. Por simplificación adminis-

---

(152) Ursula Hicks considera que la principal razón en favor de que la imposición sobre la renta sea federal, es que si se deja a los Estados se producirá en seguida entre ellos una gran disparidad de tarifas, de forma que los Estados más pobres tenderán a establecer altos tipos y tarifas de pronunciada progresividad. Por otra parte, en situaciones de emergencia el Gobierno federal tendrá que recabar para sí este impuesto como forma de aumentar los ingresos (así sucedió durante la II guerra mundial en Canadá y Austria), pero no podrá aumentar las tarifas en los Estados que ya las tenían muy elevadas, de forma que todo el aumento de presión fiscal recaerá sobre los demás Estados («Development Finance», pág. 118).

trativa, si se quiere que los Estados cuenten con su propio impuesto sobre la renta, puede acudirse al sistema de encargar la recaudación a la Administración federal.

El impuesto sobre sociedades debería ser federal por dos consideraciones: de un lado, las razones administrativas que hemos señalado, que aconsejan reservarlo para el nivel que posea una administración más elevada; y, de otro, por el importante papel que puede jugar como instrumento de política económica y, como medio de influir sobre el nivel de inversión y la orientación de la misma.

Para que las sociedades no dejen de contribuir directamente al sostenimiento de los Estados a los que, inevitablemente originan cuantiosos gastos, por el hecho de su establecimiento en los mismos, podría permitirse la exigencia de un recargo estatal sobre el impuesto federal. Si se quisiera dar más autonomía a los Estados en este campo, cabría permitirles la exigencia de un impuesto sobre el patrimonio de las sociedades. Este impuesto sería de sencilla administración, pues la base puede definirse de manera que no diera lugar a grandes complicaciones (por ejemplo, capital social o capital más reservas). Pero sería imprescindible, que tuviera claras normas jurisdiccionales para evitar que diese lugar a doble o múltiple imposición estatal. El inconveniente de este tipo de impuestos es que puede originar la descapitalización de las empresas, pues resulta exigible aún en ejercicios en que las sociedades no obtengan beneficios. Esto podría contrarrestarse con normas internas de la regulación del impuesto, como sería el no devengo durante los primeros ejercicios de la actividad de las empresas; y también, ensamblándolo con el impuesto federal sobre las sociedades, permitiendo que las cuotas estatales fuesen deducibles de la del impuesto federal o, al menos, fuesen consideradas gastos para el cálculo de su base imponible.

Respecto a la tercera gran figura impositiva moderna, que es el impuesto sobre las ventas, se plantean dos cuestiones: 1. ¿pueden los gobiernos federales prescindir de ella? y 2. ¿puede ser utilizada por los Estados miembros?

En cuanto a la primera cuestión no parece fácil que los gobiernos federales prescindir de la eficacia recaudatoria de este impuesto. En la mayoría de los países occidentales, aun en los más desarrollados y que cuentan con un sistema fiscal más progresivo, de él procede un porcentaje muy considerable de sus ingresos fiscales. Dado el enorme volumen que hoy alcanza el gasto público, en principio, es difícil que se puedan obtener los ingresos necesarios para financiarlo sin contar con este impuesto; sin él, habría que establecer unos tipos impositivos en los impuestos sobre la renta que serían difícilmente soportables. No obstante, la respuesta definitiva en el caso de las Haciendas federales, tendrá que estar en función del reparto de tareas que se efectúe entre los dos niveles.

Por otro lado, concretamente en relación con los países europeos, no puede olvidarse que la armonización fiscal en el seno de la Comunidad ha comenzado, precisamente, por el impuesto sobre el valor añadido, y que el modelo fiscal comunitario, cuenta con esta figura como una de sus piezas básicas. Esta armonización no es compatible con la posibilidad de que se regule la imposición sobre las ventas con independencia por cada uno de los Estados miembros.

Para estos países, esta consideración da respuesta ya a la segunda de las cuestiones formuladas al principio: el impuesto sobre las ventas deberá ser una figura armonizada a nivel supranacional y para ello es necesario su regulación y administración unitarias.

Prescindiendo de este condicionamiento europeo, la utilización por los Estados del impuesto sobre las ventas, plantea el problema de la distorsión que puede producir para el comercio interestatal el hecho de que compitan en los mercados de cada Estado, mercancías que pueden soportar distinta incidencia fiscal. Para hacer posible esta utilización habría que resolver este problema, adoptando medidas para evitar que la diferencia de carga fiscal sobre las mercancías pueda convertirse en un factor que altere la libre competencia. ¿Cómo podría lograrse esto? Como es sabido, a escala internacional se habla de dos posibilidades: el gravamen en el país de origen o en el país de destino. Si se sigue el primer sistema, las mercancías se venden soportando la carga fiscal del país de donde proceden; con el segundo, en cambio, se desgravan en este país y soportan la carga del país donde van a ser consumidos. De acuerdo con las reglas del Gatt, se ha adoptado este segundo sistema que se ha instrumentado, entre los países, por medio de los ajustes fiscales en fronteras, es decir, de la desgravación a la exportación y de la exigencia a la entrada de las mercancías de los derechos de compensación de los gravámenes interiores. Pero la aplicación de estos ajustes se basa en la existencia de las fronteras entre países y en el control por medio de ellas. Pero es evidente que hoy a la entrada en los Estados no puede establecerse una barrera aduanera que hiciera posible la exigencia de ajustes semejantes. Habría que exigir el impuesto de los importadores y efectuar el control directamente sobre los mismos. Cuando el impuesto se exija en la fase de comercio al por mayor o menor, las ventas por los importadores serán una manifestación más del hecho imponble; pero si el impuesto se exije en una fase anterior, o se trata de un impuesto en cascada, serán necesarias reglas especiales. Si se trata de un impuesto exigido en la fase de fabricación, habría que establecer la ficción legal de configurar como fabricantes a los importadores. En el caso de que en el Estado de destino se exigiese un impuesto acumulativo o en cascada, el problema sería mucho más difícil de resolver, pues para igualar la carga fiscal, no bastaría con gravar las ventas por lo importadores, sino que habría que exigir también el impuesto correspondiente a todas las transacciones anteriores que habrían soportado las mercancías producidas en el Estado de destino.

Para resolver los problemas que plantea el comercio interestatal, siguiendo el principio del gravamen en el Estado de destino, Due (153) ha propuesto para Estados Unidos que se adopten las siguientes medidas:

1.ª Que se establezca la obligación para todos los Estados de conceder un «Tax credit» por el impuesto sobre las ventas pagado a otros Estados, excepto en el caso de ventas de vehículos, los cuales deberán ser gravados sólo en el Estado donde se matriculen.

2.ª Que se apruebe una disposición reguladora del comercio interestatal que establezca que cuando una empresa venda a otra, el impuesto se pague por la empresa compradora al Estado de destino en todos los casos en que esta empresa esté dada de alta en él como vendedora de bienes o servicios.

3.ª Que se establezca la obligación para las empresas que efectúen ventas fuera de su Estado, de inscribirse en un registro en este Estado, y de pagar los impuestos en él, siempre que en él tenga instalaciones o empleados, efectúe entregas de mercancías de forma regular, o reciba pedidos, ya sea por medio de comisionistas o representantes o mediante el empleo de catálogos o ventas por correspondencia.

4.ª Que se dicten normas que establezcan que las empresas de fuera de un Estado que no estén dadas de alta en él y envíen mercancías a empresas del mismo, y que pertenezcan a un Estado en el que se exijan impuestos sobre las ventas deban pagar, el impuesto sobre las ventas, a su elección, a uno u otro de estos dos Estados.

5.ª Que se establezca que las empresas de un Estado en el que no se exija impuesto sobre las ventas que envíen mercancías a otro Estado en el que no se encuentren dadas de alta en los registros correspondientes, deberán pagar el impuesto sobre las ventas del país de destino, o un impuesto basado en una legislación «modelo» que habrá de abonarse al Gobierno Federal que transferirá los ingresos netos al Estado de destino.

La primera norma puede dar lugar a verdaderas transferencias de fondos de una Hacienda estatal a otra, siempre que los tipos impositivos del Estado de destino sean inferiores a los del Estado de origen. Si al «tax credir» se le pone el límite de los tipos impositivos del Estado de destino, las mercancías procedentes del otro Estado competirán en una situación de desventaja fiscal con las producidas en éste.

(153) J. F. Due: «Sales Taxation and the Willis Subcommittee Report», en *Illinois Business Review*, enero 1966.

Por otro lado, esta regla se traduce en una situación de gravamen en el Estado de origen, que sería el que de hecho conservaría el importe del impuesto recaudado.

Sin la regla segunda, las ventas a que se refiere podrán ser gravadas o no —dice Break (154)— dependiendo del destino que el comprador dé a las mercancías adquiridas y considera que imponer a las empresas de fuera de un Estado que investiguen acerca de este extremo para poder remitir al Estado de destino las cuotas correctas supone una carga excesiva para los vendedores interestatales.

La regla cuarta prevé una opción para el contribuyente de abonar el impuesto al Estado de origen o el de destino. Probablemente, a igualdad de tipos impositivos, la recaudación será para el Estado de origen, pues es con el que el contribuyente afectado tendrá mayor vinculación.

El gravamen en el Estado de origen, siempre que existan diferencias relevantes de tipos impositivos entre los Estados, perjudicará gravemente el comercio interestatal pues pondría a las mercancías procedentes de los Estados con tipos impositivos elevados en condiciones muy difíciles para competir con las de Estados donde no se exija impuesto sobre las ventas o lo hagan con tipos reducidos.

Además de este efecto, señala Break (155), que cuando el impuesto exigido sea sobre las ventas al por menor, el sistema de gravamen en el Estado de origen tiene el inconveniente de suponer un fuerte incentivo para que las empresas que efectúen ventas fuera del territorio del Estado donde están domiciliadas traten de hacerlo utilizando intermediarios situados en un tercer Estado que no exija un impuesto de esta naturaleza, con lo que evitarían el impuesto, tanto en el primer Estado, porque la transacción efectuada tendría carácter de venta al por mayor, no sujeta al impuesto, como en el último Estado en el que no se exige este impuesto.

Este sistema sólo podría actuar si se exige en los Estados un impuesto de la misma modalidad y que cuente en todos ellos con los mismos tipos impositivos y uniformidad en cuanto a las exenciones reconocidas.

Pese a estas dificultades, no cabe desconocer que en algunos países la imposición sobre las ventas constituye la base de la imposición estatal. La Comisión Asesora sobre las relaciones intergubernamentales de Norteamérica, considera que los Estados pueden utilizar de forma equitativa y eficaz, un impuesto sobre las ventas si dan cumplimiento a las siguientes condiciones:

---

(154) *Ob. cit.*, pág. 53.

(155) *Ob. cit.*, pág. 54.

— Para asegurar su productividad, que en el hecho imponible se incluyan los servicios personales y las ventas al por menor;

— Para asegurar la equidad, que contenga disposiciones encaminadas a corregir la regresividad, como pueden ser la exención de los productos alimenticios y de las medicinas, o un sistema de «Tax credit» en el impuesto sobre la renta por las cuotas de estos impuestos, o de devolución del propio impuesto sobre las ventas cuando con él se incida en el nivel de subsistencia de los contribuyentes;

— Como medidas para conseguir la simplicidad administrativa y el cumplimiento voluntario por los contribuyentes, que los Estados concedan la imputación del impuesto sobre las ventas pagado a otros Estados; que intercambien unos con otros informaciones y datos sobre los hechos y bases imponibles y que se eliminen la carga de la comprobación múltiple de las empresas multiestatales.

Si se mantiene sólo como impuesto federal, dada la capacidad recaudatoria de este impuesto y que sus ingresos dependerán del consumo que se realice en cada Estado, parece plenamente justificado que una parte de los ingresos de esta fuente impositiva, se distribuya entre los Estados, y probablemente, sería un criterio adecuado realizar esta distribución en función de los ingresos recaudados en cada territorio.

U. Hicks (156), después de afirmar que existen fuertes argumentos para la atribución al nivel federal de los derechos de importación, de la mayoría de los impuestos sobre la renta y los beneficios y, probablemente, también de los impuestos a la exportación y que es una cuestión abierta la de la atribución de los impuestos de consumo se pregunta si existen otros impuestos de uso generalizado que sean especialmente indicados para un nivel concreto de gobierno.

Por nuestra parte estimamos que son fuentes impositivas muy apropiadas para ser exigidas a nivel estatal, los impuestos especiales sobre consumos específicos, esencialmente, petróleo, tabacos y bebidas. Esto puede interferir con los regímenes de monopolio que existan en algún país, pero éste es un aspecto diferente del que aquí examinamos. Dada la naturaleza de estos productos, no creemos que, sobre todo en lo que se refiere a los dos primeros, la diferencia de tipos impositivos entre los impuestos estatales fuera a producir desplazamientos de consumo de un Estado a otro.

También consideramos adecuados para la imposición estatal los impuestos sobre las transmisiones patrimoniales, sobre todo, las de inmuebles. El impuesto tiene un hecho imponible de carácter netamente territorial, se justifica plenamente, no sólo como índice de la

---

(156) *Ob. cit.*, pág. 119.

capacidad económica, sino también por principios del beneficio, y, por otro lado podría configurarse de forma que su legislación no fuera excesivamente compleja.

En cuanto a los impuestos sucesorios, en principio, no encontramos razones suficientemente fuertes para atribuirlos a uno u otro nivel. Pero si se opta porque sean utilizados por los Estados, es importante que se estructure en cada uno de ellos de forma que no se produzcan disparidades considerables de presión fiscal, pues en relación con este impuesto, las diferencias de presión fiscal sí pueden dar lugar a cambios de residencia de los contribuyentes, o a que los bienes raíces se adquieran en un lugar en vez de en otro por consideraciones meramente tributarias. El remedio puede encontrarse o bien en el establecimiento constitucional de tipos impositivos mínimos y máximos que reduzcan las diferencias de presión fiscal a niveles inocuos, o bien, en la superposición de un impuesto federal con un sistema de crédito de las cuotas estatales que sirvan de nivelador de éstas.

APENDICE PARA ESPAÑA

1. Descentralización financiera para España.

El presente trabajo se ha referido hasta ahora a los países estructurados en forma federal. Pero la problemática esencial que en él se plantea, no es exclusiva de estos países, sino que puede producirse, y de hecho así sucede en muchos casos en el Derecho positivo, también en naciones que sigan un sistema distinto de organización política. Los problemas examinados pueden surgir también en Estados de estructura unitaria, siempre que en ellos, ya sea con carácter general o como régimen especial para determinadas regiones o para otras entidades administrativas, esté reconocida alguna forma de autonomía tributaria para entes públicos territoriales distintos del Estado.

El tema básico que se aborda en el trabajo es el de la coexistencia dentro de un mismo país de dos sistemas fiscales exigidos por distintas unidades políticas que tengan reconocido el derecho a percibir sus propios ingresos impositivos.

Los Estados federales constituyen el supuesto extremo de esta situación, porque en ellos coexisten dos niveles políticos con soberanía propia de la que emana un poder tributario originario. Este poder constituye uno de los derechos básicos de los Estados miembros y tiene rango constitucional.

Desde el punto de vista político, existen diferencias esenciales entre la facultad de exigir impuestos que corresponde a los Estados miembros de una Federación y la que pueden tener determinadas entidades territoriales en un Estado unitario en virtud de un régimen de descentralización financiera. Pero salvando la diferencia de origen y, concurrentemente, de naturaleza de ambas facultades, desde el punto de vista de la técnica tributaria la coexistencia de los dos sistemas fiscales puede originar problemas similares en uno y otro caso y los mecanismos y procedimientos utilizados para resolverlas en los Estados federales pueden ser, asimismo, empleados para coordinar en un Estado unitario la imposición nacional con la de las regiones o unidades descentralizadas.

En este momento, en España parece que existe un verdadero estado de opinión pública en demanda de una profunda reforma fiscal y está, asimismo, muy generalizado el sentimiento de que nuestra estructura política ha de reconocer el hecho regional y ha de inspirarse en principios de amplia descentralización administrativa.

Estas dos aspiraciones, defendidas conjuntamente, obligarán a plantearse el tema de la descentralización de la Hacienda Pública. En relación con esta descentralización, aun admitiéndola, cabe adoptar dos posturas: considerar que debe aplicarse en relación exclusivamente con la vertiente de los gastos, o estimar que ha de extenderse también al campo de los ingresos.

Para los defensores de la primera, lo fundamental es que las regiones o las entidades descentralizadas tengan facultad para decidir el uso que van a dar a los recursos de que dispongan, los servicios que han de prestarse y las necesidades que van a atender. Es esto lo que, verdaderamente, influye en la forma de vida de una comunidad. Por otra parte, la descentralización de los ingresos plantea una serie de dificultades técnicas y puede originar diversos problemas económicos que no compensan la satisfacción que puede reportar extender la autonomía también a esta faceta. La fórmula descentralizadora debe ser, por tanto, según esta concepción, que la Administración Central tome a su cargo la obtención de los ingresos públicos y suministre a los entes descentralizados, fondos suficientes para que éstos puedan desarrollar las tareas que tengan atribuidas, y dejar a éstos amplia libertad para su empleo.

Si se adopta esta posición, se evitan de raíz los problemas relativos a los ingresos y no llegan a plantearse las cuestiones típicas de la coexistencia de dos sistemas impositivos dentro de un mismo país. Pero puede ser que esta solución no sea aceptable políticamente, que no satisfaga suficientemente los anhelos descentralizadores y las aspiraciones de autonomía regional.

Para los defensores de la segunda postura no puede haber verdadera autonomía financiera, si junto a la libertad en cuanto a la utilización de los fondos, no se tiene también la facultad de obtener los ingresos necesarios. La carencia de recursos propios de cualquier unidad política o administrativa, sitúa a ésta en una situación de gran dependencia de la autoridad que ha de suministrárselos, la cual tiene con ello un arma poderosa para intentar influir sobre sus decisiones y coartar de hecho sus posibilidades de actuación.

Esta es la consideración fundamental que puede llevar a que se llegue a atribuir a los entes territoriales a los que se conceda un régimen de descentralización sus propias fuentes de ingresos. Pero la idea puede reforzarse también con argumentos de otra índole. Así puede defenderse que, con ello se aumentará el sentido de responsabilidad financiera de las autoridades descentralizadas que, al tener que realizar directamente los esfuerzos necesarios para obtener los fondos, los valorarán más y extremarán su celo para evitar el uso poco cuidadoso de los mismos.

Incluso la vinculación de una determinada figura tributaria o de otra forma de obtener ingresos a estas entidades, puede aumentar el grado de cumplimiento voluntario de los deberes fiscales, pues los contribuyentes pueden sentirse más solidarios con impuestos en cuya regulación y aplicación pueden influir de manera más directa que en cuanto a las figuras tributarias nacionales y cuyos rendimientos saben afectados a sus necesidades más próximas.

Si por razones políticas o de otro orden, se opta por atribuir a las regiones o entidades territoriales descentralizadas sus propias fuentes de ingresos, pueden plantearse problemas que han surgido ya en las Haciendas federales y para los que los países de este carácter han encontrado solución. Creemos que en este supuesto la experiencia federal puede ser de gran utilidad y se pueden encontrar en ella técnicas y criterios perfectamente válidos para la descentralización financiera de nuestro país.

2. Los regímenes fiscales especiales de ámbito territorial aplicados en nuestro país.

Pese a estar organizada como un Estado unitario, en España no existe actualmente absoluta unidad fiscal, sino que cuenta con algunas provincias en las que se aplica un régimen tributario especial que supone un alto grado de descentralización e, incluso, en varios aspectos, de autonomía fiscal.

Las provincias que cuentan con régimen fiscal especial son, fundamentalmente, Navarra y Alava y, en menor grado, las Canarias y Ceuta y Melilla.

La existencia de estos regímenes parece que requiere que al estudiar las posibilidades de organizar la descentralización fiscal en nuestro país, se comience por examinar la experiencia con que ya se cuenta en este tema como consecuencia de la legislación aplicada en estas provincias.

A continuación vamos a referirnos a estas legislaciones, no para efectuar un estudio exhaustivo de las mismas, sino para analizar esencialmente los principios generales en que se inspiran y contrastarlos con los sistemas, a los que nos hemos referido a lo largo de este trabajo, que pueden ser utilizados para coordinar debidamente la obtención de ingresos públicos por dos niveles políticos de una misma unidad nacional.

ALAVA

El concierto económico con Alava está actualmente regulado por el Real Decreto de 26 de noviembre de 1976, que tiene prevista una vigencia de 25 años.

En él se atribuye amplia autonomía a la Diputación Foral respecto a los impuestos concertados, con la obligación de abonar un cupo anual para contribuir a la financiación del gasto público.

En relación con los impuestos que se incluyen en este régimen se atribuye a la Diputación Foral su gestión e inspección con independencia de las del Estado, si bien la Administración estatal se reserva la alta inspección conducente a sus fines propios y a los del Real Decreto de 26 de noviembre de 1976.

Tiene también respecto a ellos autonomía para su regulación, pues el artículo 2.º 1. del Concierto la otorga «amplias facultades para mantener y establecer el sistema tributario que estime procedente».

Sin embargo, esta autonomía normativa tiene importantes limitaciones:

— En primer lugar, no puede oponerse a lo dispuesto en el Real Decreto sancionador del Concierto, ni en los pactos internacionales.

— Tampoco puede referirse a las rentas o tributos propios del Estado;

— Necesariamente, debe adoptar los acuerdos pertinentes para aplicar en Alava las normas fiscales de carácter excepcional o coyuntural que el Estado decida aplicar en territorio común y por el mismo período de vigencia.

— Respecto a algunos impuestos, la regulación alavesa tiene que ajustarse a la legislación aplicable en territorio común. Así, respecto al Impuesto General sobre el Tráfico de las Empresas, Impuesto sobre el Lujo e impuestos especiales, aplicará «los mismos principios básicos, normas sustantivas, hechos imponibles, exenciones, devengos, bases, tipos y tarifas que los establecidos en cada momento en territorio común».

En cuanto al Impuesto General sobre la Renta de las Personas Físicas, deberá aplicar «iguales normas sustantivas y tarifas». Asimismo cuando una sociedad deba tributar en Alava por aplicación del sistema de cifra relativa, en este territorio se la aplicarán las mismas normas y tipos de gravamen que en cada momento se hallen vigentes en territorio común.

Finalmente, los tipos impositivos aplicables a las letras de cambio y documentos de créditos y giro no pueden ser inferiores a los que rijan en cada momento en territorio común. Lo mismo sucede, cuando se trata de Sociedades que operan en los dos territorios, respecto a los actos de constitución y demás relativos a la personalidad de las sociedades.

Los rendimientos producidos por los impuestos concertados corresponden a la Diputación, con la excepción de los procedentes del impuesto sobre el uso del teléfono y la fabricación de azúcar que, previa deducción del Recargo provincial, deberán ser ingresados en la Administración del Estado.

Como compensación por la cesión de estos impuestos, la Diputación deberá ingresar anualmente un Cupo, del que se deducirá el importe de los gastos por los servicios de carácter general realizados por la Diputación en lugar del Estado.

Para 1977, el Cupo está fijado en 4.359 millones de pesetas y los gastos compensables en 1.370 millones de pesetas, con lo que el Cupo líquido es de 2.989 millones de pesetas.

El desglose del Cupo por impuestos es el siguiente:

	PESETAS
Contribución Territorial Rústica	13.800.000
Contribución Territorial Urbana	104.000.000
Impuesto sobre los Rendimientos del Trabajo Personal	775.000.000
Impuesto sobre las Rentas del Capital	375.000.000
Impuesto Industrial:	
a) Cuota de Licencia	95.000.000
b) Cuota de Beneficios	105.000.000
Impuesto sobre Sociedades	700.000.000
Impuesto sobre Sucesiones	82.000.000
Impuesto sobre Transmisiones Patrimoniales y Actos Jurídicos Documentados:	
a) Transmisiones Patrimoniales	360.000.000
b) Actos Jurídicos Documentados	262.000.000
Impuesto General sobre el Tráfico de las Empresas	1.200.000.000
Impuesto sobre el Lujo	275.000.000
Impuesto sobre la cerveza y bebidas refrescantes.	11.500.000
Tasas Fiscales	700.000
Total	4.359.000.000

Este Cupo será objeto de revisión anual, aplicando a cada uno de los cupos parciales concertados, el mismo procentaje de variación que haya experimentado la recaudación líquida del concepto correspondiente en el Estado en el ejercicio a que la revisión se refiere.

Para determinar los impuestos concertados, el Concierto económico no atiende a las figuras tributarias consideradas en su totalidad, sino que atribuye a la Diputación Foral el derecho a gravar determinados hechos imponibles de cada una de ellas y para elegir estos hechos imponibles utiliza diversos criterios, según la naturaleza de los bienes, actos y operaciones sujetos y del impuesto de que se trate.

En cuanto a las Contribuciones Rústicas y Urbanas se basa en el criterio de la situación de los bienes y atribuye a la Diputación el derecho a gravar los bienes de naturaleza rústica o urbana, situados en su territorio. Contiene normas especiales, en cuanto a la Cuota fija, para la ganadería independiente que la asigna al Estado o a la Diputación cuando el ganado paste o se alimente, respectivamente, en territorio común o aforado. La contribución rústica correspondiente a la ganadería trashumante o transterminante se exigirá por la Administración del territorio donde se halle normalmente la base del ganado.

En relación con el Impuesto sobre los Rendimientos del Trabajo Personal, la distribución de la materia imponible se realiza atendiendo, básicamente, al lugar donde se ejerce la actividad que origina los rendimientos gravados. No obstante, en ciertos casos, conserva siempre el Estado el derecho a gravar determinados sujetos pasivos, por razón de su carácter público o de su vinculación con funciones estatales. Así sucede con los funcionarios del Estado y de los organismos autónomos, siempre para estos últimos que sus servicios sean abonables a efectos de clases pasivas, y con los expendedores de lotería. Tributarán a Alava, por razón de tener su domicilio en ella, los artistas y deportistas, cuando más del 60 por 100 de sus actuaciones no tengan lugar en territorio común, y los autores que editen sus propias obras literarias o musicales, que vendan directamente, sin establecimiento abierto al público. Finalmente, por razón del domicilio de la empresa que abona las recaudaciones tributarán en Alava, los productores de empresas de transporte que ejerzan su trabajo en ruta y los Presidentes y vocales de los Consejos de Administración.

El criterio básico empleado en relación con el Impuesto sobre las Rentas del Capital, es el del origen de las rentas. A su vez, éste se define, para los dividendos e intereses y primas de amortización de las obligaciones, atendiendo al lugar donde operen las entidades que los abonan; en el caso de los préstamos simples y demás intereses, al domicilio del sujeto pasivo; y en el supuesto de intereses de las operaciones pasivas de las Entidades financieras, habrá de atenerse al lugar donde se realicen las operaciones y radiquen los establecimientos que las abonan.

Por razón del domicilio del perceptor de las rentas, tributan en Alava, los rendimientos de la propiedad intelectual, de asistencia técnica y las rentas vitalicias. Y, por su situación en territorio alavés, pueden ser gravados en él los productos del arrendamiento de minas y del arrendamiento y subarriendo de negocios, bienes o cosas.

En cuanto al Impuesto sobre Beneficios y Actividades Comerciales e industriales, se distribuye el derecho a gravar según el lugar donde se ejerzan las actividades gravadas.

El Impuesto General sobre la Renta de las Personas Físicas se exige por la Diputación Foral respecto a las personas que ostentan vecindad alavesa y residen en Alava durante más de seis meses al año sin interrupción o más de ocho meses, en otro caso.

Respecto al Impuesto sobre Sociedades, distingue el Concierto entre las sociedades que operen exclusivamente en territorio común o foral, que tributarán íntegramente al Estado o la Diputación, respectivamente, y las que operen en los dos territorios. Respecto a estas últimas se aplica el sistema de cifra relativa de negocios. Otra característica específica de este caso, es que para gravar a estas sociedades, por aplicación de la cifra relativa correspondiente, la Diputación deberá aplicar las mismas normas y tipos de gravamen que estén vigentes en territorio común.

Por excepción, los Bancos oficiales y el Exterior de España, las entidades extranjeras y las concesionarias de monopolios tributarán sólo al Estado, aunque operen en territorio alavés.

En cuanto al Impuesto sobre Sucesiones, se distingue entre los bienes inmuebles y los muebles de la herencia. El derecho a gravar los primeros corresponde al territorio donde estén sitos; los segundos, se gravan en Alava, cualquiera que sea el lugar en que se encuentren, cuando formen parte de la herencia de un causante al que le sea aplicable el régimen foral de conformidad con el artículo 14 del Código civil.

No están sujetos a la imposición estatal los bienes de las personas jurídicas domiciliadas en la provincia de Alava.

Para completar esta distribución de fuentes, conviene examinar cómo evita el Estado la doble imposición, en cuanto a los impuestos generales, respecto a aquellos hechos imponibles que corresponda gravar a Alava.

Respecto al Impuesto General sobre la Renta de las Personas Físicas, el artículo 40.6 del Texto refundido de este impuesto establece que, «cuando en la base imponible figuren ingresos procedentes de territorios sujetos a régimen fiscal especial, se deducirán las cuotas allí satisfechas correspondientes a los rendimientos a que se refiere el artículo 5.º *b*)», es decir, de los rendimientos que están sujetos al impuesto general, por ser de la misma naturaleza que los sujetos a los impuestos a cuenta.

En cuanto al Impuesto sobre Sociedades, no cabe que se produzca la doble imposición entre el Estado y la Diputación, pues el Concierto, o bien atribuye el derecho a gravar con carácter exclusivo a una y otra Administración, o, cuando se trate de sociedades que operen en los dos territorios, emplea el método de cifra relativa que, al distribuir la materia imponible, el beneficio, impide que se produzca doble imposición.

Finalmente, para el Impuesto sobre Sucesiones, el artículo 12 contiene reglas concretas a este respecto.

Declara exceptuados del impuesto del Estado, los bienes inmuebles situados en territorio alavés y los bienes muebles que formen parte de una herencia cuando el causante esté sometido al régimen foral.

Pero cabe la posibilidad de que de una herencia formen parte bienes no afectados por el párrafo anterior y otros que sí lo estén. Esto sucederá, por ejemplo, si el causante no está sujeto al régimen foral y en su herencia existen bienes inmuebles situados en Alava, y otros bienes, o también, si el causante es de régimen foral y existen bienes inmuebles situados en territorio común.

En estos casos, dispone el Convenio que «ambas Administraciones, teniendo en cuenta el importe total de cada una de las adquisiciones individuales a efectos de aplicación del número y tipo correspondiente de la tarifa, practicarán las liquidaciones que correspondan en proporción al valor comprobado de los bienes imputables a una u otra».

En relación con los impuestos indirectos sigue los siguientes criterios:

En cuanto al Impuesto sobre Transmisiones Patrimoniales, para las transmisiones de inmuebles se atiende al lugar de situación de los bienes transmitidos; para los préstamos con garantía hipotecaria o prenda sin desplazamiento, al territorio donde se inscriben en el Registro; en relación con los actos y contratos relativos a los bienes muebles, se faculta a la Diputación para gravarlos, siempre que el sujeto pasivo de la obligación tributaria le sea aplicable el régimen foral; y para los actos relativos a la constitución de Sociedades, ampliación y disminución de capitales, prórroga, modificación, transformación y disolución de sociedades será determinante el territorio donde se encuentre la sociedad a que se refieran.

En relación con el Impuesto sobre Actos Jurídicos Documentados, se utilizan, según los distintos documentos de que se trate, el ámbito territorial de la jurisdicción que los dicte, y el lugar de otorgamiento, formalización, expedición o libramiento de los documentos.

En cuanto al Impuesto General sobre el Tráfico de las Empresas, se establecen normas concretas para cada hecho imponible que, en general, pueden resumirse en el criterio del lugar de fabricación o venta para las operaciones de los fabricantes y de los comerciantes mayoristas y de la prestación de los servicios, para éstos. Como normas especiales, dispone que tributarán a Alava: las ejecuciones de obras sobre inmuebles cuando el solar o edificación se encuentren en este territorio, los arrendamientos de bienes muebles o semovientes, cuando se entreguen en Alava por Empresas que tengan establecimiento allí, las operaciones de seguro cuando la Empresa aseguradora tenga establecimiento en Alava y el asegurado esté domiciliado en su territorio, y los servicios de transporte —salvo los ferroviarios de uso público— cuando se inicien en Alava aunque afecten a otros territorios.

El criterio básico respecto al Impuesto sobre el Lujo, es el lugar de realización de los hechos imponibles. El Impuesto de Tenencia y Disfrute relativo a los vehículos, se exigirá por la Diputación, cuando el titular tenga su domicilio en Alava, y el de Tenencia y Disfrute de inmuebles de recreo, cuando éstos se encuentren situados en territorio alavés. El Impuesto que grava la adquisición de gasolina supercarburante, y tabaco, se liquidarán e ingresarán directamente en el Tesoro, considerándose su importe como una aportación más de Alava al sostenimiento de las cargas generales de la Administración del Estado.

Se exigirán por la Diputación Foral los siguientes impuestos especiales:

— El impuesto sobre el uso del teléfono en Alava; y

— los impuestos sobre la fabricación del azúcar, achicoria, cerveza y bebidas refrescantes, cuando las fábricas estén situadas en territorio alavés.

El producto íntegro de la recaudación que obtenga por los impuestos que gravan el uso del teléfono y la fabricación del azúcar, lo ingresará la Diputación en la Administración del Estado, una vez deducido el importe del Recargo Provincial.

Finalmente, en cuanto a los impuestos no concertados, dispone el artículo 8 del Concierto, que, aunque corresponda a hechos imponibles celebrados en Alava, la gestión e inspección será llevada a cabo por la Administración del Estado en la forma que disponen las Leyes y Reglamentos de la Hacienda Pública.

Si se compara el procedimiento seguido por el Concierto con Alava con los distintos métodos que vimos en el Capítulo IV, se utilizan en los países federales para coordinar la imposición federal con la de los Estados miembros se ve, que no encaja totalmente en ninguno de ellos. En primer lugar, el Concierto se refiere a las manifestaciones de los hechos imponibles y no a las figuras tributarias en su integridad.

En cierto modo, los resultados se asemejan al arrendamiento de los impuestos, pero ni el Concierto se estructura formalmente de este modo, ni en él se produce la renuncia por el arrendador del derecho a exigir impuestos de la misma naturaleza que suele acompañar a los mecanismos de aquel tipo. Por otra parte, las figuras de arrendador y arrendatario están adjudicadas de forma distinta a como suele ser lo normal en las relaciones federales.

Podría hablarse también de la utilización por las dos Administraciones de impuestos de la misma naturaleza con la adopción por parte del Estado de mecanismos para evitar la doble imposición: el «Tax credit», en el caso del Impuesto General sobre la Renta de las Personas Físicas, la cifra relativa de negocios, respecto al Impuesto sobre Sociedades. Pero el caso del Concierto se separa de estas situaciones, por cuanto la Diputación abona un cupo por los impuestos concertados.

Por otro lado, debe señalarse que el régimen del Concierto, para que no se produzcan todos los problemas que surgen en los países federales como consecuencia de las disparidades de carga fiscal, establece respecto a los impuestos indirectos que gravan el consumo y al Impuesto General sobre la Renta la uniformidad de regulación. Lo mismo sucede en el Impuesto sobre Sociedades en cuanto a las sociedades que operan en en los dos territorios y que podrán gravarse en Alava por la cifra relativa de beneficios correspondiente.

En este último caso, el precepto que establece la uniformidad de regulación es menos completo que la norma que lo hace respecto a los impuestos indirectos. El primero utiliza la fórmula «las mismas normas y tipos de gravamen», mientras que la segunda especifica mucho más los elementos que se han de unificar («principios básicos, normas sustanciales, hechos imponibles, exenciones, devengos, bases, tipos y tarifas»), pero, entendemos, que el espíritu de aquel precepto es, en definitiva, evitar que se produzcan disparidades de carga fiscal entre uno y otro territorio.

En cambio, para las sociedades que operan exclusivamente en Alava y se entienden por tales, según el artículo 11.2.º del Concierto, cuando se trate de empresas fabriles o industriales, las que tengan en territorio alavés todas sus instalaciones, no existe la obligación de uniformidad fiscal, y pueden quedar sometidas a distinta carga fiscal.

NAVARRA

El régimen fiscal de Navarra se encuentra recogido en el Convenio suscrito entre la Administración del Estado y la Diputación Foral de aquella provincia, el 24 de julio de 1969.

En su Título preliminar se recoge el principio básico sobre la materia:

«La Diputación de Navarra tendrá amplias facultades para mantener y establecer en la provincia el régimen tributario que estime procedente, siempre que no se oponga a los pactos internacionales, al presente convenio o a las contribuciones, rentas o impuestos propios del Estado.»

Añade, además, que «...se reconoce a la Diputación, para la fiscalización y exacción de los tributos establecidos por ella, las mismas facultades que asisten a la Hacienda Pública», limitadas estas facultades a su propio territorio.

Estas disposiciones conceden una amplísima autonomía fiscal a Navarra para exigir impuestos en su territorio. La autonomía comprende, tanto la facultad normativa como la administrativa y la atribución de los ingresos obtenidos.

Sin embargo, la autonomía no es absoluta. Del propio Convenio se derivan las siguientes limitaciones:

— la Administración del Estado, conserva la alta inspección conducente al cumplimiento de sus fines propios y a los de este Convenio;

— el régimen establecido en el Convenio no puede ser modificado unilateralmente, sino que habrá de hacerse por el mismo procedimiento observado para su adopción;

— si el Estado establece nuevos impuestos, se seguirá el mismo procedimiento para la armonización del sistema navarro a las modificaciones introducidas,

— el régimen especial de Navarra deberá armonizarse con el régimen fiscal común para el logro de los criterios distributivos, sociales y económicos en que se inspira la política nacional.

Precisamente para conseguir esta última finalidad, el convenio va estableciendo respecto a los distintos impuestos que se exigen en territorio común o a los diversos hechos imponibles de cada uno de ellos los que pueden ser sometidos a imposición en Navarra.

Para ello utiliza los siguientes criterios:

En cuanto a las Contribuciones Rústica y Pecuaria y Urbana, corresponde a Navarra el derecho a exigirla en cuanto afecte a explotaciones o inmuebles sitos en su territorio.

Como normas especiales dispone que la cuota fija de la Contribución Rústica que grava la ganadería independiente será exaccionada por la Diputación cuando el ganado paste o se alimente exclusivamente en territorio navarro y a la Administración del Estado, en el caso contrario. En el caso del ganado trashumante o trasterminante, esta contribución se exigirá por la Administración del territorio en que se halle, normalmente, establecida la base del ganado.

El principio básico para atribuir la materia sujeta al Impuesto sobre los Rendimientos del Trabajo Personal, es el lugar donde se realicen los trabajos o presten los servicios sujetos. Sin embargo, los sueldos de los funcionarios del Estado tributarán siempre a éste; lo mismo sucede con los expendedores de Loterías. En cambio, no se aplica esta excepción respecto de los Notarios, Registradores y Corredores de Comercio que ejerzan su función en Navarra, ni a los funcionarios de las Entidades Estatales Autónomas, ni tampoco a los representantes y expendedores de productos monopolizados.

Por razón de tener su domicilio en Navarra, tributarán a la Diputación, los rendimientos de los autores cuando éstos editen y vendan sus libros u obras musicales y perciban directamente las utilidades; y, también, los artistas, siempre que más del 60 por 100 de sus actuaciones no tengan lugar en territorio común.

Los productores de empresas de transportes que realicen su trabajo en ruta, tributarán a la Administración donde tenga la empresa centralizada su gestión o dirección; y los miembros de los Consejos de Administración, Agentes de Seguros y Comisionistas, a la Administración del territorio en que tenga el domicilio la Entidad pagadora.

El Impuesto sobre las Rentas del Capital se rige, básicamente, por las siguientes reglas:

— los dividendos y participaciones en beneficios seguirán la misma regla que se aplique para gravar a las sociedades que los distribuyen;

— los intereses y primas de amortización de obligaciones tributarán a la Administración del territorio donde tenga su domicio la sociedad emisora. En todo caso, tributarán al Estado las deudas y obligaciones extranjeras, así como los intereses de emisiones realizadas por el Estado y demás Corporaciones públicas del territorio común;

— los intereses de préstamo con garantía inmobiliaria tributarán en el territorio donde radique la garantía; y los asignados con hipoteca mobiliaria o prenda sin desplazamiento, en el territorio donde deban inscribirse en el Registro.

— en cuanto a los demás intereses, cuando el perceptor sea una persona física, se atenderá a la condición civil de ésta. Si interviene una persona jurídica, se seguirán las reglas aplicables para el Impuesto sobre Sociedades; y

— finalmente, los productos de los arrendamientos de minas, tributarán a la Administración del territorio donde esté emplazada la mina.

Respecto al Impuesto sobre Actividades y Beneficios Comerciales e industriales, se atenderá, como regla general, al territorio donde se ejerzan.

Por el Impuesto General sobre la Renta de las Personas Físicas serán gravados por la Diputación los contribuyentes en los que concurran dos condiciones:

— que tengan derecho al régimen foral navarro conforme al artículo 15 del Código civil; y

— que residan en la provincia durante seis meses al año sin interrupción, o más de ocho meses, en otro caso.

Respecto al Impuesto sobre Sociedades, distingue el Convenio las que tributarán exclusivamente a Navarra y las que han de hacerlo a las dos Administraciones.

En el primer caso se encuentran las sociedades domiciliadas en Navarra siempre que la mayoría de su capital desembolsado pertenezca a persona de condición navarra y concurra, además, uno de estos dos requisitos:

— que la mayoría de sus negocios se realicen en Navarra; o

— que estén en este territorio la mayoría de sus inmovilizaciones.

Cuando estas sociedades realicen negocios en territorio común seguirán siendo gravadas por la Diputación, pero ésta deberá aplicar normas de liquidación y tipos impositivos que no sean más beneficiosos que los establecidos por el Estado.

Las demás sociedades, que mantengan relación con los dos territorios, tributarán a las dos Administraciónes mediante la aplicación del sistema de cifra relativa de negocios.

La cifra de negocios se fijará en función del volumen de éstos atribuible a uno y otro territorio, distribuyendo las ventas al extranjero por mitades entre ambos. La cifra así fijada, se aplicará a la totalidad de los beneficios determinados con arreglo al régimen común, obteniendo la base imponible aplicable en cada territorio, que será liquidada con arreglo a la reglamentación aplicable en ellos.

En cuanto al Impuesto sobre Sucesiones, tributarán a Navarra cuando el causante tenga esta vecindad conforme al artículo 15 del Código civil.

Cabe destacar que, para evitar la domiciliación navarra por razones fiscales, el Convenio establece que cuando la condición foral se adquiere por la residencia de dos años en el territorio sin que transcurran diez, la Diputación aplicará la legislación y tarifas del Estado.

Las sucesiones de bienes inmuebles tributarán en el territorio donde estén sitos.

La Diputación no podrá gravar las transmisiones sucesorias de bienes muebles cuando el causante no esté sometido a la legislación foral, aunque los bienes estén situados en la Provincia.

Cuando en una misma sucesión tengan derecho a gravar las dos Administraciones, la aplicación de la tarifa progresiva del Estado será común para las dos, practicando cada una de ellas la liquidación que proceda en función de la totalidad del caudal hereditario. La exacción del tributo por cada una de las Administraciones se hará en proporción al porcentaje que corresponda al valor de los bienes imputables a una u otra.

En el Impuesto sobre Transmisiones Patrimoniales, se atiende al lugar de la situación de los bienes, cuando se trata de transmisiones de inmuebles o de préstamos con garantía hipotecaria. Si esta garantía es prendaria, se atenderá al lugar donde sean inscribibles los bienes pignorados.

Las transmisiones de bienes muebles se rigen, en cambio, por la sujeción o no al régimen foral del sujeto pasivo.

Los actos de constitución, aumentos y disminuciones de capital, prórrogas, modificaciones, transformaciones y disoluciones de todas clases, tributarán a la Diputación cuando las correspondientes escrituras se autoricen u otorguen en su territorio, siempre que, además, la mayoría del capital, si se trata de sociedades anónimas, pertenezca a personas con vecindad foral, y, si se trata de colectivas, comanditarias o limitadas, tengan la mayoría de sus socioes dicha vecindad.

En relación con estos hechos imponibles, la Diputación no podrá aplicar tarifas inferiores ni establecer normas de comprobación o de liquidación distintas a las vigentes en el territorio común.

Tributarán también a la Diputación, las transmisiones de efectos públicos, acciones, derechos de suscripción y obligaciones intervenidas en Navarra por Corredor oficial de Comercio, sin que, tampoco en este caso, la Diputación pueda aplicar tarifas distintas de las del Estado.

Asimismo corresponderá a la Diputación el derecho a gravar los arrendamientos de fincas urbanas y de locales de negocio, sitos en ella que se formalicen en efectos timbrados.

En relación con el impuesto sobre actos jurídicos documentados, la competencia de la Diputación puede derivarse de la jurisdicción territorial de la autoridad que dicte los actos, del hecho de la formalización, autorización, otorgamiento o expedición de los documentos.

Las letras de cambio y documentos de giro que se libren en Navarra quedan exceptuadas del impuesto del Estado. Pero la Diputación no puede aplicar tipos impositivos ni normas distintas a las del régimen común.

Respecto al Impuesto General sobre el Tráfico de las Empresas, los principales criterios utilizados para distribuir la materia imponible son los siguientes:

— las operaciones de los fabricantes, industriales y comerciantes mayoristas, se gravarán en el territorio donde estén situadas las fábricas, talleres o almacenes de los que salgan las mercancías con destino a sus respectivos adquirentes;

— las ejecuciones de obra tributarán a la Administración del territorio en que se ejecute la obra;

— los servicios tributarán a la Administración del territorio donde se presten. Si la prestación de servicio tuviera lugar en los dos territorios, se satisfará el impuesto a la Administración correspondiente al domicilio de la persona que los presta.

Existen reglas especiales para los servicios bancarios, de seguros, publicidad, servicios de hostelería y transporte.

— los espectáculos satisfarán el impuesto en el territorio en que se celebren;

— las transmisiones o entregas por precio de productos naturales o fabricantes, industriales o comerciantes mayoristas tributarán en el territorio donde estén situadas las fábricas, talleres o almacenes de las Empresas que los adquieran;

— las exportaciones realizadas por empresas establecidas en Navarra de los bienes fabricados en ella, tributarán a la Diputación, con independencia de las oficinas aduaneras por las que se despachen.

El Impuesto de Lujo se exigirá por la Diputación, cuando los hechos imponibles se realicen en Navarra. Existen reglas especiales relativas al impuesto sobre el tabaco, las adquisiciones de vehículos, tenencia de inmuebles de recrero y «cuotas de entrada».

El impuesto sobre el tabaco se liquidará y recaudará por el Monopolio, pero éste ingresará directamente en la Diputación las cantidades correspondientes a las ventas en Navarra.

Asimismo, el Impuesto sobre el uso del teléfono en Navarra será liquidado y recaudado por la Compañía Telefónica y ésta ingresará directamente en la Diputación su rendimiento.

Los impuestos especiales sobre la fabricación del alcohol, azúcar, achicoria, cerveza y bebidas refrescantes serán exigidos por la Diputación cuando las respectivas fábricas estén situadas en territorio navarro.

El Impuesto de lujo que grava la adquisición de gasolina supercarburante y el especial sobre el petróleo y sus derivados, se exigirá por la Administración del Estado, ingresándose su recaudación en el Tesoro.

Dentro de un capítulo consagrado a las Normas de gestión, el Decreto-ley establece que:

> «Para la exacción de los Impuestos General sobre el Tráfico de las Empresas, Lujo, Especiales y Tasas Fiscales, la Diputación de Navarra aplicará los mismos principios básicos, normas sustantivas, hechos imponibles, exenciones, devengos, bases, tipos y tarifas vigentes en cada momento en territorio común.»

Para la coordinación y armonización de la gestión de estos impuestos se creó la Comisión Coordinadora del régimen fiscal de los impuestos indirectos, compuesta por representantes del Ministerio de Hacienda y la Diputación Foral.

La aportación económica de Navarra al Estado consta de tres partes:

— Pago de un cupo contributivo de 230 millones de pesetas anuales; y

— Una compensación anual por la atribución al erario provincial de los rendimientos de los Impuesto General sobre el Tráfico de las Empresas, Lujo y Especiales.

— Una compensación anual por la Desgravación Fiscal a la Exportación satisfecha por el Estado a las empresas que tributen a la Diputación.

Para 1970 y 1971 estas dos compensaciones se fijaron, respectivamente, en 390 y 80 millones de pesetas. La primera de las compensaciones se revisará anualmente según el porcentaje de aumento o disminución experimentado por la recaudación total de los mismos conceptos en favor del Tesoro en el ejercicio inmediatamente anterior.

La compensación por la desgravación a la exportación se revisará también anualmente, de forma que se mantenga la proporción existente entre la cifra de 80 millones de pesetas y los gastos efectivos por este concepto efectuados por el Ministerio de Hacienda en 1969 a favor de las empresas que tributaron a la Delegación.

En el presupuesto de la Excelentísima Diputación Foral de Navarra para el trienio 1974-1977 se prevén los siguientes ingresos por la exacción de los impuestos que le atribuye el Convenio (157):

	PESETAS
IMPUESTOS DIRECTOS	
1. Contribución Rústica, Pecuaria y Urbana	99.797.572
2. Impuesto sobre Actividades y Beneficios Comerciales (Cuota de Licencia)	47.390.000
3. Impuesto sobre Actividades y Beneficios Comerciales (Cuota de Beneficios)	35.000.000
4. Impuesto sobre Rendimiento Trabajo Personal	209.650.000
5. Idem sobre Rentas de Capital	69.000.000
6. Idem sobre Renta de Sociedades	200.000.000
7. Gravamen especial sobre Sociedades Anónimas	25.000.000
8. Impuesto General sobre la Renta de Personas Físicas	50.000.000
9. Impuesto General sobre Sucesiones	25.000.000
Total Impuestos Directos	760.837.572
IMPUESTOS INDIRECTOS	
10. Sobre Transmisiones Patrimoniales	210.000.000
11. Sobre Actos jurídicos Documentados	230.000.000
12. Sobre Tráfico de las Empresas	1.202.500.000
13. Billetaje de Espectáculos	8.000.000
14. Impuesto de Lujo (tabaco, etc.)	270.000.000
15. Impuesto de Lujo sobre vehículos	180.000.000
16. Cuota Fiscal y patentes	20.188,474
Total Impuestos Indirectos	2.120.688.474
IMPUESTOS ESPECIALES	
17. Servicio Telefónico	80.000.000
18. Sobre el Alcohol, Azúcar, etc.	50.000.000
Total Impuestos Especiales	130.000.000
OTROS IMPUESTOS	
19. Impuestos sobre aprovechamientos comunales	7.330.000
20. Nuevos Impuestos	15.000.000
21. Percepción de la Seguridad Social Agraria	20.000.000
TASAS FISCALES Y CANON PRENSA	
22. Canon Compensación papel prensa	10.000.000
Total Capítulo Impuestos	3.063.856.046

(157) Datos tomados de la obra «Derecho Fiscal Navarro y Práctica Tributaria», publicado por la Cámara Oficial del Comercio e Industria de Navarra, en 1975.

Expuestas las grandes líneas del régimen fiscal aplicable en Navarra puede preguntarse aquí también, como se hizo respecto a Alava, si este régimen puede encuadrarse en alguno de los sistema que hemos descrito en el Capítulo III.

Y la respuesta es, igualmente, que no encaja exactamente en ninguno de ellos. Las características esenciales del sistema, pueden resumirse así:

a) Se trata de un sistema fiscal propio de Navarra, establecido en virtud de la facultad que ésta tiene de exigir sus propios impuestos.

En virtud de esta facultad Navarra puede elegir libremente los impuestos que configuren su sistema fiscal.

Como hemos señalado, esta facultad está expresamente recogida en la Diposición Unica del Título Preliminar del Convenio Económico de 19 de julio de 1969.

Otra cuestión, en la que no podemos entrar aquí, es el origen histórico y la justificación de esta facultad (158).

b) De hecho, salvo excepciones muy concretas, el sistema fiscal navarro no está compuesto por figuras tributarias distintas de las exigidas en el territorio común, sino que por la Diputación Foral se exigen los mismos impuestos que integran el sistema fiscal estatal.

Las excepciones están constituidos por los impuestos de Radicación y Plusvalía que en Navarra constituyen ingresos de la Diputación y en territorio común no forma parte de la estructura fiscal estatal.

c) El sistema fiscal nacional y el exigido por la Diputación constituyen dos sistemas tributarios distintos, pero que han de estar armonizados entre sí «para el logro de los criterios distributivos, sociales y económicos en que se inspira la política nacional».

Esta armonización se logra, por un lado, por el hecho de que las que se aplican en Navarra son las mismas figuras tributarias que integran el sistema fiscal del Estado en territorio común, y, por otro lado, por las reglas del Convenio Económico suscrito entre la Administración del Estado y la Diputación que se acaban de exponer.

El Convenio, para armonizar los dos sistemas fiscales, en la mayoría de los supuestos, atribuye a la Diputación el derecho a gravar los

---

(158) Puede verse la opinión sobre este tema de un representante de Navarra, en la intervención de Jaime Ignacio del Burgo, en la XIX Semana de Estudios de Derecho Financiero. (Ed. Derecho Financiero. Madrid, 1972, págs. 217 y 221.)

diversos hechos imponibles de los distintos impuestos cuando concurran determinadas circunstancias en ellos que puede considerarse que suponen una vinculación suficiente con Navarra para que queden sometidos a su jurisdicción tributaria.

Ahora bien, el sometimiento a tributación en Navarra de un determinado hecho imponible puede ir acompañado o no de la exclusión del derecho del Estado a gravar este mismo hecho imponible. Si se produce esta exclusión, en definitiva, lo que está haciendo el convenio es dividir la materia imponible entre las dos jurisdicciones; cuando el Estado conserve el derecho a gravar los hechos imponibles que tributan en Navarra, para que no se produzca doble imposición, aquél deberá imputar a sus cuotas las pagadas en Navarra. En este caso, lo que se divide entre las dos Administraciones no son las materias imponibles, sino las cuotas tributarias correspondientes a cada una de ellas.

Utilizando las técnicas del Derecho fiscal internacional, cabe decir que, en el primer caso, el Estado emplea el sistema de exención mientras que en el segundo, utiliza el de imputación o crédito.

El Texto del Convenio de 1969 no aclara totalmente la situación a este respecto, pues en la mayoría de los casos, lo único que hace es reconocer el derecho de la Diputación a gravar determinados hechos imponibles.

¿Qué sucede en cuanto a la tributación estatal cuando el Convenio atribuye a Navarra el derecho a gravar un hecho imponible? Como hemos dicho, nos parece evidente que lo que no se puede producir es una acumulación de las dos tributaciones por el mismo hecho imponible y, en consecuencia, o el Estado no grava estos hechos o si lo hace, deberá evitar la doble imposición. Para ver cuál de estos dos métodos emplea, salvo en algún caso concreto que el propio Convenio contiene reglas al efecto, hay que atender a los Textos refundidos de los impuestos del régimen común.

1. En cuanto al Impuesto General sobre la Renta de las Personas Físicas, en primer lugar, las Reglas del Convenio determinan si una persona debe ser considerada contribuyente a la Hacienda estatal o a la Diputación Foral. Además, el Texto refundido prevé el método de imputación respecto a los impuestos a cuenta. En efecto, el artículo 40.6 de este Texto dice:

> «Cuando en la base imponible figuren ingresos procedentes de territorios sujetos a régimen fiscal especial, se deducirán las cuotas allí satisfechas correspondientes a los rendimientos a que se refiere el artículo 5.º *b*).»

Este párrafo está estableciendo una amplia integración de la imposición estatal con la navarra, en cuanto en su virtud cuando un contribuyente deba tributar por el impuesto general en territorio común, pero haya obtenido en Navarra rentas sometidas a impuestos a cuenta que, según el Convenio, tenga derecho a exigir la Diputación, el impuesto a cuenta se abonará a ésta, pero dichas rentas se incluirán en la base imponible del impuesto general estatal y de la cuota de éste se deducirán los impuestos a cuenta pagados en Navarra.

Es decir, en cuanto a la imposición sobre la renta, para evitar la doble imposición se sigue un sistema mixto: respecto a los impuestos a cuenta, la atribución a Navarra del derecho a gravar implica la no exigencia de los mismos por la Administración del Estado; pero, en cuanto al impuesto general, se sigue el sistema de imputar a la cuota estatal las cuotas de los impuestos a cuenta abonadas en Navarra.

Además de para los impuestos a cuenta, el sistema de exención se emplea en los siguientes casos:

— para evitar la doble tributación de las sociedades que, conforme al Convenio pueden ser gravadas por las dos Administraciones. El sistema de exención se articula en estos casos mediante el método de cifra relativa de negocios;

— en el Impuesto sobre Sucesiones, en un doble sentido: como exención total, cuando en el propio Convenio se prevé que determinados elementos patrimoniales se graven sólo en Navarra; y, como exención con progresividad, de acuerdo con lo que dispone la cláusula 6 del artículo 9 del Convenio, cuando en el caso de una misma transmisión por causa de muerte fuesen de aplicación el impuesto estatal sobre sucesiones y el de la misma naturaleza exigido en Navarra.

— en cuanto al Impuesto sobre Transmisiones Patrimoniales y Actos Jurídicos Documentados. Respecto a este impuesto es claro, pues el mismo Convenio utiliza la fórmula de declarar exceptuados de tributación al Estado, los hechos imponibles que pueden ser gravados en Navarra.

— en cuanto al Impuesto General sobre el Tráfico de las Empresas, la exclusión de la imposición estatal de los hechos imponibles que pueden ser gravados en Navarra no se recoge en las fórmulas utilizadas en el Convenio, ni expresamente la proclama el Texto refundido del impuesto, pero la referencia que en el artículo 7 de éste, relativo a la aplicación territorial interna, se hace al régimen foral y a las medidas conducentes a asegurar los criterios distributivos, sociales y económicos en que se inspire la política nacional, en nuestra opinión, no puede llevar a otra conclusión.

El Reglamento se refiere expresamente a las normas del Decreto de 16 de julio de 1969, que aprobó el Convenio económico entre la Administración del Estado y la Diputación Foral.

Esto mismo es válido respecto a los Impuestos sobre el Lujo y Especiales, cuyos Textos refundidos se remiten a las normas de los re gímenes especiales de estos territorios.

En relación con los Impuestos Generales sobre la Renta de las Personas Físicas y de las Sociedades, el Convenio más que distribuir las materias imponibles, utiliza un criterio subjetivo y lo que divide son los sujetos tributarios, aunque respecto a este último, por una parte señala unas sociedades que pueden ser gravadas sólo por la Diputación Foral y admite que las demás que operen en los dos territorios puedan ser gravadas por ambas Administraciones en proporción a sus respectivas cifras de negocios.

Cuando las sociedades que deben ser gravadas exclusivamente en Navarra realicen operaciones en territorio común, serán gravadas por la Diputación con arreglo a normas de liquidación y tipos impositivo que no podrán ser más beneficiosos que los del Estado.

Otro factor importante de coordinación entre los dos sistemas fiscales es la cláusula del Convenio, a que ya nos referimos que obliga en determinados supuestos a que la legislación aplicable en Navarra se unifique con la del Estado.

d) La última característica del régimen está constituida por la obligación de la Diputación Foral de abonar el cupo contributivo global, más la compensación anual por la atribución de los rendimientos sobre el Tráfico de las Empresas, el Lujo (salvo el que grava la venta de gasolina supercarburante) y Especiales (salvo el que recae sobre el petróleo y sus derivados), compensación revisable anualmente en función de las variaciones que experimente la recaudación de estos impuestos en el territorio común.

Parece que el pago de estas dos cantidades obedece a razones distintas: el cupo contributivo constituye la aportación de Navarra al sostenimiento de las cargas generales de la Administración del Estado, mientras que la segunda cantidad supone una compensación por la renuncia del Estado a la recaudación de los ingresos que habría obtenido de exigir en Navarra los impuestos a que se refiere.

COMPARACION DE LOS REGIMENES FISCALES DE ALAVA Y NAVARRA

Una cuestión de indudable interés es si existen diferencias sustanciales entre los regímenes fiscales de estas dos provincias. Algunos autores consideran que uno y otro son de naturaleza diversa pues mientras que en el de Alava ven un caso de descentralización de la gestión de los impuestos estatales que se encomienda a un ente provincial en vez de llevarla a cabo directamente la Administración del Estado, consideran que el régimen de Navarra constituye un verdadero supuesto de autonomía tributaria territorial.

¿Se deriva esto del texto de los Conciertos económicos con estas dos provincias?

Entre el Convenio Económico suscrito con la Diputación de Navarra el 19 de julio de 1969 y el Concierto Económico con Alava recogido en el Decreto de 26 de noviembre de 1976 existen, principalmente, las siguientes diferencias básicas:

1. En primer lugar, la propia forma de instrumentarlos es distinta: el Convenio con Navarra está formalizado en un documento que se recoge como anejo a un Acta firmada por representantes del Ministerio de Hacienda, en nombre de la Administración del Estado, y de la Diputación Foral de Navarra; en cambio, el Concierto con Alava se regula en un texto aprobado por Decreto.

2. En el Convenio con Navarra se proclama como principio general, la facultad de Navarra para «mantener y establecer en la provincia, el régimen tributario que estime procedente» en el Concierto con Alava, se emplea esta misma fórmula, pero referida exclusivamente a los «impuestos concertados». En ambos casos esta facultad tiene como límites que no se oponga a los pactos internacionales, al presente Convenio o a las contribuciones, rentas o impuestos propios del Estado.

La facultad tributaria es en ambos casos la misma: abarca tanto la potestad de establecer y regular los impuestos como la de gestionarlos e inspeccionarlos, percibiendo su recaudación. Pero a su ámbito objetivo es distinto en un supuesto que en otro. En Navarra se refiere a todos los impuestos, mientras que en Alava, lo hace sólo a los concertados, es decir, a los recogidos en el Concierto. De hecho, han quedado concertados todos los impuestos estatales y, por tanto, el contenido del Concierto alavés es muy semejante al del Convenio con Navarra, pero esta última podría establecer cualquier impuesto distinto de los estatales —respetando los tres límites que hemos señalado, se fijan en el Convenio— mientras que en el caso de Alava, las facultades de la Diputación se agotan en los impuestos concertados.

3. Existen también diferencias muy importantes en el régimen de las contribuciones económicas al Estado derivadas del Concierto y del Convenio, que se refieren, aparte de la cuantía, al concepto por el que se abonan y a la forma como se fijan.

En el primer aspecto, ya hemos visto el fundamento de las tres partidas que se abonan por la Diputación Foral de Navarra —una como contribución a las cargas generales del Estado, otra como compensación por la renuncia a exigir los impuestos indirectos y una tercera para compensar la desgravación fiscal a la exportación abonada por el Estado a las empresas que tributen a la Diputación.

El cupo que abona la Diputación alavesa, supone, en una parte, pago de los gastos realizados en aquella provincia, y en cuanto al resto, atribuir al Estado una parte de los ingresos que produce la exacción en aquel territorio de los impuestos concertados.

En cuanto a la forma de determinar sus cuantías, hemos señalado también, que en Navarra se fijan dos cupos globales, y, en cambio, en Alava se fijan unos cupos parciales para cada uno de los impuestos concertados —menos para el Impuesto General sobre la Renta de las Personas Físicas—, se obtiene así un cupo bruto y de éste se deduce el importe en que se cifran los servicios de carácter general realizados por la Diputación en vez del Estado.

En el Convenio con Navarra se declara que el rendimiento anual del Impuesto de Lujo sobre la gasolina supercarburante y el especial sobre el petróeo y sus derivados, se considera como una aportación más de aquella provincia al sostenimiento de las cargas generales de la Administración del Estado.

En el concierto de Alava se hace esta misma declaración respecto al Impuesto sobre el Lujo que grava las adquisiciones de gasolina supercarburante y tabaco; los rendimientos de estos impuestos se ingresan directamente en el Tesoro, considerándose como una aportación más de Alava al sostenimiento de las cargas de la Administración general.

La Diputación ingresará a la Administración del Estado el producto íntegro de la recaudación que obtenga por los ingresos que gravan el uso del teléfono y la fabricación del azúcar.

CANARIAS

Las especialidades fiscales de las Islas Canarias se derivan de dos regímenes: el de puertos francos y el reconocido por la Ley 30/1972, de 22 de julio, sobre régimen económico fiscal de Canarias.

El primero fue otorgado por el Real Decreto de 11 de julio de 1852 y fue ratificado por la Ley de 6 de marzo de 1900. En virtud de estas disposiciones, no se exijen en el archipiélago los derechos arancelarios ni demás gravámenes a la importación ni se aplican los monopolios fiscales existentes.

El régimen económico fiscal regulado por la Ley de 1972, además de ratificar y actualizar el tradicional régimen de franquicia, contiene las siguientes medidas:

— se declara la exención del Impuesto General sobre el Tráfico de las Empresas de los actos y contratos especificados en los apartados *a*), *b*), *g*), *h*) e *i*) del artículo 3 del Texto refundido, así como de los transportes entre las distintas islas del archipiélago y entre éstas y el resto del territorio nacional.

— se suprime en Canarias el Impuesto sobre el Lujo que grava las adquisiciones de mercancías y también las Patentes A y D reguladas en el artículo 34 del Texto refundido de este Impuesto.

— se eleva al 90 por 100 el límite máximo del 50 por 100 de desgravación de la parte del beneficio que se destine a dotar la Previsión para Inversiones.

— se suprime, asimismo, los Arbitrios de Puertos Francos establecidos por el artículo 2 de la Ley de 2 de marzo de 1900.

— se crean dos nuevos Arbitrios como fuentes de ingresos de las islas:

a) El Arbitrio insular a la entrada de mercancías en las Islas Canarias, que sustituyó a los anteriores arbitrios de los Cabildos insulares sobre importación y exportación y el recargo provincial sobre los mismos.

Este Arbitrio consta de una Tarifa Ordinaria cuyo tipo no podrá exceder del 5 por 100 y está prevista la posibilidad de establecer una Tarifa Especial para gravar la importación de productos procedentes del extranjero que sean de la misma naturaleza que los que se fabriquen o produzcan en Canarias,

b) el Arbitrio insular sobre el Lujo, para cuya tarifa se establece la limitación de que sus tipos impositivos no pueden ser superiores, en ningún caso, a los del impuesto estatal sobre el lujo que grave los productos de la misma naturaleza.

Una característica importante de la regulación de estos Arbitrios es la creación de la Junta Interprovincial de Arbitrios insulares, constituida por representantes de las dos mancomunidades y que trasciende, por tanto, del ámbito provincial. En su caja habrá de ingresarse, para su distribución, la recaudación de los dos Arbitrios. Respecto al Arbitrio sobre el Lujo la atribuye la ley su gestión y recaudación.

De las medidas fiscales enumeradas, las primeras, relativas a las exenciones o desgravaciones de los impuestos estatales, aunque suponen una disminución de esta tributación, afectan exclusivamente a las relaciones Hacienda estatal-contribuyentes, y, en rigor, quedan fuera del campo de la distribución de las fuentes impositivas entre las distintas Administraciones tributarias. En cambio, entra perfectamente en él la creación de los dos Arbitrios insulares: el de Lujo supone la transferencia a favor de estas provincias de una materia impositiva antes utilizada por el Estado y con el Arbitrio a la entrada de mercancías, se les permite utilizar una fuente de ingresos con la que no cuentan otras provincias.

CEUTA Y MELILLA

La Ley de 22 de diciembre de 1955, estableció un régimen económico y financiero especial para estos territorios que fue adaptado a la Ley de Reforma Tributaria de 11 de junio de 1964, por el Decreto 1.891/1964, de 18 de junio.

El principio general que declara el artículo 1 de este Decreto, es que en estos territorios «regirá el sistema tributario general español, conforme a las leyes y demás disposiciones vigentes, y su exacción se realizará por las respectivas Subdelegaciones de Hacienda (hoy Delegaciones), sin más modificaciones que las que se establecen en el presente Decreto».

Las modificaciones consisten, básicamente, en la aplicación de una bonificación del 50 por 100 en las cuotas de los impuestos directos y de las resultantes de la aplicación de las Tarifas números 6, 14 y 15 del Impuesto sobre Transmisiones Patrimoniales.

En estos territorios no se aplican los siguientes impuestos:

— Impuestos sobre Transmisiones Patrimoniales en cuanto a los actos relativos a las concesiones administrativas (números 23, 24, 26 y 27 de la Tarifa);

— Impuesto General sobre el Tráfico de las Empresas, en cuanto a los hechos imponibles que no estén gravados cuando se realicen en Canarias;

— El Impuesto sobre el Lujo, salvo la Patente Nacional de Circulación, clases A y D, para las que el Texto refundido del Impuesto prevé una reducción del 50 por 100 o del 75 por 100, según se exija en territorios con más o menos de 300 kms. de carreteras.

— Derechos de importación y exportación;

— Impuesto de Compensación de Gravámenes Interiores.

— Impuestos especiales sobre la fabricación de alcoholes, azúcar, achicoria, cerveza y bebidas refrescantes; así como el impuesto sobre el petróleo y sus derivados.

Para estos territorios no se trata de un supuesto de autonomía tributaria, sino de un régimen especial en cuanto a la imposición estatal constituido por el estatuto de territorios francos a efectos de aduanas, más la concesión de un conjunto de exenciones y bonificaciones para reducir la carga fiscal estatal aplicable en los mismos.

No existe descentralización ni cesión de las competencias tributarias a entidades territoriales ni en el aspecto legislativo ni tampoco en cuanto a la gestión o exacción ni en relación con la atribución de los ingresos.

CATALUÑA

Aunque actualmente no esté vigente, Cataluña disfrutó durante la II República de un régimen de autonomía tributaria que sigue siendo aspiración constante en aquella región. Creemos que puede tener interés completar la visión de los regímenes fiscales actualmente en vigor con una referencia a la parte tributaria del Estatuto catalán de 1932.

El Estatuto fue aprobado por Ley de 15 de septiembre de 1932, pero, con anterioridad, se habían formulado ya diversos proyectos en los que se intentó institucionalizar la autonomía tributaria para aquella región (Bases de Manresa de 1892, Proyecto de Estatuto de Cataluña de 1919, Proyecto de autonomía elaborado por la comisión extraparlamentaria en 1919, Proyecto de Estatuto de Cataluña elaborado por el partido tradicionalista en 1930, etc.) (159).

El Estatuto de 1932 fue derogado por la Ley de 5 de abril de 1938, que dispuso, en su artículo 1, que «la Administración del Estado, la provincial y la municipal en las provincias de Lérida, Tarragona, Barcelona y Gerona se regirán por las normas generales aplicables a las demás provincias».

El Estatuto catalán se dictó en aplicación de las normas que sobre autonomía de las regiones contenía la Constitución de la República española, de 9 de diciembre de 1931.

El artículo 1.º de esta Constitución declaraba:

«La República constituye un Estado integral compatible con la autonomía de los municipios y de las regiones.»

Se ha dicho (160) que el Estado integral que proclamaba este artículo constituía una fórmula intermedia entre la simple autonomía administrativa y el Estado federal.

El artículo 8 manifestaba que el Estado estaba integrado por los municipios mancomunados en provincias y por las regiones que se constituyan en régimen de autonomía.

A su vez, el artículo 11 establecía que «si una o varias provincias limítrofes, con características históricas, culturales y económicas comunes, acordaran organizarse en región autónoma para formar un núcleo político administrativo, dentro del Estado español, presentarán su Estatuto con arreglo a lo establecido en su artículo 12».

---

(159) Puede verse un resumen de estos proyectos en: J. LARRAZ: «La Hacienda Pública española y el Estatuto catalán». Ed. Ibérica. Madrid, 1932.

(160) FRAILE CRIVILLES, M.: «Introducción al Derecho Constitucional español» Madrid, 1975, pág. 350.

Los requisitos que exigía el artículo 12 para la aprobación del Estatuto de región autónoma eran los siguientes:

— proposición de la mayoría de los Ayuntamientos;

— aceptación por las dos terceras partes de los electores; y

— aprobación por las Cortes.

El contenido de los Estatutos venía enmarcado por el juego de los artículos 14, 15, 16 y 18 de la Constitución.

El primero señalaba las materias que eran competencia exclusiva del Estado. En cuanto a las materias que nos interesan ahora, se incluían en él, el régimen arancelario y la Hacienda General del Estado. El artículo 15 señalaba las materias de las que correspondían al Estado la legislación y podía encomendarse a las regiones la ejecución. El artículo 16 proclamaba que en todas las materias no comprendidas en los dos artículos anteriores podían corresponder a la competencia de las regiones autónomas la legislación exclusiva y la ejecución directa, conforme a los respectivos Estatutos aprobados por las Cortes. Formalmente, el artículo 18 establecía que todas las materias que no estuviesen expresamente reconocidas en un Estado a una región autónoma se reputarían competencia del Estado, pero éste podía distribuir o transmitir las facultades por medio de una Ley.

El Estatuto de 1932 comenzaba por proclamar que Cataluña se constituía en región autónoma dentro del Estado español, con arreglo a la Constitución de la República y al propio Estatuto. Su organismo representativo era la Generalidad.

En su exposición del Proyecto ante las Cortes, el Presidente del Consejo (161) de Ministros manifestó que el Estatuto contenía, en realidad, dos partes:

— una que fija los principios generales con arreglo a los cuales se ha de establecer la Hacienda de Cataluña, la Hacienda de la Generalidad; y

— otra que contiene las garantías para el Estado, para la Hacienda de la República, enfrente de posibles conflictos o incompatibilidad con la Hacienda de la Generalidad.

En el primer aspecto, el Título IV, que llevaba el rótulo «De la Hacienda», enumeraba los ingresos de que podría disponer la Hacienda de la Generalidad, agrupándolos en las tres categorías siguientes:

---

(161) Vid. JOAQUIN DEL POZO: «La discusión parlamentaria del Estatuto catalán». *Revista de Economía y Hacienda Local.* Mayo-agosto, 1975, vol. V, núm. 14.

a) El producto de los impuestos cedidos por el Estado.

b) Un tanto por ciento en determinados impuestos de los no cedidos por el Estado.

c) Los impuestos, derechos y tasas de las antiguas Diputaciones provinciales de Cataluña y los que establezca la Generalidad.

Los impuestos estatales que se cedieron a la Generalidad fueron:

I. La contribución Territorial, Rústica y Urbana, con los recargos establecidos sobre la misma, debiendo abonar a los Ayuntamientos las participaciones que les corresponda.

II. El Impuesto sobre los Derechos reales, las personas jurídicas y las transmisiones de bienes con sus recargos y con la obligación de aplicar los mismos tipos contributivos establecidos en leyes del Estado.

III. El 20 por 100 de propios, el 10 por 100 de Pesas y Medidas, el 10 por 100 de aprovechamientos forestales, el producto del canon de superficie y el impuesto sobre las explotaciones mineras.

IV. Una participación en las sumas que produzcan en Cataluña las contribuciones Industriales y de Utilidades, igual a la diferencia entre la cuantía de las contribuciones con sus recargos que se ceden en virtud de las tres reglas anteriores y el coste total de los servicios que el Estado transfiere a la Región autónoma, todo ello referido al momento de la transmisión. Si con una participación del 20 por 100 no se cubriere dicha diferencia, se abonará el resto de la misma en forma de participación en el Impuesto del Timbre en la proporción necesaria.

Se establecía que cada cinco años se procedería por una Comisión de técnicos nombrados por el Ministro de Hacienda y por la Generalidad a la revisión de las «concesiones hechas en este Artículo», calculando, tanto los impuestos cedidos, como los servicios traspasados a la Generalidad con un aumento o una rebaja igual a la que hayan experimentado unos y otros en la Hacienda de la República.

En la discusión parlamentaria del Proyecto se expusieron los siguientes argumentos (162) para justificar las fuentes que se habían atribuido a la región.

— La cesión del impuesto territorial se justificó por su más fácil adaptación al interés local y su mejor vigilancia por los intereses locales;

— para evitar que la cesión del Impuesto de Derechos reales, impidiese su utilización como instrumento de la política social, se esta-

---

(162) Del Pozo, *ob. cit.*

bleció que en Cataluña serían de aplicación las mismas tarifas que rigiesen en territorio común. «Lo que se concede a Cataluña —se dijo por el defensor del Proyecto— es la recaudación, pero el Estado sigue manejando las tarifas»;

— de otros impuestos se cedió un porcentaje de la recaudación, pero estableciendo el tope máximo del 20 por 100 para que no desapareciese en la autoridad que tenía encomendada su gestión, el interés por explotarlo. Se consideró que, para no desnaturalizar el impuesto, las participaciones no debían exceder de porcentajes del 20 ó 25 por 100;

— finalmente, se expuso que la Contribución Industrial no se cedió para que no se produjeran desigualdades entre los contribuyentes que situasen en mejor condición a los que trabajaban en Cataluña.

Por otra parte, la Hacienda estatal se obligaba a respetar las materias imponibles que venían siendo gravadas por la Hacienda local de Cataluña, comprometiéndose a no gravar con nuevas contribuciones las bases de tributación de aquéllas.

Se autorizaba a la Generalidad a que crease nuevas contribuciones que no recayesen sobre las mismas materias que ya tributaban en Cataluña a la República, aunque venía a establecerse el derecho preferente del Estado para gravar nuevas materias imponibles, pues el artículo 17 disponía que «los nuevos tributos que establezca la Generalidad no podrán ser obstáculo a las nuevas imposiciones que con carácter general cree el Estado y, en caso de incompatibilidad, aquellos tributos quedarán absorbidos por los del Estado, con la compensación que corresponda».

Disponía también que la Generalidad podría continuar recaudando por delegación de la Hacienda de la República y con el precio que ésta tenga consignado en Presupuestos, las contribuciones, impuestos y arbitrios que el Estado debe percibir en Cataluña, con excepción de los monopolios y de las Aduanas con sus anexos, pero añadía el Estatuto que, sin embargo, el Estado se reservaba el derecho a rescatar la recaudación de sus tributos en aquél territorio y de ordenarla libremente.

Como otro capítulo de los ingresos, se autorizaba a la Generalidad a emitir Deuda interior, pero no a apelar al crédito extranjero sin autorización de las Cortes.

Finalmente, disponía que los derechos del Estado en territorio catalán relativos a minas, aguas, caza y pesca, los bienes de uso público y los que, sin ser de uso común, perteneciesen privativamente al Estado y estuviesen destinados a algún servicio público o al fomento de la riqueza nacional, se transferían a la Generalidad excepto los que continuasen afectos a servicios prestados por el Gobierno de la República.

El Tribunal de Cuentas de la República tenía encomendada la obligación de fiscalizar anualmente la gestión de la Generalidad en cuanto a la gestión de impuestos que le esté atribuida por la Delegación de Hacienda de la República y a la ejecución de servicios con encargo de ésta, siempre que se trate de servicios que tengan su designación especial en los Presupuestos del Estado.

No faltaron, naturalmente, críticas al sistema del Estatuto. Aparte de las relativas al modo como se preparó y discutió éste, las principales objeciones se han clasificado en tres grupos:

— Atentaba contra la soberanía del Estado, al ceder algunos impuestos, como el de Derechos Reales, que debía ser pieza básica para el cumplimiento por la Hacienda de sus funciones;

— el sistema de distribución de fuentes previsto podía dar lugar a fraudes en las relaciones entre la Hacienda de la región autónoma y la Hacienda central. Así sucedería si Cataluña rebajaba los tipos impositivos de la Contribución Territorial, para que se aumentase su participación en los ingresos del Estado;

— iría contra la equidad en el trato de las diversas regiones. Se temía que los medios financieros que le concedía el Estatuto, permitiese a Cataluña elevar el nivel de sus servicios públicos por encima del que tenían en aquel momento, mientras que en las demás regiones seguirían prestándose con la misma suficiencia que tenían anteriormente.

Trías Fargas ha explicado recientemente (163) que, a propósito del Estatuto se discutió mucho algo que parecía muy sencillo: el saber cuanto costaban los servicios públicos traspasados. No había acuerdo entre el Ministerio de Hacienda y los representantes catalanes respecto a unas cifras que parecían muy sencillas, porque los últimos opinaban que valorar los servicios públicos traspasados al exíguo nivel de prestación de tales servicios que mantenía la Administración pública española en ese momento no era justo. «Los catalanes —dice— aspiraban a tener un servicio, por ejemplo de enseñanza, más intenso, de más cantidad y probablemente de más calidad, de lo que la Administración pública de ese entonces concedía».

Dentro de los enjuiciamientos críticos del Estatuto, cabe destacar el de Larraz en la obra que hemos citado al principio de este capítulo, aunque debe advertirse que este libro estaba referido al Proyecto que en varios puntos sufrió modificaciones muy importantes respecto al texto definitivo, por lo que algunas de las críticas de Larraz no resultan aplicables al texto aprobado del Estatuto. Sus objeciones fundamen-

(163) En la XXIV Semana de Estudios de Derecho Financiero, consagrada a la «Hacienda Regional». Editorial de Derecho Financiero. Madrid, 1977, págs. 126 y sigs.

tales se referían a la cesión de las contribuciones directas en lo que veía un obstáculo para que en nuestro país pudiese establecerse un verdadero impuesto sobre la renta que aproximase el sistema tributario nacional a las características de las fiscalidades más progresivas con que contaban los países europeos más avanzados. En segundo lugar estimaba que el sistema que se proponía para el Estatuto suponía la atribución a Cataluña de una capacidad financiera que excedía de las obligaciones correspondientes a los servicios que quedarían a su cargo. Aunque estas estimaciones se referían a los principios del Proyecto, luego, en parte abandonados, sigue teniendo gran interés la metodología que utilizó para sus cálculos para lo cual se basó en unas series históricas referidas a toda la nación, de la relación en que se encontraban los gastos que se iban a descentralizar y los ingresos que se preveían para atenderlos.

Por otra parte, Larraz no se limitó a formular objeciones, sino que elaboró un sistema alternativo de financiación de los servicios que se traspasaban a Cataluña.

Como solución alternativa, Larraz propuso la siguiente fórmula:

«*A*) Cataluña percibirá por razón de los servicios de justicia, y los sociales que consistan en prestaciones económicas, una cantidad igual a la que el Estado gaste por habitante en la España centralizada, multiplicada por el número de habitantes de la región catalana.

B) Cataluña percibirá una cantidad igual a la semisuma de las siguientes, por razón de los servicios descentralizados de Instrucción pública y Bellas Artes, Beneficencia y Sanidad interior, Policía y Orden, y Centros de contratación.

1. Lo que el Estado gaste por razón de estos servicios en la España centralizada, se dividirá por el número de sus habitantes, y el cociente se multiplicará por el número de habitantes de Cataluña.

2. Lo que el Estado gaste por razón de estos servicios en la España centralizada, se dividirá por la suma obtenida en dicho territorio de las contribuciones territorial, industrial, de utilidades e impuesto de Derechos Reales y el cociente se multiplicará por el rendimiento global de los mismos tributos en el territorio catalán.

C) Cataluña percibirá por razón de los servicios agropecuarios, una cantidad igual a la que resulte de dividir el costo de estos servicios por el importe de la contribución rústica en territorio centralizado, multiplicado el cociente por el rendimiento de la misma contribución en territorio catalán.

D) Cataluña percibirá por razón del servicio forestal (áreas repobladas) y los servicios de conservación de obras públicas locales y regionales, una cantidad igual a la que el Estado gaste en territorio centralizado por unidad de masa forestal u obra pública, multiplicada por el número de unidades del territorio catalán.

E) Cataluña percibirá por razón del servicio forestal (repoblaciones) una cantidad igual a la que el Estado destine por hectárea repoblable en el territorio centralizado, multiplicada por el número de hectáreas repoblables de Cataluña.

F) Cataluña recibirá por razón del establecimiento de nuevas obras públicas, locales o regionales un porcentaje fijado cada tres años de la cantidad que con iguales fines gaste el Estado español en el territorio centralizado.

G) Cuando la Hacienda del Estado crease un impuesto global sobre la renta o sobre la fortuna, los rendimientos de éste o de ambos se adicionarán a los de los tributos anteriormente citados, a los efectos de esta fórmula.

H) Si los servicios descentralizados a cargo de la Generalidad, produjeren en el territorio de las provincias directamente vinculadas al Poder central, tasas o rendimientos patrimoniales, el importe de éstos se deducirá del costo de los servicios, a los efectos del cálculo del canon anual.

I) La Generalidad seguirá percibiendo las participaciones que en los tributos del Estado tienen actualmente reconocidas las Corporaciones locales y las que en lo sucesivo pudiera reconocer a favor de las Corporaciones del territorio no autónomo. Podrá promover trabajos de evaluación catastral de la riqueza inmobiliaria catalana. De modo general se reconoce a la Generalidad la facultad de crear tasas; tributos directos sobre los productos logrados en territorio catalán; recargos sobre los impuestos directos del Estado en tanto que graven los productos logrados en igual territorio; e impuestos indirectos sobre transmisiones, en las que no salga del territorio catalán el objeto transmitido. La creación de estos tributos no habrá de perjudicar al rendimiento de los pertenecientes al Estado, oponerse a las finalidades económicas y sociales que los mismos persiguieran establecer tratos diferenciales entre los contribuyentes por razón geográfica, o vulnerar la Constitución de la República o el Estatuto.

J) La distribución por servicios de los ingresos de la Generalidad se realizará autonómicamente por ésta.

K) El Poder fiscal del Estado no tiene más límites que los nacidos de la Constitución de la República. Sin embargo, el Estado dejará de percibir en Cataluña los conceptos correspondientes al Impuesto del Timbre, que constituyen remuneración por servicios de enseñanza, y las tasas que en lo sucesivo pudiera crear sobre servicios que en Cataluña se hallen descentralizados.

L) Cataluña no podrá apelar al crédito exterior. Si el Estado español emitiera Deuda para financiar en el territorio centralizado, servicios iguales a los descentralizados con cargo a la Generalidad, Cataluña participará en el producto de la emisión, conforme a los mismos módulos que determinan el canon anual, Si en el territorio centralizado los servicios financiados con la referida emisión, estuvieren organizados con personalidad económica distinta de la del Estado, y fueren suficientemente rentables para atender directamente a la amortización e intereses de la Deuda absorbida, Cataluña vendrá obligada a devolver a la Hacienda, por los mismos conceptos, una cantidad proporcional a la porción en que participará de la emisión.

M) A los efectos de la determinación del canon anual se constituirá una Comisión paritaria, formada por igual número de representantes de la Hacienda pública y de la Generalidad y presidida por un miembro del Tribunal de Garantías constitucionales.»

Este autor juzgaba conveniente también, que a la precedente fórmula, se agregasen, además, dos bases, relativas al control de cuentas de la Generalidad y al régimen de tutela.

El Estatuto se aprobó, como hemos dicho, en septiembre de 1932, pero, en realidad, no llegó nunca a aplicarse en toda su plenitud y tuvo una existencia accidentada, con fases de interinidad e incluso prácticamente de suspensión.

Siguiendo a Arias Velasco (164) pueden señalarse las siguientes etapas:

— Desde su aprobación al 6 de octubre de 1934.

  Esta etapa se caracterizó por los problemas y dilaciones a que dio lugar el traspaso por la Administración del Estado de los servicios y de los impuestos que se cedieron a la Generalidad.

— Un período de retroceso y, en la mayor parte de los aspectos de práctica anulación de la situación de autonomía que se prolonga desde octubre de 1934, hasta las elecciones de 1936.

— A partir de marzo de 1936 se anularon las disposiciones del período anterior que habían establecido un régimen transitorio, restableciendo las facultades autónomas de la Generalidad.

— Finalmente, la etapa que se inició el 18 de julio de 1936, caracterizada por la necesidad de atender a los gastos de la guerra.

---

(164) J. Arias Velasco: «La Hacienda de la Generalidad: 1931-1938». Ed. Ariel. Barcelona, 1977.

3. Esquema para una descentralización fiscal en España.

1. Como final de esta rápida exposición de nuestros regímenes fiscales especiales por razón del territorio, parece obligado formularse la pregunta de si alguno de ellos puede ser utilizado como modelo para generalizar la autonomía o la descentralización fiscal a todo el país.

La pregunta sólo puede referirse a las regiones de Alava o Navarra, pues, las normas de Canarias y de Ceuta y Melilla contienen una serie de beneficios especiales, pero no constituyen sistema de distribución de las figuras impositivas entre dos jurisdicciones, y el Estatuto de Cataluña se refería a una fiscalidad y a una situación económica tan alejadas ya de las actuales que obligarían a configurar de nuevo todo su procedimiento financiero.

Concretada a las regiones de Alava y Navarra, nuestra respuesta a la pregunta formulada es negativa. Tanto con el régimen de Alava como con el de Navarra son muy reducidas las posibilidades que restan a la Administración del Estado para exigir sus impuestos en aquellos territorios.

Si alguno de estos regímenes se generalizase a todo el territorio nacional, la Hacienda estatal quedaría tan limitada que no podría desempeña con eficacia las funciones que debe desempeñar en un Estado moderno. Ya nos hemos referido anteriormente a la multiplicidad de objetivos que hoy trata de conseguir la política económica y a la contribución que debe prestar para ello la política fiscal. Quizás el mejor resumen de las funciones que hoy debe cumplir la Hacienda pública se encuentra en la división que hace Musgrave del Departamento fiscal atendiendo al contenido que tiene encomendado cada una de sus tres ramas: la de Servicios, la de Distribución y la de Estabilización.

La primera trata de conseguir una adecuada asignación de los recursos y de permitir la satisfacción de las que denomina Musgrave «necesidades preferentes» y «necesidades sociales». La segunda está al servicio de los fines de la justicia social y persigue para ello una redistribución de la renta y de la riqueza y a la última le corresponde compensar las oscilaciones de la coyuntura económica para que en todo momento la demanda global se mantenga a un nivel adecuado para permitir la estabilidad monetaria y un grado satisfactorio de empleo de los recursos productivos.

Para que una Hacienda pueda cumplir todas estas funciones es imprescindible que concurran dos circunstancias:

a) En primer lugar, el Presupuesto debe tener volumen suficiente para que sus instrumentos puedan actuar con «rotundidad», de forma que produzcan una influencia importante sobre la actividad económica.

Marchal (165) desarrolló esta idea de forma brillante recordando el concepto físico del «quantum de acción»: hasta una dosis mínima de energía no sólo no se produce ninguna acción apreciable, sino que no hay acción. Más allá de esta dosis, súbitamente se produce la acción. «Si se traslada esta idea al campo económico —dice— habrá que decir que en el siglo XIX los presupuestos del Estado eran demasiado débiles para influir sobre la coyuntura económica. Se encontraban por debajo del «quantum de acción». Su acción no es que no podía ser detectada por los instrumentos de análisis más delicados, sino que no se producía.»

b) En segundo lugar, las autoridades fiscales deben poder recurrir en cada momento a la utilización de los instrumentos más eficaces para conseguir cada uno de los fines perseguidos.

Pues bien, la generalización de los regímenes de Alava o Navarra haría que no concurriesen ninguna de estas dos circunstancias en la Hacienda estatal.

En relación con la primera, puede pensarse que, elevando a escala nacional la recaudación «per capita» obtenida por los impuestos estatales recaudados directamente en Alava, deducida la desgravación fiscal a la exportación, se hubiera producido una recaudación en todo el país, durante 1973, del orden de 90.000 millones de pesetas, y este mismo cálculo referido a Navarra hubiera dado una recaudación de 36.000 millones de pesetas, a los que habría que añadir los ingresos fiscales derivados del Monopolio de Tabacos.

En el segundo aspecto, la Administración del Estado quedaría, prácticamente, privada de la posibilidad de utilizar como arma de política económica las principales figuras tributarias ¿Cómo podría el Estado realizar una política de redistribución de rentas si cediese la gestión del Impuesto General sobre la Renta de las Personas Físicas? Asimismo, quedarían muy mermadas sus posibilidades de actuar sobre el volumen de inversión y la coyuntura si la exacción del Impuesto sobre Sociedades y sobre el Tráfico de las Empresas se transfiriese a las regiones.

Quizás cabría argumentar que en el Convenio con Alava está previsto que la Diputación adoptará los acuerdos pertinentes al objeto de aplicar en Alava las normas fiscales de carácter excepcional o coyuntural que el Estado decida aplicar en territorio común. Pero, una aplicación de las medidas coyunturales en dos escalones, sin duda, perjudicaría considerablemente su eficacia, pues es conocido que uno de los mayores problemas con que tropieza la política fiscal coyuntural, es el de los «lags» o retrasos temporales (166), derivados del retardo en la

---

(165) *Ob. cit.*, pág. 15.

(166) Puede verse sobre este aspecto: F. DE LUIS: «Las limitaciones de la Política fiscal». XVIII Semana de Estudios de Derecho Financiero. Madrid, 1970.

adopción de los acuerdos de aprobación de las medidas o en la ejecución de las mismas. Este problema se agravaría mucho si las medidas de referencia debiesen ser aprobadas por una autoridad y ejecutadas por otra.

Que las normas de estos regímenes supondrían el abandono por el Estado de las principales figuras tributarias parece una conclusión indiscutible. Así en estos territorios, el Estado sólo puede exigir el Impuesto General sobre la Renta de las Personas Físicas a las personas que residan en ellos y que, conforme al artículo 15 del Código civil, no tengan la vecindad foral de los mismos, lo que excluye de su aplicación a la gran mayoría de la población de estas provincias. Por otra parte, el criterio de atribución de este impuesto se basa en el concepto de vecindad foral que sería difícilmente adaptable a las demás regiones.

En cuanto al Impuesto sobre Sociedades, quedarían automáticamente excluidas de la imposición estatal, en el caso de Alava, todas las sociedades con ámbito de actividad exclusivamente local, y, en el caso de Navarra, un gran número de ellas. Pero, además, el sistema de cifra relativa de negocios supone el reconocimiento a las provincias del derecho a gravar las sociedades que operan en ellas con determinadas características, criterio que, elevado a escala nacional, equivaldría a la atribución a las provincias de este impuesto.

Y lo mismo sucede con el resto de la tributación. La esencia de estos regímenes consiste en atribuir el derecho a exigir los impuestos a las Diputaciones Forales cuando se produce una determinada vinculación de los contribuyentes o de los hechos imponibles con sus territorios y conservarlo para el Estado cuando esta vinculación se produzca con otras provincias. Pero generalizado el sistema a escala nacional, en este segundo caso el Estado perdería también su competencia en favor de las provincias o regiones en cuyos territorios se produjesen los hechos imponibles o residiesen los contribuyentes.

Sin perjuicio de que puedan aprovecharse algunas de las reglas concretas que contienen estos regímenes, pensamos que la descentralización fiscal para todo el país debería plantearse con un enfoque distinto y estructurarse en base a principios diferentes.

2. El punto de partida tendría que ser un sistema racional de descentralización financiera que traspasase a las regiones varias de las funciones que actualmente desempeña el Estado, siempre que se tratase de funciones que, por su naturaleza, pudiesen ser llevadas a cabo de forma eficaz a nivel regional, sin que con ello se perjudicase el interés nacional ni se produjesen graves distorsiones económicas en las relaciones de unas regiones con otras.

Como contrapartida, podría ofrecerse a las regiones que lo solicitasen la posibilidad de contar con fuentes propias de ingresos. Esto debería configurarse como una facultad y no como una obligación, de forma que las regiones que por no contar con organización administrativa adecuada o por otras circunstancias, no deseasen hacer uso de esta opción, pudieran, no obstante, hacerse cargo de las funciones que se descentralizasen recibiendo del Estado los recursos necesarios para ello.

El Estado tendría que conservar, en todo caso, un sistema fiscal que le permitiese obtener recursos suficientes para prestar los servicios que quedasen a su cargo y realizar una adecuada política fiscal.

Sería imprescindible, establecer un sistema de perecuación entre las regiones, mediante las transferencias pertinentes, que sin que fuese necesario que suprimiese totalmente las disparidades de carga fiscal, si garantizase que todos los nacionales que pudiesen disfrutar de un nivel medio de servicios públicos soportando un nivel medio de carga fiscal.

Y debería, finalmente, evitarse que las diferencias fiscales entre las regiones pudiesen ser un factor determinante de la localización de las empresas o de la elección del lugar de residencia por parte de los particulares.

En nuestra opinión, el sistema fiscal estatal no deberá prescindir de las tres grandes figuras tributarias actuales: los impuestos sobre la renta de las personas físicas, sobre las sociedades y sobre las ventas. Sería muy difícil que el Estado pudiese llevar a cabo una verdadera política fiscal sin contar con estos tres impuestos. El primero es el elemento básico de redistribución de la renta y también el que produce un mayor efecto como estabilizador automático de la economía; el segundo constituye igualmente un elemento fundamental como arma de política económica y el tercero, además de su importancia recaudatoria, representa la avanzada de la armonización fiscal europea, situación que parece incompatible con una regulación o aplicación independiente por las distintas regiones.

Sin duda, las manifestaciones de la imposición sobre la renta y sobre las ventas que actualmente se aplican en España distan mucho de constituir el modelo ideal de estas categorías tributarias, por lo que deben ser objeto de profundas modificaciones. Estas reformas habrán de introducirse previa o simultáneamente al establecimiento de la descentralización fiscal, para que la distribución de ingresos que se derive de ésta se realice ya partiendo de estructuras fiscales racionales. El impuesto sobre la renta de las personas físicas habrá de convertirse en un impuesto general y progresivo que recaiga sobre la verdadera capacidad económica de los contribuyentes. Para ello deberá, sobre todo, superar la actual dicotomía impuestos a cuenta-impuestos general, pasando a ser éste el verdadero determinante de la carga fiscal de cada contribuyente; los impuestos a cuenta deberán perder su autonomía actual y habrán de convertirse exclusivamente en pagos a cuenta del impuesto general sin que puedan seguir en ningún caso actuando como impuestos de carácter definitivo. La tarifa del impuesto deberá ser también profundamente modificada: habrá de empezar en tipos mucho más reducidos que los actuales y su pendiente habrá de tener un trazado más regular y continuado que el que presenta la tarifa vigente.

En cuanto a la imposición sobre las ventas, predomina claramente la opinión de que debe evolucionar hacia un impuesto sobre el valor añadido en el que se integren, junto al Impuesto General sobre el Tráfico de las Empresas, otras manifestaciones de la tributación sobre el consumo y del tráfico empresarial, como la imposición sobre el lujo, varios de los impuestos especiales, e incluso, el tráfico inmobiliario de carácter mercantil.

El impuesto sobre sociedades es el que más se ajusta a lo que debe ser un impuesto moderno de esta clase, pero, así y todo, también deben suprimirse en su regulación algunas características que le apartan de una verdadera imposición sobre los beneficios de las sociedades (el sistema de cuota mínima, la determinación objetiva de las bases, etc.).

Al igual que nos parece que el sistema fiscal estatal no podría renunciar a ellas, reconocemos que sería muy difícil que las regiones pudiesen llegar a configurar sistemas fiscales que alcanzasen grados satisfactorios de eficacia recaudatoria y de justicia en la distribución de la carga fiscal, si se les obligase a prescindir totalmente de estas tres categorías tributarias. El hecho de que el Estado exija impuestos de esta naturaleza no tiene que ser causa forzosamente de que las regiones deban quedar absolutamente excluidas de estos campos. Ya indicamos en el Capítulo III que frente al sistema de separación de fuentes que predominó inicialmente en los Estados federales, cada vez se extiende más en ellos la utilización de las mismas fuentes impositivas o el gravamen de la misma materia tributaria por las dos jurisdicciones utilizando algún procedimiento de coordinación entre las dos tributaciones.

La exigencia del Impuesto General sobre la Renta de las Personas Físicas a nivel estatal puede ser perfectamente compatible con la posibilidad de que las regiones graven de alguna manera las rentas personales. Esto sería aconsejable, incluso, para que los sistemas fiscales regionales no tuvieran que descansar excesivamente en impuestos que dieran un carácter regresivo a la carga fiscal.

El procedimiento más sencillo de lograr esta compatibilidad sería permitir a las regiones exigir los actuales impuestos a cuenta, sin perjuicio de que las rentas gravadas por éstos se integrasen también en la base del impuesto general exigido por el Estado. La coordinación entre ambas tributaciones podría conseguirse mediante el mecanismo de imputación: las cuotas de los impuestos a cuenta regionales podrían deducirse de la cuota del impuesto general, con un límite que podría estar constituido por la menor de las tres cantidades siguientes:

— el 10 por 100 del importe de la renta de que se trate;

— el importe de la cuota que como impuesto general habría que pagar por la renta gravada aplicando a ésta la tarifa de aquél;

— el impuesto a cuenta efectivamente pagado a la región con derecho a exigir el impuesto a cuenta.

Con el primer límite se trataría de marcar un tope a los tipos de los impuestos a cuenta que, aunque no viniese establecido preceptivamente por la Ley, se trataría de conseguirlo en la práctica, porque las autoridades regionales sabrían que por encima de este límite estos impuestos supondrían una carga efectiva para sus contribuyentes que vendría a adicionarse a la del impuesto general, mientras que hasta él no supondrían, en definitiva, más que un traspaso de cuotas del Estado a las regiones sin aumento de carga real para los contribuyentes.

El segundo límite se basa en el propio concepto de la imputación de impuestos que supone en esencia disminuir la cuota que corresponde exigir por una determinada renta u otra base imponible, en virtud de las cuotas pagadas por la misma a otra jurisdicción tributaria.

Y con el tercero se trataría de inducir a las regiones a utilizar estas fuentes de ingresos, pues hasta el límite del crédito máximo que pudiese obtener cada contribuyente podrían obtener recursos sin imponer carga efectiva a sus contribuyentes. No exigir estos impuestos no supondría ningún beneficio para éstos, sino sólo renunciar a la transferencia de ingresos que hubiera hecho el Tesoro estatal a la región afectada.

Para ilustrar estos efectos podemos poner en ejemplo, considerando que la tarifa del impuesto general fuese semejante a ésta:

Hasta 50.000 pesetas............	5 %
De 50.001 a 100.000 »	7 %
De 100.001 a 150.000 »	9 %
De 150.001 a 200.000 »	14 %
De 200.001 a 250.000 »	16 %

En tres regiones que denominamos A, B y C, se exige el impuesto sobre las rentas del capital al tipo fijo, respectivamente, del 8 por 100, 10 por 100 y 12 por 100. Si en cada una de estas regiones un contribuyente recibe dividendos por importe de 250.000 pesetas y se supone, como hipótesis, que esta es su única renta, su tributación combinada a las dos Administraciones sería la siguiente:

	Tributación Regional	Tributación Estatal	Tributación Total
A	20.000	5.500	25.500
B	25.000	500	25.500
C	30.000	500	30.500

La cuota del impuesto estatal sería 25.500; el contribuyente de A tendrá derecho a un «tax credit» de 20.000 y los de B y C, de 25.000 cada uno.

En la hipótesis del ejemplo, los contribuyentes sometidos a tributación en A y B soportan una carga tributaria total de 25.500 pesetas pero en el caso de A, de la cuota total queda a favor de la región 20.000 pesetas y percibe 5.500 pesetas, el Estado; mientras que en el caso de B esta distribución es, respectivamente, 25.000 pesetas y 500 pesetas. Se ve claramente que la tarifa de la región B la permite obtener una recaudación muy superior sin que sus contribuyentes resulten más gravados que en la región A.

La región C obtiene una cuota superior en 5.000 pesetas a la del Estado B y en 10.000 pesetas a la del Estado A; pero su contribuyente soporta, a su vez, una cuota superior en 10.000 pesetas a la de los otros dos contribuyentes. Cualquier incremento de cuota regional por encima del límite del 10 por 100 de la renta (25.000 pesetas) no da derecho a deducción de la cuota estatal y recae integramente sobre los contribuyentes. Para aunar los intereses de la Hacienda regional y de sus contribuyentes la situación óptima es la de la región B en la cual ésta obtiene los máximos ingresos posibles con la menor incidencia para sus contribuyentes. En estas situaciones las regiones procurarían normalmente, exigir un impuesto «pick up», según la terminología norteamericana, es decir, un impuesto que les permitiese recoger para sí íntegramente el máximo crédito que el Estado está dispuesto a conceder contra sus cuotas.

Con este sistema las regiones podrían utilizar la regulación actual de los impuestos a cuenta con las modificaciones y simplificaciones que se considerasen convenientes. Con ello, por un lado, se produciría la uniformidad de legislación en todas las regiones y, por otro lado, se evitaría a los contribuyentes los costes y dificultades que siempre se derivan de una nueva normativa. Entre las modificaciones debería estar, desde luego, la reducción de los tipos impositivos, pero, como se ha dicho, este resultado se podría obtener, sin necesidad de imponerlo obligatoriamente, por efecto del límite del 10 por 100 al crédito fiscal del Estado.

Un aspecto que sería necesario regular de nuevo y con cuidado, sería el del ámbito territorial de las jurisdicciones tributarias regionales, es decir, habría que establecer reglas precisas para determinar a qué región correspondería exisigr los impuestos en cada caso. Al configurar los impuestos a cuenta como tributos de carácter real, el derecho a gravar tendrá que venir determinado por la fuente de las rentas y no por la residencia de sus perceptores, de forma que los impuestos se devengarán en el territorio donde deba entenderse que se originan las rentas. En algunos casos, el origen de las rentas no ofrecerán dudas, pero en otros podrían producirse problemas de doble o múltiple imposición interregional que será necesario evitar con la aprobación de reglas precisas de la delimitación de las respectivas competencias territoriales. En este aspecto pueden ser útiles las normas contenidas en los regímenes especiales de Alava y Navarra.

En cuanto al Impuesto Industrial y al Impuesto sobre los Rendimientos del Trabajo Personal, el gravamen en la región de la fuente en la mayoría de los casos vendría a atribuir el derecho a gravar a la región de la residencia de los perceptores, aunque respecto al segundo, habría que suprimir las reglas actuales relativas a la sustitución del contribuyente para el pago del impuesto. En el caso de las Contribuciones Rústica y Urbana, el gravamen en la fuente puede no coincidir para un mayor número de supuestos con la región de la residencia; pero el criterio parece plenamente justificado, puesto que los impuestos se exigirían por la región en la que se encuenta el objeto impositivo y que debe prestar servicios y soportar costes como consecuencia de ello. El caso de justificación menos clara de tributación en la fuente es el del Impuesto sobre las Rentas del Capital. Este impuesto originaría, además, una gran disparidad de rendimientos de unas regiones a otras, dado el alto grado de concentración de las sociedades en Madrid y Barcelona.

El mantenimiento de los impuestos a cuenta como figuras tributarias de las regiones puede dar lugar a los problemas típicos de los impuestos sobre las rentas de carácter real que prescinden de las condiciones personales de sus perceptores. En la mayoría de los casos, estos inconvenientes resultarán obviados porque el derecho a imputar las cuotas regionales a la del impuesto general del Estado producirá el efecto de personalizar esta tributación; pero sí surgirán cuando las cuotas del impuesto general sean negativas o no sean suficientes para absorber toda la tributación regional. El defecto de los impuestos reales sobre la renta es que, al no tomar en cuenta las condiciones personales, se apartan de la verdadera capacidad económica de los contribuyentes y pueden dar lugar a exigir impuestos a personas sin suficiente capacidad económica o a que soporten la misma tributación personas con distinta capacidad.

Concretamente, puede plantearse el problema de personas que

por no superar el mínimo exento que se reconozca en el Impuesto general del Estado, no deban tributar por éste, y, sin embargo, hayan sido sometidas previamente a alguno de los impuestos a cuenta. Este resultado sería contrario a la equidad tributaria, pues supondría la anulación, total o parcial, del mínimo exento y precisamente sólo para los contribuyentes sin capacidad económica.

La solución al problema tendría que ser establecer un procedimiento que permitiese que cuando una persona que no superase el mínimo exento del impuesto estatal, acreditase que le había sido exigido algún impuesto a cuenta, pudiese solicitar la devolución de estas cuotas.

Podría también ofrecerse como alternativa para las regiones que lo solicitasen la posibilidad de establecer un impuesto general sobre la renta de las personas físicas, basado en la imputación de sus cuotas en el impuesto del Estado en los mismos términos que acabamos de describir para los impuestos a cuenta.

Dada la complejidad de la determinación de la base imponible de las sociedades y de su comprobación, pensamos que la tributación regional sobre los beneficios de las sociedades debería partir de la base liquidable del impuesto estatal. Podría establecerse un procedimiento semejante al del recargo del 10 por 100 regulado en el artículo 22 del Real Decreto Ley de 8 de octubre de 1976, sobre medidas económicas. La cuota resultante sería el ingreso regional. Este enfoque requeriría que las sociedades no quedasen sujetas a los impuestos a cuenta.

Un problema que tendría que resolverse para la aplicación de este gravamen sería el de la delimitación del derecho a gravar de cada región, en los supuestos de las empresas vinculadas con varias de ellas. Esta delimitación exigiría definir en primer lugar, qué vinculación de una sociedad con una región podría considerarse suficiente para que surgiese la obligación de tributar a la misma y, en segundo lugar, cuando una sociedad quedase sometida a la jurisdicción de varias regiones, como distribuir entre todas ellas la base imponible. Aunque, teóricamente, existen otras posibles soluciones, consideramos que la primera cuestión podría resolverse en base al concepto del establecimiento permanente y que el método más adecuado para la distribución de la base imponible sería el de la cifra relativa de negocios, de honda raigambre en nuestro derecho tributario y con el antecedente actual de su aplicación en relación con Alava y Navarra. Pero para la aplicación de este método sería necesaria la creación de un Jurado interregional o la constitución de organismos de las partes interesadas, en cada caso, que pudieran fijar las respectivas cifras relativas.

Para no complicar la mecánica liquidatoria, lo mejor sería que esta cuota no diese lugar a deducción en el impuesto estatal, ni de la base ni de la cuota. Pero, en cambio, debería reajustarse el tipo del impuesto estatal teniendo en cuenta que la carga fiscal total sobre las sociedades vendría dada por la suma de las dos imposiciones. Debería partirse de mantener esta carga en el nivel actual del 36 por 100, pero dividiéndola entre las dos tributaciones.

Otra posibilidad sería mantener el impuesto sobre sociedades como un gravamen exclusivamente estatal y asignar parte de sus rendimientos a las regiones.

En relación con el impuesto sobre las ventas, el sistema habría que configurarlo pensando ya en el impuesto sobre el valor añadido, y dada la exacta sincronización que con éste se requiere entre todos los contribuyentes que intervienen en el ciclo de producción y de distribución de un producto, la superposición de cualquier modalidad de gravamen regional sobre estos hechos imponibles consideramos que perturbaría el buen funcionamiento de la mecánica de los impuestos de este tipo. No obstante, parece adecuado que un porcentaje de la recaudación estatal por este concepto, se reservasen a las regiones y, para que éstas no quedasen totalmente desvinculadas de la capacidad contributiva que muestra el consumo realizado en sus territorios, el porcentaje podría distribuirse en proporción a la recaudación obtenida en cada una de ellas. También podría utilizarse la distribución de este porcentaje con fines de perecuación financiera, y emplear fórmulas de distribución basadas, no en el criterio del origen de los recursos, sino en principios como el de necesidad financiera o el del esfuerzo fiscal que permitiesen a las regiones con menos recursos económicos prestar el nivel adecuado de servicios públicos sin imponer a sus contribuyentes una excesiva presión fiscal.

Otra de las fuentes financieras que se encuentra con frecuencia atribuida a los Estados en los países federales son los impuestos de consumo y, especialmente, los impuestos sobre bebidas, el petróleo y el tabaco. Nuestros impuestos de consumo, normalmente, cuando se implante serán integrados en el impuesto sobre el valor añadido y, por tanto, les será de aplicación lo dicho en el párrafo anterior, pero hasta ese momento, parecen aptos para ser administrados por las regiones, si bien deberán evitarse grandes diferencias de tipos impositivos que puedan alterar el normal emplazamiento de las fábricas de los productos gravados.

En las Haciendas federales también es una materia imponible normalmente atribuida a las Haciendas estatales la de las transmisiones patrimoniales. Sin duda los impuestos de esta naturaleza tienen características que los hacen especialmente aptos para ser descentralizados: la materia imponible tiene una clara localización territorial en la mayoría de los supuestos, los hechos imponibles se reflejan normalmente en los Registros Públicos, etc. En España puede añadirse, además su coexistencia con los Arbitrios Municipales sobre el incremento de valor de los terrenos. Por todo ello, se considera que otra figura tributaria adecuada para ser cedida a las regiones sería el Impuesto sobre Transmisiones Patrimoniales, en cuanto grava las transmisiones entre particulares. El tráfico inmobiliario empresarial, probablemente, tendría asiento más lógico dentro de la imposición sobre el valor añadido.

Podría mantenerse como impuesto estatal el gravamen sobre la constitución de sociedades y demás actos relativos a la vida de las personas jurídicas, dada la incidencia que esta imposición puede tener en la actividad empresarial y que ésta será probablemente otra de las parcelas donde se impondrá un alto grado de armonización internacional.

Dentro del campo patrimonial, en principio, el impuesto sobre sucesiones no parece especialmente apto para integrarse en la imposición regional, dadas su escasa significación recaudatoria, la complejidad jurídica y de valoración jurídica y de valoración de las operaciones liquidatorias y también el indudable aspecto sociopolítico de que está impregnado este impuesto. No obstante, en el Derecho comparado federal predomina su exacción a nivel estatal. Cabría también, permitir que las regiones exigiesen un impuesto de esta naturaleza, pero, en este caso, sería conveniente que esta figura tributaria se mantuviese también a nivel nacional y se autorizase la imputación de las cuotas de los impuestos regionales a la del impuesto estatal. Se evitaría con ello la creación de «paraísos fiscales» y no se prescindiría por el Estado de una pieza que puede ser importante en la política redistributiva.

Consideramos que las figuras tributarias descritas podrían constituir el cañamazo básico de una imposición regional que fuese, eficaz desde el punto de vista recaudatorio, no excesivamente complicada de administrar y aceptable desde la óptica de la equidad.

Pero, aun realizada la selección de las figuras tributarias, queda una segunda cuestión a resolver: ¿qué facultades se otorgarían a las regiones en relación con los impuestos que se les asignen?

Al comienzo de este trabajo señalamos que la atribución plena de un impuesto a una jurisdicción tributaria implicaba el otorgamiento de una triple facultad: la de legislar y dictar normas reguladoras, la de administrarlo, aplicando las disposiciones vigentes, y la de conservar para sus fines propios los ingresos recaudados.

La delimitación de los poderes que en este campo habrían de atribuirse a las regiones es un problema esencialmente político y que dependería de decisiones de esta naturaleza. La gama de posibilidades va desde la mera desconcentración de funciones hasta el reconocimiento constitucional de soberanía tributaria.

En los países federales, varía mucho de unas naciones a otras y según los impuestos de que se trate el alcance de las facultades atribuidas a las Haciendas estatales o provinciales, pero conceptualmente, no existen dificultades para que se les atribuyan plenamente los tres poderes citados.

En un Estado unitario que reconozca un régimen de descentralización o autonomía fiscal, la facultad más problemática puede ser la normativa. Hoy es un principio universalmente admitido que la tributación debe ser materia de reserva de Ley, pero, a no ser que la autonomía llegue a la creación de Cuerpos legislativos regionales, este principio no podría cumplirse si se traspasa a las regiones la facultad de establecer sus propios impuestos. Para que las jurisdicciones inferiores pudiesen dictar normas tributarias sería necesario o que se deslegalizase esta materia o que su competencia normativa se limitase a la facultad reglamentaria, de desarrollo de disposiciones superiores.

La primera medida no parece satisfactoria ni encuadra en una concepción democrática de la actividad política, pues supondría sustraer a la decisión y al control de los representantes de los contribuyentes una materia que afecta muy fundamentalmente a sus intereses económicos y que tiene una gran influencia en el funcionamiento de las comunidades políticas.

Si una parte importante de la carga fiscal va a proceder de los gravámenes regionales, es evidente que no bastan las garantías relativas a la creación de los impuestos estatales, sino que habrá de buscarse un procedimiento para que también el establecimiento y regulación de los impuestos regionales ofrezcan suficiente seguridad a los contribuyentes en cuanto a la necesidad de su exacción y a la justicia y conveniencia de los criterios de distribución de la carga tributaria.

De otro lado, si la facultad normativa que se otorgue a las regiones queda limitada a la esfera reglamentaria, podría discutirse si representa una verdadera autonomía tributaria.

Por otra parte, una absoluta facultad normativa regional puede originar grandes disparidades de regulación de unas entidades a otras que conviertan la tributación nacional en un conglomerado inconexo de figuras tributarias que creen excesivas desigualdades y dificulten seriamente la actividad económica del país.

En nuestra opinión, debe buscarse una solución intermedia, mediante la aprobación de una Ley marco de carácter general en la que se establecerían unos criterios básicos que deben ser uniformes y unos límites que no pueden ser rebasados, dentro de los cuales cada región podría adoptar sus propios criterios. Con esta concepción la imposición regional se encontraría enmarcada en un triple nivel de normas: en primer lugar, tendrán que existir unos principios básicos, probablemente, de rango constitucional que consagren la autonomía tributaria regional o el régimen que vaya a aplicarse en esta materia. Estos principios deberían definir, además, las categorías de impuestos que podrían formar parte de la imposición regional.

En desarrollo de estos principios podría dictarse una ley de aplicación para todas las regiones en la que se especificase, en primer lugar, los impuestos concretos que podrán ser establecidos por éstas. En esta Ley habrían de establecerse también los criterios jurisdiccionales que delimitasen el ámbito territorial de la competencia fiscal de cada región, de forma que no se produjesen dobles tributaciones regionales. Asimismo, deberían señalarse en ella los actos o negocios jurídicos que no podrían en ningún caso ser sometidos a tributación por ser contrarios al interés nacional o a los intereses de las demás regiones. Ejemplo típico de limitaciones de este tipo serían las exportaciones o el comercio interregional. Podría establecerse también tipos impositivos máximos, aunque para algunos impuestos esta limitación podría tratar de conseguirse indirectamente mediante topes máximos para la imputación a las cuotas estatales de las pagadas a la región.

Incluso podría proponerse una regulación uniforme completa de cada una de estas figuras tributarias, aunque se permitiese a las regiones que lo deseasen apartarse de ellas.

La administración de los impuestos regionales, creemos que debe atribuirse íntegramente a las autoridades de este nivel, sin perjuicio de establecer la máxima coordinación entre la Administración tributaria estatal y la de las regiones, para aprovechar en común valoraciones, listas de contribuyentes y toda clase de informaciones que puedan ayudar a la correcta aplicación de los impuestos a los dos niveles.

En cuanto al destino de la recaudación de los impuestos regionales, en principio, parece que las regiones que los perciban deberán poder conservar estos ingresos para financiar con ellos los servicios que hayan quedado a su cargo. Precisamente, la decisión sobre los impuestos que pueden asignarse a las regiones habrá de basarse en una estimación de las necesidades financieras que van a experimentar como consecuencia de la distribución de competencias entre ellas y el Estado, así como de los posibles rendimientos que pueda esperarse de estas figuras tributarias.

Sin duda, las regiones o mejor dicho, los contribuyentes de cada una de ellas, deberán contribuir también a la financiación de los servicios generales que haya de prestar el Estado; pero como hemos partido de que éste conservará sus propios impuestos, éstos, a su vez, deberían calcularse de forma que le permitan sufragar sus necesidades. En cambio, cabría establecer que una parte de la recaudación provincial se destinase a financiar transferencias interregionales con fines de perecuación fiscal. Estas transferencias serían inevitables en cuanto los servicios encomendados a las regiones tuvieran importancia cuantitativa. Para ello, podrían crearse Fondos especiales que podrían nutrirse con parte de la recaudación estatal o también con un porcentaje de los ingresos regionales. En definitiva, se trataría de decidir, también, a cuál de las dos jurisdicciones se encomendaba la función de obtener recursos para financiar la equidad fiscal entre las regiones.

4. Estimación estadística de la descentralización fiscal.

a) *Dimensión económica de las Corporaciones Locales en España.*

Punto de partida para un estudio de las Haciendas regionales en nuestro país, ha de ser la medición de la importancia relativa que este subsector tiene dentro del sector público español. Para ello, el cuadro número 1.1. analiza los distintas componentes de la cuenta de ingresos y gastos corrientes, así como la de capital de las Administraciones públicas en general y de las Corporaciones Locales, en particular, mostrando el peso específico de éstas en el conjunto contemplado. Con el fin de que en lo posible todos los datos utilizados en este estudio se refieran a un mismo período, las mencionadas cuentas reflejan las cifras correspondientes a 1973.

Una primera valoración que se deduce de estos datos es la escasa importancia que ostenta el subsector de las Corporaciones Locales dentro del sector de Administraciones públicas (integrado éste por el Estado, Organismos Autónomos de carácter administrativo, Seguridad Social y las propias Corporaciones locales). El total de gastos corrientes no representa más que un 7,2 por 100 del total, elevándose este porcentaje en lo que se refiere a los gastos de capital (20,5 por 100), en virtud de la inversión realizada en concepto de formación bruta de capital fijo (27,5 por 100 del total). La cobertura de estos gastos, si bien a nivel de gastos corrientes se presenta como equilibrada (el porcentaje de rentas corrientes, 7,3 por 100, es sensiblemente semejante al ya indicado de gastos corrientes) permitiendo incluso una cierta tasa de ahorro, presenta una situación mucho más grave en la cuenta de capital. A pesar del mencionado ahorro (13.205,7 millones de pesetas) y de los ingresos por impuestos sobre el capital (que para estas entidades, comparativamente con el resto de las administraciones públicas, representan una rúbrica importante) las Corporaciones locales presentan, para el período indicado, unas necesidades de financiación de 4.887,8 millones de pesetas, que contrastan con los 45.804,5 millones de pesetas de capacidad de financiación que arroja el total de Administraciones Públicas.

Desde el punto de vista de la estructura de las fuentes de ingreso, hay que resaltar la escasa importancia relativa de la imposición directa e indirecta (7,4 por 100 y 3,5 por 100 respectivamente del total) y consecuentemente, la dependencia que estas entidades padecen, por la vía de las transferencias percibidas, fundamentalmente del sector Estado.

CUADRO N.º 1.1.

Cuentas de las Administraciones Públicas 1973

	Corporaciones Locales		Total consolidado
	Millones pesetas	Por 100 total	Millones pesetas
1. Ingresos de la propiedad y la empresa	5.086,8	11,1	45.766,1
2. Impuestos indirectos	12.032,5	3,5	347.978,4
3. Impuestos directos	12.118,0	7,4	164.801,5
4. Derechos obligatorios y nominales, multas y sanciones	3.146,0	17,3	18.137,7
5. Contribución a la Seguridad Social	—	—	327.830,3
6. Transferencias corrientes:			
— de Administraciones públicas (neto)	35.122,1	—	—
— de otros sectores	229,2	—	18.328,4
7. *Total rentas corrientes*	67.734,6	7,3	922.842,4
8. Compras netas en bienes y servicios	4.601,4	3,3	139.501,9
9. Sueldos y salarios	42.832,0	15,3	280.331,5
10. Intereses	3.207,2	12,5	25.682,1
11. Prestaciones sociales	—	—	219.239,9
12. Subvenciones	2.383,1	4,2	57.214,1
13. Transferencias corrientes a otros sectores	2.121,1	—	37.137,8
14. Ingresos y pagos no clasificados	— 615,9	—	—1.996,1
15. *Total gastos corrientes*	54.528,9	7,2	757.111,2
16. *Ahorro* (= 7 — 14)	13.205,7	8,0	165.731,2
17. Impuestos sobre el capital	8.967,8	52,7	17.002,3
18. Transferencias de capital de Administraciones Públicas (neto)	1.015,7	—	—
19. *Total ingresos de capital*	23.189,2	12,7	182.733,5
20. Formación bruta de capital fijo	26.568,6	27,5	96.542,2
21. Compras netas de terrenos	1.508,4	32,1	4.696,9
22. Transferencias de capital a otros sectores	—	—	35.689,9
23. *Total gastos de capital*	28.077,0	20,5	136.929,0
24. Capacidad (+) o necesidad (—) de financiación (= 18 — 22)	—4.887,8	—	+45.804,5

FUENTE: Cuentas de las Administraciones Públicas del año 1973. Ministerio de Hacienda.

A nivel de los ingresos fiscales es interesante resaltar la dependencia de las Corporaciones locales respecto del sistema fiscal estatal. Por un lado la importancia de las figuras impositivas privativas de las Corporaciones Locales es escasa. La recaudación se lleva a cabo, además de por dichas figuras, a través de diversos recargos sobre las cuotas del Tesoro. Pero en todo caso, la importancia de la recaudación estatal transferida a las Corporaciones Locales es básica para la financiación de estas últimas. El cuadro número 1.2. extraído de la Contabilidad Nacional de España del I.N.E. muestra claramente este fenómeno.

CUADRO N.º 1.2.

Ingresos fiscales de las Administraciones Públicas 1973

Millones de pesetas

TIPO DE IMPUESTO	ESTADO			C. LOCALES	
	Bruto	Neto	Transfer. a C. local.	Propio	Inc. Transfer.
Impuestos ligados a la producción	264.768,3	240.089,7	24.678,6	9.440,1	34.118,7
Impuestos ligados a la importación	45.224,0	45.224,0	—	2.592,4	2.592,4
Impuestos sobre renta y patrimonio	144.227,5	137.378,9	6.848,6	12.118,0	18.966,6
— sobre empresas	78.200,9	71.768,4	6.432,5	12.118,0	18.550,5
— sobre familias	66.026,6	65.610,5	416,1	—	416,1
Impuestos sobre el capital	51.947,6	51.947,6	—	8.967,8	8.967,8
Total	506.167,4	474.640,2	31.527,2	33.118,3	64.645,5
En % del PIB p. m.	12,3	11,5	0,8	0,8	1,6

FUENTE: Contabilidad Nacional de España. INE. Madrid, 1976, págs. 165 y sigs.

Como puede comprobarse, la importancia de las sumas transferidas por el Estado son casi equivalentes a las obtenidas directamente por las Corporaciones Locales de sus propias fuentes fiscales. Y, en todo caso, estos importes son especialmente modestos si se les compara con el total nacional. Tan sólo representa el 1,6 por 100 del P.I.B. a precios de mercado. La estructura de estos ingresos es también totalmente distinta en ambos sectores. Dentro de la recaudación del Estado, los impuestos indirectos representan el 61 por 100, los que recaen sobre la renta, el 29 por 100 y los correspondientes al capital el 10 por 100. Por el contrario, en las Corporaciones locales los mencionados porcentajes son, 36 por 100, 37 por 100 y 27 por 100. Por último y con carácter general, cabe señalar la reducida presión fiscal que arrojan estos datos a nivel nacional, representando el conjunto de la fiscalidad (excluidas las cotizaciones a la Seguridad Social) tan sólo el 13 por 100 del Producto Interior Bruto a precios de mercado. Sobre esta característica del sistema fiscal español habrá ocasión de volver a insistir.

No hay duda de que ha de resultar sumamente orientativo comparar estas cifras con las que arrojan una organización nacional de carácter federativo. Por supuesto, las conclusiones de dicha comparación no pueden tener más que un carácter meramente orientativo por ser prácticamente imposible alcanzar una total homogeneidad en los datos comparados correspondientes a distintos países.

En Canadá, la importancia relativa que tienen los presupuestos federal y provinciales es la que muestra el siguiente cuadro referido a los años 1973 y 1974.

CUADRO N.º 1.3.

Presupuestos de gastos de las Administraciones Públicas canadienses

	INGRESOS				GASTOS			
	1973		1974		1973		1974	
	m. $	%	m. $	%	m. $	%	m. $	%
Federales......	22.445	52,6	29.400	54,1	22.402	52,3	28.715	54,0
Provinciales....	20.262	47,4	24.908	45,9	20.432	47,7	24.459	46,0
Total......	42.707	100,0	54.308	100,0	42.834	100,0	53.174	100,0

FUENTE: OCDE. Etudes Economiques. Canadá.

De las mencionadas cifras se deduce la importancia que alcanzan los presupuestos provinciales, ligeramente inferiores al del propio Gobierno federal. Por supuesto, el total no es un total consolidado, sino una mera agregación, al no estar eliminadas las operaciones intergubernamentales, pero es un claro índice del relativo equilibrio económico que existe entre ambas esferas públicas. A título indicativo, el presupuesto inicial de gastos del Estado para 1973, en España era de 474.283 millones de pesetas (esto es, excluidos los créditos extraordinarios y suplementos de crédito para dicho ejercicio); por su parte la suma de los presupuestos ordinarios de las Corporaciones locales (diputaciones más ayuntamientos) se elevaba para el mismo período a 100.005 millones de pesetas. De la comparación de estas cifras, ambas extraídas de la publicación «Estadísticas presupuestarias y fiscales 1973» del Ministerio de Hacienda, resulta una importancia relativa del presupuesto estatal del 82,6 por 100 mientras que los correspondientes a las Corporaciones locales, sólo representan el 17,4 por 100 del total.

Analizando los ingresos públicos en EE.UU. sobre la base de las cifras recogidas en la obra de Oldman «State and Local Taxes and Finances» se tendría la siguiente estructura para el período fiscal 1969-70.

CUADRO N.º 1.4.

Ingresos públicos en EE. UU.

	Gobierno federal		Gobiernos estatales y federales	
	Millones $	%	Millones $	%
— Impuestos	146.082	71,1	86.795	57,8
— Tasas	17.500	8,5	22.103	14,7
— Total ingresos fiscales	163.582	79,6	108.898	72,5
— Rentas de empresa	—	—	8.614	5,7
— Transferencias	—	—	21.857	14,6
— Rentas de los trust de seguros	41.980	20,4	10.736	7,2
— *Total*	205.562	100,0	150.105	100,0

En una clasificación similar por fuentes de renta y niveles de gobierno en Canadá y en base a los datos recogidos anteriormente en este estudio al analizar la fiscalidad en dicho país, se tendría:

CUADRO N.º 1.5.

Ingresos públicos en Canadá
Período fiscal 1974-75

	FEDERAL		PROVINCIAL		MUNICIPAL	
	Mill. $	%	Mill. $	%	Mill. $	%
— Impuestos sobre la renta de individuos y sociedades	14.850	59,5	6.666	26,6	—	—
— Otros impuestos	7.800	30,7	7.535	30,1	4.517	39,5
	22.650	90,2	14.201	56,7	4.517	39,5
— Ingresos no fiscales	2.450	9,8	5.091	20,4	1.250	10,9
— Transferencias	—	—	5.746	22,9	5.658	49,5
— *Total ingresos*	25.100	100,0	25.038	100,0	11.425	100,0

Salvando las importantes diferencias que existen entre estos dos países federales, particularmente en lo que se refiere a la organización de la Seguridad Social y a las características de las transferencias intergubernamentales (integradas en EE.UU. básicamente por transferencias condicionales) pueden, no obstante, deducirse ciertas notas comunes:

— el alto nivel de los ingresos correspondientes a los niveles federados comparativamente con los federales.

— el fuerte desarrollo de las propias fuentes tributarias a nivel de los gobiernos federados (56,7 por 100 del total ingresos para los gobiernos provinciales canadienses y 57,8 por 100 para los Estados americanos que se eleva al 72,5 por 100 en este último caso, si se incluyen las tasas y exacciones parafiscales).

— la relativa dependencia de los gobiernos federados del propio gobierno federal por la vía de las transferencias. En el caso de EE.UU. éstas representan el 14,6 de los ingresos de los estados y en el caso de Canadá, el 22,9 por 100 de los ingresos provinciales (el mayor grado de dependencia de los municipios se explica al no tener éstos más que una potestad tributaria delegada y recibir transferencias, tanto del nivel federal como del estatal o provincial).

Comparando con la imagen apreciada para España, puede afirmarse que las conclusiones serán justamente las opuestas. Como ya se dijo, la importancia de los ingresos de las Corporaciones Locales es muy reducida si se la compara con los ingresos del Estado. Además, los ingresos que estas Corporaciones obtienen en virtud de una potestad fiscal delegada son igualmente de escasa importancia, reflejándose en el Cuadro núm. 1.2. cómo el Estado aparece afectando parte de su recaudación por distintas figuras tributarias a la financiación de las Corporaciones Locales por la vía de las transferencias. En cuanto a la importancia relativa de las distintas fuentes de ingresos de las Corporaciones públicas, ésta se refleja en el siguiente Cuadro extraído de los datos correspondientes a 1973.

El peso de los impuestos es inferior al existente para los segundos niveles de imposición en las haciendas norteamericanas y canadiense. Por supuesto, esta diferencia ha de completarse para situar correctamente la dimensión de la fiscalidad local española con la ya apuntada conclusión de la importancia relativa de la misma dentro del importe global a nivel nacional. Donde sobresale una neta diferencia es en materia de transferencias. Era ya de esperar que esta cifra tendría una importancia muy superior en una hacienda centralizada como la española. Así, en este último caso viene a representar un 46,8 por 100 del total de los ingresos, esto es, una cifra ligeramente superior a las derivadas de fuentes fiscales. Recordemos que este porcentaje era sólo del 20,4 para las provincias canadienses y del 14,6 para los Estados americanos.

CUADRO N.º 1.6.

Ingresos de las Corporaciones locales en España 1973

	Mill. pesetas	%
Impuesto directos	12.118,0	15,6
Impuestos sobre capital	8.967,8	11,5
Impuestos indirectos	12.032,5	15,5
Derechos obligatorios, etc.	3.146,0	4,0
Total ingresos fiscales	36.264,3	46,6
Transferencias:		
— de Administraciones Públicas (corrientes)	35.122,1	45,2
— de Administraciones Públicas (capital)	1.015,7	1,3
— de otros sectores	229,2	0,3
Total Transferencias	36.367,0	46,8
Ingresos propios y empresa	5.086,8	6,6
Total ingresos	77.718,1	100,0

b) *Estructura regional española: aspectos económico-financieros.*

Un análisis serio de la realidad regional española en su vertiente económico financiera y con vistas a un estudio sobre la viabilidad de una descentralización federativa de los ingresos y gastos públicos exigiría el cumplimiento de dos supuestos previos:

— un profundo análisis sociológico que permitiera delimitar geográficamente las distintas regiones españolas.

— una base estadística fiable sobre la que pudieran apoyarse los cálculos necesarios sobre cuyos resultados se basase la viabilidad de la descentralización del sector público, la medición del grado de la misma y el de los necesarios ajustes interregionales.

El primer supuesto no creemos que se haya abordado en la práctica para la totalidad de la realidad española. Algunas de estas regiones tienen una delimitación que parece gozar del consenso general. Ejemplo de ello sería el de las cuatro provincias catalanas o el de las cuatro gallegas o, por su localización geográfica, el de las Islas Canarias. En otros casos, esta agregación no deja de suscitar ciertas polémicas, cual es el caso de la asociación de Navarra a las provincias de Alava, Guipúzcoa y Vizcaya. Incluso en este último supuesto, el hecho de que dos de estas provincias (Alava y Navarra) gocen en la actualidad de un régimen especial de concierto puede plantear en la práctica ciertas dificultades a una futura integración (en la medida en que un estatuto regional puede resultar menos beneficioso para una provincia que el particular trato que ya venga recibiendo).

Pero, además, el concepto y el grado en que entienden y sienten el fenómeno autonómico la población de las distintas provincias españolas es, a buen seguro, altamente dispar, lo cual tampoco ayuda a realizar una hipotética distribución regional de las provincias españolas. Razones históricas y culturales han cincelado con mayor o menor rigor las características que distinguen unos pueblos de otros. El grado de identidad que puede sentir un habitante de Cataluña respecto de su región es totalmente distinto del que puede tener un habitante de Castilla la Nueva.

Por ser un problema que excede claramente de los límites y enfoque de este estudio, ha tenido que recurrirse a un compromiso que no pretende presentarse ni con rigor científico ni con ánimo polémico. La distribución regional sobre la que se han realizado todos los cálculos posteriores puede considerarse en gran medida arbitraria y no pasa de ser una mera hipótesis de trabajo. De hecho, es la misma utilizada por el I.N.E. al recoger en sus anuarios estadísticos la distribución de la superficie de España. Por esta única razón, por ejemplo, se ha incluido Navarra en la región vascongada o Ceuta y Melilla en la región andaluza.

El segundo supuesto, esto es, un conjunto de estadísticas desagregadas a nivel provincial y regional que permitan analizar la realidad económica de cada región tampoco se da en la práctica. Si, incluso, las cifras macroeconómicas a nivel nacional son objeto de crítica en cuanto a un posible alto grado de fiabilidad y son objeto de continua revisión y perfeccionamiento en la elaboración de las mismas, mal se podría esperar el disponer de las mismas para colectivos inferiores. A lo largo de los cálculos posteriores se han utilizado básicamente las ofrecidas por el Banco de Bilbao en su prestigiosa publicación anual sobre la Renta Nacional de España y su distribución provincial, así como los datos que sobre estadísticas fiscales y del gasto público ofrece la publicación sobre Estadísticas presupuestarias y fiscales de la Secretaría General Técnica del Ministerio de Hacienda. No hay duda de que un estudio más profundo de estos aspectos regionales hubiera requerido la utilización de un conjunto de datos más amplios y tal vez disponibles a nivel provincial. La redacción de este apéndice tiene unas pretensiones mucho más humildes y nunca habrán de olvidarse las dos graves limitaciones indicadas cuando se enjuicien las conclusiones que pueden arrojar los cálculos posteriores: se trata más bien de desarrollar un modelo teórico de relaciones interregionales.

El Cuadro núm. 2.1. recoge, agregadas por regiones un conjunto de datos que pueden dar una idea aproximada de la importancia económica de las distintas regiones españolas. Salvo la primera columna, los demás datos han sido extraídos de la ya mencionada publicación del Banco de Bilbao referida al año 1973. Sobre la base de los datos contenidos en este Cuadro, se ha elaborado el Cuadro núm. 2.2. que permite realizar un cierto análisis comparativo, siempre sobre la base del grado de fiabilidad de los datos utilizados.

Con el fin de centrar los datos contenidos en estos Cuadros dentro de la terminología de la Contabilidad Nacional, en la columna «ingresos» se ha recogido el producto interior neto al coste de los factores. En consecuencia y siempre sobre la base de los datos del Banco de Bilbao referidos al conjunto nacional, la relación entre las distintas columnas del Cuadro 2.1., es la siguiente:

		Mill. pesetas
1. Producto Interior Bruto al coste de los factores		3.730.202
2. Amortizaciones		281.597
3. Producto Int. Neto al coste de los factores (col. 3)		3.448.605
— Rentas de trabajo (col. 4)	1.948.061	
— Rentas mixtas (col. 5)	842.578	
— Rentas de capital (col. 6)	541.670	
— Rentas del Estado (col. 7)	116.296	
4. Menos deducciones		— 693.420
— Ahorro empresas	180.704	
— Impuestos directos en empresas (col. 7)	116.296	
— Seguridad Social	327.830	
— Impuestos directos en familias (col. 8)	68.590	
5. Más: otros ingresos familiares		+ 366.067
6. Renta familiar disponible (col. 10)		3.121.252

Hay que aclarar que las rentas del Estado que figuran en la columna 7 con la denominación de impuestos directos en empresa incluyen 45.766 millones de pesetas de rentas patrimoniales del Estado y se han deducido 25.682 de intereses de la deuda pública. En consecuencia de los 116.296 millones de pesetas que figuran en el Cuadro, 96.212 millones corresponden propiamente a impuestos directos sobre las empresas.

La comparación del ingreso «per capita» ya da un primer índice del grado de desarrollo económico de cada región. Partiendo de la media nacional de 99.271 (índice = 100) tan sólo cinco regiones se encuentran por encima de la media, siendo éstas, Vascongadas (índice = 131), Cataluña (129), Castilla la Nueva (124), Baleares (121) y Valencia

CUADRO N.º 2.1.

	Extensión km²	Población 1973	Ingresos 1973	Rentas Trabajo	Rentas Mixtas	Rentas Capital	Impuestos directos en Empresa (*)	Impuestos directos en Familias	Total Impuesto	Renta Familiar
Andalucía	87.268	6.038.385	435.892	259.902	110.241	56.294	9.455	6.434	15.889	437.421
Aragón	47.669	1.167.275	114.632	57.811	35.270	18.108	3.443	2.143	5.586	102.453
Asturias	10.565	1.060.565	100.116	59.709	22.464	15.536	2.407	2.244	4.651	90.473
Castilla la Nueva	72.363	5.373.796	664.114	397.901	126.852	113.090	26.271	17.409	43.680	577.680
Castilla la Vieja	66.107	2.160.119	197.160	96.388	66.135	28.379	6.258	3.335	9.593	179.918
Cataluña	31.930	5.394.221	688.855	387.934	152.796	117.772	30.353	16.184	46.537	578.720
Extremadura	41.602	1.118.724	67.215	36.524	22.266	7.088	1.337	781	2.118	70.754
Galicia	29.434	2.602.998	192.024	102.575	58.317	26.481	4.651	2.973	7.624	199.645
León	38.363	1.158.520	86.206	40.050	33.194	10.822	2.140	1.156	3.296	85.307
Murcia	26.175	1.190.000	89.649	52.892	23.552	11.449	1.756	1.248	3.004	87.836
Valencia	23.305	3.200.893	319.868	180.919	84.339	47.109	7.501	4.044	11.545	296.800
Vascongadas y Navarra	17.682	2.462.980	320.875	179.697	61.300	64.004	15.874	7.973	23.847	260.135
Baleares	5.014	579.981	69.603	36.519	19.723	10.826	2.535	967	3.502	60.772
Canarias	7.273	1.230.844	102.396	59.240	26.129	14.712	2.315	1.699	4.014	93.338
Total Nacional	504.750	34.739.301	3.448.605	1.948.061	842.578	541.670	116.296	68.590	184.886	3.121.252

(*) Incluidas rentas del Estado (+45.766 de rentas patrimoniales y −25.682 de intereses de la D. P.).

FUENTE: Renta Nacional de España y su distribución provincial, 1973. Banco de Bilbao y elaboración propia.

CUADRO N.º 2.2.

	Población	INGRESOS			RENTA FAMILIAR DISPONIBLE			PRESION FISCAL		
	Por 100 total	Por 100 total Nc	Per cápita	Indice	Por 100 total Nc	Per cápita	Indice	Impuesto directo Ingresos	Impuesto empresa mix.-cap.	Impuesto familia R. familiar
Andalucía	17,38	12,64	72.187	73	14,01	72.440	81	3,65	5,68	1,47
Aragón	3,36	3,32	98.205	99	3,28	87.771	98	4,87	6,45	2,09
Asturias	3,05	2,90	94.399	95	2,90	85.306	95	4,64	6,33	2,48
Castilla la Nueva	15,47	19,26	123.584	124	18,50	107.499	120	6,58	10,95	3,01
Castilla la Vieja	6,22	5,72	91.272	92	5,76	83.291	92	4,87	6,62	1,85
Cataluña	15,53	19,97	127.702	129	18,54	107.285	119	6,76	11,29	2,80
Extremadura	3,22	1,95	60.082	61	2,27	63.245	70	3,15	4,55	1,10
Galicia	7,49	5,57	73.770	74	6,40	76.698	85	3,97	5,48	1,49
León	3,33	2,50	74.410	75	2,73	73.634	82	3,82	4,86	1,36
Murcia	3,43	2,60	75.337	76	2,81	73.813	82	3,35	5,02	1,42
Valencia	9,21	9,28	99.931	101	9,51	92.724	103	3,61	5,71	1,36
Vascongadas	7,09	9,30	130.279	131	8,33	105.618	118	7,43	12,67	3,06
Baleares	1,67	2,02	120.009	121	1,94	104.783	117	5,03	8,30	1,59
Canarias	3,54	2,97	83.192	84	2,99	75.833	84	3,92	5,67	1,82
Nacional	100	100	99.271	100	100	89.847	100	5,36	8,40	2,20

(101). En el otro extremo del abanico se encuentran Extremadura (61), Andalucía (73), Galicia (74), León (75) y Murcia (76). En definitiva, estos índices reflejan la diferente proporción en que cada región participa en el total de la población y en el producto interior neto. Así, mientras que en las Vascongadas se concentra el 7,09 por 100 de la población total y sus ingresos representan el 9,3 por 100 del total P.I.N., Extremadura representa el 3,22 por 100 de la población de España y tan sólo el 1,95 por 100 de su P.I.N.

En lo que se refiere a la distribución de la renta familiar disponible, y comparativamente con la renta familiar «per capita» a nivel nacional (89.847 pesetas) siguen superando esta media las cinco regiones más ricas anteriormente señaladas, si bien la diferencia que existía a nivel de ingresos entre Vascongadas y Cataluña prácticamente desaparece, e incluso Cataluña supera muy ligeramente a Vascongadas (índice 119 para aquélla, frente a 118 para ésta). Lo que sí reflejan estos números índices en su conjunto, es una reducción de las diferencias que separan a las regiones ricas de las pobres, es decir, se ha cerrado el abanico de distribución de la renta familiar disponible. Así, la distancia que separaba la región más rica de las más pobres en la distribución de los ingresos (Vascongadas con un índice de 131 respecto de Extremadura con un índice de 61, lo que representa una diferencia del 114,8 por 100), se ha reducido considerablemente en la distribución de la renta familiar disponible (Cataluña, con un índice de 119, supera a Extremadura con un índice de 70, en un 70 por 100).

Una posible explicación del fenómeno señalado en el párrafo anterior habría de buscarse por el efecto favorable a una más equitativa redistribución que puedan tener tanto las detracciones en concepto de impuesto como las transferencias a las familias. El primer impacto, esto es, el producido por la fiscalidad directa puede analizarse si se comparan los diferentes grados de presión fiscal en las distintas regiones españolas. Para analizar este fenómeno se ha procedido a una triple comparación. En primer lugar se ha procedido a comparar el volumen de impuestos directos con el total de ingresos de cada región. En segundo lugar, se ha distinguido el porcentaje que representen los impuestos directos de empresa respecto de la suma de las rentas mixtas y de capital para, por último, ver qué representan los impuestos directos sobre las familias respecto de la renta disponible familiar. Aun cuando desde el punto de vista metodológico pueden objetarse serias críticas a este planteamiento, creemos que las conclusiones pueden tener al menos un interés indicativo.

La media de la presión fiscal de los impuestos directos se sitúa en un 5,36 por 100 de los ingresos y, como era de esperar, existe una cierta correlación entre el nivel de presión fiscal de cada región y el grado de riqueza de cada una. Las tres regiones más ricas ofrecen igualmente una mayor presión fiscal (Vascongadas 7,43 por 100, Cataluña 6,76 por 100 y Castilla la Nueva 6,58 por 100) y las regiones más pobres también suelen tener un menor grado de presión fiscal (Extremadura 3,15 por 100, Andalucía 3,65 por 100 o Galicia 3,97 por 100). Sin embargo, otros resultados obtenidos obligan a aceptar con mucha cautela los cálculos mediante los cuales se han distribuido las cargas fiscales provinciales. Así Valencia que aparecía entre las cinco regiones más ricas tan sólo arroja un 3,61 por 100, inferior a la presión fiscal de Galicia o Andalucía. En menor medida, lo mismo podría decirse de Murcia con una presión fiscal de 3,35 por 100.

La distribución del porcentaje que representan los impuestos directos de empresa respecto de las rentas mixtas y de capital tiene un perfil muy semejante a la relativa a la presión fiscal de los impuestos directos sobre empresas y familias conjuntamente. También aquí tan sólo tres regiones superan la media nacional (8,4 por 100). Como era de esperar, éstas son: Vascongadas (12,67 por 100), Cataluña (11,29 por 100) y Castilla la Nueva (10,95 por 100). A conclusiones muy semejantes se llega al estudiar el porcentaje que representan los impuestos directos sobre las familias respecto de la renta familiar. Frente a una presión fiscal media nacional del 2,20 por 100, ésta se eleva al 3,06 por 100 en Vascongadas, 3,01 por 100 en Castilla la Nueva y al 2,80 por 100 en Cataluña. Sorprendentemente e inesperadamente la presión fiscal en Asturias también supera a la media nacional, lo cual obliga a recordar que sobre la base de los datos estadísticos que se manejan, no es posible realizar afirmaciones tajantes ni extraer conclusiones con alto grado de fiabilidad.

Lo que sí podría admitirse es que la presión fiscal que se deriva de un sistema de impuestos directos con un cierto grado de progresividad será mayor en aquellas regiones más ricas y en las que los ingresos estén más concentrados. Sin ser el sistema fiscal español un modelo de progresividad, ésta aun a un bajo nivel podría derivarse de los mínimos exentos en un impuesto tan extendido cual es el Impuesto sobre los Rendimientos del Trabajo Personal, en un mejor control de las empresas a medida que son de mayor tamaño y por último al Impuesto sobre la Renta de las Personas Físicas (aun cuando su recaudación es lamentablemente reducida). Es precisamente esta diferencia en el grado de presión fiscal la que justifica dentro de los sistemas federales las transferencias interregionales por diferente capacidad fiscal.

c) *Comentarios en torno a los presupuestos de gastos de las Corporaciones locales.*

Un intento de aproximación a la medición del gasto de las Corporaciones Locales, puede llevarse a cabo a partir de las cifras correspondientes a sus presupuestos de gastos. En las páginas anteriores esta apreciación se realizó sobre la base de las cuentas de ingresos y gastos corrientes y de capital, donde el sector de las Corporaciones Locales aparecía como una subcuenta dentro del sector de Administraciones Públicas, siendo las magnitudes allí mostradas homogéneas con los datos de la Contabilidad Nacional de España. Sin embargo, por la mencionada vía no se podía llegar por cuanto que no consta en la correspondiente publicación del Ministerio de Hacienda (Cuentas de las Administraciones Públicas del año 1973), al estudio desagregado por regiones. Ha sido ésta la razón de tentar la aproximación por la vía de los presupuestos de gastos.

De hecho, los datos que se han utilizado procedentes de la publicación del Ministerio de Hacienda, Estadísticas Presupuestarias y Fiscales de 1973, tan sólo dan una aproximación por defecto del gasto realizado por las Corporaciones Locales. En primer lugar se trata del gasto presupuestado, por no recoger la mencionada publicación los presupuestos de realizaciones. En segundo lugar y a nivel provincial tan sólo se reflejan los datos de los presupuestos ordinarios de las Diputaciones y Ayuntamientos. Los datos allí publicados, a nivel nacional son los siguientes, referidos a 1973, y en millones de pesetas:

— Presupuestos ordinarios de las Diputaciones Provinciales	31.676,2
— Presupuestos ordinarios de los Ayuntamientos	68.309,2
— Total de presupuestos ordinarios	99.985,4
— Diputaciones: presupuestos especiales de recaudación	1.094,0
— Diputaciones: otros presupuestos especiales	3.121,8
— Ayuntamientos: presupuestos especiales de urbanismo	6.834,8
— Ayuntamientos: otros presupuestos especiales	3.654,5
— Total presupuestos especiales y ordinarios	114.690,5

Hay que advertir que se trata de un mero agregado de las cifras de las Diputaciones y Ayuntamientos, esto es, no se trata de una auténtica consolidación, al no encontrarse eliminadas las subvenciones y transferencias entre ambas Corporaciones Locales. Tomando la cifra de población para 1973 publicada en el estudio del Banco de Bilbao sobre la distribución provincial de la Renta Nacional de España, se obtendría un gasto «per capita» de 3.301 pesetas. Como ya se indicó, la distribución provincial tan sólo viene dada en la publicación del Ministerio de Hacienda para los presupuestos ordinarios de las Diputaciones y Ayuntamientos, por lo que el Cuadro núm. 3.1. tan sólo recoge estas magnitudes. E, incluso no ha sido posible distribuir los 419,6 millones que, dentro de los presupuestos ordinarios de las Diputaciones corresponden a la Mancomunidad de Diputaciones de régimen común. Por esta razón, el gasto «per capita» medio que figura en dicho cuadro, de 2.866 pesetas, es inferior a la indicada cifra de 3.301 pesetas resultante de contemplar incluso los presupuestos especiales.

Con las mencionadas salvedades, creemos que puede resultar de interés comentar estos datos, tanto desde el punto de vista de una comparación con el presupuesto de gastos del Estado como de una comparación interregional. En lo que se refiere el primer punto y siempre sobre la base de los datos publicados en las Estadísticas presupuestarias y fiscales del Ministerio de Hacienda, el presupuesto de gastos del Estado arrojaría los siguientes resultados para 1973.

	Presupuesto inicial	Inc. créditos exterior y suplemento créditos	Obligaciones contraídas
Millones de pesetas	474.283	534.357,7	484.679,2
Pesetas «per capita»	13.653	15.382	13.952

En consecuencia, puede considerarse que el gasto «per capita» realizado por el sector Estado es más de cuatro veces superior al realizado por las Corporaciones locales. Esta diferencia no debe de extrañar si se parte de la idea de que en nuestro país existe una escasa descentralización de los servicios públicos. Recordemos que en Canadá los presupuestos de gastos de las provincias se elevan a un importe equivalente a un 90 por 100 del presupuesto de gastos federal. En España y tomando las cifras de los presupuestos iniciales, este porcentaje sería sólo del 24 por 100.

Un examen comparativo de las cifras regionales del Cuadro número 3.1. puede, aun dentro de la limitación de los datos manejados, ofrecer cierta información interesante. La distribución del gasto «per capita» ofrece una dispersión en la que es discernible una cierta correlación con la riqueza de las respectivas regiones. En tal sentido, Galicia y Extremadura vuelven a encontrarse al final de la escala (índice 60) acompañadas de cerca por León (índice 75) y Andalucía (índice 77). En el otro extremo, esto es, el de las regiones con un gasto «per capita» más elevado, son de destacar dos causas principales: la influencia de la riqueza de la región y el régimen especial administrativo aplicado a una provincia en particular. Básicamente esta última razón explica el que el gasto «per capita» se eleve en Canarias a 7.308 pesetas (incluye las cifras correspondientes a Cabildos insulares, Mancomunidades y Ayuntamientos).

En el caso de Vascongadas, las dos razones apuntadas actúan conjuntamente, por lo que es necesario contemplar los datos desagregados correspondientes a las cuatro provincias que, a los meros efectos estadísticos se han considerado que integran esta región.

	Vizcaya	Guipúzcoa	Alava	Navarra
Presupuesto ordinario (millones de pesetas)	3.234,9	2.099,9	2.099,9	4.458,0
Población	1.103.521	661.141	220.537	477.781
Pesetas «per capita»	2.931	3.016	9.522	9.331
Indice (media nacional = 100)	102	105	332	326

En todo caso, las cuatro provincias se encuentran por encima de la media, pero el régimen de Concierto aplicado en Alava y Navarra, hace que este gasto «per capita» se triplique en estas dos provincias y eleve el índice de la región a 167.

CUADRO N.º 3.1.

Presupuestos ordinarios de gastos de las Corporaciones Locales, 1973

(Millones de pesetas)

	Diputaciones (*)	Ayuntamientos	Total Corporaciones locales	GASTO PER CAPITA	
				Pesetas	Indice
Andalucía	3.479,4	9.818,5	13.297,9	2.202	77
Aragón	725,6	2.318,0	3.043,6	2.607	91
Asturias	773,8	1.652,1	2.425,9	2.287	80
Castilla la Nueva	2.866,8	11.570,5	14.437,3	2.687	94
Castilla la Vieja	1.623,6	4.062,9	5.686,5	2.632	92
Cataluña	3.654,1	15.323,2	18.977,3	3.518	123
Extremadura	652,3	1.272,7	1.925,0	1.721	60
Galicia	1.377,6	3.119,7	4.497,3	1.728	60
León	766,2	1.404,9	2.171,1	1.874	65
Murcia	712,9	1.838,3	2.551,2	2.144	75
Valencia	2.053,0	5.921,4	7.974,4	2.491	87
Vascongadas	6.085,8	5.701,1	11.786,9	4.786	167
Baleares	320,0	1.486,9	1.806,9	3.115	109
Canarias	6.175,5	2.819,0	8.994,5	7.308	255
Total Nacional	31.276,6	68.309,2	99.585,8	2.866	100

(*) Excluidos 419,6 millones de pesetas correspondientes a la Mancomunidad de Diputaciones de régimen común.

FUENTE: Estadísticas presupuestarias y fiscales 1973. Ministerio de Hacienda y elaboración propia

Una consecuencia de no haber depurado el gasto «per capita» del impacto de los regímenes especiales de Alava, Navarra y Canarias, es la de situar la media regional a un nivel más elevado del que le correspondería. Por esta razón, Castilla la Nueva a la que, presumiblemente, habría que considerar con un gasto «per capita» superior a la media, sólo muestra un índice de 94 que contrasta con el nivel alcanzado por Cataluña, en cuyo índice 123 habría de verse el reflejo de un principio regionalista profundamente sentido por un pueblo lo suficientemente rico para pagar un precio adicional por ello, y Baleares, donde su índice 109, puede ser una respuesta a unas mayores necesidades motivadas por el aislamiento insular.

Entrando en un terreno de hipótesis más o menos aventuradas, podría preguntarse cuál podría ser el nivel del gasto público de las Corporaciones locales de cambiar a una situación de una mayor descentralización del gasto público. No se pretende aquí hacer un estudio profundo del tema, porque excede con mucho del objetivo de este trabajo. De hecho, aquí no se ha estudiado más que una vertiente del federalismo fiscal, la de los ingresos públicos, siendo la otra vertiente la correspondiente a los gastos públicos. Ambos aspectos se complementan y se necesitan, pero su estudio se basa en técnicas y métodos totalmente distintos. Sin embargo, si de alguna forma se pretende decir cuáles son los impuestos que se trasladan de un nivel de imposición estatal a un nivel regional, esta traslación vendrá exigida en primer lugar por unas mayores necesidades de financiación sentidas por este segundo nivel al habérseles encomendado la prestación de nuevos servicios públicos. En los párrafos siguientes tan sólo se pretende llegar a una cifra estimativa que, basada en unas hipótesis simplistas, permitiese medir una posible magnitud de gasto público correspondiente a las Corporaciones Locales sobre la base de una descentralización del gasto público.

Si la descentralización del gasto público ha de apoyarse en una delegación de funciones y servicios, es lógico partir de la clasificación funcional del presupuesto de gastos del Estado para analizar en qué cuantía las diversas partidas del mismo son susceptibles de descentralización. Por supuesto, el grado de descentralización es una opción fundamentalmente política, aun cuando ha de venir basada en un serio análisis de coste beneficio, buscando una optimización en la prestación de cada servicio público. En el intento de medición que aquí se hace se parte de unas hipótesis mucho más humildes. Frente al grado de centralización elevado que se da en nuestro sistema (no se insiste más sobre las comparaciones que se han hecho entre la dimensión del sector de Corporaciones Locales y el Estado en el que, incluso, habría que englobar la actividad de los organismos autónomos de carácter administrativo) puede resultar aleccionador observar la experiencia de otro tipo de organización. Dedicado este trabajo a las Haciendas federales,

CUADRO N.º 3.2.

Gasto público (directo e intergubernamental) por funciones y niveles de Gobierno en EE. UU.

FUNCION	MILLONES DE DOLARES				Participación en el total de por 100 gastos directos		
	Total Gobiernos	Gobierno Federal	Gobirenos Estatales	Gobiernos Locales	G. F.	G. E.	G. L.
Total funciones	275.017	166.942	77.642	83.215	—	—	—
— Directo	275.017	143.685	48.749	82.582	52,1	17,7	30,0
— Intergubernamental	(*)	23.257	28.892	633	—	—	—
Defensa Nacional y relaciones internacionales	84.253	84.253	—	—	100,0	—	—
Servicio postal	7.722	7.722	—	—	100,0	—	—
Tecnología e investigación espacial	3.691	3.691	—	—	100,0	—	—
Educación	55.771	8.897	30.865	38.970	—	—	—
— Directo	55.771	3.053	13.780	38.938	5,5	24,7	69,8
— Intergubernamental	(*)	5.844	17.085	32	—	—	—
Carreteras	16.746	4.927	13.483	5.426	—	—	—
— Directo	16.746	319	11.044	5.383	1,9	66,0	32,1
— Intergubernamental	(*)	4.608	2.439	42	—	—	—

Bienestar público	17.517	10.411	13.206	6.700	—	—	—
— Directo	17.517	2.837	8.203	6.477	16,2	46,8	37,0
— Intergubernamental	(*)	7.574	5.003	224	—	—	—
Sanidad y hospitales	13.587	4.850	5.355	5.010	—	—	—
— Directo	13.587	3.919	4.788	4.888	28,8	35,2	36,0
— Intergubernamental	(*)	931	567	130	—	—	—
Recursos naturales	11.469	9.032	2.223	583	—	—	—
— Directo	11.469	8.737	2.158	574	76,2	18,8	5,0
— Intergubernamental	(*)	295	64	9	—	—	—
Vivienda y urbanismo	3.189	2.660	120	2.116	—	—	—
— Directo	3.189	1.051	23	2.115	33,0	0,7	66,3
— Intergubernamental	(*)	1.609	97	1	—	—	—
Transporte aéreo	2.065	1.178	225	791	—	—	—
— Directo	2.065	1.096	178	791	53,0	8,6	38,4
— Intergubernamental	(*)	82	47	—	—	—	—
Admón. Seguridad Social	1.790	1.685	767	2	—	—	—
— Directo	1.790	1.021	767	2	57,0	42,9	0,1
— Intergubernamental	(*)	664	—	—	—	—	—
Intereses Deuda Pública	18.411	14.037	1.499	2.875	76,3	8,1	15,6
Otros	38.807	13.599	9.900	20.743	—	—	—
— Directo	38.807	11.949	6.310	20.548	30,8	16,3	52,9
— Intergubernamental	(*)	1.650	3.590	195	—	—	—

(*) Las transacciones entre niveles de Gobierno han sido eliminadas.

FUENTE: U. S. Bureau of the Census, Government Finances in 1969-70 (Datos citados en la obra de Oldman) y elaboración propia.

no ha de extrañar que el ejemplo presentado sea el de los Estados Unidos. En el Cuadro núm. 3.2. se recoge una clasificación funcional del gasto público en dicho país clasificado por funciones y por los niveles políticos que tienen encomendado el cumplimiento de cada función. La realización de la misma, puede hacerla cada nivel directamente o transfiriendo los fondos necesarios al nivel consecutivo para que éste, directamente, lleve a la práctica dicho servicio; esto último es lo que en el Cuadro figura en la correspondiente línea de transferencia «intergubernamental».

En las tres últimas columnas del Cuadro núm. 3.2., se han reflejado los porcentajes en que cada nivel participa en el cumplimiento «directo» de cada función. Son de destacar en primer lugar aquellas funciones que son cubiertas privativamente por el Gobierno federal. Estas son la defensa nacional y relaciones internacionales, el servicio postal y la tecnología e investigación espacial. En el otro extremo del espectro, figuran aquellas funciones encomendadas básicamente a los niveles inferiores, tales como educación, en la que el Gobierno federal participa directamente, sólo en el 5,5 por 100 (recayendo el peso básicamente en los gobiernos locales) y carreteras, donde dicho porcentaje es sólo del 1,9 por 100 (siendo en este caso los Estados los principales responsables directos). En el resto de las funciones la distribución se encuentra más equilibrada y puede ir desde más de un 75 por 100 la participación directa del Gobierno federal (política de recursos naturales o pago de intereses) ser prácticamente paritaria (como en el caso de los transportes aéreos) o encontrarse por debajo del 30 por 100 (sanidad y hospitales o bienestar público).

Intentar construir un modelo semejante al de EE.UU. a la vista de los datos manejados y de las limitaciones de este trabajo, es meramente ilusorio. Sin embargo, en el Cuadro núm. 3.3. se da un ejemplo de lo que podría considerarse una aproximación teórica al problema. En las tres primeras columnas se han recogido los distintos conceptos de gasto del subsector Estado, clasificados funcionalmente. La primera columna recoge los valores totales por función, la segunda columna, el importe que del mismo se encuentra contabilizado en el presupuesto del Estado en sus capítulos 4 (transferencias corrientes) y 7 (transferencias de capital) y en la tercera columna lo que se podría considerar como gasto directo del Estado en cada una de las funciones. Desgraciadamente, no se dispone del dato de en qué cuantía estas transferencias por función van destinadas a las Corporaciones locales. El monto global de las mismas fue para el año considerado 1973, de 33.418,2 y de 870,6 millones de pesetas en concepto de transferencias netas corrientes y de capital, respectivamente. Puede, por tanto, estimarse que la mayor parte de transferencias que figuran en el Cuadro núm. 3.3. con la excepción de la rúbrica de «no clasificados» no corresponden a las Corporaciones Locales, sino a organismos autónomos y empresas públicas preponderantemente.

La elección de los coeficientes de delegación de funciones en gran medida ha sido arbitrario. Salvo para las funciones de servicios generales que se ha considerado indelegables al igual que los gastos de Defensa, en los demás casos, no existe rigor científico en el nivel escogido, el cual lo ha sido a efectos meramente ilustrativos. No obstante, se han tenido en cuenta algunos factores limitadores. Así, por ejemplo, en la rúbrica de pensiones y beneficencia, el peso principal recae sobre las pensiones de los funcionarios y las transferencias a la Seguridad Social, por lo que no hay margen para delegar un pago ligado a los servicios prestados por funcionarios y empleados del Estado. Igualmente de los 45.000 millones de la rúbrica comercio, 43.804 millones corresponden al comercio exterior (desgravación fiscal a la exportación) por lo que prácticamente tampoco puede delegarse cantidad alguna a las Corporaciones Locales.

Una importante consecuencia se derivaría caso de delegar el gasto del Estado al sector de Corporaciones Locales en los importes señalados en la última columna del Cuadro núm. 3.3. Si se comparan estas cantidades con las que figuran en la tercera columna del mismo Cuadro, se comprueba que los importes delegados exceden, por lo general, del correspondiente al gasto directamente realizado por el Estado. Quiere esto decir, que se estaría delegando en las Corporaciones locales unas funciones que no estaba realizando directamente el propio Estado, sino un organismo o una empresa pública en la mayor parte de los casos. Indudablemente a nadie escapa que estos cambios exigirían previamente una profunda modificación de la estructura administrativa española. Por un lado, habría que revisar toda la política seguida hasta ahora de descentralización del gasto público por la vía de los organismos autónomos y empresas públicas, replanteando desde un punto de vista político y económico, la viabilidad y eficacia de dichas instituciones. Pero, y lo que es más importante, un traspaso de funciones a lo que hasta ahora hemos denominado Corporaciones locales exigiría la creación de unas instituciones inexistentes en estos momentos en nuestro país: los gobiernos o corporaciones regionales. Indudablemente, este aspecto de la reforma administrativa (o política según el enfoque del problema) excede con mucho de la transcendencia que pudiera tener la mera reestructuración de los organismos autónomos y empresas públicas. A nadie se le oculta que Cataluña o el País Vasco disponen en este campo de una experiencia de la que carecen el resto de las regiones españolas. Igualmente, Canarias por una especial ubicación geográfica que le ha obligado a resolver gran parte de sus problemas por la vía de la descentralización, podría, junto con las dos regiones anteriores mencionadas, adaptarse a la nueva estructura mencionada sin graves dificultades. Pero, no obstante, consideramos que la descentralización financiera no podría ser planteada como un privilegio al que tuviesen acceso sólo determinadas regiones.

CUADRO N.º 3.3.

Clasificación funcional de los gastos del Estado, 1973

FUNCIONES	MILLONES DE PESETAS			% Coeficiente deleg.	Mill. ptas.
	Total	Transferencias	Directo		Gasto deleg. a C. Locales
Servicios generales	56.601,7	8.914,9	47.686,8	—	—
— Admón. general	16.668,0	4.150,6	12.517,4	—	—
— Investigación	3.281,3	3.204,1	77,2	—	—
— Asuntos Exteriores	5.403,7	1.306,1	4.097,6	—	—
— Justicia y Seguridad	31.248,7	254,1	30.994,6	—	—
Defensa	71.480,4	512,3	70.968,1	—	—
Educación	74.384,6	26.473,7	47.910,9	0,8	59.507,7
Sanidad	7.509,1	2.018,5	5.490,6	0,6	4.505,5
Pensiones y beneficios	61.886,6	25.226,9	36.659,7	—	—
Vivienda	19.810,2	12.065,6	7.744,6	0,7	13.867,1
Otros servicios sociales	9.381,5	4.655,4	4.726,1	0,9	8.443,4
Servicios económicos	161.806,8	102.224,5	59.582,3	0,4	64.836,5
— Admón. general	1.851,9	170,7	1.681,2	0,4	740,8
— Agricultura	40.520,2	26.693,7	13.826,5	0,7	28.364,1
— Minería	9.556,4	8.844,2	712,2	0,4	3.822,6
— Energía	1.293,9	1.293,9	—	—	—
— Transportes y com.	61.966,0	20.865,4	41.100,6	0,5	30.983,0
— Comercio	45.167,0	44.268,5	898,5	—	—
— Turismo	1.451,4	63,4	1.388,0	0,7	1.016,0
No clasificados	114.224,4	25.494,5	88.729,9	0,4	45.689,8
Total	577.085,3	207.586,3	369.499,0	0,34	196.850,0

FUENTE: Cuentas de las Administraciones Públicas 1973 y elaboración propia.

Salvadas estas importantes precisiones y volviendo al frío cálculo de lo que podría ser un modelo teórico de presupuestos descentralizado, el peso del sector de las Corporaciones locales se habría incrementado en los 196.850 millones de pesetas representativos de las funciones delegadas por el sector Estado. Si a esta cantidad se incrementan los presupuestos de las Corporaciones Locales por el importe señalado al comienzo de este apartado (114.690 millones de pesetas) se llegaría a una cifra indicativa de 311.540 millones de pesetas, siempre teniendo en cuenta que se están manejando cifras correspondientes 1973. Este nuevo nivel de gastos de las Corporaciones locales implicaría un gasto «per capita» para dicho sector de 8.970 pesetas. Señalemos que esta cifra es inferior a la que en 1973 resultaba para Alava (9.522 pesetas) y Navarra (9.331 pesetas), teniendo tan sólo en cuenta los presupuestos ordinarios de dichas provincias. Por su parte, el Estado habría reducido su presupuesto a 380.235 millones de pesetas, situándose ambos niveles en una relación de importancia bastante similar a la ya expuesta para Estados Unidos y Canadá.

d) *Recursos fiscales, actuales y potenciales, de las Corporaciones Locales.*

En el primer apartado de este capítulo se analizó la estructura de los ingresos de las Corporaciones locales, destacando la gran importancia relativa que ostentaban las transferencias, igualando el nivel procedente de fuentes impositivas. En este apartado se pretende estudiar, en primer lugar, la distribución de los recursos fiscales de las Corporaciones Locales por regiones, para posteriormente enjuiciar la posibilidad de que el Estado delegue en dicho nivel parte de sus fuentes tributarias para que de esta forma puedan hacer frente al incremento funcional atribuido a éstas, según se exponía en el anterior apartado.

De nuevo se han encontrado serias dificultades a la hora de manejar los datos, desagregados por provincias, que permitan un estudio de la recaudación local. Las Estadísticas Presupuestarias y Fiscales del Ministerio de Hacienda recogen, clasificados por provincias los distintos capítulos de los presupuestos ordinarios de las diputaciones y ayuntamientos: son estos los datos que se han utilizado para confeccionar el Cuadro núm. 4.1. En todo caso, ha habido necesidad de realizar los ajustes pertinentes con el fin de clasificar los recursos fiscales de las diputaciones de Alava y Navarra, así como los de los Ayuntamientos de Navarra por no venir desglosados en la mencionada publicación la parte que corresponde a impuestos directos e indirectos. Para la Diputación de Alava se ha utilizado el desglose por impuestos del correspondiente presupuesto para 1973 que a continuación se inserta.

	Millones de pesetas	
Sucesiones	23	
Impuesto sobre los Rendimientos del Trabajo Personal	67	
Impuesto sobre las Rentas del Capital	60	
Impuesto sobre Sociedades	238	
Impuesto sobre la Renta de Personas Físicas	25	
Encabezados con Municipios	42	
Cuota por Beneficios (Cap. V)	28	
Total Impuestos directos		483
Total Impuestos indirectos		722
Total Impuestos		1.205

En lo que se refiere a la Diputación de Navarra se ha utilizado para distribuir los ingresos previstos en el Capítulo III de su presupuesto (2.447 millones de pesetas) el mismo porcentaje que representan los impuestos directos dentro del total impuestos del presupuesto para el trienio 74/77, esto es, el 24,8 por 100 (760,8 millones respecto de 3.063,8 millones). En cuanto a los Ayuntamientos navarros se ha utilizado la misma proporción que existe para los Ayuntamientos de Alava.

Si se compara el total de ingresos fiscales distribuidos por regiones (tercera columna del Cuadro núm. 4.1.), con el importe que figura en el Cuadro núm. 1.6. (36.264,3 millones de pesetas) se comprueba que el dato extraído de la suma de presupuestos ordinarios es inferior en 11.358,5 millones al que figura en las cuentas de las Administraciones públicas. Este es un punto a tener en cuenta al extraer conclusiones del Cuadro núm. 4.1., aun cuando éstas puedan tener mayor validez cuando se refieran a comparaciones interregionales en la hipótesis de que la mencionada diferencia pueda afectar a todas las regiones.

Sobre estas bases, la cobertura media del presupuesto de gastos por ingresos derivadas de fuentes fiscales se sitúa en un 25 por 100.

CUADRO N.º 4.1.

Ingresos fiscales de las Corporaciones Locales, 1973

	PRESUPUESTOS ORDINARIOS			Por 100 sobre Presupuestos gasto	Por 100 sobre ingresos región	Por 100 Impuestos directos sobre total impuestos
	Impuestos directos	Impuestos indirectos	Total impuestos			
Andalucía	1.428,6	864,5	2.293,1	17,2	0,53	62,3
Aragón	464,1	103,4	567,5	18 6	0 50	81,8
Asturias	328,6	115,6	444,2	18,3	0,44	74,0
Castilla la Nueva	4.006,9	472,4	4.479,3	31,0	0,67	89,4
Castilla la Vieja	682,1	210,6	892,7	15,7	0,45	76,4
Cataluña	5.713,1	990,2	6.703,3	35,3	0,97	85,2
Extremadura	165,2	56,2	221,4	11,5	0,33	74,6
Galicia	510,9	209,7	720,6	16,0	0,38	70,9
León	243,3	93,2	336,5	15,5	0,39	72,3
Murcia	296,5	131,5	428,0	16,8	0,48	69,3
Valencia	1.127,5	428,7	1.556,2	19,5	0,49	72,5
Vascongadas	2.277,2	2.907,7	5.184,9	44,0	1,62	43,9
Baleares	341,9	117,0	458,9	25,4	0,66	74,5
Canarias	379,0	240,2	619,2	6,9	0,60	61,2
Total Nacional	17.964,9	6.940,9	24.905,8	25,0	0,72	72,1

FUENTE: Estadísticas presupuestarias y fiscales 1973. Ministerio de Hacienda y elaboración propia.

Recordemos que a nivel de las cuentas de las Administraciones Públicas el porcentaje que representaban los ingresos fiscales respecto del total de gastos corrientes y de capital era del 43,9 por 100. Esta diferencia obedece, por un lado, a no comprenderse en esta última comparación los conceptos del presupuesto de gastos clasificados en la cuenta financiera de las Corporaciones Locales y, por otro, a la mencionada desviación entre ingresos presupuestados y realizados (en este último caso esta diferencia se compensaría si la diferencia entre gastos presupuestados y realizados fuese de una importancia equivalente a la desviación en los ingresos).

Con estas salvedades, se constata que existe una cierta correlación entre la riqueza de la región y el grado de cobertura. Esto es cierto, al menos, en lo que a las regiones más ricas se refiere: Vascongadas con un 44 por 100, Cataluña con un 35,3 por 100 y Castilla la Nueva con un 31 por 100. Igualmente la tasa más baja la da Extremadura (once por ciento) con la excepción de Canarias (6,9 por 100) probablemente debido a su especial régimen administrativo. En cuanto al resto de las regiones salvo Baleares (25 por 100), se agrupan en una estrecha franja que va del 15 por 100 al 20 por 100. Hay que destacar que el régimen de Concierto que disfrutan Alava y Navarra son, como era de esperar, una de las causas principales que explican la elevada tasa de cobertura en las Vascongadas.

En cuanto a la proporción entre impuestos directos e indirectos existe una concentración relativamente elevada en torno a la media de un 72 por 100 de impuestos directos sobre el total de ingresos fiscales. Sin embargo, la tendencia en las regiones más ricas es a elevar incluso esta proporción (Castilla la Nueva, 89,4 por 100, Cataluña, 85,2 por 100). Aun cuando en Vascongadas el porcentaje resulta de sólo el 43,9, ello se debe exclusivamente al impacto de los regímenes concertados. La proporción de impuestos directos sobre el total es del 24,8 por 100 en Navarra y del 40 por 100 en Alava, mientras que ésta se eleva al 84,2 por 100 en el caso de Guipúzcoa y al 80,8 por 100 en el de Vizcaya siguiendo con ello la misma tendencia observada en Cataluña y Castilla la Nueva.

Por último, se ha recogido la presión fiscal que representa esta recaudación regional respecto del respectivo ingreso regional, según datos del informe del Banco de Bilbao sobre la distribución de la renta nacional. También aquí podría decirse (como ya se hizo en el apartado *b*) de este capítulo), que la presión fiscal se eleva a medida que crece la riqueza de la región considerada. En los escalones más altos encontramos a las Vascongadas con un 1,62 por 100 (por el régimen de concierto), Cataluña con un 0,97 por 100 y Castilla la Nueva con un 0,67 por 100 (este porcentaje anormalmente bajo) mientras que en el otro extremo de la escala se encuentran Extremadura con un 0,33 por 100 y Galicia con un 0,38 por 100, siendo la media nacional el 0,72 por 100.

Comprobada la total dependencia de las Corporaciones locales de las transferencias percibidas del Estado y la limitada función que cumple la imposición local española una primera pregunta a responder sería la de saber en qué forma podría incrementarse la financiación autónoma de las Corporaciones Locales especialmente con vistas a una delegación de funciones en un nivel regional.

Un primer intento de afectación de fuentes fiscales a este nivel ha partido del principio de atribuir al mismo aquellas figuras impositivas que planteasen menores dificultades de gestión y cuya rentabilidad distribuida por regiones fuera lo más homogénea posible. Se ha buscado con ello que la proporción que representase la recaudación respecto del ingreso regional, índice que hemos retenido como medida de la dimensión económica de la región, sea lo más uniforme posible. La selección de los impuestos a ceder atendiendo preferentemente a este criterio ha motivado que no se sigan de forma absoluta las preferencias que por consideraciones más teóricas hemos expuesto en el Capítulo VII.

El Cuadro núm. 4.2. recoge este intento de afectación de figuras tributarias sobre la base de los datos de recaudación por provincias obtenida en 1973. Con ello se ha incrementado la recaudación local en 77.345,8 millones de pesetas en concepto de impuestos indirectos más 7.000 millones procedentes del impuesto de sucesiones. Estimamos que la administración de los impuestos comprendidos en el Cuadro, tal vez con la excepción del de sucesiones y, como mucho, el de alcoholes, azúcar, achicoria, cerveza y bebidas refrescantes, es lo suficientemente sencilla para poder llevarse a cabo por las administraciones locales. En cuanto al aspecto más importante, esto es, que su rentabilidad esté bastante nivelada entre las distintas regiones, tampoco parece que existan grandes desvíos que no sean susceptibles de corregirse dentro de unas fórmulas generales de perecuación financiera entre las regiones.

La última columna del Cuadro núm. 4.2. muestra el porcentaje que representa la suma de los impuestos cedidos respecto del ingreso regional tal como viene recogido en el apartado primero de este capítulo Aun cuando existe cierto grado de dispersión del grado de presión fiscal regional respecto de la media nacional (2,44 por 100), éste es menor que el que se deducía en dicho primer apartado cuando se comparaban los fiscal ingresos regionales y los impuestos directos sobre las empresas y las familias (Cuadro núm. 2.2.). Exceptuando el caso de Canarias (al no funcionar en dicha región el Monopolio de Petróleo y la imposición sobre la gasolina) los porcentajes de presión fiscal se reparten entre el 1,74 para Extremadura y el 2,89 para Castilla la Nueva, sorprendentemente superada por Baleares con un 3,20 por 100. Así, mientras que la distribución de porcentajes en la octava columna del Cuadro núm. 2.2. (impuestos directos sobre empresas y familias respecto de los ingresos)

CUADRO N.º 4.2.

Impuestos a ceder a Corporaciones regionales

(Millones de pesetas)

	Transmisiones Patrimoniales	Alcoholes, azúcar y otras	Petróleo	Teléfono	Impuesto de lujo supercarburantes	Total Impuestos Indirectos	Sucesiones	Total Impuestos cedidos	Por 100 P. Fiscal
Andalucía	2.342,7	2.339,0	2.613,6	622,3	2.866,1	10.783,7	787,7	11.571,4	2,65
Aragón	562,0	220,6	633,1	173,6	802,4	2.391,7	250,3	2.642,0	2,30
Asturias	332,8	71,9	641,5	134,5	592,0	1.772,7	289,0	2.061,7	2,06
Castilla la Nueva	8.164,8	907,5	3.002,2	1.271,3	3.991,5	17.337,3	1.886,1	19.223,4	2,89
Castilla la Vieja	802,7	897,4	1.324,4	260,9	1.493,8	4.799,2	417,9	5.217,1	2,65
Cataluña	5.044,5	1.185,7	3.015,3	1.080,8	5.512,6	15.838,9	1.135,4	16.974,3	2,46
Extremadura	190,7	65,1	301,8	74,5	375,2	1.007,3	164,5	1.171,8	1,74
Galicia	936,3	89,0	962,8	218,0	1.164,9	3.371,0	295,9	3.666,9	1,91
León	257,9	199,7	515,1	104,8	551,3	1.628,8	157,8	1.786,6	2,07
Murcia	345,6	138,6	692,4	115,8	753,0	2.045,4	71,8	2.117,2	2,36
Valencia	1.736,5	414,5	1.878,3	451,9	2.638,1	7.119,3	633,2	7.752,5	2,42
Vascongadas	2.013,6	151,9	1.638,2	465,1	1.798,1	6.066,9	637,3	6.704,2	2,09
Baleares	449,4	80,5	400,5	113,2	1.022,6	2.066,2	164,0	2.230,2	3,20
Canarias	709,4	223,6	—	204,4	—	1.137,4	109,5	1.246,9	1,22
Total Nacional	23.888,9	6.985,0	17.619,2	5.291,1	23.561,6	77.345,8	7.000,4	84.346,2	2,44

FUENTE: Estadísticas presupuestarias y fiscales, 1973. Ministerio de Hacienda y elaboración propia.

tenía una desviación típica de 1,467, los datos de la última columna del Cuadro núm. 4.2. tan sólo dan un valor de $\sigma = 0,504$.

Las demás figuras de la imposición indirecta no comprendidas en el Cuadro núm. 4.2. no parecen ofrecer una afectación simple a un nivel subestatal En algunos casos y dada la falta de desagregación de los datos en la publicación del Ministerio de Hacienda (Estadísticas Presupuestarias y Fiscales 1973) no era posible atribuir las recaudaciones por conceptos y provincias. Este es el caso del impuesto sobre el lujo (con la excepción del que grava la gasolina supercarburante). En caso del impuesto sobre actos jurídicos documentados la concentración de la recaudación en la Dirección General del Tesoro (16.223,8 millones de pesetas sobre un total de 17.535 millones) tampoco hacía factible una correcta imputación provincial (hay que señalar que en el caso del Impuesto sobre Transmisiones Patrimoniales se optó por imputar a Madrid los 457,7 millones de pesetas que figuraban asignados a la mencionada Dirección General, ajuste que, en cierta forma, no afecta grandemente a los cálculos, ya que, deducida dicha cantidad el porcentaje de presión fiscal para dicha región, sólo hubiera disminuido del 2,89 por 100 al 2,83 por 100). En otros casos eran las complejidades propias de la naturaleza del tributo las que aconsejaban no llevar a cabo dicha afectación. Por ello se ha optado por mantener el carácter estatal del Impuesto sobre el Tráfico de Empresas. Por último, razones obvias han aconsejado (al igual que ocurre en todas las Haciendas Federales) mantener igualmente la clasificación de la renta de Aduanas.

Pretender llevar a cabo un análisis semejante del lado de los impuestos directos, presenta muchos más serios problemas. Si para algunos de los conceptos impositivos la localización geográfica del hecho imponible es clara y, además, la recaudación que de la tributación de la riqueza imponible a él imputable se distribuye regionalmente con un cierto grado de uniformidad (lo cual no quiere decir que esta distribución sea totalmente equitativa), en otros impuestos no se dan estas circunstancias. Que reúnan claramente las dos notas indicadas y, por consiguiente, sean de fácil afectación al sector de Corporaciones Locales tan sólo hay dos impuestos: la Contribución Territorial Rústica y Pecuaria y la Contribución Territorial Urbana. De hecho, la recaudación de estos dos tributos se encuentra ya afectada a dicho fin, aunque la gestión de la misma corre a cargo de la Administración estatal. Una mayor participación de las Corporaciones Locales en la gestión o comprobación de estos tributos, primeras interesadas en su rentabilidad, podría elevar el nivel recaudatorio.

Sin embargo, en el resto de las figuras de la imposición sobre la renta tal como se encuentran reguladas en la actualidad no se da una perfecta coincidencia entre el lugar en que se ingrese el impuesto y la localización de la riqueza imponible. Un ejemplo claro de este fenómeno lo constituye el Impuesto sobre los Rendimientos del Trabajo Personal. No hay duda de que este impuesto, de carácter real, aun cuando contenga notas personalistas que incluso lo convierten en un impuesto progresivo (reducción, mínimo exento, regímenes especiales de familia numerosa, etcétera) y altamente rentable desde el punto de vista de su crecimiento recaudatorio (en parte por el escaso margen de fraude en lo que al trabajo dependiente se refiere y, en parte al efecto de la inflación sobre el mínimo exento y correspondiente reducción en la base) podía servir de base eficaz a la imposición directa regional siempre que el lugar de recaudación coincidiese con el de prestación del servicio (por cuanto que normalmente coincidiría con el domicilio fiscal del contribuyente). Ello no es así en la práctica por la interposición del sujeto pasivo, lo cual hace que en aquellos casos en que el domicilio de éste no coincida con el lugar en que el empleado presta sus servicios y normalmente tiene su domicilio, el pago del impuesto se realizará en el primero con perjuicio de la posible recaudación que pudiera obtenerse en el segundo. Por esta razón la recaudación tenderá a concentrarse en aquellas provincias en las que tengan su domicilio aquellas sociedades que ocupan mayor número de personas o pagan mayores rentas de trabajo. Una atribución de la rentabilidad de este impuesto a las regiones sobre estas bases no podría considerarse técnicamente correcta.

Los datos parciales que nos ofrecen las estadísticas manejadas confirman las afirmaciones anteriormente realizadas.

Si se relacionan las ocho provincias que en 1973 obtuvieron una mayor recaudación por el Impuesto sobre los Rendimientos del Trabajo Personal y se comparan estas cifras con las correspondientes rentas de trabajo provinciales, según el estudio del Banco de Bilbao se obtienen las siguientes proporciones:

PROVINCIA	Recaudación IRTP Mill. pesetas	Por 100 del total	Rentas de trabajo provinciales Mill. pesetas	Por 100 del total
Madrid	12.565,6	25,7	347.189	17,8
Barcelona	9.200,9	18,8	325.636	16,4
Vizcaya	2.451,5	5,0	87.424	4,4
Valencia	1.690,4	3,4	108.256	5,5
Guipúzcoa	1.276,8	2,6	50.186	2,5
Oviedo	1.234,1	2,5	59.709	3,0
Sevilla	1.202,9	2,4	65.579	3,3
Zaragoza	1.055,6	2,1	43.564	2,2
Total Nacional	48.953	100,0	1.984.061	100,0

Como puede comprobarse, existe una gran desproporción entre la recaudación obtenida en la provincia de Madrid (25,7 por 100 del total) y las rentas de trabajo generadas en dicha provincia (17,8 por 100 del total). Hay que señalar que esta desproporción no está influida por la recaudación del Impuesto sobre los Rendimientos del Trabajo Personal correspondiente a los funcionarios públicos, ya que dicho dato figura separadamente, como ingresos, en la Dirección General del Tesoro. Aun manteniéndose la tendencia, la desproporción es bastante menor en Barcelona (18,8 por 100 de recaudación frente al 16,4 por 100 de rentas de trabajo) y Vizcaya (5 por 100 frente al 4,4 por 100). La justificación de este fenómeno, no puede encontrarse sólo del lado de una mayor concentración de la riqueza, ya que la progresividad del Impuesto sobre los Rendimientos del Trabajo Personal es reducida, sino más bien en la concentración en determinadas provincias de las sociedades que han de retener el impuesto en su calidad de sujetos pasivos. Así, según datos del Anuario estadístico de España, las sociedades creadas en Madrid hasta 1972, alcanzaban la cifra de 2.229 (28 por 100 del total nacional) con un capital fundacional de 22.061 millones de pesetas (46,9 por 100 del total nacional), siguiéndole en importancia Barcelona con 1.323 sociedades (16,6 por 100 del total) y un capital fundacional de 4.954 millones de pesetas (10,5 por 100 del total). El resto de las provincias ostentan cifras mucho más modestas que ni en las más importantes alcanzan a la mitad de las ya indicadas para Barcelona.

La localización del domicilio social de las sociedades en unas determinadas provincias, unido al hecho de que nuestra regulación fiscal localiza el cumplimiento de las principales prestaciones derivadas de la relación jurídico tributaria (fundamentalmente el pago del impuesto) para aquellos impuestos directos en que la sociedad actúa como contribuyente o sujeto pasivo, sustituto del contribuyente, en dicho domicilio, hace que el fenómeno anteriormente apuntado respecto del Impuesto sobre los Rendimientos del Trabajo Personal se agrave incluso en otras figuras tributarias. Como ejemplo de lo indicado, se recoge a continuación la recaudación en 1973, por el Impuesto sobre Sociedades y por el Impuesto sobre las Rentas del Capital, tanto en las tres provincias de mayor recaudación como el total nacional.

PROVINCIA	Impuesto de Sociedades		Impuesto Rentas Capital	
	Mill. pesetas	% del total	Mill. pesetas	% del total
Madrid	17.353,9	44,4	7.811,8	54,3
Barcelona	8.053,9	20,6	2.351,5	16,3
Vizcaya	4.118,5	10,5	1.567,6	10,8
Total Nacional	39.120,9	100,0	14.458,4	100,0

El grado de concentración en ambos casos, es muy elevado, ya que las tres provincias señaladas recaudan el 75,5 por 100 del Impuesto de Sociedades y el 81,4 por 100 del Impuesto sobre las Rentas del Capital. En ambos casos se trata de la tributación de beneficios sociales ya en el momento de obtenerse éstos (Impuestos de Sociedades) ya en la fase de distribución a los accionistas o socios (de los 14.458,4 millones de recaudación por el Impuesto sobre las Rentas del Capital más de 9.000 millones corresponden al concepto de dividendos y participaciones en beneficios).

Por el contrario, la tributación del beneficio obtenido por las empresas individuales no presenta los problemas apuntados en los ejemplos anteriores. Tanto la Licencia Fiscal del Impuesto Industrial, como la Cuota de Beneficios tienen, a nivel legal, una delimitación geográfica que los hace especialmente aptos para una hipotética afectación a las Hacienda Locales. De hecho, y al igual que ocurre con las contribuciones territoriales, la recaudación del Impuesto Industrial, en su modalidad de Licencia Fiscal está destinada en su casi totalidad a dichas Haciendas. Pero incluso y a un nivel teórico, todas aquellas críticas que ha levantado la Cuota de Beneficios del Impuesto Industrial al configurarse por el uso administrativo de las Juntas de Evaluación Global provinciales en un impuesto que grava rendimientos de actividades enmarcadas en el ámbito de cada provincia (desmembrando así el beneficio de empresa por actividades y áreas geográficas) se convierten en argumentos a la hora de gestionar este impuesto a un nivel regional.

En resumen, existen tres impuestos cuya atribución inmediata a una hacienda regional no plantearía serias dificultades. Son la Contribución Territorial Rústica y Pecuaria, la Contribución Territorial Urbana y el Impuesto Industrial en sus dos modalidades. Se considera igualmente que el Impuesto sobre los Rendimientos del Trabajo Personal, al menos desde el punto de vista teórico. habría de constituir un ingreso fiscal de la hacienda local, pero esta afectación habría de venir precedida por un cambio en las reglas de atribución regional de la recaudación, haciendo coincidir ésta con el lugar de prestación del servicio. En cuanto al Impuesto de Sociedades, la participación de una hacienda local en los ingresos fiscales que pueden derivarse del beneficio de empresa, parece ser aconsejable. Pero también aquí es necesario resolver con carácter previo los criterios de imputación regional de la renta de empresa (el principio del establecimiento permanente o el de cifra relativa pueden servir de pauta). Por el contrario la atribución del Impuesto sobre las Rentas del Capital a una hacienda local, al menos en lo que a dividendos se refiere podría plantear mayores dificultades. Efectivamente, aquí se encontrarían juntas las dificultades de localización del beneficiario (las mismas señaladas en relación con el Impuesto sobre los Rendimientos del Trabajo Personal retenido por una sociedad) junto con el de la fuente de renta (supuesto que el mero domicilio de la Sociedad pagadora, no es aceptado por las razones ya indicadas). Por ello y para evitar una mayor desigualdad regional a nivel de las fuentes de ingreso fiscal, el Impuesto sobre las Rentas del Capital, podría continuar siendo un impuesto estatal máxime cuando la mecanización y control de este tipo de declaraciones puede beneficiarse de un tratamiento centralizado. Sin embargo, y si de alguna forma se pretendiese que cada región grave a las personas físicas en ellas domiciliadas, en relación con las distintas rentas a ellas imputables, habría que buscar la vía para suministrar la información de las rentas de capital cobradas por las mismas.

Hasta ahora, nada se ha dicho del Impuesto sobre la Renta de las Personas Físicas. Dado que el estudio aquí desarrollado es eminentemente empírico no parece que, a la vista de la deficiente recaudación de este Impuesto a nivel estatal pueda pensarse en trasladar el mismo a unas haciendas locales. Por esta razón y como hipótesis de trabajo se ha optado por mantener el mencionado impuesto en su nivel actual. Por otra parte y a la vista de la descentralización propuesta que afecta básicamente a los impuestos a cuenta, la integración entre ambos niveles impositivos (estatal y regional) adoptaría una forma muy semejante a la existente entre impuestos generales y a cuenta.

Sobre las hipótesis barajadas en los párrafos anteriores se ha pretendido construir una imagen de lo que podría ser la dimensión económica de las haciendas regionales, contemplando las dos vertientes, la del gasto y la de los ingresos. En cuanto a la vertiente del gasto público regional se ha partido de las conclusiones planteadas en el apartado 3 de este apéndice. A los efectos de distribuir el mismo entre las regiones se ha estimado que éste se eleva a 9.000 pesetas por habitante. Por supuesto el gasto real de cada región sería distinto por los distintos costes regionales de prestación de los servicios públicos. Pero se ha partido de la hipótesis simplificadora de que cada español, independientemente de la región en que habita, tiene derecho a que la hacienda regional invierta en los servicios que le preste una misma cantidad. Bajo esta hipótesis el gasto público total de las haciendas regionales, sería 315.081 millones de pesetas.

Una posible valoración de los ingresos fiscales necesarios para financiar estos gastos públicos podría partir de los siguientes supuestos (siempre calculado sobre los datos ya manejados de 1973).

1.º Se parte de los impuestos directos e indirectos tal como figuran en los presupuestos ordinarios de las Corporaciones locales (Cuadro número 4.1., 1.ª y 2.ª columnas).

2.º Se supone que se atribuye a las Corporaciones Locales, los impuestos directos que a continuación se relacionan y por los importes de recaudación que figura para 1973.

CONCEPTO	Mill. de pesetas
— Contribución T. Rústica	1.631,6
— Contribución T. Urbana	7.584,8
— Impuesto sobre los Rendimientos del Trabajo Personal	45.036,0
— Impuesto sobre las Rentas del Capital	14.400,0
— Impuesto Industrial, Licencia Fiscal	5.353,1
— Impuesto Industrial, Cuota de Beneficios	7.707,5
— Impuesto sobre Sucesiones	7.000,4
— Impuestos Sociedades (40 %)	18.334,9
	107.048,3

Tanto en los conceptos de Impuesto sobre los Rendimientos del Trabajo Personal como en el Impuesto sobre las Rentas de Capital, no se han incluido las partes de Impuesto ingresadas a través de la Dirección General del Tesoro por estimar que no procede atribuir dicha recaudación a las haciendas locales (básicamente corresponden al Impuesto sobre los Rendimientos del Trabajo Personal retenido a los funcionarios estatales). En cuanto al Impuesto de Sociedades se ha contemplado la suma de este concepto junto con la recaudación del derogado gravamen especial, tomándose sólo el 40 por 100 del total.

3.º En materia de impuestos indirectos, se han considerado atribuidos a las regiones los conceptos impositivos recogidos en el Cuadro número 4.2.

4.º Dado que para los impuestos directos transferidos no existe una ventilación por regiones salvo la que pudiera deducirse de su recaudación (y este criterio ya se indicó que no se consideraba correcto) dicha atribución se ha realizado respetando la misma proporción en que se encontraban distribuidos los impuestos directos sobre empresas y familias del Cuadro núm. 2.1.

Bajo estas hipótesis se ha construido el Cuadro núm. 4.3. en el que a nivel nacional y distribuido por regiones, se recogen los siguientes datos:

		Mill. de pesetas
Gasto público regional		315.081
Ingresos fiscales.		
I. Impuestos directos		125.013,2
a) Propios de las Corporaciones Locales	17.964,9	
b) Atribuidos por el Estado	107.048,3	
II. Impuestos indirectos		84.286,7
a) Propios de las Corporaciones Locales	6.940,9	
b) Atribuidos por el Estado	77.345,8	
Total ingresos fiscales		209.299,9

lo que representa una cobertura de cerca del 65 por 100 de los gastos públicos, porcentaje muy similar al existente en una estructura federal (*Vid.* en el apartado primero de este apéndice los porcentajes señalados para Canadá y EE.UU.). El resto de los ingresos de las haciendas regionales procederían en principio de las transferencias estatales y de los ingresos patrimoniales, estimándose que estos últimos habrían de reforzarse respecto de los niveles actuales si se pretende defender una importante autonomía financiera de estos entes locales.

El Cuadro núm. 4.3. recoge la distribución regional del gasto público regional y de los ingresos fiscales necesarios para financiar una parte importante del mismo. El cálculo de los datos regionales de cada una de las columnas se ha determinado en base a las hipótesis anteriores y, en consecuencia, los resultados se han obtenido de la forma siguiente:

— Columna 1: el dato regional resulta de multiplicar la población regional (columna 2, del Cuadro núm. 2.1.) por el gasto medio «per capita» de 9.000 pesetas.

— Columna 2: se corresponde con la columna 1 del Cuadro número 4.1.

— Columna 3: es el resultado de imputar el total de 107.048 millones de pesetas por regiones en la misma proporción que se encuentran distribuidos el total de impuestos de la columna 9 del Cuadro número 2.1.

— Columna 4: es la suma de las columnas 2 y 3 de este Cuadro.

— Columna 5: se corresponde con la columna 2 del Cuadro número 4.1.

— Columna 6: se corresponde con la columna 6 del Cuadro número 4.2.

— Columna 7: es la suma de las columnas 5 y 6 de este Cuadro.

— Columna 8: es la suma de las columnas 4 y 7 de este Cuadro.

e) *Un intento de medición de la perecuación financiera regional en España.*

Un problema básico con el que ha de enfrentarse cualquier intento de organización federativa es el de la perecuación financiera de los distintos componentes del nivel federado Una regionalización del ingreso y gasto público en un Estado unitario, habría de plantearse igualmente este problema con una óptica que, en el plano técnico, no es distinta de la mantenida en un Estado Federeal Recordando lo ya expuesto en el capítulo correspondiente, se ha de pretender una nivelación de las capacidades fiscales de las distintas regiones con el fin de

CUADRO N.º 4.3.

Gasto público e ingresos fiscales regionales

(Millones de pesetas)

REGIONES	Gasto Público	IMPUESTOS DIRECTOS			IMPUESTOS INDIRECTOS			Total Impuestos
		Actuales	Atribuidos	Total	Actuales	Atribuidos	Total	
Andalucía	56.775	1.428,6	9.199,7	10.628,3	864,5	10.783,7	11.648,2	22.276,5
Aragón	10.505	464,1	3.234,3	3.698,4	103,4	2.391,7	2.495,1	6.193,5
Asturias	9.545	328,6	2.692,9	3.021,5	115,6	1.772,7	1.888,3	4.909,8
Castilla la Nueva	48.364	4.006,9	25.290,6	29.297,5	472,4	17.337,3	17.809,7	47.107,2
Castilla la Vieja	19.441	682,1	5.554,3	6.236,4	210,6	4.779,2	4.989,8	11.226,2
Cataluña	48.548	5.713,1	26.944,7	32.657,8	990,2	15.838,9	16.829,1	49.486,9
Extremadura	10.068	165,2	1.226,3	1.391,5	56,2	1.007,3	1.063,5	2.455,0
Galicia	23.426	510,9	4.414,3	4.925,2	209,7	3.371,0	3.580,7	8.505,9
León	10.427	243,3	1.908,4	2.151,7	93,2	1.628,8	1.722,0	3.873,7
Murcia	10.710	296,5	1.739,3	2.035,8	131,5	2.045,4	2.176,9	4.212,7
Valencia	28.808	1.127,5	6.684,5	7.812,0	428,7	7.119,3	7.548,0	15.360,0
Vascongadas	22.167	2.277,2	13.807,3	16.084,5	2.907,7	6.066,9	8.974,6	25.059,1
Baleares	5.220	341,9	2.027,6	2.369,5	117,0	2.066,2	2.183,2	4.552,7
Canarias	11.077	379,0	2.324,1	2.703,1	240,2	1.137,4	1.377,6	4.080,7
Total	315.081	17.964,9	107.048,3	125.013,2	6.940,9	77.345,8	84.286,7	209.299,9

que todas puedan suministrar un nivel igualmente aceptable de servicios públicos, No nos ocuparemos aquí de los desniveles verticales, esto es, las diferencias comparativas que se producen a nivel del Gobierno federal y de los gobiernos federados entre las necesidades de fondos por razón de sus responsabilidades propias y las fuentes de ingresos asignados. Este tema, en cierta medida, fue abordado en los apartados tres y cuatro, cuando se comentaron los gastos atribuidos a las haciendas locales y la asignación de fondos para cubrir éstos. Aquí se pretende analizar la forma de corregir las diferencias interregionales derivadas de los distintos grados de riqueza de cada región.

Una vez establecidas las distintas fuentes de ingreso fiscal que hayan de atribuirse a las haciendas regionales puede ocurrir que éstas presenten una rentabilidad suficiente en unas determinadas regiones, mientras que en otras no permitan la obtención de los fondos necesarios para cubrir los costes de los servicios descentralizados. Medida esta rentabilidad como el porcentaje que representa la recaudación fiscal de la región respecto del ingreso regional, existen diversas razones que explican el que dicho porcentaje sea mayor o menor de una región a otra. En la medida en que se consideren tan sólo unas específicas fuentes fiscales, a efectos de la comparación interregional, las desviaciones pueden obedecer el hecho de que en algunas de ellas no se den los hechos imponibles (o lo sean con mucho menor importancia) que contemplan la figura tributaria concretamente estudiada. Si, por ejemplo, se pretende analizar la rentabilidad de un impuesto sobre la fabricación del alcohol, éste será muy bajo o nulo en aquellas regiones en las que no existan fábricas, supuesto que dicho impuesto se recauda en la fase de fabricación. Sin embargo, esta dificultad se soslaya en la medida en que el conjunto de fuentes tributarias contempladas sea lo suficientemente amplio para compensar estas desviaciones y, sobre todo, al incluir impuestos cuyo hecho imponible se encuentre localizado geográficamente de una forma uniforme (v.g. analizando la distribución de la presión fiscal regional de los impuestos directos sobre las empresas y sobre las familias).

Pero, aun en el caso de que las fuentes tributarias tengan una uniforme distribución, pueden generarse amplias diferencias en el grado de rendimiento fiscal regional (entendiendo por tal la proporción que representan los impuestos recaudados respecto de los ingresos regionales). En la medida en que el sistema fiscal tenga un carácter progresivo y las regiones ostenten distintos grados de riqueza, dicho rendimiento será superior en las regiones más ricas. Este fenómeno parecía venir ilustrado para el caso de España por las conclusiones extraídas en el Cuadro núm. 2.2., donde parecía existir una cierta correlación entre lo que allí se denominaba grado de la presión fiscal y el nivel de los ingresos regionales «per capita».

Un primer y elemental intento de nivelar la rentabilidad fiscal podría consistir en calcular un volumen de transferencias interregionales que permitiese, una vez realizados dichos ajustes, en que la rentabilidad fiscal (incluidas las transferencias) fuese la misma para todas las regiones. El Cuadro núm. 5.1. muestra un ejemplo de lo que podría ser el mencionado cálculo. En todos los razonamientos anteriores se parte de la hipótesis de que el ingreso regional o nacional (esto es el producto interior neto regional o nacional) es una base adecuada para medir la rentabilidad fiscal. En la práctica se ha tenido que recurrir a él por no disponer, a nivel regional de otro más adecuado. Por otro lado se han efectuado los cálculos, tanto en este Cuadro, como en los siguientes, partiendo de los impuestos directos, tal como vienen distribuidos por provincias en la publicación del Banco de Bilbao para 1973. Se desconoce la metodología seguida en dicha publicación para llevar a cabo dicha desagregación, pero se supone que ésta no es la de la mera recaudación (ya se comprobó que ésta no era válida, por ejemplo, en lo que se refiere a impuestos tan importante como los que gravan los rendimientos del trabajo personal, las rentas de capital o el propio impuesto de sociedades). También hay que aclarar que los mencionados impuestos son básicamente estatales por lo que los cálculos efectuados tan sólo reflejarían las transferencias a realizar dentro de un sistema de haciendas regionales en la medida en que dichos impuestos fuesen básicamente los que se pretende afectar a las propias haciendas regionales. Pero en todo caso pueden ser ilustrativos de la diferencia existente, sobre la base de nuestro actual sistema fiscal, entre la potencialidad fiscal correspondiente a las distintas regiones.

El nivel de la transferencia, tal como viene calculada en el mencionado Cuadro núm. 5.1., viene determinada por la diferencia entre el tipo de rentabilidad fiscal regional y nacional, y multiplicando la base de referencia (en este caso el ingreso regional) por dicha diferencia. Los datos correspondientes a las tres primeras columnas proceden de los Cuadros número 2.1. y número 2.2., figurando en la cuarta columna el volumen de las respectivas transferencias en millones de pesetas. Como es obvio, la suma de las transferencias a percibir (cifras positivas) es igual al de las transferencias a pagar (cifras negativas) siendo ésta de 24.288,4 millones de pesetas. Las últimas columnas del Cuadro muestran cómo al incluirse las transferencias dentro de las rentas fiscales, el saldo neto equilibra el nivel de la rentabilidad fiscal.

El mencionado cálculo presenta el grave inconveniente de que da por supuesto que todas las regiones están realizando el mismo esfuerzo fiscal, lo cual puede ser muy discutible en la práctica. En efecto, si una región, por considerar que no es político establecer unos tipos elevados de impuestos o una progresividad en los mismos equivalente a las de las demás regiones, redujera sus propios impuestos regionales, la fórmula anteriormente aplicada tendría como consecuencia el que las

CUADRO N.º 5.1.

Transferencias para la nivelación de las tasas de rentabilidad fiscal regional con respecto a la medida nacional

REGION	t_i	$t - t_i$	I_i	$= 2 \times 3$	T_i	$= 4 + 5$	$t_{1/i} = 6/3$
Andalucía	0,0365	0,0171	435.892	7.453,8	15.889	23.342,8	0.0536
Aragón	0,0487	0,0049	114.632	561,7	5.586	6.147,7	0,0536
Asturias	0,0464	0,0072	100.116	720,8	4.651	5.371,8	0,0536
Castilla la Nueva	0,0658	—0,0121	664.114	—8.002,3	43.680	35.821,8	0,0536
Castilla la Vieja	0,0487	0,0049	197.160	966,1	9.593	10.559,1	0,0536
Cataluña	0,0676	—0,0140	688.855	—9.644,0	46.537	36.893,0	0,0536
Extremadura	0,0315	0,0221	67.215	1.485,5	2.118	3.603,5	0,0536
Galicia	0,0397	0,0139	192.024	2.669,1	7.624	10.293,1	0,0536
León	0,0382	0,0154	86.206	1.327,6	3.296	4.623,6	0,0536
Murcia	0,0335	0,0201	89.649	1.801,9	3.004	4.805,9	0,0536
Valencia	0,0361	0,0175	319.868	5.597,7	11.545	17.142,7	0,0536
Vascongadas	0,0743	—0,0207	320.875	—6.642,1	23.847	17.204,9	0,0536
Baleares	0,0503	0,0033	69.603	229,7	3.502	3.731,7	0,0536
Canarias	0,0392	0,0144	102.396	1.474,5	4.014	5.488,5	0,0536

demás regiones, por la vía de la transferencia, estarían financiando esta política de impuestos baratos en la región de referencia. No obstante, en el ejemplo desarrollado en el Cuadro núm. 5.2. se trata de una recaudación exigida en base a una legislación fiscal uniforme para todas las regiones y que se supone exigida con igual rigor en todas ellas.

Por las críticas anteriormente apuntadas, las fórmulas propuestas por la doctrina para realizar una perecuación financiera en las haciendas federales, se apoyan en diversos índices que permiten una mejor comparación de las distintas capacidades fiscales. Entre las distintas fórmulas propuestas por Douglas H. Clark en su obra «Fiscal need and Revenue Equalization Grants» se ha escogido una ya recogida en el Capítulo IV, y en la que se pretende nivelar la potencialidad de las distintas regiones para la obtención de unos ingresos fiscales teniendo en cuenta para ello, un índice de población relativo y de ingreso regional relativo. En su formulación más sencilla se pretende la mencionada nivelación, a un nivel equivalente a la media nacional, siendo la fórmula a aplicar:

$$T_n = I_f [p_n - b_n]$$

donde

T_n = Transferencia a que tendría derecho la región n para nivelar sus ingresos en relación con el nivel medio nacional.

I_f = Ingresos fiscales de todas las regiones procedentes de fuentes cuya potencialidad se pretende nivelar.

p_n = proporción que representa la población de la región n en el total nacional.

b_n = proporción que representa la riqueza imponible de la región n (en nuestro ejemplo el ingreso regional) respecto del total nacional.

En la medida en que el ingreso regional «per capita» coincidiese con el ingreso nacional «per capita», la diferencia ($p_n - b_n$) sería nula ya que la participación de la región en el total de la población sería la misma que su participación en el total de ingresos. En consecuencia, todas aquellas regiones cuyo ingreso «per capita» sea menor que la media nacional serían acreedoras a transferencias niveladoras de ingresos.

Los datos utilizados en el Cuadro núm. 5.2. proceden, en lo que se refiere a las dos primeras columnas, del Cuadro núm. 2.2. Los coeficientes recogidos en la columna 3, aplicados sobre los ingresos fiscales a nivelar (en el caso del ejemplo, el total de impuestos directos, esto es 184.886 millones de pesetas) dan el valor de las transferencias correspondientes a cada región. En cinco regiones esta cifra es negativa, por cuanto que en éstas el ingreso regional «per capita» es superior a la media (o lo que es lo mismo, aquellas regiones para las que el índice en la cuarta columna del Cuadro núm. 2.2. es superior a 100). Al igual

CUADRO N.º 5.2.

Subvenciones niveladoras de ingresos fiscales calculados en base a la participación relativa de las regiones en el producto interior neto y población nacionales

	1	2	3	4	5	6	7
REGION	p_n	b_n	= 1 − 2	= [184.886] × 3	Ingresos fiscales regionales	Ingresos fiscales ± Transferencia	= 6 / ing. región
Andalucía	0,1738	0,1264	0,0474	8.763,6	15.889	24.652,6	0,0566
Aragón	0,0336	0,0332	0,0004	74,0	5.586	5.660,0	0,0494
Asturias	0,0305	0,0290	0,0015	277,3	4.651	4.928,3	0,0492
Castilla la Nueva	0,1547	0,1926	−0,0379	−7.007,2	43.680	36.672,8	0,0552
Castilla la Vieja	0,0622	0,0572	0,0050	924,4	9.593	10.517,4	0,0533
Cataluña	0,1553	0,1997	−0,0444	−8.208,9	46.537	38.328,1	0,0556
Extremadura	0,0322	0,0195	0,0127	2.348,0	2.118	4.466,0	0,0664
Galicia	0,0749	0,0557	0,0192	3.549,8	7.624	11.173,8	0,0582
León	0,0333	0,0250	0,0083	1.534,6	3.296	4.830,6	0,0560
Murcia	0,0343	0,0260	0,0083	1.534,6	3.004	4.538,6	0,0506
Valencia	0,0921	0,0928	−0,0007	− 129,4	11.545	11.415,6	0,0357
Vascongadas	0,0709	0,0930	−0,0221	−4.086,0	23.847	19.761,0	0,0616
Baleares	0,0167	0,0202	−0,0035	− 647,1	3.502	2.854,9	0,0410
Canarias	0,0354	0,0297	0,0057	1.053,9	4.014	5.067,9	0,0495

que en el caso anterior existe prácticamente una equivalencia aritmética entre las transferencias positivas y negativas (entendiendo que las transferencias negativas equivaldrían a un débito de las regiones al fondo nivelador). Por supuesto, el déficit entre transferencias hubiera sido tanto mayor cuanto más elevado hubiera sido el nivel al cual se pretendiese nivelar la potencialidad de los ingresos fiscales regionales (v.g. la media de las dos regiones más ricas). Comparando la columna 7 de este Cuadro núm. 5.2. con la correspondiente del cuadro anterior, se comprueba que los porcentajes de rentabilidad son distintos, ya que aquí la transferencia es tanto mayor cuanto más amplio es el «gap» que existe entre la participación en el total de la población y en el total de la riqueza. Pero esto no quiere decir que la transferencia más elevada es percibida por la región con unos ingresos «per capita» más reducidos, ya que la fórmula pondera igualmente el peso e importancia relativa de cada región. Así, por ejemplo, Extremadura que es la región con el ingreso «per capita» menor recibe menor transferencia que Andalucía o que Galicia, por ser mayor la participación de ambas regiones, tanto en población como en ingreso que la detentada por Extremadura.

La fórmula propuesta por John F. Graham en su trabajo «Fiscal Adjustments in a Federal Country» también recogida en el Capítulo IV de este estudio se ocupa, al igual que la ya analizada de Clark, del problema de la diferente capacidad fiscal sin contemplar el posible diferente coste en la prestación de los servicios (necesidad fiscal). Adaptada al ejemplo expuesto en el Cuadro núm. 5.2., la formulación de Graham es la siguiente:

$$Tr_n = \frac{T}{I}\left(\frac{I_n}{P} - \frac{I}{P_n}\right)P_n$$

donde

Tr_n = transferencia a la región n.
T = total ingresos fiscales a nivelar.
I = producto interior neto.
I_n = producto interior neto de la región n.
P = población nacional.
P_n = población región n.

En esta fórmula de Graham se comprueba claramente que la transferencia a una determinada región será tanto mayor cuanto mayor sea la diferencia entre el ingreso «per capita» nacional $\left(\frac{I}{P}\right)$ y el ingreso «per capita» regional $\left(\frac{I_n}{P_n}\right)$ pero ponderada esta diferencia por la población de la región en cuestión (P_n). Tan sólo realizando las operaciones contenidas en la fórmula anterior se comprueba que es equivalente a la anterior de Clark.

En el Cuadro núm. 5.3. se ha utilizado la metodología de la fórmula de Graham, pero introduciendo respecto del Cuadro anterior una nueva hipótesis: se pretende nivelar la potencialidad de las distintas regiones al nivel marcado por la media de las tres más ricas: Vascongadas, Cataluña y Castilla la Nueva (la media de los ingresos «per capita» para estas tres regiones se eleva a 127.188 pesetas). Como puede comprobarse las transferencias son positivas para todas las regiones excluidas de la media e, incluso, para Castilla la Nueva. Por supuesto, una política basada en estas hipótesis no podría llevarse a cabo tan sólo sobre la base de transferencias interregionales ya que aquí, a diferencia de los supuestos anteriores en que se buscaba una nivelación correspondiente con una media nacional, el déficit entre transferencias positivas y negativas es prácticamente equivalente a la suma de las transferencias positivas.

En los ejemplos anteriores se han utilizado como ya se indicó el volumen de recaudación procedente de los impuestos directos sobre las empresas y familias, tanto locales como estatales. Las consecuencias que de allí se extraían, podrían ser de utilidad tanto para conocer y valorar la diferente capacidad fiscal de las regiones españolas como para

CUADRO N.º 5.3.

Subvenciones niveladoras de ingresos fiscales en relación con la media de las tres regiones más ricas (Vascongadas, Cataluña y Castilla la Nueva)

Ø = 127.188
t = 0,0536

REGIONES	Ingreso regional per cápita	Diferencia respecto nuestra media	= 2 × t	Población regional	Transferencia = 3 × 4 (*)
Andalucía	72.187	55.001	2.948,1	6.038.385	17.801,8
Aragón	98.205	28.983	1.553,5	1.167.275	1.813,4
Asturias	94.399	32.789	1.757,5	1.060.565	1.863,9
Castilla la Nueva	123.584	3.486	186,8	5.373.796	1.003,8
Castilla la Vieja	91.272	35.916	1.925,1	2.160.119	4.158,4
Cataluña	127.702	— 514	— 27,6	5.394.221	— 148,9
Extremadura	60.082	67.106	3.596,9	1.118.724	4.023,9
Galicia	73.770	53.418	2.863,2	2.602.998	7.452,9
León	74.410	52.778	2.828,9	1.158.520	3.277,3
Murcia	75.337	51.851	2.779,2	1.190.000	3.307,2
Valencia	99.931	27.257	1.461,0	3.200.893	4.676,5
Vascongadas	130.279	—3.091	— 165,7	2.462.980	— 408,1
Baleares	120.009	7.179	384,8	579.981	223,2
Canarias	83.192	43.996	2.358,2	1.230.844	2.902,6

(*) Cifras en millones de pesetas.

servir de pauta en el caso de que las haciendas regionales tuvieran que apoyarse básicamente en los mismos impuestos que han servido para componer dichos Cuadros. Esta hipótesis es verosímil en la medida en que el futuro fortalecimiento de las haciendas regionales se realice trasladando a dicho nivel los actuales impuestos a cuenta y una parte más o menos sustancial del impuesto sobre sociedades. Si tal ocurriera, la hacienda estatal habría de apoyarse en un Impuesto de Sociedades compartido con el nivel regional y en un moderno Impuesto sobre la Renta de las Personas Físicas del que podrían ser deducibles dentro de ciertas reglas y límites los actuales impuestos a cuenta, entonces impuestos regionales. Estimamos que el reducido nivel de la presión fiscal española permite holgadamente la existencia del mencionado impuesto sobre la renta como pieza clave de los ingresos fiscales estatales. La O.C.D.E. en reciente estudio, señalaba que los ingresos fiscales incluida la Seguridad Social representaba en España y para 1974, un 18,83 por 100 del P.N.B., mientras que dicho porcentaje era del 26,21 para Suiza, 28,93 en EE.UU., 31,86 en Italia, 32,43 en Irlanda, 35,56 en el Reino Unido, 37,50 en Francia, 37,64 en Alemania, 38,13 en Bélgica, siendo el más elevado el porcentaje correspondiente a Dinamarca, con un 46,68 por 100.

Si se contempla tan sólo el porcentaje que representan los impuestos sobre la renta respecto del P.N.B., la comparación se mantiene igual de clara: en España este porcentaje es del 2,4 por 100, siendo del 9,1 en Suiza, 9,8 en EE.UU., 4,1 en Francia, 4,9 en Italia, 7,4 en Irlanda, 11,2 en Bélgica, 11,5 en Alemania y llegando al 24,9 en Dinamarca. (O.C.D.E., Comité de Asuntos Fiscales, Documento C.F.A. (76) 9 del 30 de diciembre de 1976).

Por esta razón las dos siguientes aplicaciones de un modelo de perecuación financiera se van a practicar sobre la base de los ingresos fiscales regionales al nivel calculado en el Cuadro núm. 4.3. Dicho en otras palabras se pretende comprobar si la asignación de fuentes de ingresos fiscales a las haciendas regionales de acuerdo con las hipótesis allí barajadas plantearían la necesidad de una perecuación de dichos ingresos y, dado que la respuesta será en todo caso positiva, cual puede ser la dimensión de las transferencias regionales.

Para ello se ha seguido utilizando la fórmula de Douglas H. Clark, tanto en su formulación más sencilla, esto es, buscando una nivelación equivalente a la media nacional como la realizada con respecto a un conjunto de regiones tomadas de muestra. Para este segundo caso recordemos que la fórmula era

$$T_n = I_f \times p_n \times k - I_f \times b_n = I_f (p_n \times k - b_n)$$

donde k o factor del índice de nivelación es la proporción que existe entre el rendimiento fiscal «per capita» de las regiones de la muestra y el rendimiento fiscal «per capita» nacional. Tomando como muestra las regiones de Cataluña, Castilla la Nueva y Vascongadas tendremos, en base a los datos del Cuadro núm. 4.3.

	Ingresos fiscales mill. de pesetas	Población
Cataluña	49.486,9	5.394.221
Castilla la Nueva	47.107,2	5.373.796
Vascongadas	25.059,1	2.462.980
Total muestra	121.653,2	13.230.997

De donde el ingreso fiscal «per capita» en la muestra será de 9.194,6. Dado que el ingreso fiscal «per capita» a nivel nacional es de 6.024,9 (209.299,9 millones de pesetas dividido por 34.739.301 habitantes) el valor de k sería

$$k = \frac{9.194,6}{6.024,9} = 1,526$$

Sin embargo, al haberse adoptado en el Cuadro núm. 4.3. la hipótesis de que el gasto regional «per capita» era de 9.000, se ha optado por aplicar un coeficiente k en el que el nivel teórico de ingreso fiscal requerido coincida con las necesidades fiscales, esto es

$$k = \frac{9.000}{6.024,9} = 1,4938$$

ligeramente inferior a la de la media de las tres regiones más ricas, pero más en concordancia con las hipótesis utilizadas.

El cuadro núm. 5.4. recoge en las dos últimas columnas los distintos resultados que se obtendrían según que las transferencias pretendiesen nivelar las distintas capacidades fiscales regionales con una capacidad teórica (en el ejemplo 9.000 pesetas «per capita»). El total de transferencias que esta proposición exigiría se eleva a 103.310 millones de pesetas lo que unido a la recaudación fiscal de las regiones (209.299,9 millones de pesetas) se aproxima mucho al total gasto público regional propuesto en el Cuadro núm. 4.3. Esto no quiere decir, sin embargo, que, aritméticamente se han obviado los distintos déficits regionales. Por otra parte, el volumen de transferencias que se exigiría del Estado sería de una cuantía elevada y mantendrían las haciendas regionales

CUADRO N.º 5.4.

Perecuación de los ingresos fiscales estimados de las regiones

a) Con respecto a la capacidad fiscal de una muestra (T_n).

b) Con respecto a la capacidad fiscal media nacional (T_n')

REGION	p_n	$p_n \cdot k$ (*)	b_n	$p_n \cdot k - b_n$	$p_n - b_n$	T_n (**)	$T_{n'}$ (**)
Andalucía	0,1738	0,2596	0,1264	0,1332	0,0474	27.879	9.921
Aragón	0,0336	0,0502	0,0332	0,0170	0,0004	3.558	84
Asturias	0,0305	0,0456	0,0290	0,0166	0,0015	3.474	314
Castilla la Nueva	0,1547	0,2311	0,1926	0,0385	−0,0379	8.058	−7.932
Castilla la Vieja	0,0622	0,0929	0,0572	0,0357	0,0050	7.472	1.046
Cataluña	0,1553	0,2320	0,1997	0,0323	−0,0444	6.760	−9.293
Extremadura	0,0322	0,0481	0,0195	0,0286	0,0127	5.986	2.658
Galicia	0,0749	0,1119	0,0557	0,0562	0,0192	11.762	4.019
León	0,0333	0,0497	0,0250	0,0247	0,0083	5.170	1.737
Murcia	0,0343	0,0512	0,0260	0,0252	0,0083	5.274	1.737
Valencia	0,0921	0,1376	0,0928	0,0448	−0,0007	9.377	— 147
Vascongadas	0,0709	0,1059	0,0930	0,0129	−0,0221	2.700	−4.626
Baleares	0,0167	0,0249	0,0202	0,0047	−0,0035	984	— 733
Canarias	0,0354	0,0529	0,0297	0,0232	0,0057	4.856	1.193

(*) $k = 1,4938$.

(**) Dado que los ingresos totales a nivelar importan 209.299,9 millones de pesetas:

— $T_n = 209.299,9 \times (p_n \cdot k - b_n)$

— $T_{n'} = 209.299,9 \times (p_n - b_n)$

respecto de la estatal una dependencia muy similar en porcentaje a la que ahora sufren las haciendas locales (las transferencias representarían globalmente el 33 por 100 del gasto regional).

La última columna representaría lo que se podría denominar un fondo nivelador de las haciendas regionales, financiado por las regiones fiscalmente más poderosas y distribuido entre las más débiles. El fondo se elevaría a unos 22.700 millones de pesetas y al estar autofinanciado por las propias haciendas regionales no exige esfuerzo financiero por parte de la hacienda estatal.

Terminemos diciendo que ninguna de las fórmulas manejadas significan algo más que un intento de aproximación más o menos empírico al problema de la perecuación financiera de unas haciendas federadas como solución, a medio o a corto plazo, de las desigualdades existentes dentro de un Estado. Pero, en última instancia, la elección de las distintas ponderaciones tiene un contenido eminentemente político y su determinación es objeto de una negociación, donde no siempre las justificaciones teóricas prevalecen sobre otros tipos de motivaciones. Por esta razón no se ha pretendido presentar los distintos cálculos realizados a lo largo de este trabajo como un dogma de validez universal, sino como unos meros ejemplos de los fenómenos que habrán de producirse en toda regionalización o federación de una hacienda nacional.

BIBLIOGRAFIA CONSULTADA

I

SOBRE EL FEDERALISMO

Duchaceck, Ivo D. I.: «Comparative Federalisme. The Territorial Dimensions of Politics». Holt, Rinehart and Winston. Nueva York, 1970.

Editorial Tecnos: «El Federalismo» (Selección de artículos). Madrid, 1965.

Pérez Serrano, Nicolás: «Tres lecciones sobre la Ley Fundamental de Bonn». Escuela Social de Madrid, 1951.

Rivero, Jean: «Introduction a une étude de l'evolution des societes fédérales», Bulletin Internacional des Sciences (Unesco).

Tocqueville, A.: «De la démocratie en Amérique». Librairie des Medicis. París, 1951.

Van Wauwe, Ludo: «Fédéralisme, utopie ou possibilité». Librairie General de Droit et Jurisprudence. París, 1971.

II

SOBRE LOS DERECHOS FISCALES POSITIVOS

A) *Alemania.*

Commission des Communautes Europeennes: «Le pouvoir fiscal dans les Etats membres de la Communauté». *Etudes*, núm. 8, 1969.

Commission des Communautes Europeennes: «Inventaire des impôts», 1974.

Fontanneau: «Cahiers Fiscaux».

Harvard Law School. W. T. Series: «Taxation in the Federal Republic of Germany», 1969.

Editions Jupiter: «Droits des affaires. Marché Commun. Régimes Fiscaux», 1974.

B) *Argentina.*

Ahumada, Guillermo: «Tratado de Finanzas Públicas». Ed. Plus Ultra. Argentina, 1969.

Atchabaian, Adolfo: «Allocation of the Taxing power in Argentina between the Central Government and the Provinces». Bulletin for International Fiscal Documentation, 1967, págs. 501 y sigs.

Castro, Juan Pedro: «Leyes impositivas actualizadas». Ed. Macchi, S. A., junio 1973.

Fonrouge, C. M. G. y Susana C. Navarrine: «Impuesto a las ganancias». Ed. Depalma, 1976.

Fonrouge, C. N. Giuliani: «Derecho Financiero». Ed. Depalma, 2.ª edición.

Groppa, Víctor S. y Lascano, Marcelo R.: «La coparticipación federal de impuestos». Boletín de la Dirección General Impositiva, núm. 250, octubre 1940.

International Bureau of Fiscal Documentation. Argentina.

Jarach, Dino: «Curso Superior de Derecho Tributario». Liceo Profesional Cima, 1969, página 27.

Risueño, Manuel M.: «Taxation in Argentina». Bulletin for International Fiscal Documentation, 1968.

Unión Panamericana. O. E. A.: «Sistemas Tributarios de América Latina. Argentina».

C) *Brasil.*

Código Tributario Nacional. Gráfica Auriverde Ltda., 1974.

Havard Law School. W. T. Series: «Taxation in Brazil», 1957.

International Bureau of Documentation. Brazil.

D) *Canadá.*

Association Canadienne d'Etudes fiscales: «Utilisation des champs d'imposition au Canadá». Toronto, 1965.

Forest la B. V.: «The allocation of taxing power under the Canadian Constitution». Canadian Tax Foundation, 1967.

Graham, J. F.: «Inter-government Fiscal relationships: Fiscal adjustment in a Federal Country». Canadian Tax Foundation, 1964.

Perry, S. A.: «Taxation in Canadá». University of Toronto Press, 2.ª edición, 1953.

The National Finances, 1975-76. Canadian Tax Foundation, 1976.

Provincial and Municipal Finances, 1975. Canadian Tax Foundation, 1975.

E) *Estados Unidos.*

Bitker, B. I.: «Federal Income, Estate and Gift Taxation». Little Brown and Company. Boston, 1964.

Centre for Reseach oFinantialn Federal relations. The Australian National University. Camberra, 1975.

Commerce Clearing House Inc. Chicago, 1963.

Harvard Law School. World Tax Series: «Taxation in USA».

Herber, B. P.: «Fiscal Federalism in USA».

Internal Revenue Code: «Income, Estate and Gift Tax Provisions».

Zurdo Ruiz Ayucar, Juan: «El Reparto de competencias financieras en Estados Unidos», en XXIV Semana de Estudios de Derecho Financiero. Madrid, 1976.

F) *Suiza.*

Bianchi: «Le imposte vigente in Svizzera». Ed. Giuffré, 1969.

Harvard Law School: «Taxation in Switzerland», 1976.

Laufenburguer, H.: «Economie des Finances Suisses», 1961.

Societé Anonyme Fiduciaire Suisse: «Taxation in Switzerland».

G) *Regímenes fiscales especiales españoles por razón del territorio.*

Arias Velasco, J.: «La Hacienda de la Generalidad, 1931-1938». Editorial Ariel. Barcelona, 1977.

Badía la Calle, J.: «El Concierto económico con Alava y su legislación complementaria» Diputación Foral de Alava. 1975

Banco de Vizcaya. «Tributación en el régimen privativo de Navarra», 1976.

Cámara Oficial del Comercio e Industria de Navarra: «Derecho Fiscal Navarro y Práctica tributaria».» Pamplona, 1975.

Diputación Foral de Navarra: Normas tributarias. Apéndice 1975.

Documentación Administrativa: número extraordinario sobre «Autonomías Regionales». Presidencia del Gobierno. Madrid, julio-septiembre 1977.

Gota Losada, A.: «Tratado del Impuesto sobre la Renta». Tomo I. Editorial de Derecho Financiero. Madrid, 1971, págs. 545 y sigs.

Guijarro Zubizarreta, F.: «Estatutos de autonomía y Hacienda regional». XXIV Semana de Estudios de Derecho Financiero. Madrid, 1977, págs. 333 y sigs.

Larraz, J.: «La Hacienda Pública española y el Estatuto catalán». Ed. Ibérica. Madrid, 1932.

Martos Pérez Marsa, F.: «El régimen económico fiscal del archipiélago canario». XXIV Semana de Estudios de Derecho Financiero. Madrid, 1977, págs. 269 y sigs.

Pozo, J. del: «La discusión parlamentaria del Estatuto catalán». Revista de Economía y Hacienda Local, mayo-agosto 1975, vol. VI, núm. 14.

XXIV Semana de Estudios de Derecho Financiero. Editorial de Derecho Financiero. Madrid, 1977.

Zurita y Sáenz de Navarrete, M.: «El régimen fiscal de Alava». XXIV Semana de Estudios de Derecho Financiero. Madrid, 1977, págs. 227 y sigs.

III

PROBLEMAS FISCALES EN LOS PAISES FEDERALES

Advisory Commission on Intergovernmental Relations:

- State and Local Finances. Significant Features, 1966-1969. Washington D. C., noviembre 1968.
- «Urban América and the Federal System», octubre 1969.

Amorós, N.: «Derecho Tributario». Madrid, 1970.

A. H. Birch: «Federalism and economic growth in underdeveloped countries. Intergovernmental Financel Relations in new Federations».

Break, G. F.: «Intergovernmental Fiscal Relations in the United States», The Brookings Institution, 1967.

Clark, D. H.: «Fiscal Need and Revenue Equalization Grants». Canadian Tax Foundation, 1969.

Cortés, M.: «Ordenamiento Tributario Español». Ed. Tecnos. Madrid, 1968.

J. F. Due: «Government Finance an Economic analysis». R. D. Irwin. Illinois, 1959.

Department of the treasury. Office of revenue sharing: What is general revenue sharing? Washington, 1973.

Ferreiro Lapatza, J. J.: «Curso de Derecho Financiero». Instituto de Estudios Fiscales. Madrid, 1975, pág. 73.

Flores Zavala, E.: «Elementos de Finanzas Públicas mexicanas». Ed. Porrúa, S. A., 1976, pág. 339.

García Vizcaíno, Catalina: «Los tributos frente al federalismo». Ed. Depalma. Buenos Aires, 1975.

Geens, G.: «Nos Finances Publiques dans un Estat Federalisé». Bulletin de Documentación. Bruselas, noviembre 1970.

Groppa, S. y Lescano, M. R.: «La coparticipación federal de impuestos». Boletín de la Dirección General Impositiva, núm. 41. Buenos Aires, octubre 1974.

J. F. Graham: «Fiscal Adjustment in a Federal Country». Canadian Tax Foundation.

D. Jarach: «Curso Superior de Derecho Tributario». Liceo Profesional Cima. Buenos Aires, 1969.

A. H. Hansen y H. S. Perloff: «State and Local Finance in the National Economy». W. W. Norton and C.

Heller, W.: «Nuevas dimensiones de la política económica». Nueva Colección Labor. Barcelona, 1968.

Hicks, U.: «Development Finance». Clarendon Press. Oxford, 1955.

Lynn, J. H.: «Studies of the Royal Commission on Taxation», núm. 23 («Federal-Provincial Fiscal Relations»). Ottawa, 1964.

Marchal, J.: «Rendements fiscaux et conjunture». Librairie de Medicis. París, 1942.

Martínez Genique, A.: «Algunas posibles vías de descentralización financiera de las corporaciones locales». Hacienda Pública Española. Instituto de Estudios Fiscales, número 23, 1973, págs. 159 y sigs.

J. A. Maxwell: «Tax Credits. Intergovernmental Fiscal Relations». The Brookings Institution. Washington, 1962.

— Financing State and Local Governments. The Brookings Institution, 1965.

R. J. May: «Federalism and Fiscal Adjustment».

A. Morag: «Impuestos e inflación». Ed. Vicens Vives. Barcelona, 1973.

Musgrave, R. A.: «Theories of Fiscal Federalism», Public Finance, núm. 4, 1969.

— «Essays in Fiscal Federalisme». The Brookings Institution. Washington, 1965.

— «Broad-Based Taxes: New Options and Sources». Jonns Hopkins University Press. Baltimore, 1973.

Nathan, R. P., Mandel, A. D., y Callkins, S. E.: «Monitorin Revenue Sharing». Brookings Institution. Washington, C. C., 1975.

Neumark, F.: «The German Stabilization Law», en *Essays in honor of. C. Shoup.*

Newman, H. L.: «An introduction to Public Finance». Y. Wileyand Sons, Inc. Nueva York, 1968.

Oates, W. E.: «Fiscal Federalism». Harcourt Brace Janovich Inc. Nueva York, 1972.

Oldman, O. and Schoettle: «State and Loral Taxes and Finance». Mincola, Nueva York, The Toundation Press. Inc., 1974.

O. C. D. E.: «Politique Budgetaire et Equilibre Economique» (Informe Heller). París, 1968.

— «Fiscal Policy in Seven Countries, 1955-1965» (Informe Hansen). París, 1969.

— «Statistiques de Recettes Publiques», 1965-1974.

Pechman, J. A.: «Federal Tax Policy», The Brookings Institution. Washington, 1971.

Penniman, C. y Heller, W.: «State income tax Administration». Public. Administration Service. Chicago, 1959.

Report of the Royal Commission on Dominion. Provincial Relations (Informe Sirois). Queen's Printer. Otawa, 1940.

A. S. Robinson y J. Cutt: «Public Finance in Canadá: Selected Readings». Methuen. Toronto, 1972.

T. R. Robinson y T. J. Couchene: «Fiscal Federation and Economic Stability: an examination of multilevel Public Finance of Economics». Mayo 1969, núm. 2.

Rovina Mola, A. de: «Los fondos fiscales con finalidad redistributiva». Colección de Estudios de Administración. Instituto de Estudios de Administración local. Madrid, 1976.

T. M. Sandler y R. B. Shelton: «Fiscal Federalism, Spillovers and the Export of Taxes». Kyklos. Septiembre 1972.

Sainz de Bujanda, F.: «Hacienda y Derecho», tomo I. Instituto Estudios Políticos. Madrid, 1955.

W. J. Shultz y C. L. Harris: «American Public Finance». Prentice Hall Inc., 1959.

Shoup, C. S.: «The fiscal system of Venezuela. A. Report». The John Hopkins Press Baltimore, 1959.

— «Public Finance». Aldine Publishing C. Chicago, 1969.

«Tax Revision Compendium». United States. Governement Printing Office. Washinton, 1959.

W. Wilttman: «Une nouvelle répartition pour la perequation financière entre la Conféderation et les Cantons Suisses».